RF/마이크로파 공학 실전 문제와

그림으로 배우는
Advanced
Design System

조영식 지음

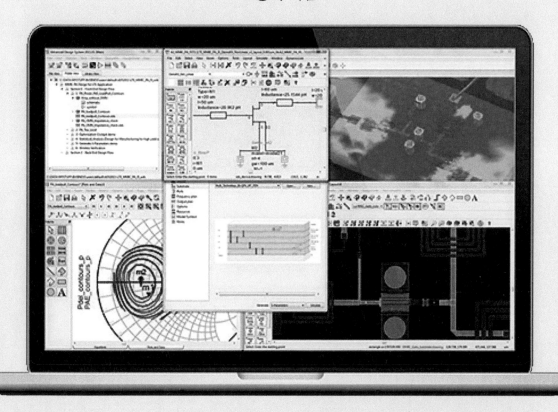

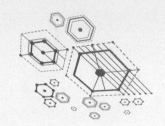

미국에 본사를 둔 Keysight Technologies, Inc. (이하 키사이트)라는 회사가 출시한 Advanced Design System (ADS)는 RF/마이크로파 회로 해석과 설계를 위해 개발된 회로 시뮬레이션 소프트웨어 패키지이다. RF/마이크로파 유무선 통신 시스템이 날로 고도화 되어감에 따라 RF/마이크로파 회로의 해석과 설계를 종이와 연필로 할 수 있는 시대는 이미 오래 전에 끝났다. RF/마이크로파 회로뿐만 아니라, 처리 속도가 GHz 단위로 빨라진 디지털 회로 설계 분야에서도 RF/마이크로파 회로 이론을 도입할 수 밖에 없는 환경이 조성됐다. 이와 같은 기술 환경을 반영하여 아날로그/디지털 혼합 신호 처리 회로 (analog/digital mixed signal processing circuits) 설계가 필요한 시대가 됐다. 이와 더불어 무선 통신 시스템의 필수 부품인 안테나의 해석과 설계 분야도 빼놓을 수 없는 RF/마이크로파 회로 설계 분야이다.

하지만, 전자공학을 전공하는 학부 학생들의 입장에서 생각해보면 회로이론이나 전자회로 교과목에서 주어지는 다양한 회로를 종이와 연필로 해석하고, 실험 시간에 각종 이론을 검증해보는 과정이 생각보다 벅찬 내용이다. 결국, 회로 설계 분야는 대학원 과정으로 미룰 수 밖에 없다.

학부 고학년이 되어 회로에 입력되는 신호의 주파수가 올라가면 회로 해석에 전송 선로 이론을 적용해야 하는 단계에 도달하게 된다. 전자공학 전공자들의 호감도가 상대적으로 낮은 전자기학 이론으로 돌아가서 회로이론이나 전자회로에서 다뤘던 전압과 전류가 이제 전압파 (voltage wave)와 전류파 (current wave)로 다뤄져야 하며, 입력된 신호가 반사된다는 다소 황당한 개념을 접하고는 망연자실할 수 밖에 없다.

저자는 CDMA 핸드폰 개발자 시절 ADS를 처음 접했고, 박사 학위 과정 중 RF/마이크로파 회로 설계를 위하여 주위 동료들의 도움을 받으면서 ADS를 독학했다. 대학에서 전자기학과 RF/마이크로파 공학 교과목을 가르치게 된 후, RF/마이크로파 공학 교과목이 이론 교과목이지만 ADS를 사용하여 RF/마이크로파 회로를 해석하고 설계하는 교육 내용을 추가했다. RF/마이크로파 공학과 관련된 회로 해석 이론은 복잡한 수학이 동반되며 수강생들이 매우 지루해 하는 내용이어서, 수강생들의 흥미를 유

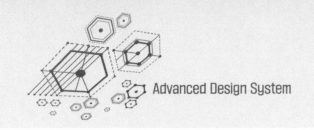
발할 수 있는 교육 내용이 필요했기 때문이다. 종이와 연필로만 해석했던 RF/마이크로파 회로를 컴퓨터 시뮬레이션 소프트웨어를 사용하여 해석할 수 있음을 터득한 수강생들의 반응이 매우 좋았다. 어떤 수강생은 ADS를 배우는 정규 교과목이 신설됐으면 좋겠다는 의견도 피력했다.

전자파해석및안테나설계라는 교과목을 신설하고 ADS를 이용하여 다양한 RF/마이크로파 회로를 해석하고, 안테나 설계에 ADS를 사용하게 되면서 ADS 사용법을 설명한 교재가 필요하게 되었다. ADS 자체를 처음 접해보는 학부 학생들에게 키사이트가 제공하는 ADS 관련 영문 문서를 참고하면서 사용법을 독학하게 하는 것은 학생들의 학습 의욕을 꺾는 일이었다. 키사이트가 제공하는 ADS 관련 문서는 다양하고 방대한 양이지만, 입문자가 필요한 문서를 검색하고 학습하는 것은 매우 많은 시간을 요구한다.

RF/마이크로파 회로 해석과 안테나 설계 입문자에게 차근차근 사용 단계별로 그림과 함께 설명하는 ADS 사용 입문 교재가 필요했다. ADS 사용 교재를 개발 과정에서 단순히 키사이트의 ADS 영문 문서를 발췌하여 번역본을 만드는 것은 큰 의미가 없다고 판단했다. 전송 선로와 회로 소자가 포함된 RF/마이크로파 회로의 해석과 설계, 안테나 해석과 설계, RF/마이크로파 필터 설계와 해석 등과 관련된 실질적인 문제를 해결하는 과정에서 자연스럽게 ADS 사용법을 터득할 수 있는 교재 개발이 필요했다. 따라서, 본 교재는 다음과 같은 내용으로 교재 내용이 전개된다.

1장에서는 ADS에 관한 소개와 ADS를 실제로 컴퓨터에서 실행했을 때 컴퓨터 화면에서 ADS 사용자가 접하게 되는 Get Started - Welcome to ADS Window와 ADS Main Window를 간단하게 설명하고, ADS를 사용을 위한 첫 단계를 설명한다.

2장에서는 ADS Schematic Window에서 제공하는 이상적인 전송 선로 모델과 이상적인 회로 소자 모델을 이용한 Schematic Simulation을 수행하는 방법을 설명한다. 대부분의 전자기학 교재에서 다루는 단일 스터브 정합 회로 설계를 포함한 다양한 전송 선로 문제를 ADS를 이용하여 해결하는 과정에서 전송 선로 이론의 이해와 더불어 ADS 사용법도 터득하게 된다.

3장에서는 2장에서 다뤘던 이상적인 전송 선로 모델을 평판 전송 선로의 대표격인 마이크로스트립 라인으로 대체하여 보다 실질적인 RF/마이크로파 회로 해석 방법론을 제시한다. 이 과정에서 ADS가

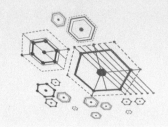

제공하는 Layout Simulation과 EM Cosimulation 테크닉을 소개하고 사용법을 설명함으로써 RF/마이크로파 회로 이론의 해석과 이해의 단계로부터 설계 단계로 진입하는 길을 안내한다.

4장에서는 특정 기판에 반파장 다이폴 안테나를 설계하여 해석하는 방법을 소개함으로써 ADS를 이용한 안테나 해석 방법을 소개하고, 마이크로스트립 안테나를 설계와 해석을 설명하여 ADS를 이용하여 다양한 안테나를 해석할 수 있는 방법을 터득하게 한다.

5장에서는 RF/마이크로파 필터의 해석과 설계 방법을 소개한다. 두 종류의 저역 통과 필터와 두 종류의 대역 통과 필터를 ADS의 Schematic Simulation을 이용하여 해석하고, Layout Simulation을 이용한 필터 설계 방법을 소개한다.

ADS는 전 세계적으로 RF/마이크로파 회로 설계 분야뿐만 아니라 아날로그/디지털 회로 설계 분야에서도 널리 사용되고 있는 회로 해석과 설계를 위한 시뮬레이션 소프트웨어이다. 본 교재가 다양한 회로 설계 분야의 학생들과 입문자들에게 도움이 되는 교재가 되기를 소망한다.

본 교재는 전라북도에서 지원하는 2021년 스마트 ICT 분야 전문인력양성 사업의 지원으로 제작되었다. ADS 제조사인 키사이트의 한국 지사에서도 교재 개발과 출판에 많은 도움을 주셨다. 본 교재 개발에 지원을 아끼지 않은 모든 관계자 분들께 감사드리며, 21세기사 직원 여러분의 헌신으로 본 교재가 성공적으로 출판되어 감사의 인사를 전한다.

원광대학교 연구실에서
조영식

CONTENTS

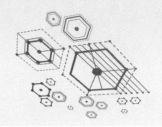

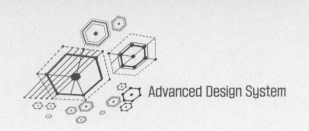
Advanced Design System

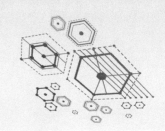

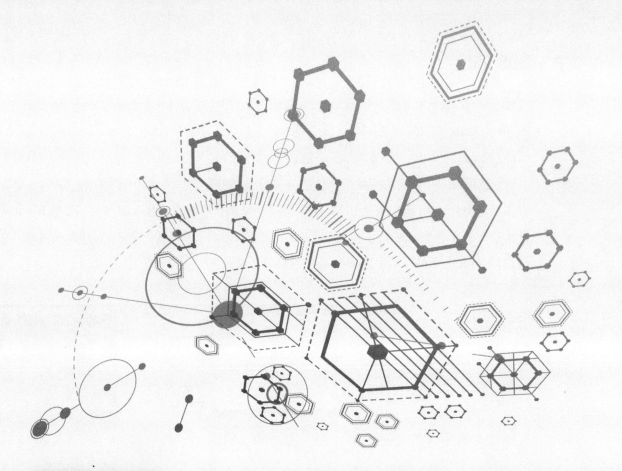

Advanced Design System(ADS) 개요와 시작하기

1.1 ADS 개요

키사이트 테크놀로지스 (Keysight Technologies, Inc.)에서 개발한 Advanced Design System (ADS)는 RF/마이크로파 회로와 고속 디지털회로 분야의 전자회로 설계 자동화 (electronic design automation: EDA) 소프트웨어이며, 전 세계적으로 관련 분야의 EDA 소프트웨어 기술을 선도하고 있다. ADS는 무선통신과 네트워킹 산업, 우주항공산업, 군수산업 분야를 선도하는 기업체와 연구소에서 널리 쓰이고 있다. Gary Smith EDA라는 EDA 산업 분야 분석 회사에서 발간한 보고서에 따르면 RF 설계와 시뮬레이션 툴을 공급하는 선두 주자로써, 키사이트의 EDA 소프트웨어가 RF 설계와 시뮬레이션 분야의 EDA 시장에서 시장 점유율 69 %를 차지하고 있다.

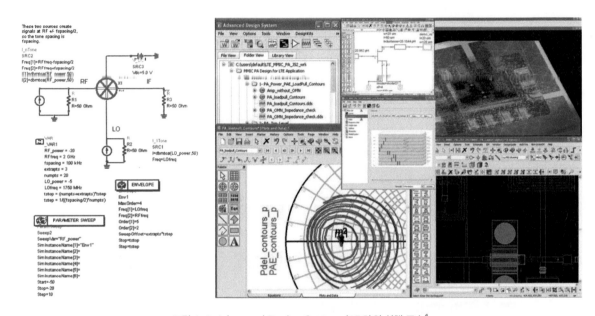

그림 1-1 Advanced Design System (ADS)의 실행 모습[1]

RF/마이크로파 학문 분야는 4차산업혁명의 핵심 기술 분야인 정보통신기술을 실현하는 중요한 학문 분야 중 하나이며, 전자공학을 전공하는 학생들의 필수 이수 학문 분야이다. RF/마이크로파 학문 분야의 학습을 위하여, 맥스웰 방정식의 이해를 위한 전자기학을 시발점으로 하여 전자파 해석, 전송 선로 이론, 안테나 설계, RF/마이크로파 수동 소자 설계, RF/마이크로파 능동 소자와 집적회로 설계 분야에 대한 교과목이 학년별로 진행되지만, 교과목의 대부분이 이론에 치중되어 교육하는 것이 현실

---

1   Keysight Technologies, Keysight EEsof EDA Advanced Design System, 5988-3326EN, July 28, 2017

이다. 특히, RF/마이크로파 학문 분야의 입문 교과목인 전자기학에서는 각종 복잡한 벡터 미적분 연산자를 학습하면서 맥스웰 방정식을 이해하는 과정에서 대부분의 학생들은 RF/마이크로파 분야에 대한 흥미를 잃게 된다.

ADS는 앞서 밝힌 바와 같이 RF/마이크로파 분야에 필요한 EDA 소프트웨어를 선도하여 관련 산업의 발전에 기여도가 매우 큰 상용 소프트웨어이지만, 전자공학을 전공하는 학생들에게 RF/마이크로파 학문 분야에 관한 흥미로운 관점을 제공할 수 있는 RF/마이크로파 회로 해석과 설계를 위한 교육용 소프트웨어로도 매우 큰 활용 가치가 있다.

매학년 새로운 것을 배우는 전자공학 전공 학생들의 입장에서 보면 전자공학분야의 각종 이론의 수학적 해석과 이를 이해하기 위한 연습문제 풀이 과정이 지루한 배움의 과정일 수 있다. 종이와 연필로만 이루어지는 대학의 학습 환경에서, 학생들로 하여금 산업 현장에서 실제 널리 사용되는 RF/마이크로파 회로 해석과 설계를 수행하는 상용 소프트웨어를 사용하여 관련 이론이 실제 작동되는 것을 경험하게 하면, RF/마이크로파 학문 분야에 관련된 산 지식을 습득할 수 있을 뿐만 아니라 RF/마이크로파 학문 분야에 대한 학습 의욕 불러일으키게 될 것이다.

이 교재는 RF/마이크로파 학문 분야에 대하여 전자공학 전공 학생들에게 흥미를 느끼게 하는 도구로써 ADS의 사용 방법을 설명한다. 그리고, ADS를 처음 접한 RF/마이크로파 회로 개발 업무에 사용해야 하지만, 어떻게 시작해야 할지 막막한 초보 RF/마이크로파 회로 개발자를 위한 입문서이기도 하다. 본 교재의 내용을 차근차근 따라하다 보면 어느새 ADS 사용을 쉽게 생각하는 본인을 발견할 수 있을 것이다.

1.2 ADS 시작하기

ADS를 설치하고 실행시키면 그림 1-2(a)와 (b)에 각각 보인 비와 같이 "Get Started – Welcome to the Advanced Design System(ADS)" 윈도우와 ADS Main Window가 겹쳐져서 화면에 보인다.

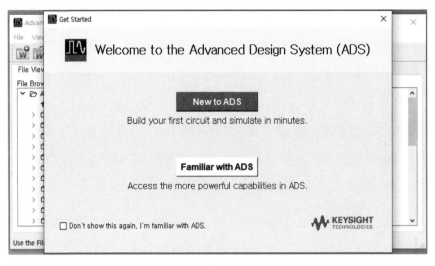

(a)

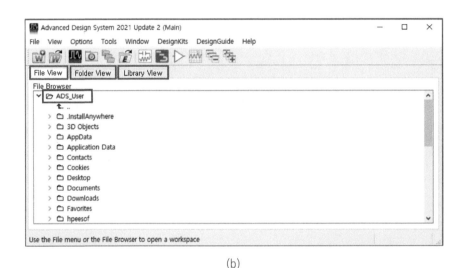

(b)

그림 1-2 (a) "Get Started" 윈도우와 ADS Main Window가 겹쳐져서 보이는 초기 화면 (b) ADS Main Window

그림 1-2(a)의 "Get Started" 윈도우는 ADS를 사용 숙련도에 따라 "New to ADS"와 "Familiar with ADS"라는 2개의 버튼 옵션을 사용자에게 제공한다. 본 교재에서는 "Familiar with ADS"를 선택하고, "Don't show this again. I'm familiar with ADS"에 체크하여 다음 번에 ADS를 실행할 때 "Get Started" 윈도우가 보이지 않게 한다. 앞으로 "Get Started" 윈도우는 ADS를 지속적으로 사용하다 보면 편리하게 이전 작업 공간 (ADS에서는 "Workspace"라는 이름으로 불리고 있음)에 접근할 수 있는 인터페이스를 제공할 것이다.

일단 "Get Started" 윈도우를 닫고 그림 1-2 (b)의 ADS Main Window를 살펴본다. ADS Main

Window에는 "File View", "Folder View", "Library View" 등 3개의 탭이 있다. "File View" 탭은 Winodws10 운영 체제의 "파일 탐색기" 기능과 동일한 기능을 제공한다. 즉, 사용자가 사용을 원하는 파일에 접근할 수 있는 경로를 제공한다. "Folder View" 탭은 사용자의 현재 "Workspace"에 존재하는 각종 회로 설계와 시뮬레이션 관련 파일들을 종류별로 분류하여 보여준다. "Library View" 탭은 회로 설계와 시뮬레이션을 수행하면서 생성되는 library 파일들을 보여준다.

ADS의 시작 폴더는 윈도우즈 운영체제의 사용자 폴더이다. 그림 1-2 (b)에서 보인 바와 같이 예를 들면, 전체 경로는 "C:\Users\ADS_User" 이다.

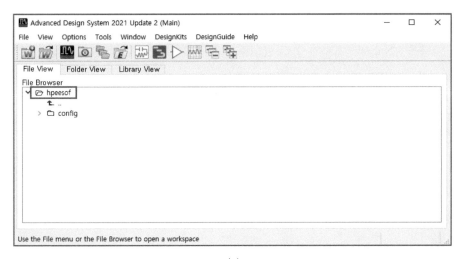

(a)

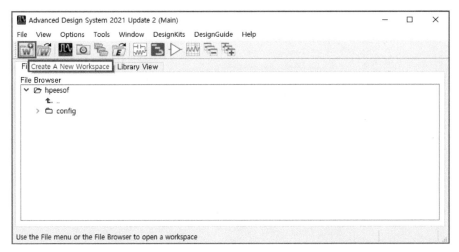

(b)

그림 1-3 (a) "hpeesof" 폴더로 이동, (b) "Workspace" 생성을 위한 아이콘 클릭 직전 화면

ADS를 설치할 때 사용자 폴더 밑에 "hpeesof"이라는 폴더가 자동 생성되어 있음을 확인할 수 있을 것이다. 이 교재에서는 앞으로 "C:\Users\ADS_Users\hpeesof" 이라는 폴더 밑에 "Workspace"를 생성, 사용, 관리할 것이다. "hpeesof" 폴더를 더블 클릭하면 해당 폴더로 이동되고, 그림 1-3 (a)에 보인 바와 같은 윈도우로 보여진다. ADS Main Window의 풀다운 메뉴 (pull-down menu) 밑에 총 12개의 아이콘이 있는데, 가장 왼쪽 아이콘이 "Workspace"를 생성하는 아이콘이다. "Workspace"는 ADS에서 각종 작업을 하는 기본 공간으로 이해하면 된다. "Workspace" 생성 아이콘에 마우스 포인터를 올리면 그림 1-3 (b)에 보인 바와 같이 "Create A New Workspace"라는 아이콘 설명이 보일 것이다.

"Workspace" 생성 아이콘을 클릭하면 그림 1-4 (a)와 같이 또 다른 윈도우가 팝업된다. "Create in:" 메뉴에 "C:\Users\ADS_Users\hpeesof" 라는 경로를 확인할 수 있다. 사용자가 원하는 "Workspace"의 이름을 "Name" 메뉴에서 그림 1-4 (b)와 같이 편집한다. 예를 들면, 그림 1-4 (b)와 같이 "example_wrk"로 편집할 수 있다. "Worksapce"의 이름 끝에 "_wrk"는 ADS의 "Workspace" 폴더라는 이미료 표시채 두기 위한 것이므로 남겨두도록 한다

ADS의 모든 "Workspace", 새로운 폴더, 또는 파일의 이름은 한글, 특수문자 (~, !, @, #, $, %, ^, &, *, −, +, /, =, |, \ 등), 공백이 포함되면 시뮬레이션 도중 에러가 발생하게 되므로 사용하지 않는다. 폴더나 파일의 이름은 영문자와 숫자의 사용을 해야하며, 특히 첫 문자는 영문자로 하는 것이 좋다. 특수문자 중 "_"는 사용 가능하다. 공백이 필요한 경우 "_"를 사용하면 좋다.

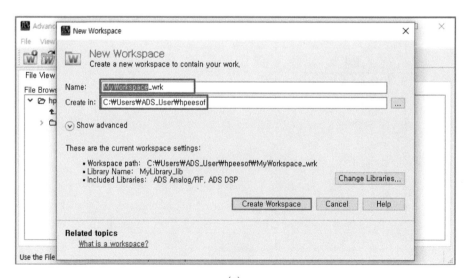

(a)

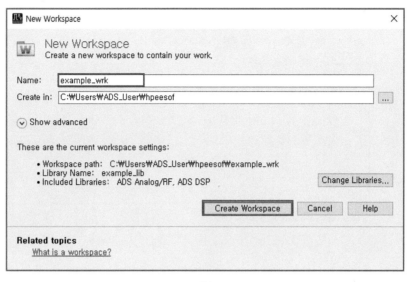

(b)

그림 1-4 (a) 새로운 "Workspace" 생성 윈도우, (b) "Workspace" 이름 변경

"Workspace"의 이름과 경로를 지정한 후, 그림 1-4 (b)에 보인 바와 같이 "New Workspace" 윈도우의 우측 하단에 있는 "Create Workspace" 버튼을 클릭하면 "example_wkr" 폴더가 그림 1-5 (a)와 같이 "C:\Users\ADS_Users\hpeesof" 경로 밑에 생성된 것을 확인할 수 있다. 이때, 그림 1-5 (a)에 표시된 것과 같이 ADS Main Window의 두번째 탭 "Folder View"가 자동 활성화된 것을 확인 할 수 있다. 그림 1-5 (b)에 보인 바와 같이 "Folder View" 탭 좌측의 "File View" 탭을 클릭하면 "example_wrk" 폴더 내부의 상태를 확인할 수 있다.

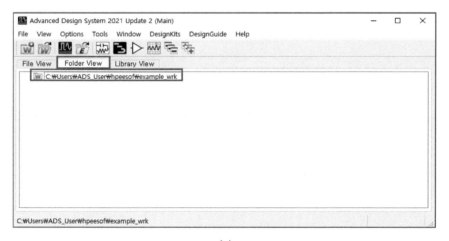

(a)

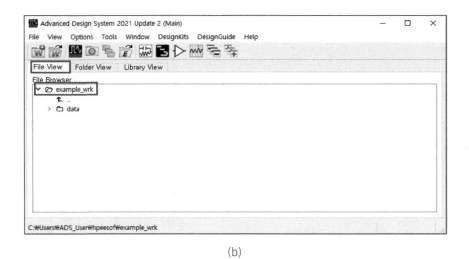

(b)

그림 1-5 (a) "example_wrk" 폴더 생성과 "Folder View" 탭 활성화, (b) "File View" 탭 확인

사용자가 스스로 이 시점까지 실행을 확인했다면, ADS를 사용하기 위한 기본적 순비 과정을 마친 것이다. ADS를 실질적으로 사용하기 위한 다양한 사용법은, 본 교재의 2장에서 5장까지 설명된 RF/마이크로파 공학의 실제 문제를 ADS의 각종 기능을 사용하여 해결하는 과정에서 자연스럽게 학습하게 될 것이다.

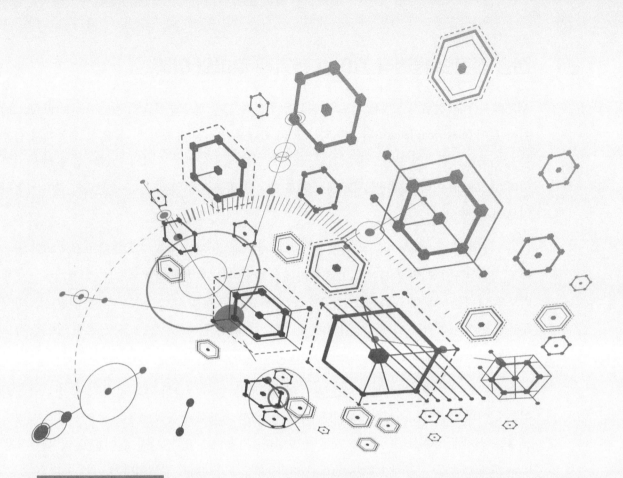

CHAPTER 2

Schematic Simulation:

이상적인 전송 선로 (Ideal Transmission Line) 모델과
이상적인 회로 소자 모델을 이용한 회로 해석과 설계

2.1 전송 선로의 물리적 길이와 전기적 길이의 이해

ADS에서 전송 선로가 포함된 회로의 해석을 위하여 전송 선로의 물리적 길이 (physical length)와 전기적 길이 (electrical length)의 의미와 서로의 관계를 먼저 이해해야 한다. 일상 생활에서 전송 선로는 당연하게도 물리적 길이로 주어진다. 국제 단위계에서 물리적 길이의 단위는 잘 알려진 바와 같이 미터 (meter, m)이다. 하지만, ADS에서 회로 해석을 실행하기 위해서, 전송 선로의 길이는 전기적 길이로 표시해야 한다.

전기적 길이를 나타내는 방법은 2가지가 있다. 첫번째 방법은, 전송 선로의 물리적 길이와 전송 선로에 인가되는 신호의 파장 사이의 비로 나타내는 방법이다. 두번째 방법은, 각도로 표시하는 방법인데, 각도의 단위를 60분법 단위인 도 (°, degree)로 표시하는 것을 선호한다. 따라서, 전송 선로와 관련된 문제를 해결하기 위하여 물리적 길이와 전기적 길이와의 관계를 이해하고, 물리적 길이를 각도로 변환하는 방법을 이해해야 한다.

전송 선로의 전기적 길이라는 용어를 먼저 이해해보자. 앞서 언급한 바와 같이, 전송 선로의 물리적 길이는 길이의 단위인 meter로 표시된다. 하지만, RF/마이크로파 공학에서는 전송 선로의 물리적 길이보다는 전기적 길이로 표현하는 것을 선호한다. 전송 선로의 전기적 길이는 물리적 길이를 파장 (wavelength, λ)의 분수 배 (fraction of a wavelength)로 표시하는 방법이다.

전송 선로의 물리적 길이를 파장의 분수 배로 표시하기 위하여, 물리적 길이와 파장의 비 (ratio of physical length to wavelength, ℓ_r)를 다음과 같이 정의한다.

$$\ell_r = \frac{\ell}{\lambda} \tag{2.1}$$

이 ℓ_r를 이용하여 전송 선로의 전기적 길이를 다음과 같이 표현한다.

$$\ell = \ell_r \lambda \tag{2.2}$$

식 (2.2)의 ℓ은 파장 (wavelength, λ)의 분수 배로써 물리적 길이를 전기적 길이로 변환한 것이다. 식 (2.2)를 전송 선로의 전기적 길이 (electrical length)라고 한다.

예를 들어, 어떤 전송 선로의 물리적 길이가 $\ell = 1m$이고, 이 전송 선로가 전송하는 전자파의 파장이 $\lambda = 2m$라면, 식 (2.1)을 이용하여

$$\ell_r = \frac{\ell}{\lambda} = \frac{1}{2} = 0.5$$

이므로, 식 (2.2)로부터

$$\ell = \ell_r \lambda = 0.5\,\lambda$$

이다. 따라서, 이 전송 선로의 물리적 길이는 $\ell = 1m$이고, 전기적 길이는 $\ell = 0.5\lambda$이다.

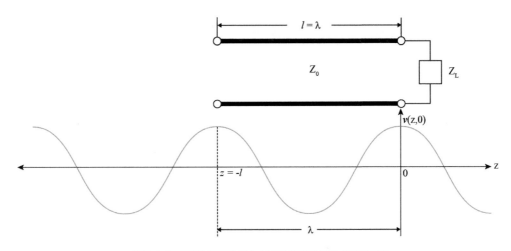

그림 2-1 파장의 정의와 전송 선로의 물리적 길이 사이의 관계

전기적 길이를 각도의 단위로 표시하기 위해서 파장의 정의부터 이해해야 한다. 그림 2-1에 보인 바와 같이, 파장은 어떤 파(wave)의 시간을 고정했을 때 이 파의 연속된 2개의 최고점 (또는 최저점, 또는 2개의 임의의 기준점) 사이의 거리로 정의된다. $+z$ 방향으로 진행하는 어떤 전압파 (voltage wave)가 정현파이고, 이 전압파의 위상 상수 (phase constant)가 β로 주어지면, 이 전압파는 다음과 같이 식 (2.3)으로 표현된다.

$$v(z,t) = V^+\cos(\omega t - \beta z) \tag{2.3}$$

파장의 정의에 의하여 어느 지점부터 한 파장까지의 거리는 정현파의 주기가 된다. 따라서, 다음과 같은 식으로 표현할 수 있다.

$$(\omega t - \beta z) - [\omega t - \beta(z + \lambda)] = 2\pi$$

$$\omega t - \beta z - \omega t + \beta z + \beta \lambda = 2\pi$$

$$\beta \lambda = 2\pi \ radians \tag{2.4}$$

식 (2.4)와 함께 파장과 전송선의 전기적 길이에 대한 물리적 의미는 그림 2-1로부터 이해할 수 있다. 그림 2-1에 보인 바와 같이 전송 선로의 전기적 길이 (ℓ)가 1 파장 (one wavelength = λ)과 같은 경우를 고려한다. 이것을 수식으로 표현하면,

$$\ell = \lambda \tag{2.5}$$

가 된다. 그러므로, 식 (2.4)와 (2.5)을 이용하면

$$\beta \lambda = \beta \ell = 2\pi \ radians \tag{2.6}$$

가 된다. 즉, 전송 선로의 전기적 길이가 $\ell = \lambda$이면, 위상 상수(β)와 전송 선로의 전기적 길이의 곱은 $2\pi \ radians = 360°$가 된다는 것을 의미한다. 따라서, 이 관계식을 이용하면 전송 선로의 전기적 길이를 각도로 변환할 수 있게 되는 것을 알 수 있다.

이제 어떤 전송 선로의 전기적 길이가 임의의 길이(ℓ)로 주어진다면, 위상 상수와 전송 선로의 임의의 길이의 곱 ($\beta \ell$)은 임의의 각도 ($\theta \ radians$)가 될 것이다. 이것을 수식으로 표현하면 다음과 같다.

$$\beta \ell = \theta \ radians \tag{2.7}$$

그리고, 전송 선로의 전기적 길이, 식 (2.2) (아래에 다시 보임)

$$\ell = \ell_r \lambda \tag{2.2}$$

를 이용하면,

$$\theta = \beta \ell = \frac{2\pi}{\lambda} \times \ell_r \lambda = 2\pi \times \ell_r \ radians$$

$$\theta = \left[2\pi \times \ell_r \ radians \times \frac{180}{\pi} \right] degrees \tag{2.8}$$

로 변환할 수 있다.

이와 반대로 각도로 표시된 전송 선로의 길이를 전기적 길이로 변환할 수도 있다.

$$\theta = \left[2\pi \times \ell_r \ radians \times \frac{180}{\pi} \right] \ degrees$$

$$2\pi \times \ell_r \ radians = \theta \ degrees \ \times \frac{\pi \ radians}{180 \ degrees}$$

$$\ell_r = \frac{\theta \times \dfrac{\pi}{180}}{2\pi} = \frac{\theta°}{360°} \tag{2.9}$$

예를 들어, 어떤 전송 선로의 전기적 길이가 $\ell = 0.45\lambda$로 주어졌다면,

$$\ell = \ \ell_r \lambda$$

과 비교하여,

$$\ell_r = 0.45$$

임을 알 수 있다.

따라서, 전기적 길이 $\ell = 0.45\lambda$를 식 (2.8)을 이용하여 각도 단위로 변환하면,

$$\theta = \left[2\pi \times 0.45 \times \frac{180}{\pi} \right] \ degrees = 162°$$

이다.

이 각도를 전기적 길이로 변환하기 위하여 식 (2.9)를 이용하여 다음과 같이 계산하면,

$$\ell_r = \frac{162°}{360°} = 0.45$$

이 전송 선로의 전기적 길이는

$$\ell = \ \ell_r \lambda = 0.45\lambda$$

가 됨을 확인 할 수 있다.

2.2 전송 선로 회로 해석: 임의의 수식으로 표현되는 부하 임피던스

EXERCISE

그림 2-2에 보인 바와 같이 무손실 전송 선로의 전기적 길이가 $\ell = 0.45\lambda$이고, 부하 임피던스 (load impedance, Z_L)가 $Z_L = (65 + j30)\,\Omega$일 때, 전압 반사 계수 (reflection coefficient, Γ), 정재파비 (standing wave ratio, SWR)와 전송 선로의 입력단에서 바라본 입력 임피던스 (input impedance, Z_in)를 구하시오.

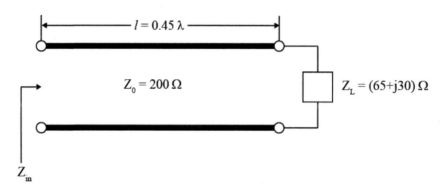

그림 2-2 복소 부하 임피던스로 종단된 전송 선로

모범 답안

가. Workspace 생성과 ADS Schematic의 생성

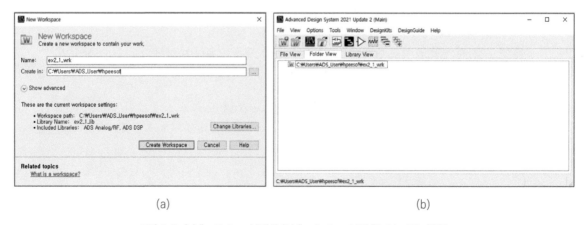

(a)   (b)

그림 2-3 (a) "ex2_1_wrk"생성 (b) "ex2_1_wrk"의 "Folder View" 탭

ADS를 사용하여 주어진 문제를 해결하기 위하여 그림 2-3 (a)와 (b)에 보인 바와 같이 "ex2_1_wrk"라는 Workspace를 생성한다.

ADS Schematic을 생성하기 위하여 그림 2-4 (a)와 같이 ADS Main Window의 다섯번째 아이콘을 클릭하여 "New Schematic Window"를 생성한다. "New Schematic Window" 아이콘을 클릭하면 그림 2-4 (b)와 같이 새로운 윈도우가 팝업된다. 사용자가 원하는 이름을 지정하고 "Create Schematic" 버튼을 클릭하면, 그림 2-4 (c)와 같이 Schematic Window가 팝업된다. ADS Main Window를 활성화하여 "Folder View" 탭을 확인해 보면, 그림 2-4 (d)와 같이 "ex2_1_wrk"라고 명명된 Workspace 밑에 "ex2_1_cell_1"이라고 명명된 cell의 schematic이 생성된 것을 확인할 수 있다.

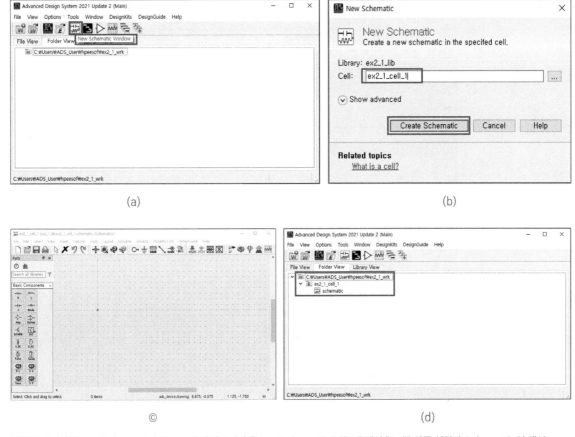

그림 2-4 (a) "New Schematic Window" 아이콘, (b) "New Schematic" 윈도우에서 "Cell" 이름 설정과 Schematic의 생성, (c) 새로 생성된 Schematic Window, (d) ADS Main Window의 "Folder View" 탭에 생성된 "ex2_1_cell_1"

나. Schematic Window에 ADS Schematic 생성

A. 회로 소자의 배치

ADS Schematic을 생성하기 위하여 그림 2-5와 같이 Schematic Window의 회로 부품 (circuit components) "Palette" 풀다운 메뉴를 클릭한다. Schematic Window에는 매우 다양한 회로 부품의 Schematic 모델 – ADS에서는 "instance"로 통칭된다 – 이 내장되어 있다. 회로 부품은 크게 회로 소자(circuit element)와 회로 소자를 동작하게 하는 다양한 전원들(sources)로 구분할 수 있다. 이 문제를 해결하기 위하여 필요한 회로 소자는 전송 선로에 대한 모델과 전송 선로 종단 (termination) 모델이다. 그리고, Schematic Simulation을 실행하기 위하여 "Simulation-S_Param" 시뮬레이터 (simulator)가 필요하다.

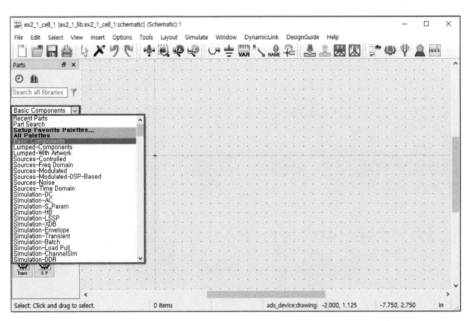

그림 2-5 Schematic Window의 회로 부품 (circuit components) "Palette" 풀다운 메뉴

회로 소자, 전원, 시뮬레이터를 차례로 배치하는 방법은 다음과 같다. 이 문제의 전송 선로를 모델링하기 위하여 그림 2-6 (a)와 같이 "TLines-Ideal" "Palette" 풀다운 메뉴를 선택하면 그림 2-6 (b)에서 보인 바와 같이 다양한 전송 선로 모델을 확인할 수 있다. 이들 중 가장 단순한 전송 선로 모델은 그림 2-6 (b)에 보인 첫번째 회로 소자인 "ads_tlines:TLIN"이다. 주어진 문제를 해결하기 위하여 충분한 이상적인 전송 선로 (ideal transmission line) 모델 이다. 이 회로 소자를 선택하고 마우스 포인터를 Schematic Window로 움직이면 그림 2-6 (c)와 같이 점선으로 표시된 "TLIN"

회로 소자를 볼 수 있을 것이다. 이 모양을 Schematic Window에 클릭하면 그림 2-6 (d)와 같이 "TLIN" 회로 소자 모델을 Schematic Window에 배치하게 된다.

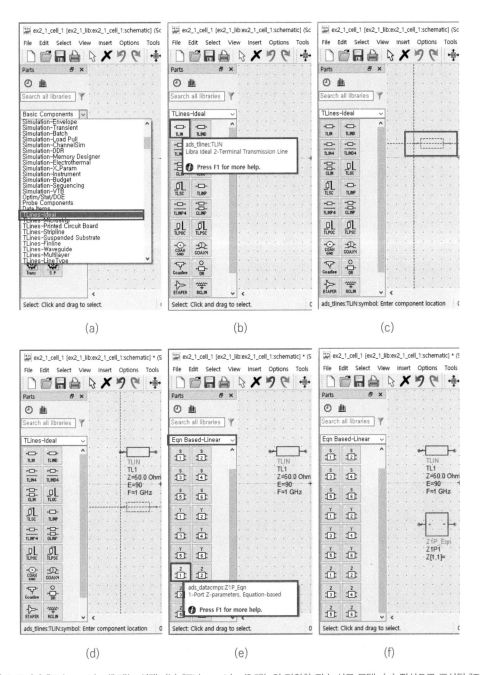

그림 2-6 (a) "TLines-Ideal" 메뉴 선택, (b) "TLines-Ideal" 메뉴의 다양한 전송 선로 모델, (c) 점선으로 표시된 "TLIN" 회로 소자, (d) "TLIN" 회로 소자의 배치, (e) "Eqn Based-Linear" 메뉴에서 "ads_datacmps:Z1P_Eqn" 회로 소자 선택, (f) "ads_datacmps:Z1P_Eqn" 회로 소자 배치

이 문제에서 부하 임피던스는 수식으로 주어져 있으므로, 회로 부품 "Palette" 풀다운 메뉴에서 그림 2-6 (e)와 같이 "Eqn Based-Linear"를 선택하고 "ads_datacmps:Z1P_Eqn" 회로 소자를 선택하여 그림 2-6 (f)와 같이 배치하면 된다.

이 회로 소자를 동작시키기 위하여 전원이 필요하다. 전송 선로와 관련된 문제의 경우 scattering parameter (S-parameter) 시뮬레이션을 수행하게 되며, S-parameter 시뮬레이션의 경우는 그림 2-7 (a)와 같이 "Simulation-S_Param" 메뉴에 있는 전원 모델을 사용하게 된다. S-parameter 시뮬레이션의 전원은 그림 2-7 (b)와 같이 "ads_simulation:Term" instance를 사용하면 된다. "ads_simulation:Term" instance를 배치한 Schematic Window 모습을 그림 2-7 (c)에서 확인할 수 있다. 이렇게 배치된 회로 소자들을 적절히 연결하고 시뮬레이션을 하면 된다.

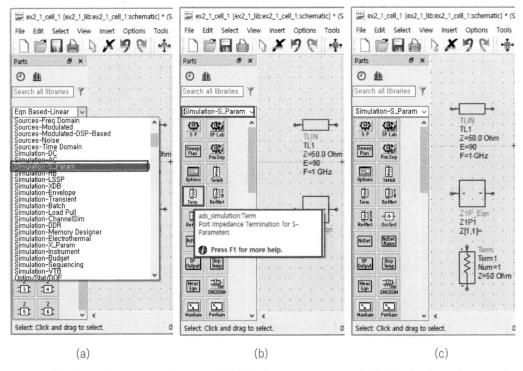

(a)　　　　　　　　(b)　　　　　　　　(c)

그림 2-7 (a) "Simulation-S_Param" palette 위치, (b) "Simulation-S_Param" 메뉴의 "ads_simulation:Term" instance, (c) "ads_simulation:Term" instance의 배치

B. 회로 소자의 연결

그림 2-7 (c)와 같이 배치된 회로 소자들을 적절히 분산시키고 그림 2-8과 같이 연결하면 된다. 배치한 회로 소자에 적색으로 표시된 단자는 반드시 다른 회로 소자와 반드시 연결되어야 함을 표시한

다. 연결이 안된 단자가 있으면 ADS Simulation 도중 에러가 발생하거나 경고 메시지를 받게 된다.

그림 2-8 (a)와 같이 "Insert Wire" 버튼을 누르면 그림 2-8 (b)와 같이 점선으로 표시되는 흑색 점선 열십자 안내선이 나타난다. 열십자의 크로스 부분을 회로 소자의 단자에 클릭하면 회로 소자의 단자에 적색이 사라지며 "Wire"가 생성된다. 연결이 필요한 부분을 "Wire"를 이용하여 연결하면 그림 2-8 (c)에 보인 바와 같이 ADS Schematic 일부가 완성된다.

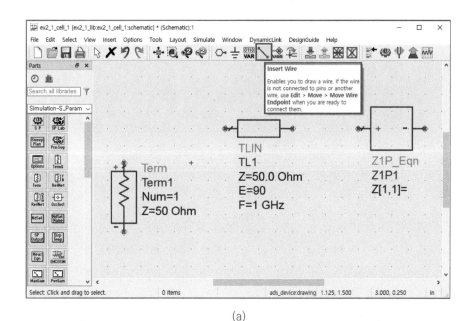

(a)

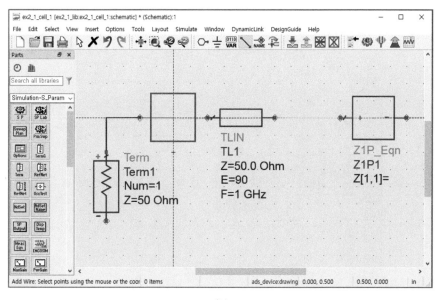

(b)

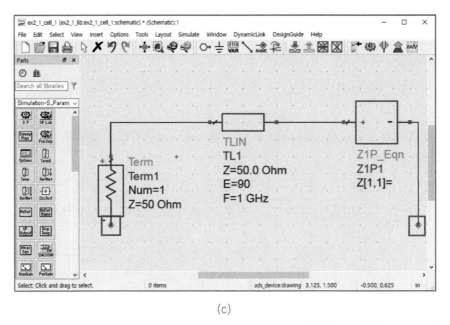

(c)

그림 2-8 (a) "Insert Wire" 버튼, (b) 점선으로 표시되는 열십자 안내선, (c) "Wire"로 연결된 회로 소자들

"Wire"를 사용하여 회로 소자들을 모두 연결하고 남은 단자가 그림 2-8 (c)의 하단에 적색 박스로 표시된 바와 같이 있을 것이다. 이 단자는 접지 (GROUND)와 연결해야 한다. 그림 2-9 (a)와 같이 "Insert GROUND" 버튼을 클릭하여 접지 소자를 생성한 후, 그림 2-9 (b)와 같이 적색 단자에 연결해 주면 이 문제를 해결하기 위한 ADS Schematic 일부가 완성된 것이다.

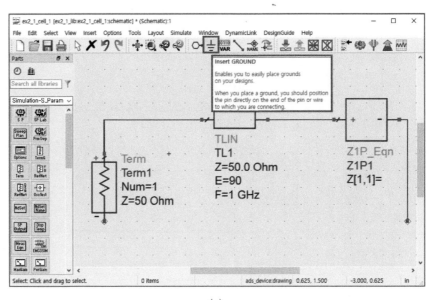

(a)

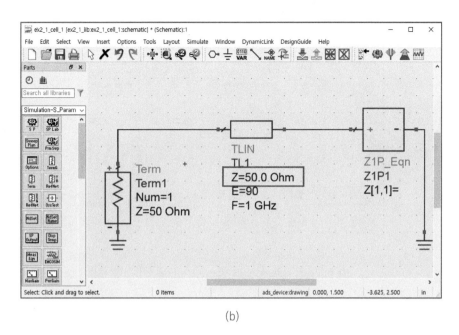

(b)

그림 2-9 (a) "Insert GROUND" 버튼, (b) 접지 소자의 연결

C. 회로 소자 값의 편집

i. 회로 소자 값을 숫자로 할당하는 방법

회로 소자의 값을 편집하는 2가지 방법을 소개한다. 첫번째 방법은 소자별로 편집하고자 하는 항목에 대해 직접 값을 입력하는 것이다. 직접 값을 입력하는 방법도 2가지가 있다.

직접 값을 입력하는 첫번째 방법은 다음과 같다. Schematic Window에서 사용자가 편집하고자 하는 회로 소자를 더블 클릭하면, 그림 2-10 (a)와 같이 "Edit Instance Parameters"라는 윈도우가 팝업되면서, 해당 회로 소자에 대한 다양한 항목의 소자 값을 편집할 수 있다. 문제에서 전송 선로의 Z_0(characteristic impedance, 특성 임피던스)가 200 Ω으로 주어져 있으므로, 그림 2-10 (b)와 같이 "Edit Instance Parameters" 윈도우에서 Z 항목에 200을 입력하고 해당 윈도우 하단의 "OK" 버튼을 클릭하면 그림 2-11과 같이 회로도에 반영되었음을 확인할 수 있다.

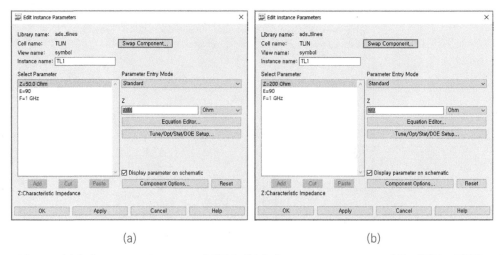

(a)   (b)

그림 2-10 (a) "Edit Instance Parameters" 윈도우, (b) "Edit Instance Parameters" 윈도우에서 Z 항목에 200 을 입력

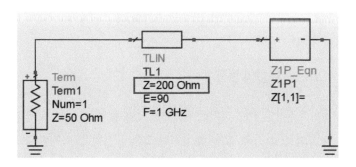

그림 2-11 그림 2-9 (b)의 "Z=50 Ohm"에서 "Z=200 Ohm"으로 업데이트된 ADS Schematic

직접 값을 입력하는 두번째 방법은 회로 소자를 더블 클릭하지 않고, 편집하고자 하는 항목을 클릭하면 수정 윈도우가 해당 항목에서 그림 2-12에 보인 바와 같이 바로 열린다. 수정 윈도우에 값을 입력하는 수정하면 그림 2-11에 보인 바와 같은 ADS Schematic을 얻을 수 있다.

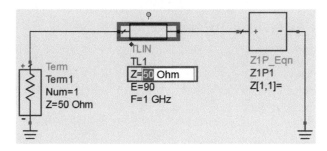

그림 2-12 그림 2-9 (b)의 "Z=50 Ohm"를 회로도에서 "Z=200 Ohm"으로 직접 업데이트하는 방법

ii. 회로 소자 값을 변수로 할당하는 방법

회로 소자의 값을 편집하는 두번째 방법은 그림 2-13과 같이 "Insert VAR: Variable Equation" 아이콘을 사용하는 것이다. 회로 소자의 값을 직접 편집하는 첫번째 방법보다는 "Insert VAR: Variable Equation" 기능을 활용하는 방법을 추천한다. 이 방법을 활용하면 ADS를 보다 효율적으로 사용할 수 있게 된다. "Insert VAR: Variable Equation" 기능의 사용법은 다음과 같다.

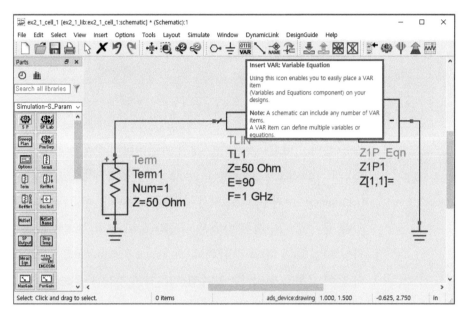

그림 2-13 "Insert VAR: Variable Equation" 아이콘

그림 2-13에 표시된 것과 같이 "Insert VAR: Variable Equation" 아이콘을 클릭하고, Schematic Window의 임의의 위치를 클릭하면 그림 2-14와 같이 "VAR" instance가 생성된다. 이 "VAR" instance는 회로 소자의 값을 변수로 할당하고, 해당 변수의 값을 특정 숫자 또는 수식으로 정의할 수 있다.

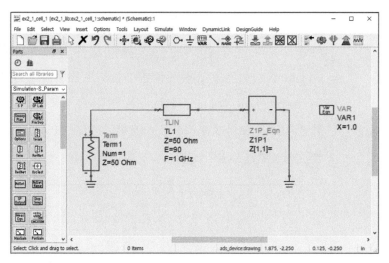

그림 2-14 "VAR" instance의 생성

예를 들어, "TLIN" 소자는 3개의 파라미터 – Z (characteristic impedance; 특성 임피던 스), E (electrical length in degree: 단위가 각도인 전송 선로의 전기적 길이), F (frequency: 주파수) – 로 모델링되는 소자이다. 이 3개의 파라미터를 변수로 할당할 수 있다. 변수로 할당하는 방법은 다음과 같다. 그림 2-14에 있는 "TLIN" 소자를 더블 클릭 하면 그림 2-15 (a)와 같이 "Edit Instance Parameters" 윈도우가 팝업된다. 그림 2-15 (a) 와 같이 사용자가 원하는 변수를 영문과 숫자를 사용하여 공백 없이 지정한다. 변수가 할 당된 파라미터의 단위는 자동으로 "None"으로 변환되지만, 필요에 따라 그림 2-15 (b)와 같이 단위를 지정할 수도 있다.

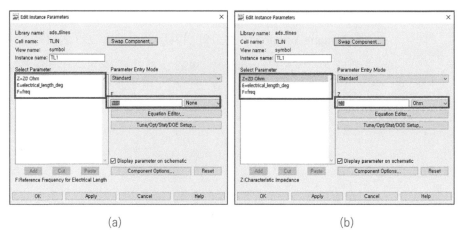

(a)   (b)

그림 2-15 (a) "Edit Instance Parameters" 윈도우에서 파라미터에 변수를 할당하는 방법, (b) 할당된 변수의 단위 를 지정하는 방법

그림 2-15에 보인 바와 같이 "TLIN" 소자의 파라미터를 변수로 지정한 후, "VAR" instance에 동일한 변수를 정의하면, ADS는 "VAR"에 정의된 변수를 자동으로 해당 회로 소자의 변수로 인식하고 Schematic Simulation에 적용한다. 따라서, 변수를 할당하고 정의할 때 동일 변수의 철자에 오타가 발생하지 않도록 주의해야 한다.

"VAR" instance를 편집하기 위하여 "VAR"를 더블 클릭하면 "Edit Instance Parameters" 윈도우가 그림 2-16 (a)와 같이 팝업 된다. 그림 2-16 (a)와 같이 우측의 "Name" 항목에 사용자가 원하는 변수를 편집하고, 원하는 값을 "Variable Value" 항목에 편집한다. "Variable Value"의 단위는 "None"이다. 이와 같이 편집한 후 그림 2-16 (a) 하단의 두번째 버튼, "Apply"를 클릭하면 좌측에 변수가 정의되고 값이 할당된 것을 확인할 수 있다. 사용자의 필요에 따라 그림 2-16 (b)와 같이 "Name" 항목에 추가로 변수를 편집하고 "Variable Value"에 원하는 값을 할당하거나 또는 수식을 편집하고 좌측 하단에 "Add" 버튼을 누르면 추가로 변수를 수식으로 정의할 수 있다.

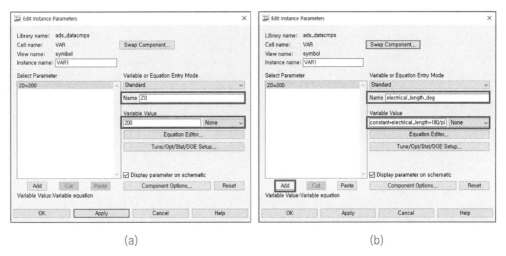

(a)   (b)

그림 2-16 (a) "VAR" instance에 내한 "Edit Instance Parameters" 윈도우, (b) 새로운 변수의 추가와 값 또는 수식의 할당

그림 2-16과 같이 "VAR" instance 편집을 마치면 그림 2-17에 보인 바와 같은 ADS Schematic을 얻을 수 있다. 그림 2-17의 ADS Schematic에서 추가로 설명할 부분이 있다. "TLIN" 소자의 세번째 파라미터는 "F"는 주파수를 의미하며 "freq"라는 변수로 할당되어 있다. 하지만, "freq"라는 문자열에 대하여 "VAR" instance에 별도로 정의하지 않았다. 이 이유는 "freq"는 ADS에서 별도로 지정된 전역 변수(global variable)이기 때문이다. "freq"는 항상 주파수(frequency)를 의미하며, 사용자가 다른 의미로 사용할 수 없는

전역 변수임을 기억해야 한다.

이와 유사한 개념으로 ADS에는 미리 정의된 내장 상수 (pre-defined built-in constant)가 있다. 그림 2-17 회로도의 "VAR"의 변수 중에서 "phase_velocity_light"는 c0라는 문자열이 할당되어 있고, "electrical_length_deg"라는 변수가 수식으로 정의되어 있는데, 수식에 "pi"라는 문자열이 쓰이고 있다. ADS에서 문자열 "c0"는 광속 (speed of light)를 의미하며, 문자열 "pi"는 원주율 π를 의미한다. 이와 같이 ADS에서는 미리 정의된 내장 상수를 마련해두고, 수식에 사용할 수 있도록 하고 있다.

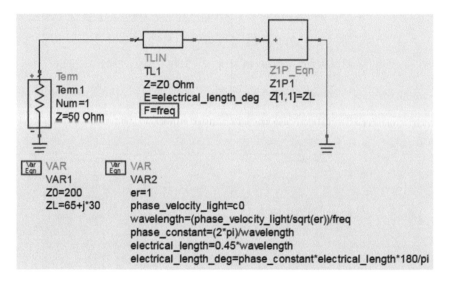

그림 2-17 "VAR" instance를 이용한 회로 소자값들에 대한 변수 정의와 값 또는 수식 할당

따라서, 어떤 변수에 수식을 할당할 경우, 미리 정의된 내장 상수로 지정된 문자열을 사용하면 해당 문자열에 할당된 값이 자동으로 수식 계산에 사용된다. ADS에서 미리 저장된 내장 상수의 문자와 해당 값은 표 2-1에 정리되어 있다.

표 2-1 ADS의 미리 정의된 내장 상수 (pre-defined built-in constant)

문자열	값	의미
e	2.718 282 ⋯	자연 로그의 밑 e
ln10	2.302 585 ⋯	ln (10)
c0	2.997 924 58 e+08 m/s	광속 (speed of light)

문자열	값	의미
e0	8.854 188 ⋯ e-12 F/m	진공의 유전율 (vacuum permittivity = 1/(u0*c0*c0))
u0	1.256 637 ⋯ e-6 H/m	진공의 투자율 (vacuum permeability = 4*pi*1e-7)
boltzmann	1.380 658 e-23 J/K	볼쯔만의 상수 (Boltzman's constant)
qelectron	1.602 177 33 e-19 C	전자의 전하량 (charge of an electron)
planck	6.626 075 5 e-34 J*s	플랑크의 상수 (Planck's constant)
pi	3.141 593 ⋯	π (pi)

문제에서 부하 임피던스는 복소수로 주어져 있으므로 "Eqn Based-Linear"라는 회로 소자 메뉴 중 "ads_datacmps:Z1P_Eqn" 회로 소자를 사용하였다. 이 회로 소자의 값도 변수 "ZL"로 할당하였고, "VAR"에 "ZL"의 값을 복소수로 정의하였다. ADS에서는 복소수를 표시할 때 그림 2-17 회로도에 보인 바와 같이 "60 + j*30"으로 입력한다. ADS에서 "j" 문자는 $\sqrt{-1}$ 을 의미하며, 반드시 "j"와 숫자 사이에 "*" 기호를 삽입해야 한다. "j30"으로 입력하면 Schematic Simulation 실행 과정에서 에러가 발생한다. ADS에서는 "i"를 $\sqrt{-1}$ 로 인식하지 않으며, ADS Schematic 작성 과정에서 경고를 발생하며 Schematic Simulation 실행 과정에서 에러가 발생하므로 사용하지 않는다.

iii. 변수에 수식을 할당하는 방법

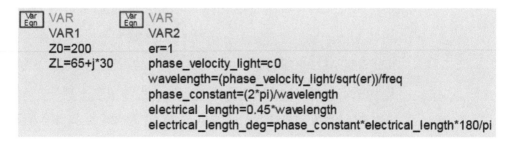

```
Var  VAR              Var  VAR
Eqn                   Eqn
     VAR1                  VAR2
     Z0=200                er=1
     ZL=65+j*30            phase_velocity_light=c0
                           wavelength=(phase_velocity_light/sqrt(er))/freq
                           phase_constant=(2*pi)/wavelength
                           electrical_length=0.45*wavelength
                           electrical_length_deg=phase_constant*electrical_length*180/pi
```

그림 2-18 그림 2-17 회로도의 "VAR" instance

그림 2-18은 그림 2-17 회로도에서 "VAR" instance만을 따로 떼어내어 보였다. "VAR" instance는 사용자의 필요에 따라 1개 이상을 사용할 수 있다. 그림 2-18에서 보인 예와 같이, 좌측 "VAR1" instance는 숫자가 할당되는 변수용으로 사용하고, 우측 "VAR2" instance는 수식이 할당되는 변수용으로 사용할 수도 있다. "VAR2" instance의 경우, 이 문제에서 필요한 전송 선로의 길이를 각도 단위로 표시하기 위하여 설계된 것이다. 2-1 절에서 설명한 것처럼 ADS에서 이상적인 전송 선로 모델의 전기적 길이를 각도 값으로 입력해야 하며, 단위는 degree (°)이다.

문제에서, 전송 선로의 길이는 전기적 길이로 주어져 있으므로, 2-1절에서 설명한 방법에 따라 "VAR" instance를 이용하여 변수 ("electrical_length_deg")를 수식으로 할당해 두면 단순히 "electrical_length"의 파장에 곱해진 숫자 – 2.1절에서의 수식 (2.1) – 만 바꾸면 간편하게 전송 선로의 전기적 길이를 각도로 변환할 수 있게 된다. 위의 예처럼, 수식이 길이가 매우 길 경우, 변수를 여러 개 설정하고 수식을 여러 개로 나누어 표현할 수도 있다. 다만, 주의할 점은 변수의 문자열에 일관성이 유지되어야 한다.

수식을 편집할 때 앞서 언급한 전역 변수, 미리 정의된 내장 상수와 더불어 ADS에 내장된 함수를 사용할 수도 있다. 예를 들면, 그림 2-18 우측에 보인 "VAR2"의 세번째 수식인 "wavelength" 라는 변수에 할당된 수식을 살펴보자. 이 식은, TEM 파의 파장을 구하는 공식을 표현한 것이다. 우리가 알고 있는 수학 기호로 이 수식을 표현하면,

$$\lambda = \frac{\frac{c}{\sqrt{\epsilon_r}}}{f} \tag{2.10}$$

이다. 식 (2.10)에서 각각 c는 광속, ϵ_r은 전송 선로 유전체의 상대 유전율, f는 주파수이다. 그림 2.18의 수식과 식 (2.10)을 비교하면 "sqrt(er)"라는 문자열을 발견할 수 있을 것이다. 이 "sqrt(er)" 문자열을 수학 기호로 표시하면 $\sqrt{\epsilon_r}$ 이다. 즉 "sqrt()"는 근호 (root)를 표현하는 ADS의 내장 함수이다. ADS는 매우 강력한 프로그래밍 언어인 Application Extension Language (AEL)을 지원하며, 수학적 함수는 대부분 AEL에 내장되어 있다. AEL은 이 책의 범위를 벗어나지만, 필요한 수학 함수가 있거나 AEL 프로그래밍에 관심이 있는 경우 Keysight Technologies에서 운영하는 웹사이트 (edadocs.software. keysight.com)에서 AEL을 검색하면 관련 정보를 찾을 수 있다.

다. ADS Schematic의 완성

이 문제에서 구해야 하는 결과물은 부하에서의 전압 반사 계수 (reflection coefficient, Γ), 정재파비 (standing wave ratio, SWR)와 입력 임피던스 (input impedance, Z_{in})이다. 주어진 전송 선로는 복소 부하 임피던스 (complex load impedance)로 종단(termination)되어 있는 1-port 네트워크이다. 따라서, 부하에서의 전압 반사 계수는 S-parameter Simulation으로 계산되는 "S11" 값이 되며, 정재파비를 계산해주는 ADS의 instance, "VSWR"을 Schematic Window에 배치하면 된다. 그리고, 마지막으로 전송 선로의 입력에서 바라본 입력 임피던스를 계산해 주는 ADS의 instance, "Zin"을 배치하면 된다.

그런데, 여기에서 고려해야 할 점이 있다. 전압 반사 계수와 정재파비의 경우 부하에서 바라본 "S11" 값을 이용하여 계산해야 하는 값이고, 입력 임피던스는 전송 선로의 입력단에서 바라본 "S11" 값을 이용하여 계산해야 하는 값이다. 따라서, 이 2개의 "S11" 값을 구분하기 위하여 부하 임피던스에 직접 "ads_simulation:Term"을 연결한 회로를 추가해야 한다. 이 부분을 추가한 회로, "VSWR", "Zin" 을 추가하여 완성된 ADS Schematic을 그림 2-19에 보였다. 정재파비 instance, "VSWR"와 입력 임피던스 instance, "Zin"은 "Simulation-S_Param" palette에서 찾을 수 있다.

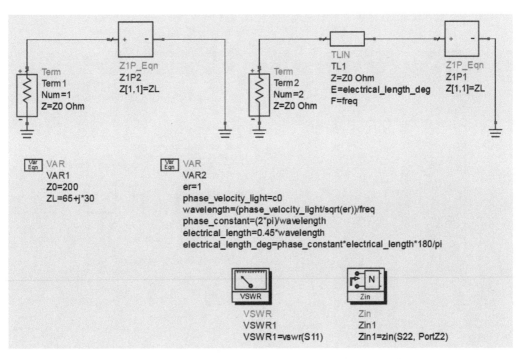

그림 2-19 정재파비 instance, "VSWR"와 입력 임피던스 instance, "Zin"을 추가한 ADS Schematic

정재파비 instance는 "VSWR" instance이며, 이 instance의 "VSWR1=vswr(S11)"에 할당된 "S11"은 그림 2-19에 보인 회로도의 왼쪽 회로의 입력 "Term1, Num=1" instance로부터 시뮬레이션 될 것임을 의미한다. "Term"의 번호가 "Num=1"임을 주목하라.

입력 임피던스 instance는 "Zin" instance이며, 이 instance의 "Zin1=zin(S22,PortZ2)"에 할당된 "S22"는 그림 2-19에 보인 회로도의 오른쪽 회로의 입력 "Term2, Num=2" instance로부터 계산될 것임을 의미한다. "Term"의 번호가 "Num=2"임을 주목하라. "Zin1=zin(S22,PortZ2)"의 "PortZ2"는 입력 포트 임피던스로써 이 문제의 경우는 $Z_0 = 200\ \Omega$이다.

라. Schematic Simulation

ADS Schematic이 완성되었으므로 그림 2-20 (a)에 표시된 "Simulate" 아이콘을 클릭해 보자.

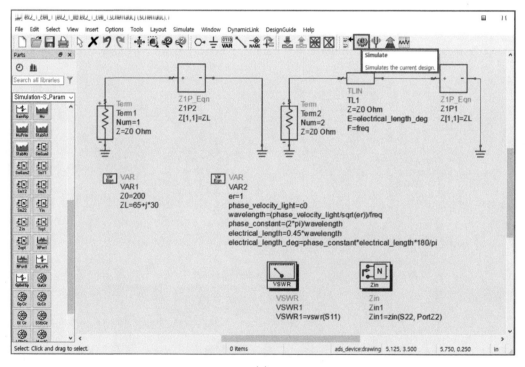

(a)

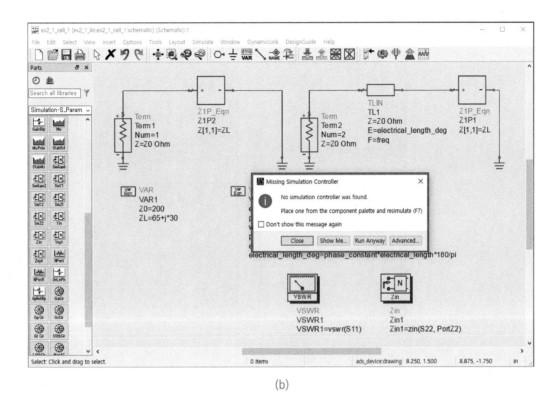

(b)

그림 2-20 (a) Schematic Window의 "Simulate" 아이콘, (b) "Missing Simulation Controller"라는 경고 윈도우의 팝업

그림 2-20 (a)와 같이 "Simulate" 아이콘을 클릭하면 그림 2-20 (b)와 같이 "Missing Simulation Controller"라는 경고 윈도우가 팝업 될 것이다. 이 윈도우에 안내되어 있는 것처럼 "component palette"에서 적절한 "Simulation Controller"를 선택하여 ADS Schematic에 배치해야 한다.

RF/마이크로파 공학과 관련된 대부분의 시뮬레이션은 '나-A' 절에서 언급한 바와 같이 "S-parameters Simulation"을 사용한다. S-parameter "Simulation Controller"는 그림 2-21에 보인 바와 같이 "Simulation-S_Param"이라는 palette의 "ads_simulation:S_Param" instance를 사용한다.

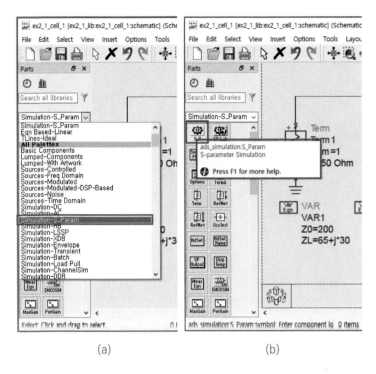

(a)   (b)

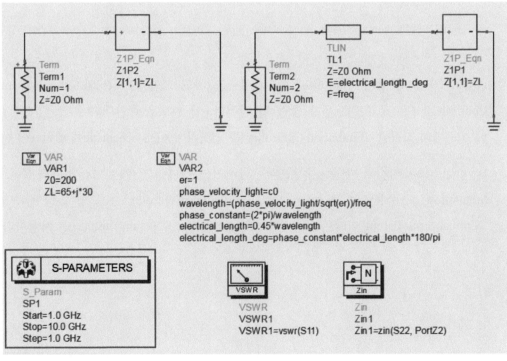

(c)

그림 2-21 (a) Schematic Window의 "Simulation-S_Param" palette, (b) "Simulation-S_Param" palette의 "ads_simulation:S_Param" instance 선택, (c) Schematic Window에 배치된 "ads_simulation:S_Param" instance

그림 2-21 (c)의 좌측 하단에 적색 박스로 표시된 instance가 "Scattering Parameter Simulation" instance이다. 이 instance에서 "Scattering Parameter Simulation"에 대한 조건을 설정하기 위하여 마우스로 선택 후 더블 클릭을 하면 그림 2-22 (a)와 같은 윈도우가 팝업된다. "Scattering Parameter Simulation" 윈도우에는 차례대로 "Frequency", "Parameters", "Noise", "Output", "Display" 등 5개의 탭이 있다. 이 문제를 해결하기 위하여 필요한 탭은 "Frequency" 탭, "Display" 탭, 그리고 "Output" 탭이다. 나머지 2개의 탭은 default 상태에서 변경하지 않는다.

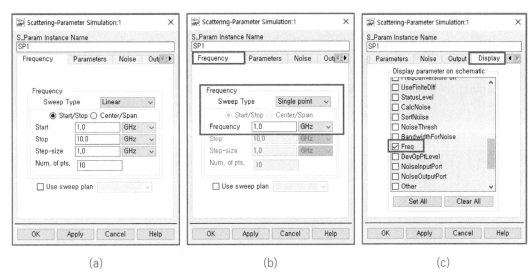

그림 2-22 (a) "Scattering-Parameter Simulation" instance 설정 윈도우, (b) "Frequency" 탭 편집, (c) "Display" 탭

그림 2-22 (b)에 보인 "Frequency" 탭에서는 S-parameter Simulation 주파수를 설정한다. "Frequency" 탭에서 설정된 주파수는 자동적으로 ADS의 전역 변수인 "freq"에 할당된다. 일반적으로 RF/마이크로파 회로에 대한 S-parameter Simulation이나 회로망 분석기 (network analyzer)를 이용한 S-parameter 측정은 특정 주파수 대역을 설정하여 "frequency sweep" 시뮬레이션 또는 측정을 수행한다. "Frequency" 탭을 살펴 보면 "Sweep Type"을 "Single point", "Linear", Log"로 설정할 수 있고, "Start/Stop"이나 "Center/Span"으로 특정 주파수 대역을 설정할 수 있다.

이 문제에서는 주파수가 특정되지 않고, 전송 선로의 길이가 전기적 길이로 설정되어 있다. 따라서, "Sweep Type"을 "Single point"로 설정하고 임의의 주파수를 선택하면 된다. 편의상, "Frequency"는 1.0 GHz로 설정한다.

"Scattering-Parameter Simulation" controller의 경우, 기본 설정으로 "Start", "Stop", "Step"항목을 Schematic Window에 "Display"하도록 되어있다. "Single point"로 "Sweep Type"을 설정할 경우 이

세 항목은 값이 없게 된다. 따라서, 시뮬레이션 주파수를 확인하기 위하여 그림 2-22 (c)에 보인 "Display" 탭에서 "Freq"를 선택하면 시뮬레이션 주파수를 Schematic Window에서 확인할 수 있다.

그림 2-23에 보인 "Output" 탭에서는 Schematic Window에서 설정한 "VAR" 변수 또는 수식의 값을 시뮬레이션 후에 확인할 수 있도록 S-parameter Simulation 수행 전에 S-parameter Simulation 수행 후 생성되는 "datasets"에 저장하도록 설정하는 것이다. S-parameter Simulation "datasets"에 대해서는 S-parameter Simulation 결과값을 확인하는 단계에서 설명하기로 한다.

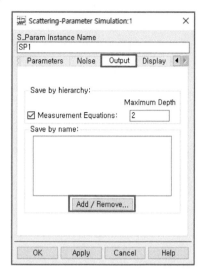

그림 2-23 "Scattering-Parameter Simulation" instance의 "Output" 탭

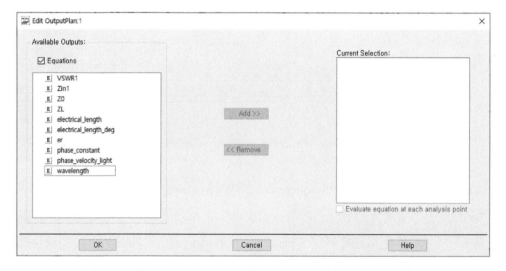

그림 2-24 "Output" 탭에서 "Add/Remove" 버튼을 클릭하여 팝업된 "Edit OutputPlan:1" 윈도우

그림 2-23의 "Output" 탭에서 "Add/Remove" 버튼을 클릭하면, 그림 2-24와 같이 "Edit OutputPlan:1" 윈도우가 팝업된다. 그림 2-24에 보인 바와 같이, 최초에는 왼쪽의 "Equations" 영역에 Schematic Window의 "VAR" instance에 정의한 변수들이 보이고, "Current Selection" 영역은 빈 공간으로 남아있다. 사용자의 필요에 따라 원하는 변수들을 선택하여 "Add>>" 버튼을 클릭하면 그림 2-25와 같이 "Current Selection" 영역으로 옮겨진다. 필요 없다고 생각되는 변수는 "Current Selection" 영역에서 선택한 후, "<<Remove" 버튼을 누르면 제거된다.

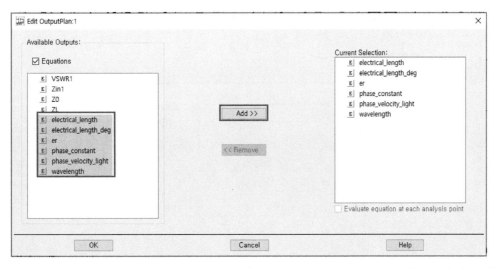

그림 2-25 "Output" 탭에서 "Add/Remove" 버튼을 클릭하여 팝업된 "Edit OutputPlan:1" 윈도우에서 사용자가 원하는 출력 값 추가 방법

위의 작업을 모두 마친 후 "Edit OutputPlane:1" 윈도우를 닫고 "Scattering-Parameter Simulation" controller 윈도우를 닫으면 시뮬레이션을 실행할 수 있는 상태가 된다. S-parameter Simulation 수행 직전의 Schematic Window는 그림 2-26에 보인 바와 같다.

이제, 그림 2-26 상단에 표시된 "Simulate" 아이콘을 클릭하면 Schematic Simulation이 실행된다.

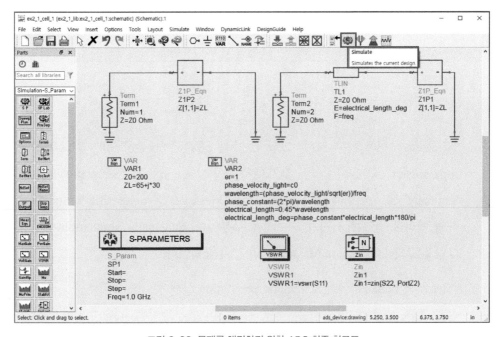

그림 2-26 문제를 해결하기 위한 ADS 최종 회로도

마. Schematic Simulation 결과값 확인

A. "hpeesofsim" 윈도우

그림 2-27 그림 2-26의 "Simulate" 버튼을 누른 직후 자동 팝업 되는 "hpeesofsim" 윈도우

"Simulate" 버튼을 누르면 그림 2-27과 같은 "hpeesofsim" 윈도우가 자동 팝업 된다. "hpeesofsim" 윈도우는 그림 2-27에서 확인할 수 있듯이 "Simulation Messages"와 "Status / Summary" 로 나뉘어져 있다. "Simulation Messages"는 Schematic Simulation 도중 문제가 발생하면 에러나 경고 메시지가 보여지는 부분이다. Schematic Simulation이 정상적으로 수행되면 그림 2-27의 "Simulation Messages"와 같이 공백이다.

"Status / Summary"에는 Schematic Simulation 실행 정보를 보여준다. 시작과 종료 시간, 시뮬레이션 종류, 컴퓨터 자원 사용 시간, 시뮬레이션 결과인 "dataset" 저장 경로 등 매우 구체적인 Schematic Simulation 실행 정보를 확인할 수 있다.

그림 2-27의 적색 박스에 표시된 "dataset"의 저장 경로는 ADS Main Window의 "File View" 탭을 선택하면 확인할 수 있다. 그림 2-28에서 확인할 수 있듯이 Schematic Window의 cell 이름 ("ex2_1_cell_1")과 동일한 "dataset" 파일이 파일 확장자 ".ds"로 저장되어 있다.

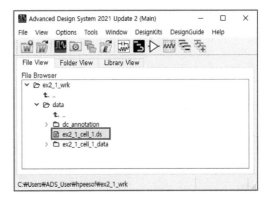

그림 2-28 ADS Main Window의 "File View"에 표시되어 있는 "ex2_1_cell_1.ds" "dataset"

B. "hpeesofdds/Data Display" 윈도우

Schematic Simulation이 성공적으로 종료되면 그림 2-29에 보인 "hpeesofdds/Data Display" 윈도우가 잠시 팝업 되었다가 사라지면서 그림 2-30 (a)에 보인 "ex2_1_cell_1" 윈도우가 팝업 된다. 이 윈도우의 저장 아이콘을 클

그림 2-29 잠시 팝업되었다가 사라지는 "hpeesofdds/Data Display" 윈도우 (부분)

릭하고 ADS Main Window의 "Folder View" 탭을 열어보면, 그림 2-30 (b)에 보인 바와 같이 "ex2_1_cell_1.dds"라는 파일을 확인할 수 있다. 이 파일이 "ex_2_1_cell_1" cell의 Schematic Simulation의 결과값을 확인하고 저장하는 파일이다.

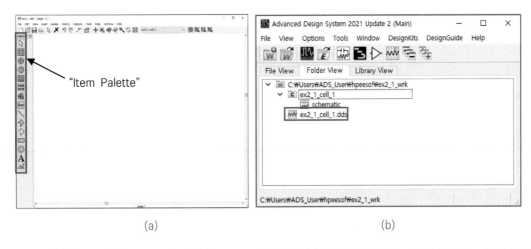

(a)   (b)

그림 2-30 (a) "hpeesofdds/Data Display" "ex2_1_cell" 윈도우, (b) ADS Main Window의 "Folder View"에서 확인할 수 있는 "ex2_1_cell_1.dds" 파일

그림 2-30 (a)의 좌측에 적색 박스로 표시된 "Item Palette"의 아이콘을 이용하여 사용자가 선택한 형식으로 Schematic Simulation 결과값을 확인할 수 있다.

C. Schematic Simulation 결과값 확인

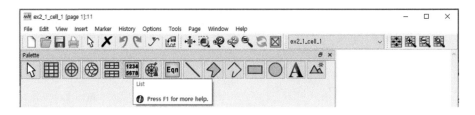

그림 2-31 "hpeesofdds/Data Display" "ex2_1_cell" 윈도우에서 "Item Palette" 아이콘을 가로로 정렬한 모습

그림 2-30 (a)의 좌측에 적색 박스로 표시된 "Item Palette"에는 다양한 아이콘이 있다. 이 "hpeesofdds/Data Display" 윈도우의 "Item Palette"는 세로로 보이는 것이 기본 설정이시만, "Item Palette" 윈도우를 우측으로 확장시키면 그림 2-31에 보인 바와 같이 가로로 설정할 수도 있다.

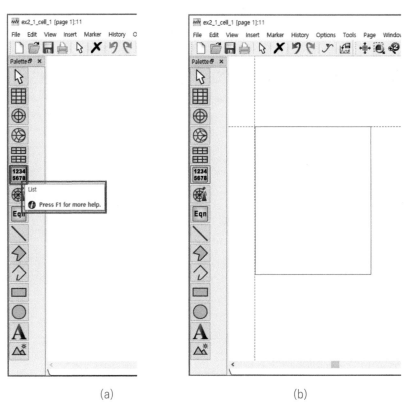

(a)   (b)

그림 2-32 (a) "hpeesofdds/Data Display"의 "List" 아이콘, (b) "List" 아이콘을 선택하고 우측으로 마우스 커서를 옮긴 상태

Schematic Simulation 결과는 직각 좌표계 그래프 ("Rectangular Plot" 또는 "Stacked Rectangular Plot") 또는 극 좌표계 그래프 ("Polar")로 그릴 수도 있고, Smith chart ("Smith")를 그릴 수도 있으며, 시뮬레이션 값을 숫자로 확인 ("List")할 수도 있다. 안테나의 복사 패턴 ("Antenna")을 그릴 수도 있고, 수식 ("Equation")을 편집하여 계산 값을 얻을 수도 있다.

이 문제의 경우, Schematic Simulation을 통하여 단일 주파수에 대한 부하에서의 전압 반사 계수 (reflection coefficient, Γ), 정재파비 (standing wave ratio, SWR)와 입력 임피던스 (input impedance, Z_{in})를 구해야 한다. 즉, 시뮬레이션 값을 숫자로 확인하는 "List"를 이용하면 된다.

그림 2-32 (a)에 보인 바와 같이 "List" 아이콘이 "Item Palette" 중간쯤에 위치한다. 그림 2-32 (b)와 같이 "List" 아이콘을 클릭하여 선택하고 우측으로 마우스 커서를 옮기면 적색 점선 열십자에 적색 실선 박스가 보일 것이다. 이 상태에서 마우스를 클릭하면 그림 2-33에 보인 바와 같이 "Plot Traces & Attributes" 윈도우가 자동 팝업 된다. 이 윈도우를 차례로 살펴보면 "Item Palette"가 상단에 보이고 "List" 아이콘이 하이라이트 되어 있음을 확인할 수 있다.

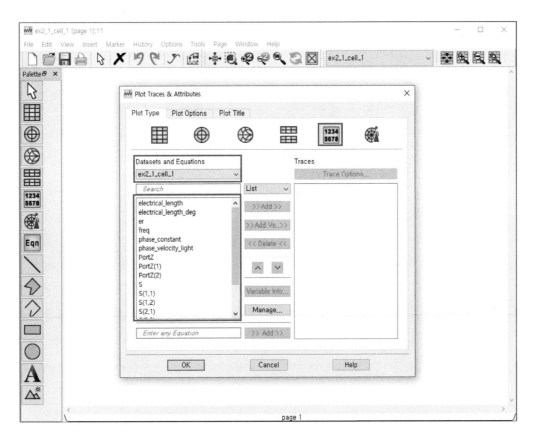

그림 2-33 "List" 아이콘을 선택하여 윈도우에 클릭하여 자동 팝업된 "Plot Traces & Attributes" 윈도우

그림 2-33 상단 우측에 표시된 "List" 아이콘 좌측 바로 밑에 "Datasets and Equations" 항목이 있다. 현재 cell인 "ex2_1_cell_1"이 풀다운 메뉴에 있음을 확인할 수 있다. 이 풀다운 메뉴 밑에 Schematic Simulation의 결과값이 나열되어 있다. 그림 2-25에서 보인 "Scattering-Parameter Simulation" controller 윈도우의 "Output" 탭에서 설정했던 Schematic Window의 "VAR" instance의 변수들이 S-parameters와 함께 "List" 되어 있음을 확인할 수 있다.

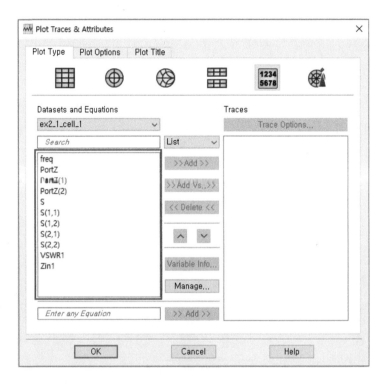

그림 2-34 "Scattering-Parameter Simulation" controller 윈도우의 "Output" 탭에서 미리 설정하지 않았다면, "VAR" 변수들이 보이지 않음

만약, "Output" 탭에서 미리 설정하지 않았다면, "VAR" 변수들은 그림 2-34에 보인 바와 같이 나열되지 않음을 확인할 수 있다. 독자들은 이 내용을 스스로 확인해보기 바란다. "Scattering-Parameter Simulation" controller 윈도우의 "Output" 탭으로 돌아가서 ADS Schematic의 "VAR" instance의 변수들을 "Edit OutputPlane:1" 윈도우에서 추가한 후 다시 Schematic Simulation을 실행하면 앞서 보였던 "Datasets and Equations"에서 "VAR" instance의 변수들이 나열됨을 확인할 수 있다.

i. 부하에서의 전압 반사 계수 (reflection coefficient, Γ)

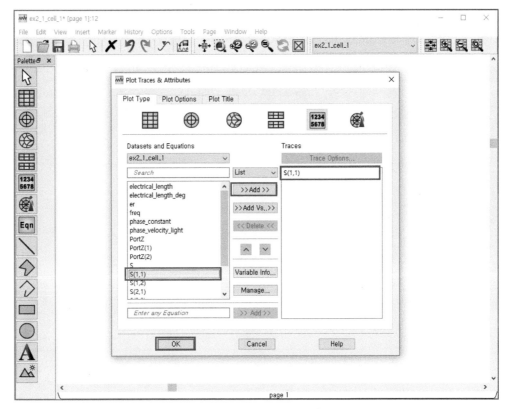

그림 2-35 "Datasets and Equations"의 "S(1,1)"을 "Traces"에 추가한 모습

부하에서의 전압 반사 계수는 S(1,1) 값이다. 그림 2-35에 보인 바와 같이 "Datasets and Equations" 항목의 "S(1,1)"을 선택하여 ">>Add>>" 버튼을 누르면 "Traces"에 "S(1,1)"이 보이는 것을 확인할 수 있다. 이 값은 "List"에서 확인하면 다음 그림과 같다. 왼쪽 하단의 "OK" 버튼을 누르면 아래 그림과 같이 "S(1,1)" 값을 확인할 수 있다.

freq	S(1,1)
1.000 GHz	0.519 / 161.012

그림 2-36 "List" 아이콘을 이용한 부하에서의 전압 반사 계수 "S(1,1)" 값 표시

S-parameter는 일반적으로 복소수이며, 복소수를 표현하는 방법은 크기와 위상각 (magnitude/degrees)을 이용한 극좌표 형식 (polar form)으로 표현하거나, 실수부와 허수부를 이용한 직각좌표 형식 (rectangular form)으로 표현한다. 그림 2-36에 표시된 "S(1,1)"은 크기와 위상각을 이용한 극좌표 형식이다. 사용자의 필요에 따라 직각좌표 형식으로 표현해야 한다면 그림 2-37 (a)에 보인 바와 같이 "hpeesofdds/Data Display" 윈도우의 "Option-Preferences⋯"에서 설정을 변경하면 된다.

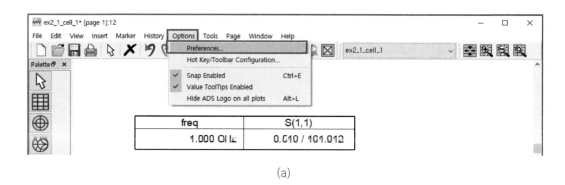

(a)

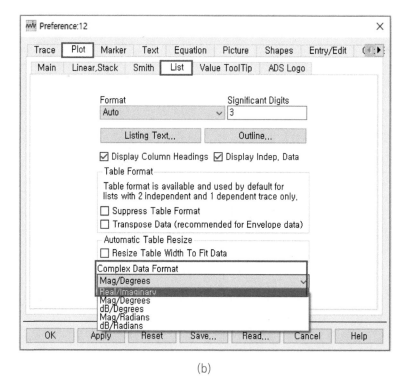

(b)

그림 2-37 (a) "hpeesofdds/Data Display" 윈도우의 "Option-Preferences⋯", (b)"Preferences" 윈도우

그림 2-37 (b)에 보인 바와 같이 "Preferences" 윈도우에서 "Plot" 탭의 "List" 탭 하단의 "Complex Data Format"의 풀다운 메뉴에 "Mag/Degrees"로 선택되어 있음을 확인할 수 있다. 풀다운 메뉴를 내려보면 5개의 선택 사항이 있음을 확인할 수 있다. "Real/Imaginary" 항목을 선택한 후 다시 "List" 값을 확인하면 그림 2-38과 같이 바뀌어 있음을 확인할 수 있다.

freq	S(1,1)
1.000 GHz	0.519 / 161.012

freq	S(1,1)
1.000 GHz	-0.490 + j0.169

그림 2-38 "S(1,1)"이 극좌표 형식으로 표시되었고, 하단에는 직각 좌표계 형식으로 표시되어 있음

ii. 부하에서의 정재파비 (standing wave ratio, SWR)

부하에서의 정재파비와 앞서 구했던 전압 반사 계수를 동시에 표시하기 위하여 그림 2-39에 보인 바와 같이 설정한다.

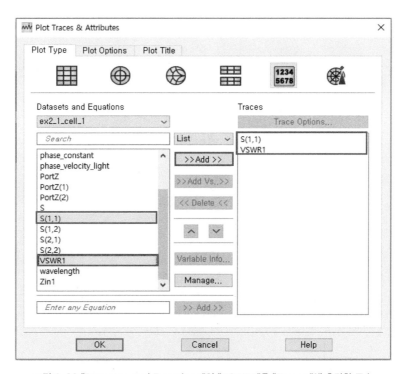

그림 2-39 "Datasets and Equations"의 "VSWR1"을 "Traces"에 추가한 모습

"OK" 버튼을 누르면 그림 2-40과 같이 결과값을 확인할 수 있다. 그림 2-39의 "Traces"에 "S(1,1)"과 "VSWR1"이 동시에 "Add"되어 있기 때문에, 그림 2-40에 보인 바와 같이, "S(1,1)"과 "VSWR1"이 같이 표시된다.

freq	S(1,1)	VSWR1
1.000 GHz	-0.490 + j0.169	3.154

그림 2-40 "List" 아이콘을 이용한 부하에서의 전압 반사 계수 "S(1,1)"와 "VSWR1" 값 표시

iii. 전송 선로 입력단에서 바라본 입력 임피던스 (input impedance, Z_{in})

위와 같은 방법으로 전송 선로 입력단에서 바라본 입력 임피던스를 구하면 그림과 같은 결과값을 얻을 수 있다.

freq	Zin1
1.000 GHz	64.682 - j26.845

그림 2-41 "List" 아이콘을 이용한 전송 선로 입력단에서 바라본 입력 임피던스 값 표시

이상으로, 문제에서 요구한 부하에서의 전압 반사 계수 (reflection coefficient, Γ), 정재파비 (standing wave ratio, SWR)와 입력 임피던스 (input impedance, Z_{in})는 모두 구했다.

iv. 전송 선로의 전기적 길이의 각도 단위 값 계산

이 문제에서 주어진 전송 선로의 전기적 길이를 각도 단위로 변환하는 공식을 Schematic Simulation에 입력하여 계산한 결과 값을 그림 2-42와 같이 확인해 볼 수 있다.

freq	electrical_length_deg
1.000 GHz	162.000

그림 2-42 문제에서 주어진 전송 선로의 전기적 길이를 각도 단위로 변환한 결과 표시

그림 2-42에서 확인한 바와 같이 Schematic Window의 "VAR" instance에서 설정했던 "electrical_ length_deg" 값을 "List"에서 확인할 수 있다. 이 값은 2.1절에서 유도했던 공식을

이용하여 전송 선로의 전기적 길이가 ℓ = 0.45 λ일 때, 이 전기적 길이에 대응하는 전송 선로의 각도 단위 변환 공식을 이용하여 계산한

$$\theta = \left[2\pi \times 0.45 \times \frac{180}{\pi} \right] \; degrees = 162°$$

와 일치함을 확인할 수 있다.

v. Schematic Simulation의 결과값 최종 확인

문제에서 요구한 모든 결과값을 그림 2-43에 보인 바와 같이 "hpeesofdds/Data Display" 윈도우에 동시에 표시할 수 있음을 확인할 수 있다.

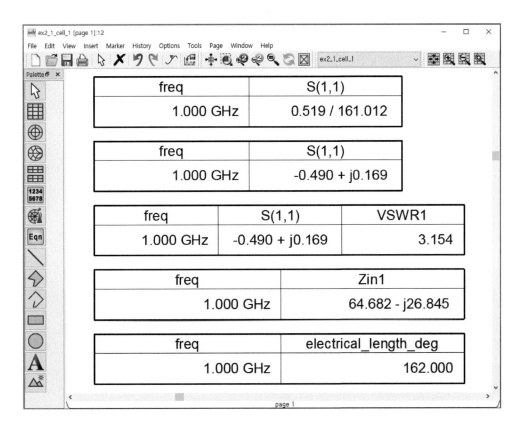

그림 2-43 문제에서 요구한 부하에서의 전압 반사 계수 (reflection coefficient, Γ), 정재파비 (standing wave ratio, SWR)와 입력 임피던스 (input impedance, Z_{in})를 모두 표시한 "hpeesofdds/Data Display" 윈도우

2.3 전송 선로 회로 해석: 집중 소자 값으로 지정된 부하 임피던스

EXERCISE

어떤 무손실 50 Ω 전송 선로에 저항과 커패시터가 직렬로 연결된 부하 임피던스로 종단되어 있다. 부하 저항 R_L = 75 Ω과 부하 커패시터 C_L = 5 pF이고, 동작 주파수는 500 MHz 일 때, (a) 이 부하 임피던스에서 발생하는 전압 반사 계수를 복소 평면의 극좌표 형식과 직각 좌표 형식으로 각각 표현하고, (b) 부하 임피던스를 $Z_L = R_L + jX_L$ 형식으로 변환하여 500 MHz에서 부하 임피던스 값을 복소 평면의 직각 좌표 형식으로 표현하고, (c) 이 전송 선로의 길이가 2 m이고, 전송 선로의 상대 유전율이 4일 때, 전송 선로의 입력단에서 바라본 입력 임피던스를 구하시오.

모범 답안

(a) 문제에서 주어진 부하 임피던스를 회로도로 나타내면 그림 2-44에 보인 바와 같다.

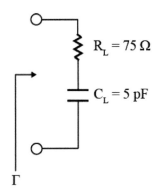

그림 2-44 문제의 부하 임피던스

그림 2-44에 보인 문제의 부하 임피던스에 대한 Schematic Simulation 수행하기 위하여, Workspace "ex2_2_wrk" 생성하고, Schematic "ex2_2_cell_1" 생성한 다음, "Basic Components"와 "Simulation-S_Param" palette의 회로 소자를 이용하여 그림 2-44에 보인 부하 임피던스를 그림 2-45와 같이 ADS Schematic으로 생성한다.

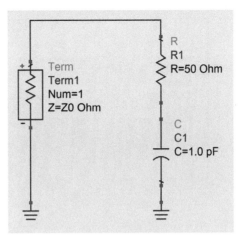

그림 2-45 Schematic Window에서 작성한 그림 2-44의 ADS Schematic

"VAR" instance를 이용하여 회로 소자 값을 변수로 설정하고, 문제에 주어진 값으로 그림 2-46 과 같이 편집한다.

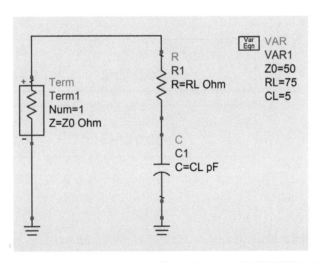

그림 2-46 그림 2-45와 같이 작성된 ADS Schematic에 "VAR" instance를 이용하여 회로 소자 값을 설정한 상태

"Simulation-S_Param" palette의 "Scattering-Parameter Simulation"를 그림 2-47에 보인 바와 같이 ADS Schematic에 배치하고, 문제를 해결하기 위한 관련 파라미터 - 주파수, 출력 값 등 - 를 설정한다.

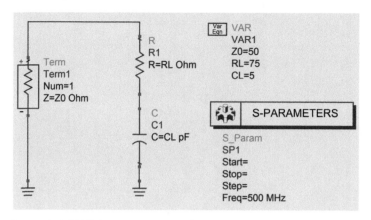

그림 2-47 그림 2-46과 같이 작성된 ADS Schematic에 "Scattering-Parameter Simulation"를 배치한 상태

Schematic Simulation을 수행하고, Schematic Simulation 결과 값을 출력한다. 이 문제의 경우 출력 값은 전압 반사 계수이므로 그림 2-47에 보인 ADS Schematic의 S(1,1) 값을 "Mag/Degrees" 형식과 "Real/Imaginary" 형식으로 각각 출력하면 된다. Schematic Simulation 결과 값은 그림 2-48과 같다.

freq	S(1,1)
500.0 MHz	0.488 / -41.571

freq	S(1,1)
500.0 MHz	0.365 - j0.324

그림 2-48 그림 2-47과 같이 작성된 ADS schematic에 대한 Schematic Simulation 결과 값 표시

(b) (a)번의 Schematic Simulation으로부터 구해진 datasets을 이용하여, "ex2_2_cell_1.dds" 윈도우의 "Item" palette의 "Equation" 아이콘을 이용하면 부하 임피던스, $Z_L = R_L + jX_L$ 형식으로 변환할 수 있다. "Equation" 아이콘를 클릭하고, "ex2_2_cell_1.dds" 윈도우의 빈 곳을 클릭하면 그림 2-49 (a)의 하단에 보인 것과 같이 "Enter Equation" 윈도우가 팝업 된다.

"Enter equation here:" 항목에 사용자가 원하는 수식을 편집할 수 있다. 이 문제에서 구해야 하는 것은 부하 임피던스를 복소 평면의 직각 좌표 형식의 복소수 값을 구하는 것이다. 이 값은,

$$Z_L = R_L + jX_L = R_L + \frac{1}{j\omega C_L} = R_L + \frac{1}{j2\pi f C_L} \tag{2.11}$$

로 표현되는 값이다 따라서, 그림 2-49 (b)에 보인 바와 같이, 편집해야 하는 식의 좌변은 "ZL"이고, "=" 기호의 우변은 식 (2.11)의 우변을 편집하면 된다.

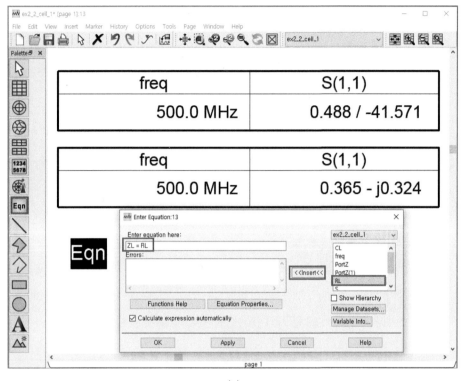

(a)

(b)

그림 2-49 (a) "ex2_2_cell_1.dds" 윈도우에서 "Equation" 아이콘를 이용하여 수식을 "hpeesofdds/Data Display" 윈도우에 수식을 삽입하는 과정 (b) "Enter Equation" 윈도우에서 부하 임피던스, "ZL"의 편집

식 (2.11)을 편집할 때 "R_L"과 "C_L" 값은 "VAR" instance에 할당됐던 변수를 그림 2-49 (b)에 보인 바와 같이 "<<Insert<<" 버튼을 이용하여 수식의 해당 자리에 삽입하면 된다. ADS Schematic 에서 "C_L" 값의 단위를 "pF"으로 설정하였기 때문에 "C_L"의 리액턴스 (reactance) 값을 계산하기 위하여 "p" (=pico)에 해당하는 "1e-12"가 수식에 반드시 포함되어야 한다. 그림 2-49 (b)에 보인 바와 같이 수식 편집을 마치고 "OK" 버튼을 클릭하면 그림 2-50과 같은 수식이 "ex2_2_cell_1.dds" 윈도우에 나타날 것이다.

$$\boxed{\text{Eqn}}\ \text{ZL = RL + 1/(j*2*pi*freq*CL*1e-12)}$$

그림 2-50 식 (2.11)을 "hpeesofdds/Data Display" 윈도우의 "Equation" 아이콘을 사용하여 편집한 식

그림 2-50에 보인 수식은 "List" 아이콘을 이용하여 계산 값을 확인할 수 있다. "List" 아이콘을 클릭하여 "Plot Traces & Attributes" 윈도우를 열면 그림 2-51 (a)에 보인 바와 같이 해당 윈도우가 팝업 된다. "Datasets and Equations" 항목의 풀다운 메뉴를 클릭하면 그림 2-51 (a)에 보인 바와 같이 "Equations" 항목을 선택할 수 있다. 풀다운 메뉴에서 "Equations" 항목을 선택하면, "ZL"이라는 항목이 그림 2-51 (b)에 보인 바와 같이 표시된다.

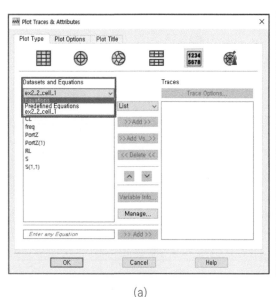

(a)   (b)

그림 2-51 (a) "List" 아이콘을 이용하여 팝업된 "Plot Traces & Attributes" 윈도우, (b) 그림 2-50에 보인 ADS 식을 "Plot Traces & Attributes" 윈도우에서 활용하는 방법

그림 2-51 (b)에 보인 바와 같이 "ZL"을 선택하고 ">>Add>>" 버튼을 클릭하고 "OK" 버튼을 클릭하면 "ex2_2_cell_1.dds" 윈도우에 2-52에 보인 바와 같이 "ZL" 값을 얻을 수 있다.

freq	ZL
500.0 MHz	75.000 - j63.662

그림 2-52 "Equation" 아이콘을 이용하여 얻은 부하 임피던스, "ZL" 값

(c) 전송 선로의 물리적 길이와 유전체의 상대 유전율 ($\epsilon_r = 4$)이 주어져 있으므로, 파장을 계산하여 전송 선로의 물리적 길이를 각도의 단위로 변환할 수 있다. 파장을 계산할 때 주의해야 할 점은 전송 선로의 유전체가 공기가 아니므로 위상 속도 (phase velocity)를 아래와 같은 식 (2.12)를 이용하여 계산해야 한다.

$$v_p = \frac{c}{\sqrt{\epsilon_r}} \tag{2.12}$$

이 문제를 해결하기 위한 ADS Schematic은 그림 2-53 (a)에 보인 바와 같다.

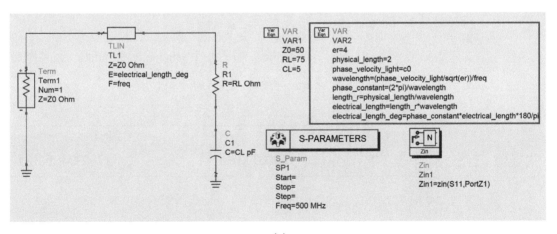

(a)

```
Var   VAR
Eqn   VAR2
      er=4
      physical_length=2
      phase_velocity_light=c0
      wavelength=(phase_velocity_light/sqrt(er))/freq
      phase_constant=(2*pi)/wavelength
      length_r=physical_length/wavelength
      electrical_length=length_r*wavelength
      electrical_length_deg=phase_constant*electrical_length*180/pi
```

(b)

그림 2-53 (a) 문제를 해결하기 위한 ADS Schematic, (b) (a)의 "VAR" "VAR2" instance를 확대한 모습

ADS에서 광속 (speed of light)는 미리 정의된 내장 상수 (pre-defined built-in constant) "$c0 = 2.99792458 \times 10^8 m/s$"로 정의되어 있으므로 이를 사용하였다. 파장을 계산하기 위하여,

$$v_p = f\lambda$$

$$\lambda = \frac{v_p}{f}$$

라는 공식을 사용한다.

그림 2-53 (a)에 보인 ADS Schematic을 이용하여 Schematic Simulation을 수행하면 전송 선로 입력에서 입력 임피던스를 그림 2-54와 같이 구할 수 있다.

freq	Zin1
500.0 MHz	17.490 - j5.831

그림 2-54 그림 2-53 (a)에 대한 Schematic Simulation을 실행하여 얻은 입력 임피던스, "Zin1"의 결과 값 표시

이와 더불어, 전송 선로의 물리적 길이, 입력 신호의 파장, 전송 선로의 전기적 길이, 전송 선로의 전기적 길이를 각도 단위로 환산한 표를 그림 2-54에 보인 바와 같이 구할 수 있다.

freq	physical_length	wavelength
500.0 MHz	2.000	0.300

freq	electrical_length	electrical_length_deg
500.0 MHz	2.000	2401.661

그림 2-54 전송 선로의 물리적 길이 ("physical_length"), 입력 신호의 파장 ("wavelength"), 전송 선로의 전기적 길이 ("electrical_ length"), 전기적 길이의 각도 단위 환산 ("electrical_length_deg") 값 표시

2.4 단락 회로로 종단된 전송 선로에 대한 등가 회로

EXERCISE

어떤 50 Ω 전송 선로의 물리적 길이가 1.5 m이고, 동작 주파수는 2.4 GHz이며, 단락 회로로 종단되어 있다. 이 전송 선로는 공기 라인 (air line)이다. (a) 이 전송 선로의 입력 임피던스를 구하고, (b) 이 전송 선로 회로를 집중 소자 (lumped elements)로 구성된 등가 회로로 변환하시오.

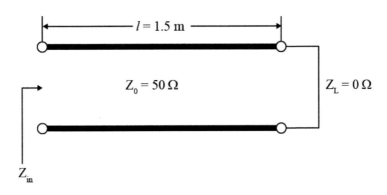

그림 2-55 단락 회로로 종단된 전송 선로

모범 답안

(a) 입력 임피던스를 구하기 위한 ADS Schematic은 그림 2-56과 같다.

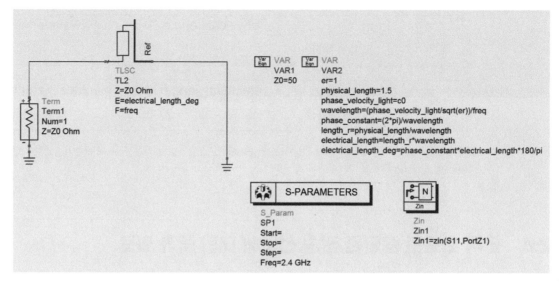

그림 2-56 문제 (a)를 해결하기 위한 ADS schematic

이 문제에서 전송 선로가 단락 회로로 종단되었다고 했기 때문에, "TLines-Ideal" palette의 "TLSC" instance를 사용하면 된다. 전송 선로가 공기 라인이므로 전송 선로에 사용된 유전체의 상대 유전율 $\epsilon_r = 1$이다. "VAR" instance에 "er"로 변수를 정의하고 1을 할당하였다. Schematic Simulation을 실행하고 결과 값을 출력하면 그림 2-57과 같은 입력 임피던스를 구할 수 있다.

freq	Zin1
2.400 GHz	2.507E-9 + j2.612

그림 2-57 그림 2-56에 대한 Schematic Simulation을 실행하여 얻은 입력 임피던스, "Zin1"의 결과 값 표시

이론적으로 단락 회로로 종단된 전송 선로의 입력 임피던스는

$$Z_{in}^{sc} = jZ_0 \tan \beta l \tag{2.13}$$

로 알려져 있다. 식 (2.13)에서

$$\tan \beta \ell \geq 0$$

이면, 이 전송 선로 회로는 인덕터로 모델링 되고,

$$\tan\beta\ell \le 0$$

이면, 커패시터로 모델링 된다.

$\tan\beta\ell$ 값을 계산하기 위하여 그림 2-58과 같이 ADS "Equation"을 편집하여 계산 값을 출력할 수 있다.

Eqn **tan_beta_l = tan(phase_constant*physical_length)**

그림 2-58 $\tan\beta\ell$을 계산하기 위한 ADS "Equation"

그림 2-58의 식으로부터 $\tan\beta\ell$값을 계산하면 그림 2-59에 보인 바와 같이 양의 값이므로 이 전송 선로 회로는 인덕터로 모델링할 수 있다.

freq	tan_beta_l
2.400 GHz	0.052

그림 2-59 그림 2-58에 표시된 식을 이용한 $\tan\beta\ell$ 계산 결과 값 표시

단락 회로로 종단된 전송 선로의 입력 임피던스 이론식 (2.13)을 사용하기 위하여 "Equation" 기능을 사용하여 그림 2-60과 같이 계산식을 편집하고 입력 임피던스를 구하면,

Eqn **Zin_SC = j*Z0*(tan (phase_constant*physical_length))**

그림 2-60 식 (2.13)을 이용한 단락 회로로 종단된 전송 선로의 입력 임피던스 계산을 위한 ADS "Equation"

그림 2-61에 표시된 결과 값을 얻을 수 있다.

freq	Zin_SC
2.400 GHz	0.000 + j2.612

그림 2-61 그림 2-60에 표시된 식을 이용한 입력 임피던스, "Zin_SC" 계산 결과 값 표시

Schematic Simulation으로부터 얻은 결과 값 (그림 2-57의 "Zin1")과 이론식에 의한 결과 값 (그림 2-61의 "Zin_SC")의 허수부가 일치하는 것을 확인할 수 있다. "Zin1"의 실수부 값은 매우 작은 값 (2.507 $n\Omega$)이므로 무시하면 결국 이론 값인 "Zin_SC" 와 일치한다고 결론 내릴 수 있다.

(b) 이 전송 선로 회로를 집중 소자로 구성된 등가 회로로 변환하기 위하여 그림 2-62와 같은 "Equation"을 정의한다.

Eqn Rin = re(Zin1)

Eqn Lin = im(Zin1)/(2*pi*freq)

그림 2-62 문제 (a)에서 얻은 입력 임피던스, "Zin1" 값으로부터 계산된 집중 소자 값을 계산하기 위한 ADS "Equation"

그림 2-62에 보인 ADS "Equation"에서 "re"와 "im"라는 함수는 각각 입력 임피던스, "Zin1"의 실수부와 허수부를 구하는 ADS 내장 함수이다. "Rin"과 "Lin"은 각각 "Zin1"의 저항 값과 인덕턴스 값을 의미한다. 입력 임피던스의 허수부가 양의 값이기 때문에 인덕턴스로 모델링 됨을 기억하자. 그림 2-62에 보인 수식으로 계산된 값과 등가 회로를 그림 2-63 (a)와 (b)에 각각 보였다.

freq	Rin	Lin
2.400 GHz	2.507E-9	1.732E-10

(a)

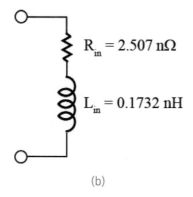

$R_{in} = 2.507 \text{ n}\Omega$

$L_{in} = 0.1732 \text{ nH}$

(b)

그림 2-63 (a)그림 2-62에 보인 식을 이용한 집중 소자, "Rin"과 "Lin" 계산 결과 값 표시, (b) 입력 임피던스, "Zin1"의 등가 회로

집중 소자 등가 회로의 입력 임피던스를 그림 2-64 (a)에 보인 ADS Schematic을 생성하여 Schematic Simulation을 수행하면, 집중 소자로 구성된 등가 회로의 입력 임피던스는 그림 2-64 (b)에 보인 바와 같다. 그림 2-64 (b)에 보인 "Zin1"은 그림 2-57에서 보인 "Zin1"과 동일한 값임을 확인할 수 있다.

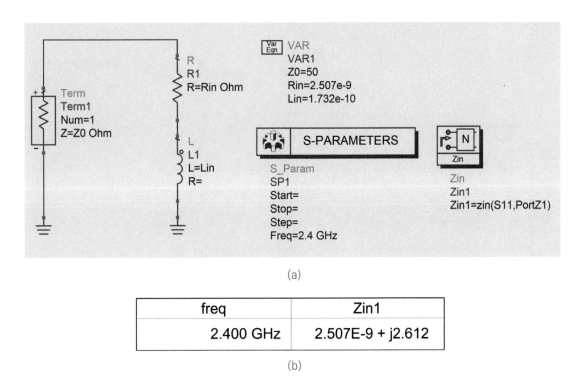

(a)

freq	Zin1
2.400 GHz	2.507E-9 + j2.612

(b)

그림 2-64 (a)그림 2-63 (b)에 보인 등가 회로를 Schematic Simulation하기 위한 ADS schematic, (b) 그림 2-64 (a)의 입력 임피던스, "Zin1" 결과 값 표시

2.5 개방 회로로 종단된 전송 선로에 대한 등가 회로

 EXERCISE

어떤 50Ω 전송 선로의 물리적 길이가 1.5 m이고, 동작 주파수는 2.4 GHz이며, 개방 회로로 종단되어 있다. 이 전송 선로는 공기 라인 (air line)이다. (a) 이 전송 선로의 입력 임피던스를 구하고 (b) 이 전송 선로 회로를 집중 소자 (lumped elements)로 구성된 등가 회로로 변환하시오.

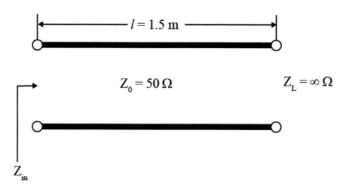

그림 2-65 개방 회로로 종단된 전송 선로

(a) 입력 임피던스를 구하기 위한 회로도는 그림 2-66과 같다.

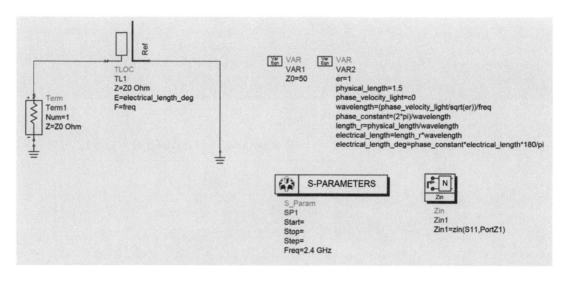

그림 2-66 (a)번 문제를 해결하기 위한 ADS Schematic

문제에서 전송 선로가 개방 회로로 종단되었다고 했기 때문에, "TLines-Ideal" palette의 "TLOC" instance를 사용하면 된다. 전송 선로가 공기 라인이므로 상대 유전율 $\epsilon_r = 1$이다. "VAR" instance에 "er"로 변수를 정의하고 1을 할당하였다. Schematic Simulation을 실행하고 결과 값을 출력하면 그림 2-67에 보인 바와 같은 입력 임피던스를 구할 수 있다.

freq	Zin1
2.400 GHz	9.184E-7 - j957.037

그림 2-67 그림 2-66에 대한 Schematic Simulation을 실행하여 얻은 입력 임피던스, "Zin1"의 결과 값 표시

이론적으로 단락 회로로 종단된 전송 선로의 입력 임피던스는

$$Z_{in}^{oc} = -jZ_0\cot\beta\ell \tag{2.14}$$

로 알려져 있다. 식 (2.14)에서

$$\cot\beta\ell \geq 0$$

이면, 이 전송 선로 회로는 커패시터로 모델링 되고,

$$\cot\beta\ell \leq 0$$

이면, 인덕터로 모델링 된다.

$\cot\beta\ell$ 값을 계산하기 위하여 그림 2-68과 같이 ADS "Equation"을 편집하여 계산 값을 출력할 수 있다.

Eqn cot_beta_l = cot (phase_constant*physical_length)

그림 2-68 $\cot\beta\ell$을 계산하기 위한 ADS "Equation"

$\cot\beta\ell$ 계산 값은 그림 2-69에 보인 바와 같이 양의 값이므로 이 전송 선로는 커패시터로 모델링 할 수 있다.

freq	cot_beta_l
2.400 GHz	19.141

그림 2-69 그림 2-68에 표시된 식을 이용한 $\cot\beta\ell$ 계산 결과 값 표시

개방 회로로 종단된 전송 선로의 입력 임피던스 이론식을 이용하기 위하여 "Equation" 기능을 사용하여 그림 2-70에 보인 바와 같이 계산식을 편집하고 입력 임피던스를 구하면,

$$\text{Eqn}\;\; \text{Zin\_OC = -j*Z0*(cot (phase\_constant*physical\_length))}$$

그림 2-70 식 (2.14)을 이용한 개방 회로로 종단된 전송 선로의 입력 임피던스 계산을 위한 ADS "Equation"

그림 2-71에 보인 결과 값을 얻을 수 있다.

freq	Zin_OC
2.400 GHz	0.000 - j957.037

그림 2-71 그림 2-70에 표시된 식을 이용한 입력 임피던스 "Zin_OC" 계산 결과 값 표시

Schematic Simulation으로부터 얻은 결과 값 (그림 2-67의 "Zin1")과 이론식에 의한 결과 값 (그림 2-71의 "Zin_OC")의 허수부가 일치하는 것을 확인할 수 있다. "Zin1"의 실수부 값은 매우 작은 값 (0.9184 $\mu\Omega$)이므로 무시하면 결국 이론 값인 "Zin_OC"와 일치한다고 결론 내릴 수 있다.

(b) 이 전송 선로 회로를 집중 소자로 구성된 등가 회로로 변환하기 위하여 그림 2-72에 보인 "Equation"을 정의한다.

$$\text{Eqn}\;\; \text{Rin = re(Zin1)}$$

$$\text{Eqn}\;\; \text{Cin = -1/(2*pi*freq*im(Zin1))}$$

그림 2-72 문제 (a)에서 얻은 입력 임피던스, "Zin1" 값으로부터 계산된 집중 소자 값을 계산하기 위한 ADS "Equation"

그림 2-72에 보인 ADS "Equation"에서 "re"와 "im"는 각각 입력 임피던스, "Zin1"의 실수부와 허수부를 구하는 ADS 내장 함수임을 2.4절에서 밝힌 바 있다. "Rin"과 "Cin"은 각각 "Zin1"의 저항 값과 커패시턴스 값을 의미한다. 입력 임피던스의 허수부가 음의 값이기 때문에 커패시턴스로 모델링 됨을 기억하자. 그림 2-72에 보인 수식으로 계산된 값과 등가 회로를 그림 2-73 (a)와 (b)에 각각 보였다.

freq	Rin	Cin
2.400 GHz	9.184E-7	6.929E-14

(a)

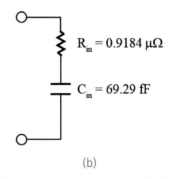

(b)

그림 2-73 (a)그림 2-72에 보인 식을 이용한 집중 소자, "Rin"과 "Cin" 계산 결과 값 표시, (b) 입력 임피던스, "Zin1"의 등가 회로

집중 소자 등가 회로의 입력 임피던스를 그림 2-74 (a)에 보인 회로도를 이용하여 시뮬레이션 하면 집중 소자로 구성된 등가 회로의 입력 임피던스를 검증할 수 있다.

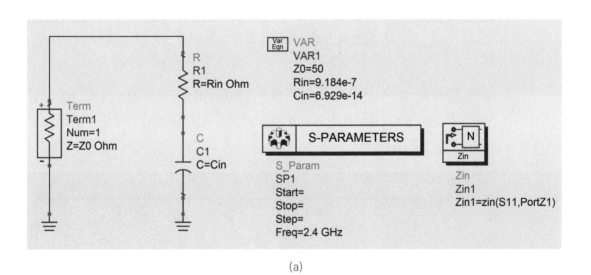

(a)

freq	Zin1
2.400 GHz	9.184E-7 - j957.058

(b)

그림 2-74 (a)그림 2-73 (b)에 보인 등가 회로를 Schematic Simulation하기 위한 ADS schematic, (b) 그림 2-74 (a)의 입력 임피던스, "Zin1" 결과 값 표시

Schematic Simulation을 실행하면 그림 2-74 (b)에 보인 바와 같은 결과 값을 얻을 수 있고, 이 값은 그림 2-67에 보인 전송 선로의 입력 임피던스와 유사한 값이지만 소수점 둘째자리부터 값이 다르다.

원인을 분석하기 위하여 커패시턴스 값을 소수점 다섯째자리까지 구하여 그림 2-75에 보인 ADS Schematic으로 수정하여 다시 Schematic Simulation을 실행해보자.

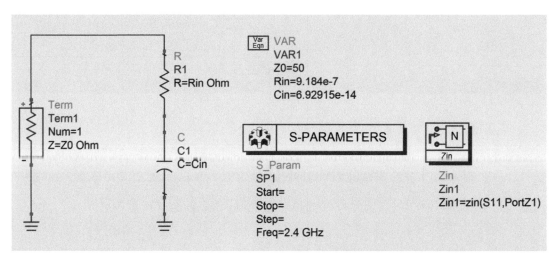

그림 2-75 그림 2-74 (a)의 "Cin"의 유효 숫자를 수정한 ADS schematic

그림 2-75에 보인 ADS schematic을 이용한 Schematic Simulation 결과 값이 그림 2-67에 보인 전송 선로의 입력 임피던스와 동일한 값을 얻을 수 있음을 그림 2-76에 보인 바와 같이 확인할 수 있다.

freq	Zin1
2.400 GHz	9.184E-7 - j957.037

그림 2-76 그림 2-75의 "Cin"의 유효 숫자를 수정한 ADS Schematic에 의한 입력 임피던스 "Zin" 결과 값 표시

그림 2-72의 "Cin"을 계산하기 위하여 분수 계산을 수행하면서 유효 숫자 자리수를 제한하여 발생한 수치 해석적 오류임을 알 수 있다.

2.6 $\lambda/4$ 변환기 (quarter-wavelength transformer)의 입력 임피던스

어떤 $100\,\Omega$ 전송 선로의 전기적 길이가 $\ell = 0.25\lambda$ 이고, 동작 주파수는 1 GHz이며, $Z_L = 50\,\Omega$으로 종단되어 있다. 이 전송 선로는 공기 라인 (air line)이다. (a) 이 전송 선로의 입력 임피던스를 구하고, (b) 이 전송 선로의 입력단에 전기적 길이가 $\ell = 2\lambda$ 인 $100\,\Omega$ 전송 선로를 추가로 연결 했을 때 추가로 연결된 전송 선로의 입력단에서 바라본 입력 임피던스를 구하시오.

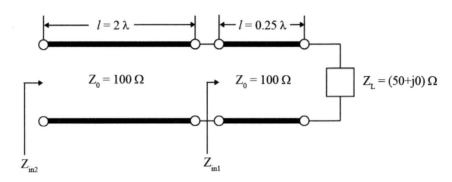

그림 2-77 저항성 부하와 $\lambda/4$ 변환기로 종단된 전송 선로

모범 답안

(a) 그림 2-77에 표시된 입력 임피던스, Z_{in1}를 구하기 위한 ADS Schematic을 그림 2-78에 보였다.

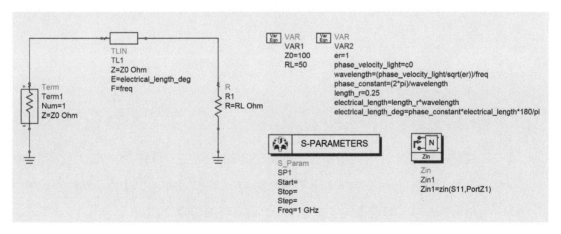

그림 2-78 (a)번 문제를 해결하기 위한 ADS Schematic

Schematic Simulation을 실행하면 그림 2-79에 보인 바와 같은 입력 임피던스 값을 얻을 수 있다.

freq	Zin1
1.000 GHz	200.000 + j1.837E-14

그림 2-79 그림 2-78에 보인 ADS schematic의 Schematic Simulation 결과 값 표시

이 문제에서 주어진 전송 선로의 전기적 길이가 $\ell = 0.25\lambda$로 주어져 있는데, 이 전기적 길이를 갖는 전송 선로는 특별히 $\lambda/4$ 변환기 (quarter-wavelength transformer)라는 이름으로 명명되어 있다.

이론적으로 $\lambda/4$ 변환기의 입력 임피던스는

$$Z_{in} = \frac{Z_0^2}{Z_L} \tag{2.15}$$

변환기의 길이는

$$\ell = \frac{\lambda}{4} + \frac{n\lambda}{2}$$

이며, 이 식에서 n은 정수다.

식 (2.15) 로부터 이 문제의 이론적 답을 구하면

$$Z_{in} = \frac{Z_0^2}{Z_L} = \frac{100^2}{50} = 200 \ \Omega$$

이다.

그림 2-79에 보인 바와 같이 Schematic Simulation으로부터 구한 "Zin1" 값에는 매우 작은 허수부가 존재한다. 허수부가 양의 값이므로 매우 작은 인덕턴스 값이 존재함을 알 수 있다. 이 등가 인덕턴스 값은 그림 2-80에 보인 수식으로부터 계산할 수 있다.

EqnLeq = im(Zin1)/(2*pi*freq)

그림 2-80 그림 2-79에 보인 "Zin1"의 허수부 값의 등가 인덕턴스 계산을 위한 ADS "Equation"

그림 2-80에 보인 등가 인덕턴스 식을 이용한 등가 인덕턴스 값은 그림 2-81과 같으며, 매우 작은 값이므로 무시할 수 있다.

freq	Leq
1.000 GHz	2.924E-24

그림 2-81 그림 2-80에 보인 등가 인덕턴스 ADS "Equation"을 이용한 등가 인덕턴스 계산 결과 값 표시

전송 선로의 전기적 길이 $\ell = 0.25\lambda = \lambda/4$를 각도 단위로 표시하면 그림 2-81에 보인 바와 같은 값을 얻을 수 있다.

freq	electrical_length_deg
1.000 GHz	90.000

그림 2-81 $\lambda/4$변환기의 전기적 길이를 각도로 변환한 결과 값 표시

(b) 그림 2-77에 표시된 입력 임피던스, Z_{in2}를 구하기 위한 ADS Schematic을 그림 2-82와 같이 보였다.

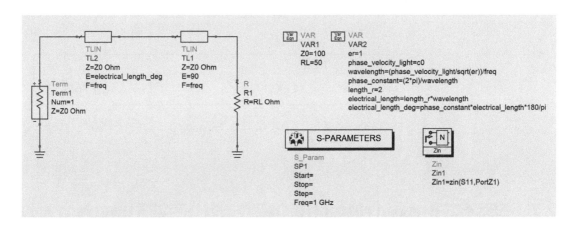

그림 2-82 (b)번 문제를 해결하기 위한 ADS Schematic

그림 2-82에 보인 ADS Schematic을 이용하여 Schematic Simulation을 실행하면 (a)번 문제의 변환기의 전송 선로 길이를 90°로 표시하고, $\lambda/4$ 변환기 입력단에 전기적 길이가 $\ell = 2\lambda$ 인 전송 선로를 추가로 연결했을 때의 입력 임피던스를 구할 수 있다. Schematic Simulation을 실행하면 그림 2-83에 보인 바와 같은 입력 임피던스 값을 얻을 수 있다.

freq	Zin1
1.000 GHz	200.000 + j3.000E-8

그림 2-83 그림 2-82에 보인 ADS Schematic을 이용한 Schematic Simulation을 실행하여 얻은 입력 임피던스, "Zin1" 결과 값 표시

(a) 번의 값과 비교해보면 입력 임피던스의 실수부는 변하지 않고, 허수부만 증가하였음을 알 수 있다. 이 문제에서 $\lambda/4$ 변환기의 입력단에 추가된 전송 선로의 길이는 $\lambda/2$ 의 4배이므로 이론적으로 입력 임피던스는 변하지 않는다. 다만, 전송 선로가 물리적으로 증가했기 때문에 일정한 인덕턴스 값의 증가한 것이다. 입력 임피던스의 허수부를 등가 인덕턴스로 변환하기 위하여 그림 2-84에 보인 ADS "Equation"을 사용하여 등가 인덕턴스를 계산할 수 있다.

$$\text{Eqn} \quad Leq = im(Zin1)/(2*pi*freq)$$

그림 2-84 그림 2-83에 보인 "Zin1"의 허수부 값의 등가 인덕턴스 계산을 위한 ADS "Equation"

그림 2-85에 보인 바와 같이 무시할 만큼 작은 등가 인덕턴스 값을 얻을 수 있다.

freq	Leq
1.000 GHz	4.775E-18

그림 2-85 그림 2-84에 보인 등가 인덕턴스 ADS "Equation"을 이용한 등가 인덕턴스 계산 결과 값 표시

2.7 집중 소자 (Lumped element)를 이용한 정합 네트워크 (matching network) 설계

 EXERCISE

부하 임피던스 $Z_L = (100 - j50)\,\Omega$을 50 Ω 전송 선로에 정합하기 위하여 동작 주파수 500 MHz에서, (a) 집중 소자 정합 네트워크 (lumped element matching network 또는 L-section matching network)를 설계하고, (b) 정합 네트워크 입력단에서 반사 계수의 주파수 응답을 구하시오.

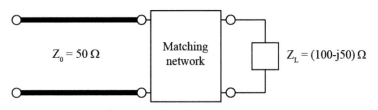

그림 2-86 복소 부하 임피던스에 대한 정합 네트워크의 설계

(a) L-section 정합 네트워크를 설계하기 위하여, ADS에서 제공하는 Smith Chart Utility 기능을 사용할 수 있다.

가. "DA_SmithChartMatch" instance 배치

Smith Chart Utility를 사용하기 위하여 Schematic Window에서 그림 2-87 (a)에 보인 바와 같이 회로 부품 palettes의 "Smith Chart Matching" palette를 선택하면, "Place Smith Chart Matching Network" instance를 볼 수 있다.

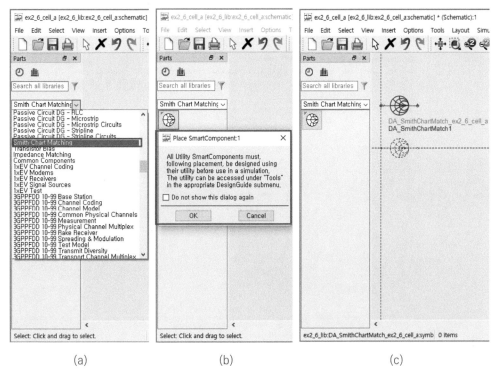

(a)   (b)   (c)

그림 2-87 (a) Smith Chart Matching 회로 부품 palette, (b) "Place SmartComponent" 윈도우, (c) "DA_SmithchartMatch1" instance의 배치

"Place Smith Chart Matching Network" instance를 Schematic Window에 배치하기 위하여 해당 아이콘을 클릭하면 그림 2-87 (b)에 보인 바와 같은 "Place SmartComponent" 윈도우가 팝업 된다. "Place SmartComponent" 윈도우에 언급된 ADS의 "All Utility SmartComponents" 중 하나가 "Smith Chart Utility" 이다. Smith Chart Utility의 사용법은 다음 절에서 설명한다. 일단 "OK" 버튼을 클릭하면 "DA_SmithChartMatch" instance가 그림 2-87 (c)에 보인 바와 같이 Schematic Window에 배치된다. 이 instance를 사용하기 위하여 Smith Chart Utility를 사용해야 한다.

나. Smith Chart Utility 사용법

A. Smith Chart Utility 개요

그림 2-88과 같이 Schematic Window의 풀다운 메뉴 중 "Tools – Smith Chart…"라는 메뉴를 클릭하면 Smith Chart Utility 윈도우가 팝업 될 때, 그림 2-89 (a)에 보인 바와 같이 "Smart-Component Sync" 윈노우가 동시에 팝업 된다. ADS에 의해 선택된 옵션인 "Update SmartComponent from Smith Chart Utility"을 그대로 두고 "OK" 버튼을 누른다. 이 옵션을 선택하면, Smith Chart Utility 윈도우에서 Smith chart를 이용하여 설계된 정합 네트워크가 Schematic Window에 배치해 두었던 "DA_SmithChartMatch" instance에 자동 반영된다.

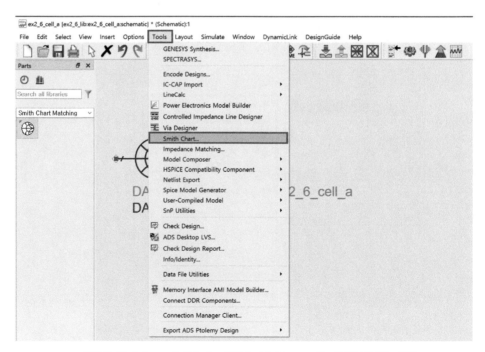

그림 2-88 Schematic Window에서 Smith Chart Utility의 풀다운 메뉴 위치

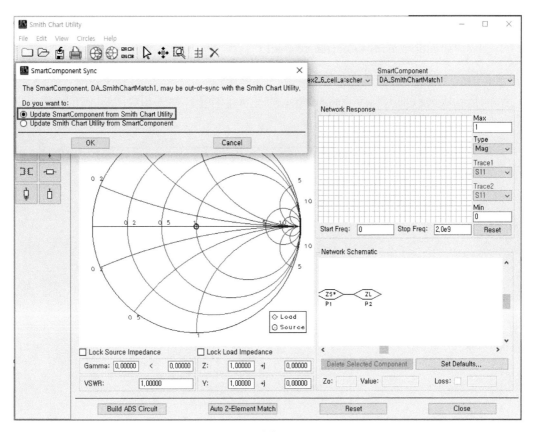

(a)

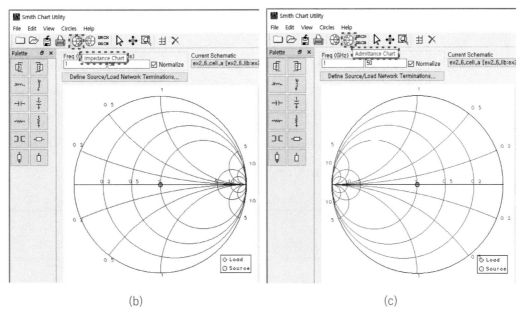

(b)   (c)

그림 2-89 (a) Smith Chart Utility 시작, (b) Smith Chart Utility의 "Impedance Chart", (c) Smith Chart Utility의 "Admittance Chart"

Smith Chart Utility를 살펴보면, 초기 화면은 "Impedance Chart"가 청색으로 보인다. 잘 알려진 것처럼 Smith chart는 impedance chart (그림 2-89 (b))와 admittance chart (그림 2-89 (c))로 사용할 수 있다. 사용자의 필요에 따라 admittance chart로 사용할 수도 있고, 그림 2-90처럼 impedance chart와 admittance chart를 동시에 사용할 수도 있다.

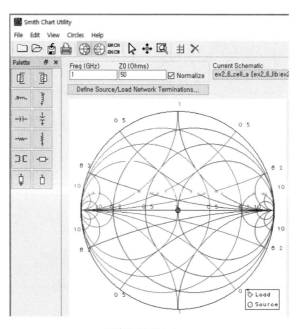

그림 2-90 ZY chart

Smitch Chart Utility는 Schematic Window의 "DA_SmithChartMatch" instance와 1:1로 짝을 맺는다. 현재 Workspace에 ADS Schematic이 1개 있고, 이 Schematic Window에 "DA_SmithChart-Match" instance가 1개 있으므로 그림 2-91에서 확인할 수 있는 바와 같이 "Current Schematic" 풀다운 메뉴와 "Smartcomponent" 풀다운 메뉴에 각각 1개씩의 해당 항목이 보인다. Workspace에 다수의 schematics와 "SmartComponent"가 있다면 이 2개의 풀다운 메뉴에서 선택할 수 있다.

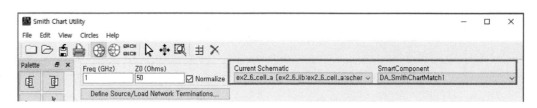

그림 2-91 Smith Chart Utility 윈도우(부분)의 "DA_SmithChartMatch1"과 schematic의 짝짓기

B. Smith Chart Utility를 활용한 정합 네트워크 설계

주파수는 500 MHz로 주어져 있고, 50 Ω 전송 선로에 부하 임피던스를 정합할 수 있는 정합 네트워크를 설계해야 한다.

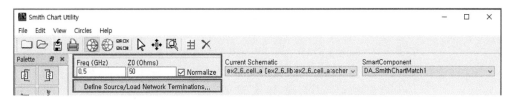

그림 2-92 Smith Chart Utility 윈도우(부분)에서 주파수와 특성 임피던스의 입력

그림 2-92에 보인 바와 같이 주파수 ("Freq (GHz)")와 특성 임피던스 ("Z0")를 입력하고, "Normalize" 항목은 체크 상태로 둔다. "Define Source/Load Network Terminations…" 버튼을 클릭하면 그림 2-93에 보인 바와 같이 "Network Terminations" 윈도우가 팝업 된다.

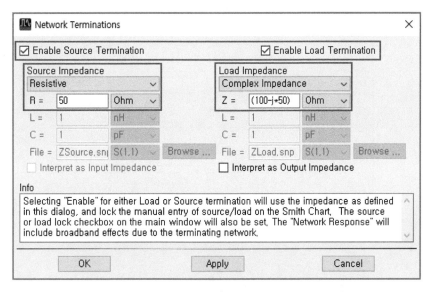

그림 2-93 Smith Chart Utility의 "Network Terminations" 윈도우

그림 2-93에 보인 바와 같이 "Enable Source Termination"과 "Enable Load Termination"을 체크하고, "Source Impedance"는 풀다운 메뉴에서 "Resistive"를 선택하여 "50 Ohm"을 입력하고, "Load Impedance"는 풀다운 메뉴에서 "Complex Impedance"를 선택하여 "(100-j*50) Ohm"을 입력한 후, "OK" 버튼을 누른다.

이제 Smith Chart Utility 윈도우에 있는 Smith chart를 살펴보면, 그림 2-94에 보인 바와 같이 문제의 부하 임피던스가 윈도우 하단에 표시되어 있음을 확인할 수 있다. 그리고 부하 임피던스 값은 정규화 ("Normalize")된 값임을 알 수 있다. 앞서 "Normalize" 항목을 체크해 둔 상태이기 때문에 정규화된 부하 임피던스 (normalized load impedance) 값이 표시되어 있음을 확인할 수 있다.

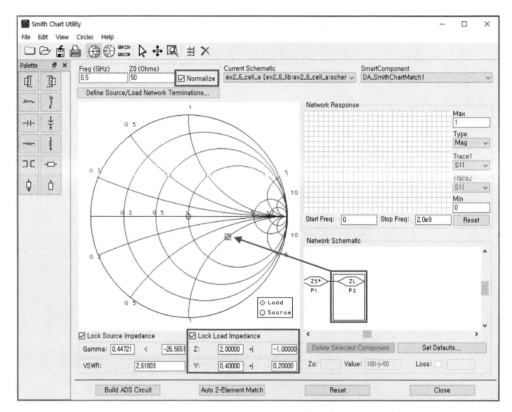

그림 2-94 Smith Chart Utility 윈도우에서 부하 임피던스의 위치와 정규화된 ("Normalize") 부하 임피던스 (또는 어드미턴스)의 값 표시

Smith chart 사용법에 익숙한 사용자라면 부하 임피던스의 정규화 개념을 이해하고 있을 것이다. 간단하게 설명하면, Smith chart를 사용하기 위하여 전송 선로의 특성 임피던스 (Z_0)로 부하 임피던스를 식 (2.16)에 보인 바와 같이 나눴을 때,

$$z_L = \frac{Z_L}{Z_0} \tag{2.16}$$

의 결과 값을 정규화된 부하 임피던스 (z_L)라고 하며 소문자로 표시한다.

식 (2.16)을 이용하여 문제의 z_L을 구하면,

$$z_L = \frac{Z_L}{Z_0} = \frac{100 - j \times 50}{50} = 2 + j(-1)$$

이 된다. 이 값이 그림 2-94 하단에 보인 Smith chart에 "Lock Load Impedance" 항목의 "Z:"에 표시된 값이다. "Z:"의 하단에 보인 "Y:"는 z_L의 역수 즉 정규화된 부하 어드미턴스(normalized load admittance) (y_L) 값이다.

$$y_L = \frac{1}{z_L} = \frac{1}{2 - j \times 1} = 0.4 + j0.2$$

그림 2-94에 보인 Smith Chart Utility 윈도우의 우측 하단에 보인 "Network Schematic"의 "ZL"을 클릭하면, 좌측의 Smith chart에 "ZL"이 선홍색 (magenta)으로 표시되는 것을 확인할 수 있다. 이 "ZL"을 Smith chart의 중심으로 이동시키는 것이 정합 네트워크를 설계하는 목표이다.

L-section 정합 네트워크의 설계는 커패시터나 인덕터를 직렬 또는 병렬로 연결하여 z_L을 Smith chart의 중심으로 이동시키는 것이다. Smith chart의 중심에서의 normalized impedance (또는 admittance) 값은 $(1 + j \times 0)$이다. 따라서, 첫번째로 해야 할 일은 그림 2-94에서 z_L을 $(1 + jx)$원 위로 옮기는 것이다. 이를 실행하기 위하여 커패시터를 z_L에 병렬 (shunt)로 연결해 본다. Smith Chart Utility 윈도우의 좌측에 그림 2-95 (a)에 보인 바와 같이 회로 부품 "Palette"에서 "Shunt Capacitor"를 클릭한다. 그리고 Smith chart 위로 커서를 움직이면 그림 2-95 (b)에 보인 바와 같이 z_L을 시작점으로 하여 회색 원이 그려지는 것을 확인할 수 있다.

(a)

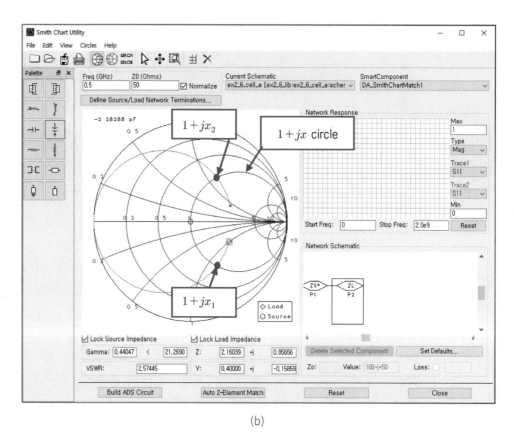

(b)

그림 2-95 (a) 병렬 커패시터 ("Shunt Capacitor") 회로 소자의 위치, (b) 병렬 커패시터의 연결에 의한 부하 임피던스의 이동

그림 2-95 (b)의 회색 원과 $(1+jx)$ circle이 교차하는 점 2개가 발생한다. 그림 2-95 (b)에 표시한 바와 같이 이 점들의 값은 각각 $1+jx_1$과 $1+jx_2$이며, x_1과 x_2 값은 Smith Chart Utility에서 자동으로 계산하여 그림 2-96 (a)와 같이 보여준다. "Shunt Capacitor"를 추가했을 때 그려지는 회색 원과 $(1+jx)$ 원이 만나는 점을 대략적으로 클릭하면 아래 그림과 같이 $(1+jx)$ 원 위에 초록색 점이 찍히면서 $1.00031 + j(-1.222481)$라는 값을 보여준다. 보다 정밀한 값을 구하기 위하여 Smith Chart Utility 상단의 "Zoom In" 아이콘을 이용하여 $1.00031 + j(-1.22481)$값을 보다 정밀하게 $(1+jx)$ 원과 만나는 점을 찾을 수도 있다.

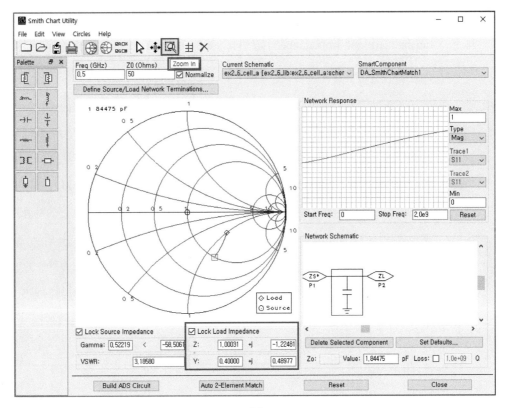

(a)

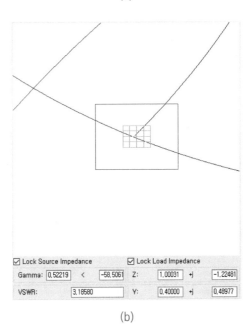

(b)

그림 2-96 (a) 병렬 커패시터를 연결한 후의 Smitch chart에서의 위치와 임피던스 표시, (b) Smith chart에서의 위치 확대

그림 2-96 (b)는 Smith chart를 "Zoom In" 기능으로 확대한 모습이다. 그림 2-96 (a)에서 보인 normalized load impedance의 값인 $1.00031 + j(-1.22481)$의 실수부는 1에 매우 근접한 값이 므로 이 값으로 충분하다.

이제 $1.00031 + j(-1.22481)$의 허수부를 0으로 만들면 Smith chart의 중심에서의 normalized impedance 값인 $(1 + j \times 0)$를 얻을 수 있다. 허수부를 0으로 만들기 위하여 $j(1.22481)$ 값을 더해주면 된다. 수학적으로 $j(1.22481)$를 더해주는 것은 회로적으로는 직렬 인덕터를 연결해 주는 것과 같다. $1.00031 + j(-1.22481)$의 허수부는 음의 값을 가지므로 용량성 리액턴스 (capacitive reactance), 즉 커패시터 성분이다. 이 커패시터 성분을 소거하기 위하여 직렬로 유 도성 리액턴스 (inductive reactance), 즉 인덕터 성분을 더해주면 되는 것이다. 이를 "Smith Chart Utility" 윈도우에서 실행하기 위하여 "Palette"에서 그림 2-97에 보인 바와 같이 "Series Inductor"를 선택하고 Smith chart 위로 마우스 커서를 옮기면, 회색의 원이 그려진다. 아래 그 림과 같이 Smith chart의 중심, 즉 "Z" 값이 $(1 + j \times 0)$에 최대한 근접하도록 하여 클릭한다.

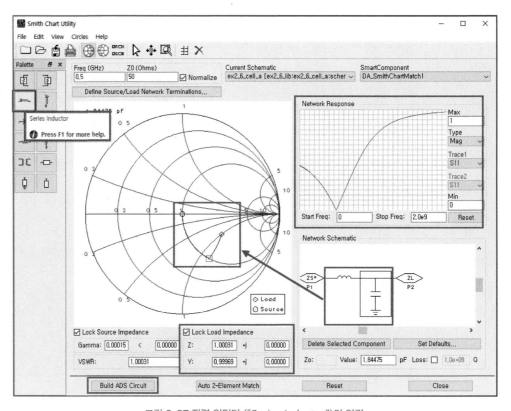

그림 2-97 직렬 인덕터 ("Series Inductor")의 연결

그림 2-97에서 볼 수 있듯이, "Shunt Capacitor"와 "Series Inductor"가 연결된 후 "Z" 값은 임을 확인할 수 있다. $1.00031 + j(-1.22481)$ 값의 실수부는 이론적으로 "Series Inductor"를 연결한 후에도 유지되어야 하는 것과 일치한다. 하지만, 항상 이론처럼 실수부가 항상 유지되는 것은 아니다. 왜냐하면 Smith chart 위에서 "Serie Inductor"의 값을 그래픽으로 조정하는 과정에 발생하는 그래픽 해상도 문제와 관련이 있다. "Series Inductor"를 연결하기 전의 실수부 값이 유지되지 않는다고 하더라도 "Series Inductor" 값을 그래픽으로 조정하는 과정에서 전후 값이 매우 근접한 값이면 충분하다.

"Shunt Capacitor"와 "Series Inductor"로 구성된 정합 네트워크의 "Network Response"가 그림 2-97의 우측 상단에 그래프로 표시되었다. 정합 네트워크의 성능은 동작 주파수 500 MHz에서 반사 계수 (그림 2-97의 "S11")의 크기(Mag)가 0이 되면 최고의 성능으로 평가할 수 있다. 그림 2-97에서 확인할 수 있는 바와 같이 500 MHz에서 "S11"의 크기가 0에 매우 근접한 값임을 확인할 수 있다.

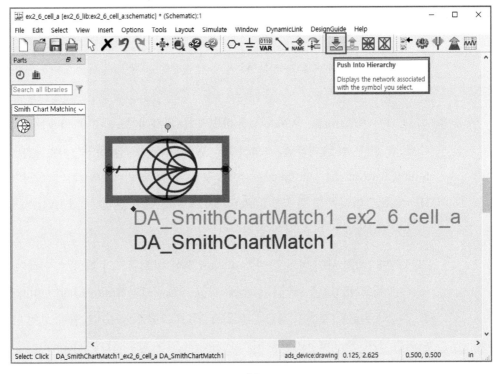

(a)

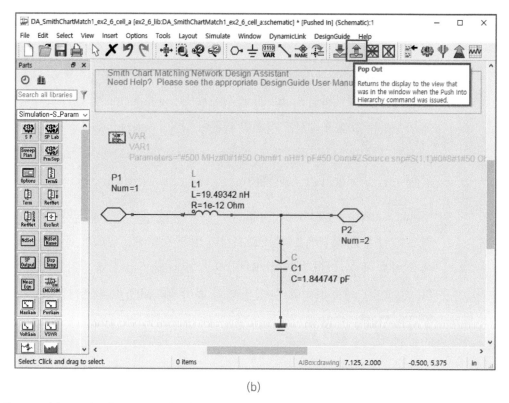

(b)

그림 2-98 (a) Smith Chart Utility에서 "Build ADS Circuit"을 클릭하여 업데이트된 Schematic Window, (b) Schematic Window의 "Push Into Hierarchy" 아이콘을 클릭한 후 확인되는 L-section 정합 네트워크

이 결과를 Schematic Window에 반영하기 위하여 그림 2-97의 가장 하단의 "Build ADS Circuit" 버튼을 클릭하면, Schematic Window가 그림 2-98 (a)와 같이 팝업 되며, "DA_ SmithChartMatch1" instance가 선택되어 있다. 그림 2-98 (a)의 상단에 있는 "Push Into Hierarchy" 아이콘을 누르면 Smith Chart Utility에서 설계했던 L-section 정합 네트워크를 그림 2-98 (b)에 보인 바와 같이 확인할 수 있다.

그림 2-98 (b)에 보인 바와 같이 L-section 정합 네트워크의 회로 소자 값이 자동으로 계산되어 있다. 그림 2-98 (b)에 보인 L-section 정합 네트워크가 Smith Chart Utility 윈도우에서 구했던 $1 + jx_1$와 관련된 첫번째 정합 네트워크 이다. 그림 2-98 (b) 상단에 보인 "Pop Out" 버튼을 클릭하면 "DA_SmithChartMatch1" instance가 있는 상위 ADS Schematic으로 돌아간다.

두번째 정합 네트워크는 $1 + jx_2$와 관련된 것이다. 두번째 정합 네트워크를 설계하기 위하여 Schematic Window에 그림 2-99 (a)와 같이 "DA_SmithChartMatch2" instance를 추가로 배치하고, 그림 2-99 (b)와 같이 다시 Smith Chart Utility 윈도우를 연다.

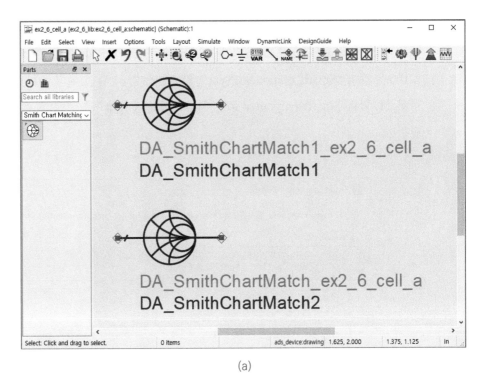

(a)

(b)

그림 2-99 (a) "DA_SmithChartMatch2"의 추가 배치, (b) "Smith Chart Utility" 윈도우에서 "DA_SmithChartMatch2" 와의 짝 짓기

그림 2-99 (b)에 보인 Smith Chart Utility 윈도우에 표시한 것처럼 "Smart Component" 풀다운 메뉴에 "DA_SmithChartMatch2"가 추가된 것을 확인할 수 있다. 이 항목을 선택하면 그림 2-100과 같이 "SmartComponent Sync" 윈도우가 다시 팝업 된다. 이전과 마찬가지로 첫번째 항목, "Update SmartComponent from Smith Chart Utility"를 선택하고 "OK"를 눌러 윈도우를 닫는다.

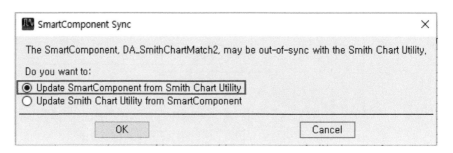

그림 2-100 "SmartComponent Sync" 윈도우

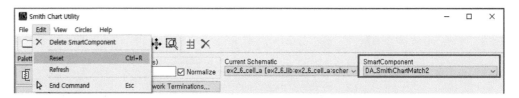

그림 2-101 "Smart Chart Utility" 윈도우 (부분)의 "Reset"과 "DA_SmithChartMatch2"의 짝짓기 확인

두번째 정합 네트워크를 설계하기 위하여, 그림 2-101에 보인 바와 같이 Smith Chart Utility 윈도우의 풀다운 메뉴 "Edit – Reset"를 클릭하여 이전 정합 네트워크를 삭제한다. 그림 2-101 우측에 "SmartComponent" 풀다운 메뉴에 "DA_SmithChartMatch2"가 유지되어 있음을 확인하고 다음 단계로 넘어간다.

주파수 ("Freq (GHz)")와 특성 임피던스 ("Z0")를 확인하고, "Define Source/Load Network Terminations…" 버튼을 클릭하여 "Network Terminations"를 이전과 같이 설정한 후 "OK" 버튼을 누르면 다시 처음부터 정합 네트워크를 설계할 수 있는 상태로 설정된다. "Shunt Capacitor"를 추가하면 그림 2-102와 같이 회색 원과 $(1+jx)$ 원이 교차하는 점에서의 "Z:" 값을 읽을 수 있다.

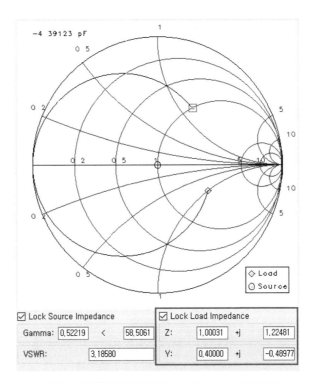

그림 2-102 병렬 커패시터 ("Shunt Capacitor")의 연결

이론적으로 $1+jx_2$ 점은 $1+jx_1$ 점과 서로 켤레 복소수 (complex conjugate) 관계이다. 왜냐하면 Smith chart는 Smith chart의 중심을 지나는 수평축을 기준으로 대칭이기 때문이다. 따라서, 이론적으로 $1+jx_2$점은 $1+jx_1$ 점의 "Z:" 값인 $1.00031+1(-1.22481)$의 켤레 복소수인 $1.00031+j1.22481$ 값을 그림 2-102에 보인 바와 같이 찾을 수 있다. 하지만, 항상 켤레 복소수를 찾을 수 있는 것은 아니다. 원인은 "Smith Chart Utility" 윈도우의 Smith chart에서 그래픽으로 조정하여 정해지는 값이기 때문이다. 만약 켤레 복소수 값을 얻지 못해도, 근사적으로 유사한 값을 찾으면 충분하다.

$1.00031+j1.22481$ 값의 허수부를 소거하기 위하여 그림 2-103에 보인 바와 같이 "Series Capacitor"를 연결하면 Smith chart의 원점 $(1+j\times0)$으로 이동하여 정합 네트워크를 완성할 수 있다.

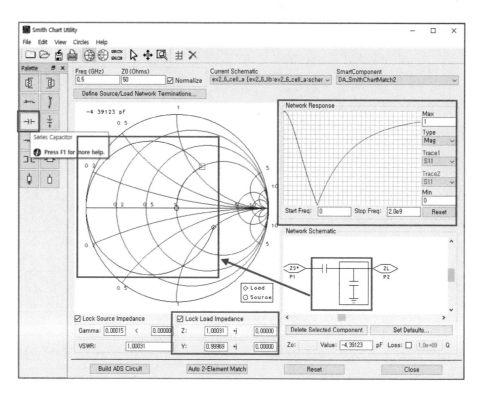

그림 2-103 직렬 커패시터 ("Series Capacitor")의 연결

그림 2-103에 보인 결과 값을 Schematic Window에 반영하기 위하여 "Build ADS Circuit"을 클릭하면, Schematic Window가 그림 2-104 (a)와 같이 팝업 된다. "Push Into Hierarchy" 버튼을 클릭하면, 그림 2-104 (b)와 같이 정합 네트워크를 확인할 수 있다.

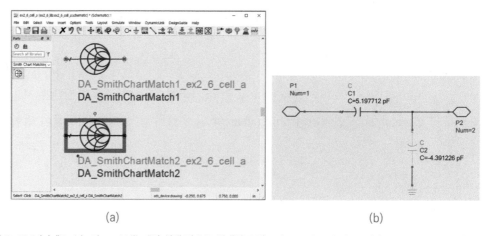

(a)   (b)

그림 2-104 (a) "Smith Chart Utility"의 설계 값으로 업데이트 된 Schematic Window, (b) Smith Chart Utility에 의해 설계된 정합 네트워크

그런데, 그림 2-104 (b)의 정합 네트워크를 살펴보면 "Shunt Capacitor"가 음의 값을 갖는다. 수동 소자를 이용하여 음의 커패시턴스를 구현하는 것은 물리적으로 불가능하다. Normalized load impedance, $z_L = 2 + j(-1)$의 허수부를 $1.00031 + j1.22481$로 바꾸기 위해서는 $j2.22481$이 필요하고 허수부가 양의 값을 갖기 위해서는 "Shunt Inductor"가 필요하다. ADS 는 오류를 발생시키지 않고 수학적 계산에 따라 물리적으로 불가능한 음의 커패시턴스를 리턴한 것이다. 이와 같이 컴퓨터 시뮬레이션 결과는 반드시 옳은 결과를 내는 것이 아니라는 것을 명심하고 사용자는 배경 이론을 충실히 학습해야 한다.

두번째 정합 네트워크는 그림 2-105에 보인 바와 같이 재설계해야 한다.

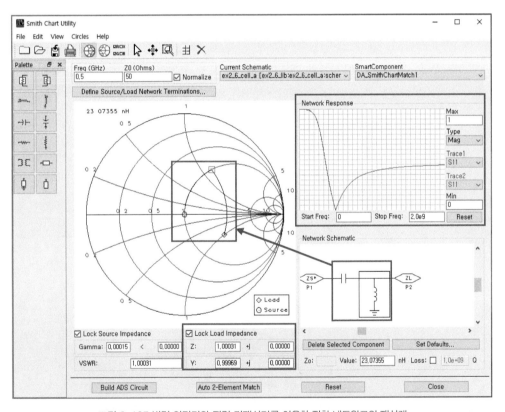

그림 2-105 병렬 인덕터와 직렬 커패시터를 이용한 정합 네트워크의 재설계

그림 2-105에 보인 설계 결과를 Schematic Window에 반영하여 얻은 정합 네트워크를 확인하면 그림 2-106과 같다.

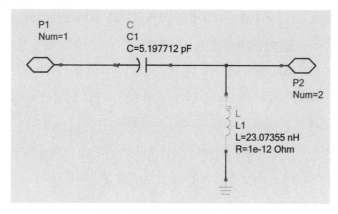

그림 2-106 재설계된 정합 네트워크

(b) 정합 네트워크 입력단에서 반사 계수의 주파수 응답

앞서 설계된 2개의 정합 네트워크의 성능은 주파수 응답 특성을 비교 분석하여 평가할 수 있다. 전송 선로가 포함된 회로의 주파수 응답 특성은 S-parameter 시뮬레이션 중 주파수 스윕 (frequency sweep)을 이용하여 파악할 수 있다. 이를 실행하기 위하여 그림 2-107에 보인 ADS Schematic을 작성한다.

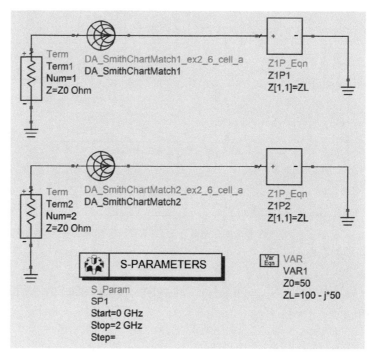

그림 2-107 정합 네트워크의 주파수 응답 특성을 파악하기 위한 ADS Schematic

50Ω 전송 선로에 부하 임피던스 $(100 - j50)\Omega$을 L-section 정합 네트워크를 이용하여 정합하는 ADS Schematic을 Smith Chart Utility를 이용하여 그림 2-107에 보인 바와 같이 생성한다.

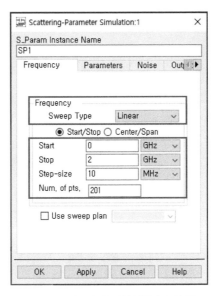

그림 2-108 "Scattering-Parameter Simulation"의 주파수 스윕 (frequency sweep) 조건 설정

"Scattering-Parameter Simulation" 윈도우에서 그림 2-108에 보인 바와 같이 주파수 스윕 (frequency sweep)으로 설정한다. "Sweep Type"은 "Linear"로 선택하고 시작 ("Start") 주파수는 0 GHz, 종료 ("Stop") 주파수는 2 GHz, 시뮬레이션 주파수 간격 ("Step-size")는 10 MHz로 설정한다. 설정된 주파수 간격을 기준으로 "Scattering-Parameter Simulation"의 횟수 ("Num. of pts.")는 자동 계산된다. 그림 2-108의 경우는 201번의 "Scattering-Parameter Simulation"을 실행하게 된다. 주파수 간격을 촘촘히 설정하면 "Scattering-Parameter Simulation"의 횟수는 증가한다. 예를 들어, 주파수 간격을 1 MHz로 설정하면 S-parameter 시뮬레이션의 횟수는 2001번으로 증가한다.

그림 2-107에 보인 Schematic Simulation을 실행하면 결과 값을 확인할 수 있는 윈도우가 자동 팝업 된다. 이 문제의 경우 그림 2-109 (a)와 (b)에 각각 보인 바와 같이 "Rectangular Plot"과 "Smith" 아이콘을 사용하여 반사 계수 – 그림 2-107에서는 S(1,1) 또는 S(2,2) – 의 크기를 직각 좌표 그래프와 Smith chart에서 서로 비교할 수 있다.

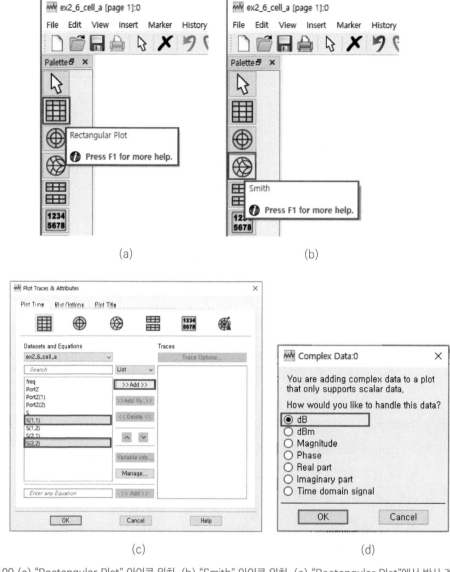

(a)　　　　　　　　　　　　　　　(b)

(c)　　　　　　　　　　　　　　　(d)

그림 2-109 (a) "Rectangular Plot" 아이콘 위치, (b) "Smith" 아이콘 위치, (c) "Rectangular Plot"에서 반사 계수의 선택, (d) "Rectangular Plot"의 반사 계수 단위 선택

그림 2-109 (c)에 보인 바와 같이 S(1,1)과 S(2,2)를 동시에 선택하여 ">>Add>>" 버튼을 클릭하면 "Complex Data"라는 윈도우가 그림 2-109 (d)에 보인 바와 같이 팝업 된다. 이 윈도우는 복소수 데이터를 어떤 형태로 그래프에 그릴 것인지 선택하는 윈도우다. 보통의 경우 복소수의 크기를 데시벨 (decibel (dB)) 스케일로 표시하기 위하여 "dB"로 선택하는 것이 일반적이지만, 사용자의 필요에 따라 해당 복소수의 크기 ("Magnitude"), 위상 ("Phase"), 실수부 ("Real part"), 허수부 ("Imaginary part") 등으로 표시할 수도 있다. 이 문제에서는 "dB" 스케일과 크기로 각각 그

래프를 출력해볼 것이다. "dB"로 선택하여 그래프를 출력하면 그림 2-110 상단 좌측과 같이 출력되고, "Magnitude"로 선택하여 그래프를 출력하면 상단 우측과 같이 출력된다.

그림 2-110의 "m1 ~ m6"는 결과 값 그림 2-111에 보인 결과 값 표시 ("hpeesofdds/Data Display") 윈도우의 풀다운 메뉴 "Marker – New…" 메뉴를 이용하여 표시한 것이다. 500 MHz에서 각 그래프의 실제 값을 확인할 수 있다.

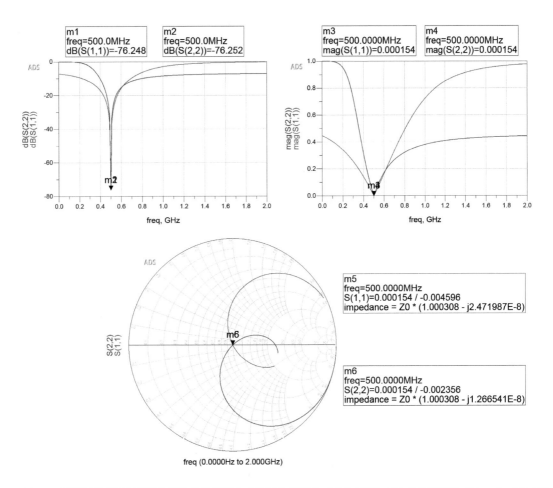

그림 2-110 정합 네트워크의 주파수 응답 특성 그래프: 상단 좌측 그래프는 "dB" 스케일, 상단 우측 그래프는 "Magnitude" 스케일, 하단 그래프는 Smith chart

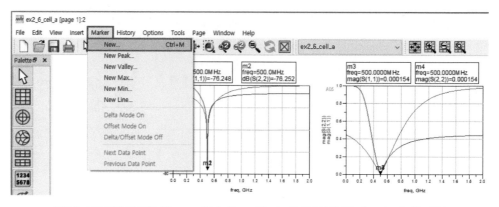

그림 2-111 결과 값 표시 ("hpeesofdds/Data Display") 윈도우에 있는 "Marker" 메뉴 위치

그림 2-110의 상단 우측에서 보인 그래프는 Smith Chart Utility 윈도우의 "Network Response" 그래프와 동일한 그래프임을 확인할 수 있다. Smith Chart Utility에서도 "Type"을 "dB" 선택하면 그림 2-110 상단 좌측 그래프와 동일한 그래프를 출력할 수 있다.

그림 2-110에 보인 2개의 정합 네트워크의 주파수 응답 특성으로부터 성능을 살펴보면, 동작 주파수 500 MHz에서는 반사 계수의 크기가 0.000154임을 확인할 수 있다. "dB" 스케일로 보면 반사 손실 (return loss: RL)이 50 dB를 초과하는 특성을 확인할 수 있다. RL은 아래의 식으로 정의한다.

$$RL = -20 \ \log|\Gamma| = -20 \ \log|S_{11}|$$

위 식의 $|\Gamma|$는 반사 계수의 크기이며, 이 문제의 경우 S(1,1) 또는 S(2,2)의 크기이다. 그림 2-110의 상단 우측에서 보인 바와 같이 반사 계수의 크기는 0에 근접한 값이다. 하지만, 그림 2-110의 상단 좌측에 보인 바와 같이 500 MHz에서 근사적으로 RL은 76 dB이며, $|\Gamma|$ = 0.000154로 환산된다. 즉, RL이 76 dB이면 입력 신호 크기 대비 0.0154%의 반사파가 발생한다는 의미이며, 공학적으로 무시할 만한 수준으로 판단할 수 있다.

Smith chart에서 확인해 볼 수 있듯이, 500 MHz에서 정합 네트워크의 입력단에서 바라본 반사 계수의 크기와 입력 임피던스는 각각 0과 50 Ω에 근사함을 확인할 수 있다.

이와 같이, 정합 네트워크 입력단에서 바라본 반사 계수의 크기와 입력 임피던스 값으로부터, Smith Chart Utility를 이용한 이상의 과정으로부터 설계된 정합 네트워크가 매우 훌륭하게 작동되고 있다고 결론지을 수 있다.

2.8 단일 스터브 (single-stub) 정합 네트워크 설계

부하 임피던스 $Z_L = (100 - j50)\,\Omega$을 $50\,\Omega$ 전송 선로에 정합하기 위하여 동작 주파수 500 MHz에서, (a) 단락 회로로 종단된 병렬 단일 스터브 (shunt single-stub terminated with short circuit) 정합 네트워크 (matching network)를 설계하고, (b) 개방 회로로 종단된 병렬 단일 스터브 (shunt single-stub terminated with open circuit) 정합 네트워크 를 설계하고, (c) 각각의 정합 네트워크 입력단에서 반사 계수의 주파수 응답을 구하시오.

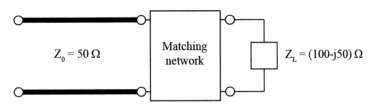

$Z_0 = 50\,\Omega$ · Matching network · $Z_L = (100\text{-}j50)\,\Omega$

그림 2-112 복소 부하 임피던스에 대한 정합 네트워크의 설계

모범 답안

(a) 단락 회로로 종단된 병렬 단일 스터브를 이용한 정합 네트워크 설계

Smith Chart Utility를 이용하여 병렬 단일 스터브 정합 네트워크를 설계할 수 있다. 정합 네트워크 설계의 목표는 normalized load impedance, Z_L을 Smith chart의 원점, 즉 $1 + j0$ 점으로 옮기는 것이다.

$$z_L = \frac{Z_L}{Z_0} = \frac{100 - j \times 50}{50} = 2 + j(-1)$$

병렬 단일 스터브를 사용한 정합 네트워크를 설계하기 위한 첫번째 단계는 $z_L = 2 - j1$을 normalized admittance y_L로 변환하는 것이다. 병렬 단일 스터브를 연결해야 하므로, 임피던스보 다는 어드미턴스를 사용하는 것이 수학적 계산에 도움이 되기 때문이다. 종이와 연필로 계산할 때는 z_L을 180° 회전하면 y_L을 얻을 수 있지만, Smith Chart Utility에서는 그림 2-113에 보인 바와 같이 "Admittance Chart"를 켜면 y_L을 바로 얻을 수 있다. 이 문제를 해결하기 위해서 필요한 것은 "Admittance Chart"이므로 "Impedance Chart"는 끄도록 한다. 이 과정은 2.7절 문제의 (a) 번 문제의 '나-A' 절에 자세히 설명되어 있으므로 참고하도록 한다.

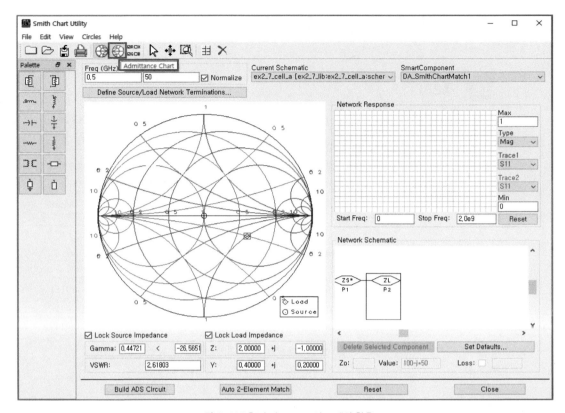

그림 2-113 "Admittance Chart"의 활용

2.7절 문제의 (a)번 문제의 '가'절과 '나'절을 참고하여 Smith Chart Utility에 점 $z_L = 2 - j1$를 그림 2-114와 같이 표시한다. 그리고, "Impedance Chart"는 끄면 그림 2-114에 보인 바와 같이 적색의 "Admittance Chart"만 보이게 된다. 그림 2-114의 적색 박스에 보인 바와 같이 병렬 단일 스터브를 이용하여 정합 네트워크를 설계하는 첫번째 단계는 정규화된 부하 임피던스, $z_L = 2 - j1$과 정규화된 부하 어드미턴스, $y_L = 0.4 + j0.2$를 확인하는 것이다.

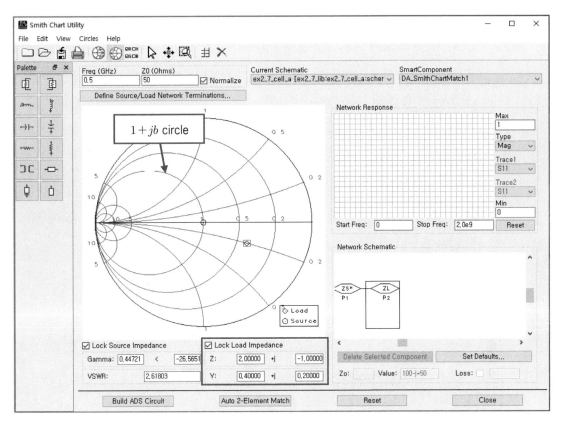

그림 2-114 정규화된 부하 임피던스의 부하 어드미턴스로의 자동 변환

병렬 단일 스터브를 이용하여 정합 네트워크를 설계하는 두번째 단계는 부하 어드미턴스, $y_L = 0.4 + j0.2$를 "Admittance Chart"의 $(1 + jb)$ circle 위의 한 점으로 옮기는 것이다.

이를 실행하기 위하여 알아야 할 전송 선로 이론은 다음과 같다. Smith chart 위에서 임의의 한 점 – 예를 들면, 이 문제의 z_L (또는 "Admittance Chart"의 y_L) – 은 Smith chart의 원점과 해당 점을 직선으로 연결하고 이 직선을 반지름으로 하는 원 – "constant-$|\Gamma|$ circle" 또는 "constant SWR circle"로 명명됨 – 위에서 움직일 수 있으며, constant-$|\Gamma|$ circle 위를 움직이기 위해서 전송 선로를 부하에 직렬로 연결 하면 된다는 것이다. 왜냐하면, 무손실 전송 선로가 임의의 부하 임피던스로 종단되어 있을때 부하 임피던스에서의 반사 계수 ($\Gamma_L = |\Gamma|e^{j\theta_r}$)와 전송 선로의 길이가 ℓ인 점 위에서의 반사 계수($\Gamma_\ell = \Gamma_L e^{-j2\beta\ell}$)는 크기가 같고 전송 선로의 길이 ℓ때문에 발생하는 위상의 차이만큼만 다르기 때문이다. 이를 수식으로 표현하면 다음 식과 같다.

$$\Gamma_\ell = \Gamma_L e^{-j2\beta l} = |\Gamma|e^{j\theta_r}e^{-j2\beta l} = |\Gamma|e^{j(\theta_r - 2\beta\ell)} \tag{2.17}$$

식 (2.17)에서 ℓ은 부하 임피던스에 직렬로 연결된 전송 선로의 길이이다. 식 (2.17)에 보인 바와 같이 직렬로 연결된 전송 선로의 길이가 ℓ인 점에서의 반사 계수의 크기는 부하 임피던스에서의 반사 계수의 크기 ($|\Gamma|$)와 같고, 위상은 부하 임피던스에서의 반사 계수 위상, θ_r로부터 $2\beta\ell$만큼의 차이만 발생한다. Smith chart에서 위상차는 시계 방향 회전 (rotation in the clockwise direction)으로 나타나게 되며, wavelength toward generator (WTG) scale에서의 회전이라고도 표현한다.

그림 2-115 (a)에 표시된 바와 같이 Smith Chart Utility의 "Palette"에서 "Line Length"를 선택하여 "Palette"의 우측에 있는 Smith chart의 커서를 움직이면 그림 2-115 (b)에 보인 바와 같이 회색 원이 표시된다.

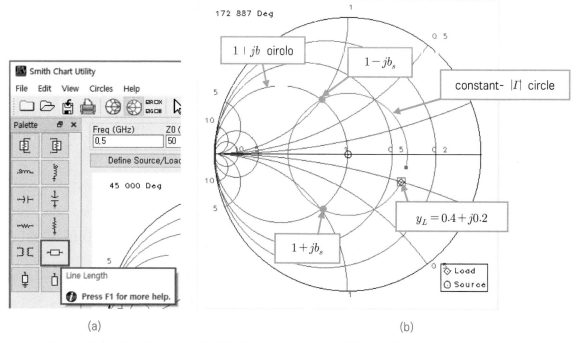

(a)   (b)

그림 2-115 (a) 부하에 직렬 연결되는 전송 선로 길이 ("Line length") 소자의 위치, (b)부하에 직렬 연결되는 전송 선로 길이 ("Line Length") 소자에 의한 회색 원 (constant-$|\Gamma|$ circle) 그리기

이 회색 원의 중심이 Smith chart 원점이며 반지름은 y_L 까지의 거리이다. 그림 2-115 (b)에 보인 "Admittance Chart"와 같이 "Line length"의 길이에 따라 이 원이 시계 방향으로 그려지는 것을 확인할 수 있다. 이 회색 원이 바로 앞서 설명한 "constant-$|\Gamma|$ circle" 또는 "constant SWR circle"이다.

"Constant- $|\Gamma|$ circle"과 $(1+jb)$ circle이 교차하는 점이 y_L을 직렬 전송 선로 길이 ("Line Length") 소자를 이용하여 옮기게 되는 점이다. 그림 2-115 (b)에 보인 바와 같이, 전송 선로의 길이에 따라 $(1+jb_s)$와 $(1-jb_s)$라는 두 점을 구할 수 있다. 값 b_s는 그림 2-116 (a)에 보인 바와 같이 1이다.

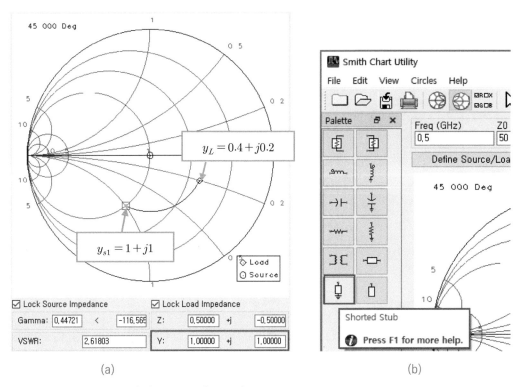

그림 2-116 (a) "Constant- $|\Gamma|$ circle"과 $(1+jb)$ circle의 교차점, (b) 단락 스터브 ("Shorted Stub") 회로 소자의 위치

y_L에 연결된 직렬 전송 선로 입력단에서 바라본 normalized admittance를 y_{s1}이라 하면, 그림 2-116 (a)의 하단 적색 박스에서 확인할 수 있듯이 $y_{s1} = (1+j1)$이 된다. $y_L = 0.4+j0.2$가 $y_{s1} = (1+j1)$까지 움직이는데 필요한 직렬 전송 선로의 길이가 이 문제의 첫번째 정합 네트워크의 직렬 전송 선로의 길이이다. 이 길이는 Smith Chart Utility에서 추후 자동 계산될 것이다.

$y_{s1} = (1+j1)$의 허수부값은 단락 회로로 종단된 병렬 단일 스터브을 연결하여 없앨 수 있으며, 병렬 단일 스터브를 이용하여 정합 네트워크를 설계하는 마지막 단계이다. 그림 2-116 (b) 에 보인 바와 같이, "Shorted Stub" 회로 소자를 추가하면 그림 2-117과 같이 $y_{s1} = (1+j1)$을 $y_0 = (1+j0)$으로 변환하여 정합 네트워크의 설계를 완성할 수 있다.

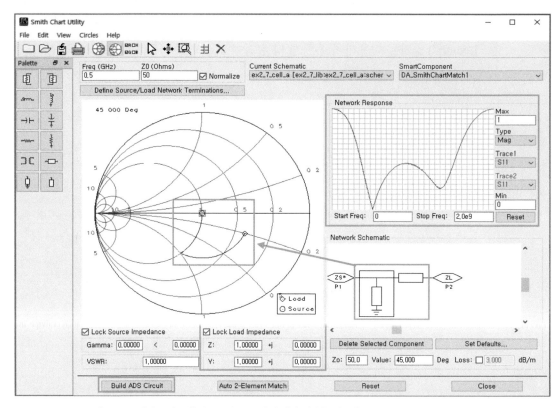

그림 2-117 단락 스터브 ("Shorted Stub")의 병렬 연결을 이용한 matching network의 완성

"Line Length"와 "Shorted Stub" 로 구성된 정합 네트워크의 "Network Response"가 그림 2-117 의 우측 상단에 그래프로 표시되어 있다. 정합 네트워크의 성능은 동작 주파수 500 MHz에서 반 사 계수 (그림 2-117에서 "S11")의 크기("Mag")가 0이 되면 최고의 성능으로 평가할 수 있다. 그 림 2-117에 보인 바와 같이 500 MHz에서 S11의 크기가 0에 매우 근접한 값임을 확인할 수 있다.

이 결과를 Schematic Window에 반영하기 위하여 그림 2-117의 가장 하단 좌측에 "Build ADS Circuit" 버튼을 클릭하면, Schematic Window가 그림 2-118 (a)와 같이 팝업 되며, "DA_ SmithChartMatch1" instance가 선택되어 있다.

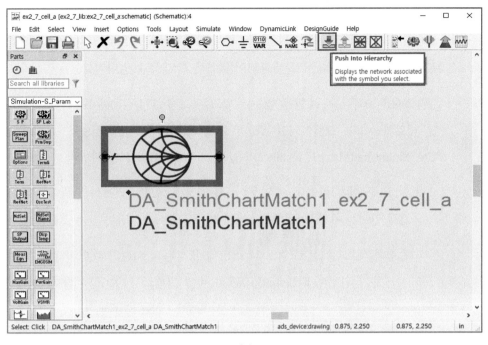

(a)

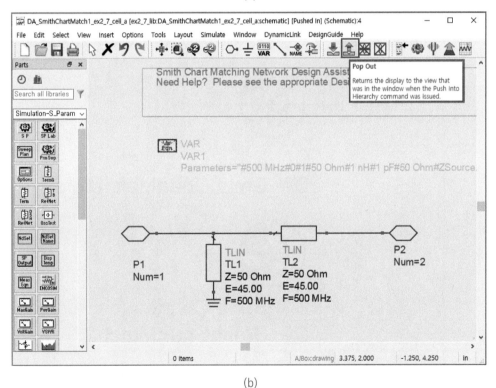

(b)

그림 2-118 (a) Smith Chart Utility에서 "Build ADS Circuit"을 클릭하여 업데이트된 Schematic Window, (b) Schematic Window의 "Push Into Hierarchy" 아이콘을 클릭한 후 확인되는 병렬 단일 스터브 정합 네트워크

그림 2-118 (a)의 상단에 있는 "Push Into Hierarchy" 아이콘을 클릭하면 Smith Chart Utility에서 설계했던 단락 회로로 종단된 병렬 단일 스터브 정합 네트워크가 그림 2-118 (b)에 보인 바와 같이 회로 소자 값이 자동으로 계산되어 있음을 확인할 수 있다.

그림 2-118 (a)와 (b)에 보인 정합 네트워크는 그림 2-115 (b)에 표시된 $1 + jb_s$와 관련된 첫번째 정합 네트워크이다. 그림 2-118 (b)의 우측 상단에 표시된 것처럼, "Pop Out" 버튼을 누르면 "DA_SmithChartMatch1" instance가 있는 그림 2-118 (a)로 돌아간다.

그림 2-118 (b)에서 확인할 수 있듯이, 직렬 전송 선로 스터브와 단락 회로로 종단된 병렬 스터브의 전기적 길이는 주파수 500 MHz에서 45°로 자동 계산되어 있는 것을 확인할 수 있다.

두번째 정합 네트워크는 그림 2-115 (b)에 표시된 $1 - jb_s$와 관련된 것이다. 두번째 정합 네트워크를 설계하기 위하여 Schematic Window에 그림 2-119 (a)와 같이 "DA_SmithChartMatch" instance를 하나 더 추가로 배치하고, 다시 Smith Chart Utility 윈도우를 연다.

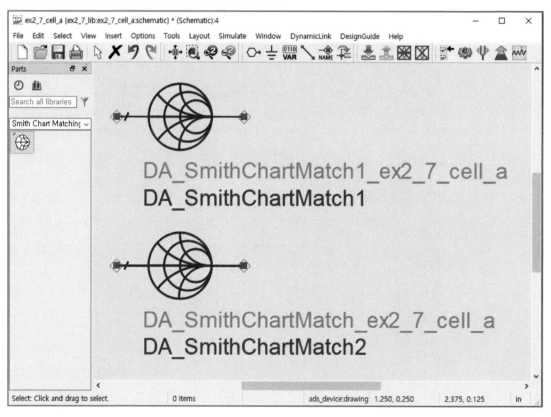

(a)

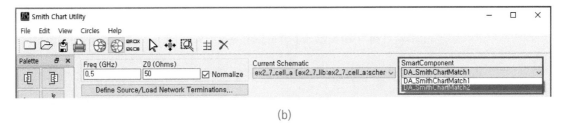

(b)

그림 2-119 (a) "DA_SmithChartMatch2"의 추가 배치, (b) Smith Chart Utility 윈도우 (부분)에서 "DA_SmithChartMatch2"와의 짝 짓기

그림 2-119 (b)에 보인 Smith Chart Utility 윈도우 우측에 표시한 것처럼 "Smart Component" 풀다운 메뉴에 "DA_SmithChartMatch2"가 추가된 것을 확인할 수 있다. 이 항목을 선택하면 그림 2-120에 보인 것과 같이 "SmartComponent Sync" 윈도우가 다시 팝업 된다. 이전과 마찬가지로 첫번째 항목, "Update SmartComponent from Smith Chart Utility"를 선택하고 "OK"를 눌러 윈도우를 닫는다.

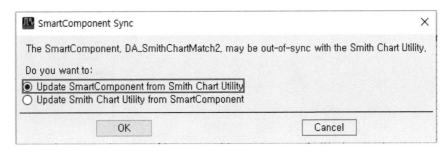

그림 2-120 "SmartComponent Sync" 윈도우

두번째 정합 네트워크를 설계하기 위하여 Smith Chart Utility 윈도우의 풀다운 메뉴 "Edit – Reset"를 클릭하여 이전의 정합 네트워크을 지운다. Smith Chart Utility 윈도우 우측에 "SmartComponent" 풀다운 메뉴에 "DA_SmithChartMatch2"가 유지되어 있음을 확인하고 다음 단계로 넘어간다.

주파수 ("Freq (GHz)")와 특성 임피던스 ("Z0")를 확인하고, "Define Source/Load Network Terminations…" 버튼을 클릭하여 "Network Terminations"를 이전과 같이 설정한 후 "OK" 버튼을 누르면 다시 처음부터 정합 네트워크를 설계할 수 있는 상태로 설정된다. "Line Length" 회로 소자를 추가하면 그림 2-121 (a)와 같이 회색 원과 $(1+jb)$ circle이 교차하는 점을 y_{s2}라 하면, 그림 2-121 (a)의 하단 옥색 박스에서 확인할 수 있듯이 $y_{s2} = (1-j1)$이 된다. $y_L = 0.4 + j0.2$가

$y_{s2} = (1 - j1)$까지 움직이는데 필요한 직렬 전송 선로의 길이가 이 문제의 두번째 정합 네트워크의 직렬 전송 선로의 길이이다. 이 길이는 Smith Chart Utility 에서 추후 자동 계산될 것이다.

$y_{s2} = (1 - j1)$의 허수부 값은 단락 회로로 종단된 병렬 단일 스터브을 연결하여 없앨 수 있다. 그림 2-121 (b) 에 보인 바와 같이, "Shorted Stub" 회로 소자를 추가하면 그림 2-122에 보인 바와 같이 $y_{s2} = (1 - j1)$을 $y_0 = (1 + j0)$으로 변환할 수 있다.

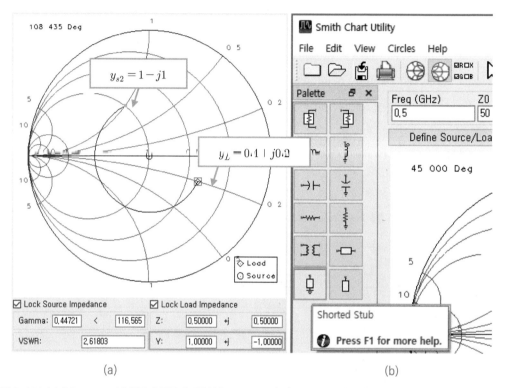

(a)

(b)

그림 2-121 (a) "Line Length" 회로 소자를 추가하여 "constant-$|\Gamma|$ circle" 그리기, (b) "Short Stub" 회로 소자의 위치

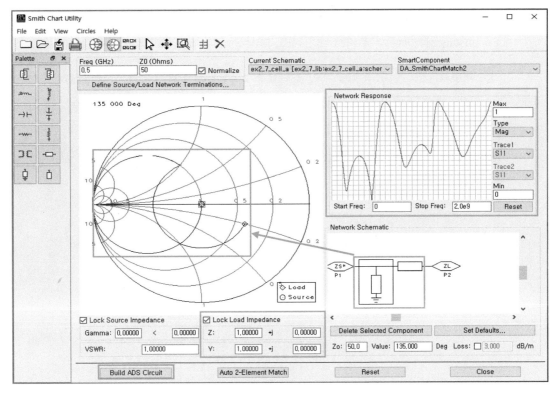

그림 2-122 Smith Chart Utility에서 완성된 정합 네트워크와 Schematic Window 업데이트

그림 2-122에 보인 Smith Chart Utility 결과를 Schematic Window에 업데이트하여 정합 네트워크를 확인하면 그림 2-123과 같은 결과를 확인할 수 있다.

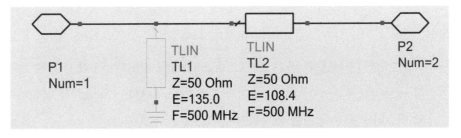

그림 2-123 Smith Chart Utility로부터 업데이트 된 정합 네트워크

(b) 개방 회로로 종단된 병렬 단일 스터브를 이용한 정합 네트워크 설계

첫번째 정합 네트워크를 설계하기 위하여 Schematic Window에 "DA_SmithChartMatch" instance를 하나 더 추가로 배치하고, 다시 Smith Chart Utility 윈도우를 연다.

개방 회로로 종단된 병렬 단일 스터브를 이용한 정합 네트워크 설계는 (a)번에서 설명한 단락 회로로 종단된 병렬 단일 스터브를 이용한 정합 네트워크 설계 과정이 거의 동일하다. Smith Chart Utility에서 "Line Length"를 이용한 직렬 전송 선로의 길이 설정 방법은 동일하므로 설명을 생략한다. 다만, 그림 2-124에 보인 바와 같이 "Shorted Stub"를 "Open Stub"로 교체해야 한다.

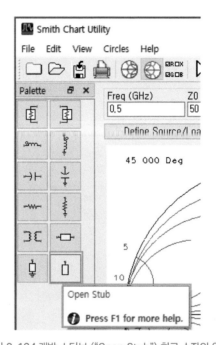

그림 2-124 개방 스터브 ("Open Stub") 회로 소자의 위치

그림 2-125 (a)에 보인 바와 같이 "Smith Chart Utility"에서 개방 회로 병렬 스터브를 이용한 정합 네트워크를 설계한 후, 설계 결과 값을 "Build ADS Circuit"을 클릭하여 Schematic Window로 전송하면 첫번째 정합 네트워크 설계를 완성하게 된다.

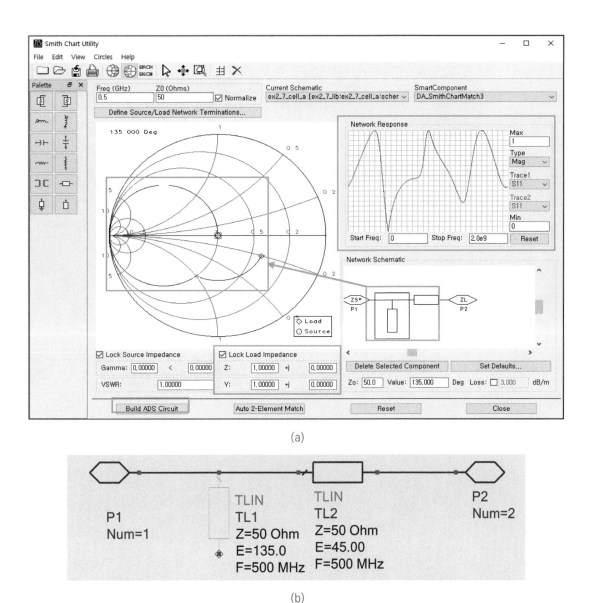

(a)

(b)

그림 2-125 (a) Smith Chart Utility에서 완성된 정합 네트워크와 Schematic Window 업데이트, (b) Smith Chart Utility로부터 업데이트 된 정합 네트워크

Schematic Window에서 정합 네트워크를 확인하면 그림 2-125 (b)에 보인 바와 같다.

두번째 정합 네트워크를 설계하기 위하여 Schematic Window에 "DA_SmithChartMatch" instance를 하나 더 추가로 배치하고, 다시 Smith Chart Utility 윈도우를 연다. 첫번째 정합 네트워크 설계 과정과 유사한 과정을 한번 더 수행하면 그림 2-126에 보인 바와 같은 결과를 얻을 수 있다.

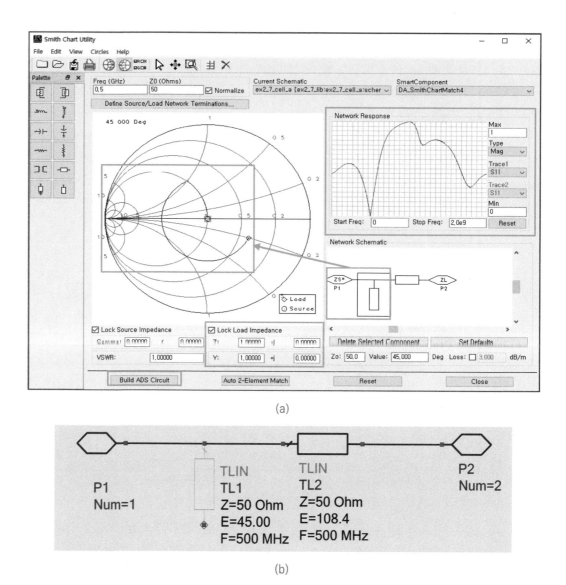

(a)

(b)

그림 2-126 (a) Smith Chart Utility에서 완성된 정합 네트워크와 Schematic Window 업데이트, (b) Smith Chart Utility로 부터 업데이트 된 정합 네트워크

단락 회로로 종단된 스터브와 개방 회로로 종단된 스터브의 전기적 길이를 비교해보면 흥미로운 점을 발견할 수 있다. 단락 회로로 종단된 스터브의 전기적 길이가 첫번째 정합 네트워크의 경우 45°이며 (부하에 직렬로 연결된 전송 선로의 전기적 길이는 45°) , 두번째 정합 네트워크의 경우 135° (부하에 직렬로 연결된 전송 선로의 전기적 길이는 108.4°) 이다. 개방 회로로 종단된 스터 브의 전기적 길이는 첫번째 정합 네트워크의 경우 135°이며 (부하에 직렬로 연결된 전송 선로의 전기적 길이는 45°), 두번째 정합 네트워크의 경우 45° (부하에 직렬로 연결된 전송 선로의 전기

적 길이는 108.4°)이다. 부하에 직렬로 연결된 전송 선로의 전기적 길이가 동일한 정합 네트워크 2쌍의 병렬 스터브의 길이의 차가 모두 90°임을 확인할 수 있다.

단락 회로 스터브와 개방 회로 스터브 사이에 스터브의 전기적 길이 차이가 각도 단위로 90°가 발생하는 것이다. 이 현상에 대한 물리적 의미와 Smitch chart 상의 의미를 파악해보자. 전기적 길이가 각도 단위로 90°일 때, 이 값을 파장의 분수 배로 표현하기 위해 다음과 같이 환산할 수 있다.

$$\ell_r = \frac{90°}{360°} = \frac{1}{4} = 0.25$$

이므로,

$$\ell = \ell_r \lambda = \frac{\lambda}{4} = 0.25\lambda$$

이다.

즉, 전송 선로의 전기적 길이가 각도 단위로 90°이면, $\ell = 0.25\lambda$이다. 주파수가 정해지면 물리적 길이로 환산할 수 있다.

전송 선로의 길이가 종단점으로부터 $\ell = 0.25\lambda$이면, Smitch chart 상에서 어떤 의미인지 파악해보자. 예를 들어, 단락 회로로 종단되고 전기적 길이 $\ell = 0.25\lambda$인 스터브를 그림 2-127과 같이 그려볼 수 있다.

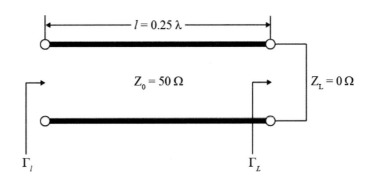

그림 2-127 단락 회로로 종단된 전송 선로 (전기적 길이는 0.25λ)

$$\Gamma_\ell = \Gamma_L e^{-j2\beta\ell} = |\Gamma| e^{j\theta_r} e^{-j2\beta\ell} = |\Gamma| e^{j(\theta_r - 2\beta\ell)}$$

이고, 그림 2-127에서 부하 임피던스에서의 반사 계수 (Γ_L)는

$$\Gamma_L = \frac{Z_L - Z_0}{Z_L + Z_0} = \frac{0 - Z_0}{0 + Z_0} = -1 = e^{-j\pi}$$

이다. 즉, Γ_L의 크기, $|\Gamma| = 1$이고, 위상각, $\theta_r = -\pi$이다.

그런데, $\beta = \dfrac{2\pi}{\lambda}$이고 $\ell = 0.25\lambda$이므로 이들을 대입하면,

$$\Gamma_\ell = e^{j\left(-\pi - 2 \times \frac{2\pi}{\lambda} \times 0.25\lambda\right)} = e^{j\left(-\pi - 2 \times \frac{2\pi}{\lambda} \times 0.25\lambda\right)} = e^{j(-2\pi)} = e^{j(0)} = 1$$

이다.

Γ_L과 Γ_ℓ을 Smith chart에 표시해보면, 그림 2-128에 보인 바와 같다.

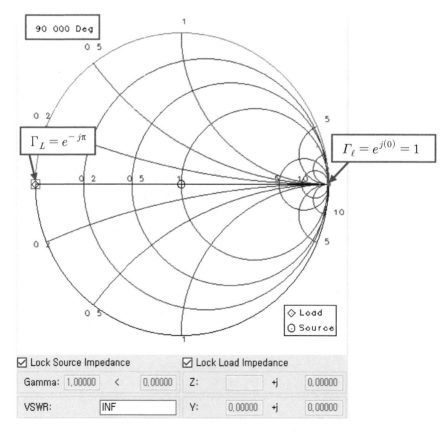

그림 2-128 부하 임피던스가 단락 회로이고 전기적 길이가 0.25 λ인 전송 선로의 입력단에서의 반사 계수

그림 2-128에 보인 Smith chart에서 확인해 볼 수 있듯이, Γ_L점의 위치는 부하 임피던스인 단락 회로 점이고, Γ_ℓ점의 위치는 Γ_L 점으로부터 전기적 길이 $\ell = 0.25\lambda$를 이동한 거리이며 개방 회로 점이다. 이 전기적 길이 $\ell = 0.25\lambda$는 각도로 표시하면 그림 2-128에 보인 Smith chart 상단에 적색 박스로 표시된 "90.000 Deg" (=90°)와 일치한다.

단락 회로를 전송 선로에서 $\ell = 0.25\lambda$ 즉, 전기적 길이의 각도 단위로 90°) 이동시키면, Smith chart에서는 $2\beta\ell = 2 \times \dfrac{2\pi}{\lambda} \times 0.25\lambda = \pi(rad)$, 즉 180° 회전하게 하여 개방 회로가 된다는 것을 의미한다. 물론 개방 회로 – 그림 2-128의 Smith chart에서는 Γ_ℓ점 – 를 Smith chart에서 시계방향으로 180° 회전하면 단락 회로 – 그림 2-128의 Smith chart에서는 Γ_L 점 – 가 된다.

문제로 돌아가서, 단락 회로 스터브의 첫번째 정합 네트워크와 개방 회로 스터브의 첫번째 정합 네트워크를 그림 2-129에서 직접 비교해보자.

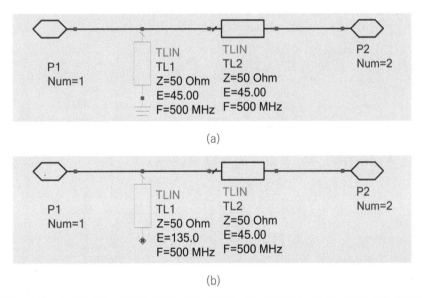

(a)

(b)

그림 2-129 (a) 단락 회로 스터브를 사용한 정합 네트워크, (b) 개방 회로 스터브를 사용한 정합 네트워크

"Line Length" 회로 소자로 만든 부하에 직렬로 연결된 전송 선로는 전기적 길이 45°로 일치한다. 단락 회로 스터브의 전기적 길이는 45°이고, 개방 회로 스터브의 전기적 길이는 135°이다. 이 단락 회로 스터브의 전기적 길이를 90° 늘이면 – 즉, Smith chart에서 시계 방향으로 180° 회전하면 – 정확하게 개방 회로 스터브의 길이와 일치하며, 단락 회로는 개방 회로로 변환됨을 확인할 수 있다.

(c) 정합 네트워크 입력단에서 반사 계수의 주파수 응답

앞서 설계된 총 4개의 정합 네트워크의 성능은 주파수 응답 특성을 비교 분석하여 평가할 수 있다. 정합 네트워크가 포함된 회로의 주파수 응답 특성은 S-parameter 시뮬레이션 중 주파수 스윕(frequency sweep)을 이용하여 파악할 수 있다. 이를 위하여 그림 2-130에 보인 바와 같이 ADS Schematic을 작성한다.

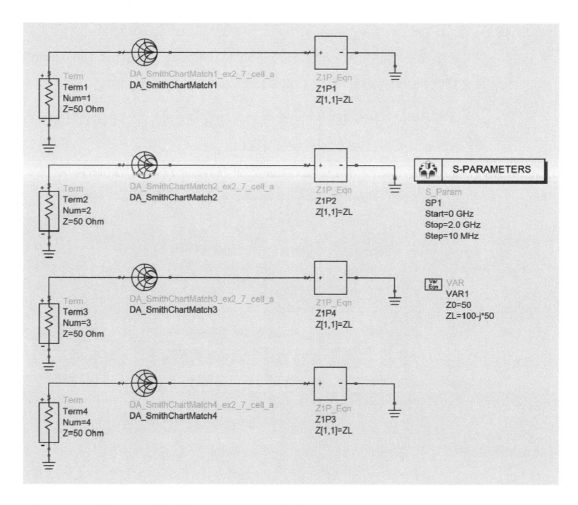

그림 2-130 단락 회로 스터브와 개방 회로 스터브를 이용한 정합 네트워크의 주파수 응답 특성을 파악하기 위한 ADS Schematic

2.7절의 문제와 같이 S-parameter 시뮬레이션을 실행하여 단락 회로 또는 개방 회로로 종단된 병렬 단일 스터브를 이용한 정합 네트워크의 성능을 확인할 수 있다.

그림 2-131은 단락 회로로 종단된 단일 스터브를 이용한 정합 네트워크 2개의 성능을 비교한 것이다.

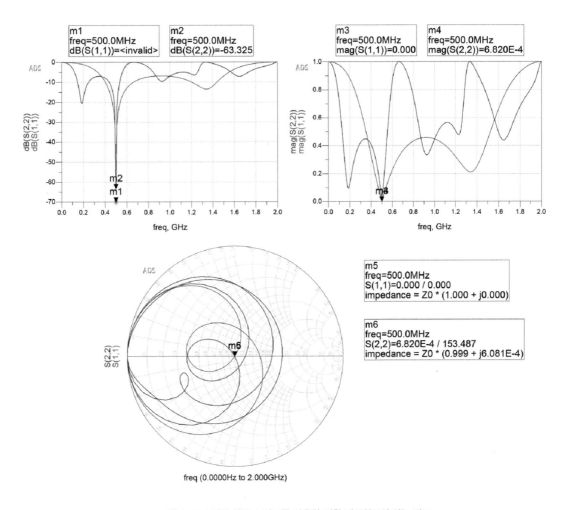

그림 2-131 단락 회로 스터브를 이용한 정합 네트워크의 성능 비교

그림 2-132는 개방 회로로 종단된 단일 스터브를 이용한 정합 네트워크 2개의 성능을 비교한 것이다.

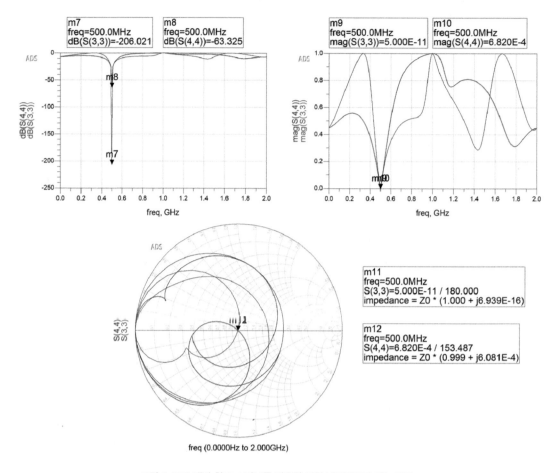

그림 2-132 개방 회로 스터브를 이용한 정합 네트워크의 성능 비교

2.9 전송 선로의 과도 응답: 저항으로 종단된 전송 선로

 EXERCISE

부하 임피던스 $Z_L = 200\Omega$을 75Ω 전송 선로에 연결하고 전압 펄스를 그림 2-133의 회로도에 보인 바와 같이 전송 선로에 인가한다. 펄스 전압 발생기의 출력 임피던스는 50Ω 이다. 전송 선로의 길이는 3 m이고, 전송 선로에서 신호의 위상 속도는 광속으로 가정한다. 부하 임피던스에 걸리는 전압 파형을 60 ns까지 그리시오.

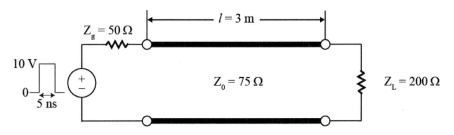

그림 2-133 저항성 부하로 종단된 전송 선로의 과도 응답 특성 해석을 위한 회로도

모범 답안

이 문제는 시간 영역에서 전송 선로의 과도 응답을 구하는 문제이다. ADS에서는 주파수 영역뿐만 아니라 시간 영역의 회로 해석도 가능하다. 전송 선로가 포함된 회로의 시간 영역 해석을 위하여 Schematic Window를 생성한 후 필요한 회로 소자를 배치한다.

시간 영역에서 전송 선로를 포함하는 회로를 해석하기 위한 전송 선로 모델은 그림 2-134 (a)에 보인 바와 같이 "TLines-Ideal" palette의 "ads_tlines:TLIND"를 사용하면 된다. 이 회로 소자는 전송 선로의 "characteristic impedance (Z_0)"와 "Delay"로 정의된다. "Delay" 항목은 신호가 전송 선로의 입력단에 인가되어 출력단으로 나갈 때까지 소요되는 시간을 의미한다. 따라서, "Delay" 항목은 전송 선로의 길이와 신호의 위상 속도를 알고 있으면 계산할 수 있다.

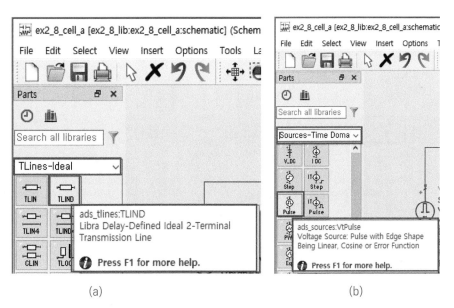

(a)   (b)

그림 2-134 (a) 지연 전송 선로 모델 ("ads_tlines:TLIND") instance의 위치, (b) 전압 펄스 전원 ("ads_sources:VtPulse")의 위치

문제에서 전송 선로의 길이가 3 m로 주어져 있고, 위상 속도는 광속이므로, "Delay"는 다음과 같이 계산할 수 있다.

$$Delay = \frac{\ell}{c} = \frac{3}{3 \times 10^8} = 10^{-8} \; s = 10 \; ns$$

두번째 회로 소자는 전압 펄스를 인가할 수 있는 전원이다. ADS에서는 다양한 시간 영역 전원 모델을 제공하고 있으며, 이 문제를 해결하기 위한 전원은 그림 2-134 (b)에 보인 바와 같이, "Source-Time Domain" palette의 "ads_sources:VtPulse"를 사용하면 된다.

이 문제에서 주어진 나머지 회로 소자들은 "Basic Components" palette의 "ads_rflib:R"를 사용하면 된다. 이상의 설명을 토대로 그림 2-135에 보인 바와 같은 ADS Schematic을 생성할 수 있다.

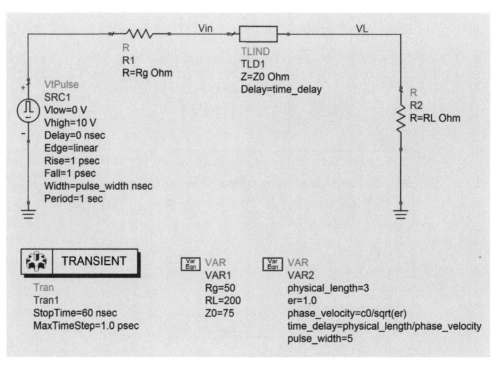

그림 2-135 저항성 부하로 종단된 전송 선로의 과도 응답 특성을 해석할 수 있는 ADS schematic

펄스 신호는 상승 시간 (rising time), 하강 시간 (falling time), 펄스 폭 (pulse width) 등 세가지 파라미터가 펄스 신호의 특성을 정의할 때 필요한 중요한 파라미터이다. 이들 세가지 파라미터는 "VtPulse"

전원에서 각각 "Rise", "Fall", "Width" 항목에서 정의할 수 있다. 펄스 폭은 문제에서 주어진 대로 5 ns로 정의하면 되고, "Rise"와 "Fall"은 매우 빠르게 상승하고 하강하도록 psec 단위로 정의한다.

그림 2-136 과도 응답을 구하기 위한 "Transient/Convolution Simulation" ("ads_simulation:Tran")

과도 응답을 구하기 위하여, ADS는 그림 2-136에 보인 바와 같이 "Simulation-Transient" palette에 "ads_simulation:Tran"라는 과도 응답 시뮬레이션 ("Transient Simulation")을 제공한다. 그림 2-135 의 ADS Schematic에 보인 바와 같이, "StopTime"은 문제에서 지정한대로 60 ns로 설정하고, "MaxTimeStep"은 "Rise"와 "Fall"과 같은 값으로 설정한다.

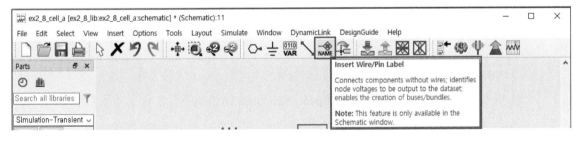

그림 2-137 Schematic Window (부분)의 "Insert Wire/Pin Label" 아이콘 위치

ADS에서 시간 영역 시뮬레이션을 수행하는 경우, 회로도의 "Wire" 또는 "Pin"에 이름("Label")을 붙여야 한다. 그림 2-137에 표시된 것과 같이 "Insert Wire/Pin Label" 아이콘을 이용하여 시간 영역 출력 파형을 측정해야 하는 "Wire"에 이름을 붙일 수 있다. "Insert Wire/Pin Label" 아이콘을 클릭하면 그림 2-138에 적색 박스로 표시된 것과 같이 흑색 점선으로 표시되는 열십자 모양이 보인다.

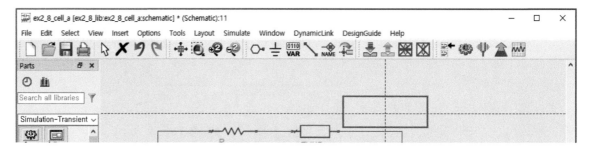

그림 2-138 Schematic Window (부분)의 "Insert Wire/Pin Label" 아이콘 클릭 후 나타나는 흑색 점선 열십자 표시

이 문제의 경우 부하 저항에 걸리는 전압의 파형을 구해야 하므로 부하 저항에 연결된 "Wire"를 클릭하면 이름을 입력할 수 있는 작은 창이 열린다. 사용자가 이름을 지정하여 입력할 수 있다. 이 문제의 경우 그림 2-139에 보인 바와 같이 "VL"이라는 이름을 입력하여, 그림 2-135에 보인 바와 같이 부하 저항에 걸리는 전압 "VL"을 삽입했다. 동일한 방법으로 전송 선로의 입력단의 전압을 측정하기 위하여 그림 2-135에 보인 바와 같이 "Vin"이라는 이름을 삽입했다.

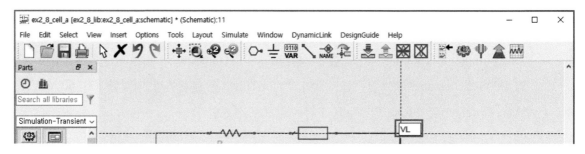

그림 2-139 Schematic Window (부분)의 "Insert Wire/Pin Label" 아이콘을 이용한 "Wire"의 특정 이름 삽입

"Transient/Convolution Simulation" 을 실행시켜보면, 에러가 발생하지 않는 경우 일정 시간이 경과한 후 결과 그래프를 그릴 수 있는 "hpeesofdds/Data Display" 윈도우가 자동 팝업 된다. "Rectangular Plot" 버튼을 누르면 "Plot Traces & Attributes" 윈도우가 팝업 된다. "Datasets and Equations" 항목 밑에 있는 "VL"을 ">>Add>>"하고 "OK" 버튼을 클릭하면 그림 2-140에 보인 것과 같은 그래프가 출력 된다. 결과 출력("hpeesofdds/Data Display") 윈도우의 "Marker" 풀다운 메뉴를 이용하여 사용자가 원하는 부분의 값을 그림 2-140에 보인 그래프와 같이 표시할 수 있다. 펄스의 rising time과 falling time을 1 psec로 설정하였기 때문에, 이상적인 펄스처럼 파형이 표시되는 것을 확인할 수 있다.

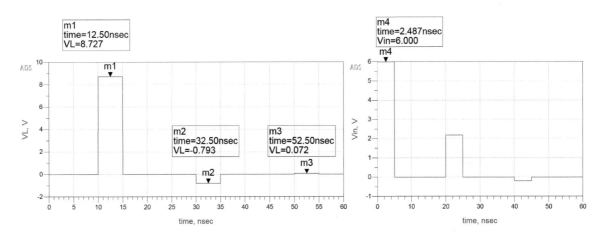

그림 2-140 그림 2-135의 ADS schematic에 대한 Schematic Simulation 결과 그래프

그림 2-140에 보인 결과를 이론적으로 검증해보자.

펄스 전압 발생기 입력단의 반사 계수와 부하에서의 반사 계수를 각각 Γ_g과 Γ_L라 하면,

$$\Gamma_g = \frac{R_g - Z_0}{R_g + Z_0} = \frac{50 - 75}{50 + 75} = -0.2$$

이고,

$$\Gamma_L = \frac{R_L - Z_0}{R_L + Z_0} = \frac{200 - 75}{200 + 75} = \frac{5}{11} = 0.454545$$

이다.

펄스 신호가 전송 선로 입력단에 입력되는 순간의 전압을 V_1^+라 하면, 전압 분배식에 따라

$$V_1^+ = \frac{Z_0}{R_g + Z_0} V_{high} = \frac{75}{50 + 75} \times 10 = 6 \quad V$$

이다. V_1^+ 값은 그림 2-140의 우측 그래프에 표시된 "Marker" "m4" 값과 일치한다.

앞서 계산했던 것처럼, 문제에서 주어진 전송 선로의 입력단에서 부하까지 신호 전달 시간은

$$Delay = \frac{\ell}{c} = \frac{3}{3 \times 10^8} = 10^{-8} \ s = 10 \ ns$$

으로 계산된다. 따라서, $t = 10 \, ns$에서 부하에 첫번째 전압이 검출되고 그 값은

$$V_L(t = 10 \ ns) = V_1^+ + \Gamma_L V_1^+ = 6 + 0.454545 \times 6 = 8.72727 \ V \cong 8.727 \ V$$

로 계산된다. 이 이론 값은 그림 2-140의 좌측 그래프에 표시된 "Marker" "m1" 값과 일치한다.

이론적으로 부하에 걸리는 전압을 계산하여 그래프를 그릴 경우에는 펄스를 다음 수식에 보인 것처럼 2개의 계단 함수의 차로 펄스를 정의하여 계산할 수 있다.

$$V(t) = 10u(t) - 10u(t - \tau) \tag{2.18}$$

식 (2.18)에서 $u(t)$는 다음과 같이 정의된 단위 계단 함수 (unit step function)

$$u(t) = \begin{cases} 1 & \text{for } t > 0 \\ 0 & \text{for } t < 0 \end{cases}$$

이며, τ는 펄스 폭이다.

식 (2.18)의 첫번째 계단 함수 ($10u(t)$)와 두번째 계단 함수 ($-10u(t - 5\,ns)$)에 대한 바운스 다이어그램 (bounce diagram)을 그리는 것이 특정 위치에서 시간대별 전압을 계산하는데 효율적이며, 그림 2-141에 보인 바와 같이 그릴 수 있다.

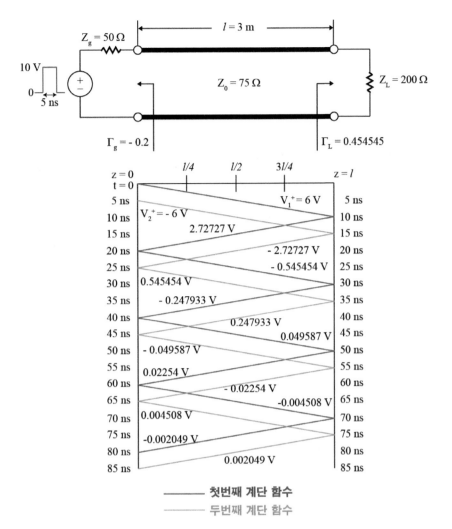

그림 2-141 전송 선로의 과도 응답 특성을 분석하기 위한 바운스 다이어그램

그림 2-141에 보인 바운스 다이어그램을 이용하여 전압 펄스의 전송 시간대별 $z = \ell$에서의 전압, $V_L(t, \ell)$을 다음과 같이 계산할 수 있다.

$$V_L(t, \ell) = 0 \ V, \qquad\qquad\qquad\qquad\qquad\qquad\qquad\qquad \text{for } 0 \ ns \ \leq t \langle 10 \ ns$$

$$V_L(t, \ell) = 6 + 2.72727 = 8.72727 \cong 8.727 \ V, \qquad\qquad\qquad \text{for } 10 \ ns \ \leq t \langle 15 \ ns$$

$$V_L(t, \ell) = 6 + 2.72727 - (6 + 2.72727) = 0 \ V, \qquad\qquad\qquad \text{for } 15 \ ns \ \leq t \langle 30 \ ns$$

$$V_L(t, \ell) = -0.545454 - 0.247933 = -0.793387 \cong -0.793 \ V, \qquad \text{for } 30 \ ns \ \leq t \langle 35 \ ns$$

$$V_L(t, \ell) = -0.545454 - 0.247933 + (0.545454 + 0.247933) = 0 \ V, \qquad \text{for } 35 \ ns \ \leq t \langle 50 \ ns$$

$$V_L(t, \ell) = 0.049587 + 0.02254 = 0.072127 \cong 0.072 \ V, \qquad\qquad \text{for } 50 \ ns \ \leq t \langle 55 \ ns$$

$$V_L(t, \ell) = 0.049587 + 0.02254 - (0.049587 + 0.02254) = 0 \ V, \qquad \text{for } 55 \ ns \ \leq t \langle 60 \ ns$$

위의 수식들의 값을 그래프로 그리면, "Transient/Convolution Simulation"에서 얻은 그림 2-140의 좌측에 보인 부하에서의 전압 파형과 동일한 과도 응답 그래프를 얻을 수 있다.

2.10 전송 선로의 과도 응답: 저항과 커패시터로 종단된 전송 선로

EXERCISE

부하 저항 $R_L = 200\ \Omega$과 부하 커패시터 $C_L = 10\ pF$을 $75\,\Omega$ 전송 선로에 연결하고 전압 펄스를 그림 2-142의 회로도에 보인 바와 같이 전송 선로에 인가한다. 펄스 전압 발생기의 출력 임피던스는 $50\,\Omega$이다. 전송 선로의 길이는 3 m이고, 전송 선로에서 신호의 위상 속도는 광속으로 가정한다. (a) 전송 선로 입력단에 걸리는 전압과 (b)부하에 걸리는 전압 파형을 60 ns까지 그리시오.

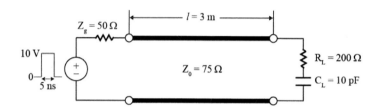

그림 2-142 복소 임피던스 (저항과 커패시터) 부하로 종단된 전송 선로의 과도 응답 특성 해석을 위한 회로

모범 답안

문제에 주어진 회로를 Schematic Window에 생성하면 그림 2-143에 보인 바와 같다.

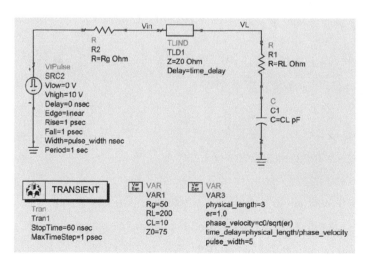

그림 2-143 복소 임피던스 (저항과 커패시터) 부하로 종단된 전송 선로의 과도 응답 특성을 해석할 수 있는 ADS Schematic

(a) 전송 선로 입력단의 전압을 측정하기 위하여, 그림 2-143에 보인 바와 같이 전송 선로 입력단의 "Wire"에 "Vin"이라는 이름을 삽입하고, 결과 그래프를 그리기 위하여 "Rectangular Plot – Plot Traces & Attributes" 윈도우를 팝업 하면 "Vin" 항목이 "Plot Traces & Attributes" 윈도우의 "Datasets and Equations" 메뉴 하단에 보일 것이다. 과도 응답 시뮬레이션을 실행하고, 결과 그 래프를 그리면 그림 2-144 에 보인 바와 같이 전송 선로 입력단의 전압 파형 ("Vin")을 얻을 수 있다.

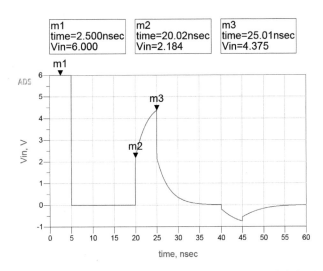

그림 2-144 복소 임피던스 (저항과 커패시터)로 종단된 전송 선로의 입력단 과도 응답 특성

(b) 그림 2-145에 보인 바와 같이 부하에 걸리는 전압 파형을 얻을 수 있다.

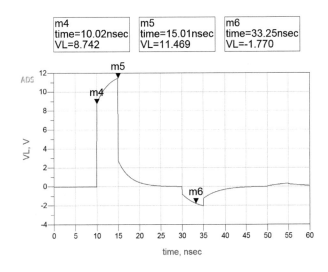

그림 2-145 복소 임피던스 (저항과 커패시터)로 종단된 전송 선로의 출력단 과도 응답 특성

2.11 전송 선로의 과도 응답: 저항과 인덕터로 종단된 전송 선로

📟 EXERCISE

부하 저항 $R_L = 200\ \Omega$과 부하 인덕턴스 $L_L = 150\ nH$를 $75\,\Omega$ 전송 선로에 연결하고 전압 펄스를 그림 2-146의 회로도에 보인 바와 같이 전송 선로에 인가한다. 펄스 전압 발생기의 출력 임피던스는 $50\,\Omega$이다. 전송 선로의 길이는 3 m이고, 전송 선로에서 신호의 위상 속도는 광속으로 가정한다. (a) 전송 선로 입력단에 걸리는 전압과 전류 파형을 그리고, (b)부하에 걸리는 전압과 전류 파형을 60 ns까지 그리시오.

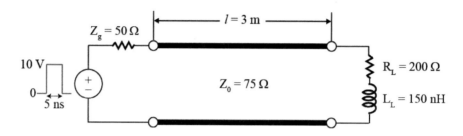

그림 2-146 복소 임피던스 (저항과 인덕터) 부하로 종단된 전송 선로의 과도 응답 특성 해석을 위한 회로

모범 답안

문제에서 요구하는 전류 파형을 그리기 위하여, Schematic Simulation에서 전류 프로브 ("Current Probe") 회로 소자를 삽입해야 한다. 그림 2-147에 보인 바와 같이 "Probe Components" palette의 "ads_rflib:I_Probe Current Probe"를 ADS Schematic에 삽입하면 된다.

전류 측정을 위하여 전류계는 회로에 직렬로 연결되어야 함을 상기하면, 그림 2-148에서 보인 바와 같이 전류 프로브를 직렬로 삽입한 ADS Schematic을 그릴 수 있다. 전송 선로 입력단과 부하 입력단에 전류 프로브가 직렬로 삽입되어 있는 것을 확인할 수 있다.

그림 2-147 전류 프로브 회로 소자 ("ads_rflib:I_Probe")의 위치

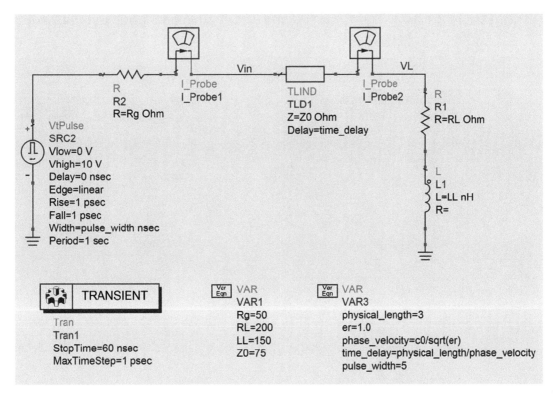

그림 2-148 복소 임피던스 (저항과 인덕터) 부하로 종단된 전송 선로의 과도 응답 특성을 해석할 수 있는 ADS schematic

(a) 과도 응답 시뮬레이션을 실행하면 전송 선로 입력단에 걸리는 전압과 흐르는 전류 파형을 그림 2-149 (a)와 (b)에 보인 바와 같이 각각 얻을 수 있다.

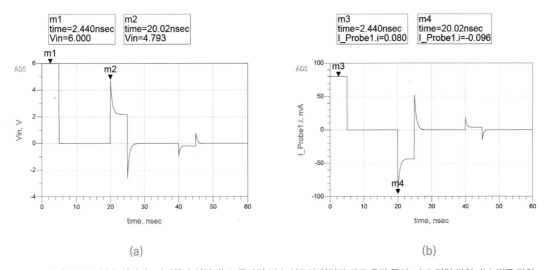

그림 2-149 복소 임피던스 (저항과 인덕터)로 종단된 전송 선로의 입력단 과도 응답 특성: (a) 전압 파형, (b) 전류 파형

(b) 부하에 걸리는 전압과 흐르는 전류 파형은 그림 2-150 (a)와 (b)에 보인 바와 같이 각각 얻을 수 있다.

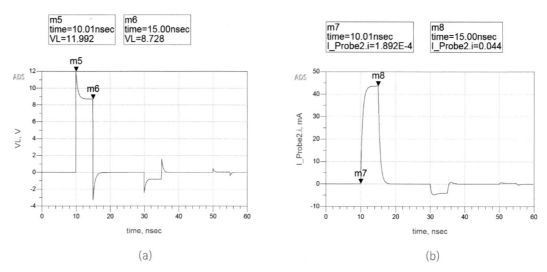

(a)   (b)

그림 2-150 복소 임피던스 (저항과 인덕터)로 종단된 전송 선로의 출력단 과도 응답 특성: (a) 전압 파형, (b) 전류 파형

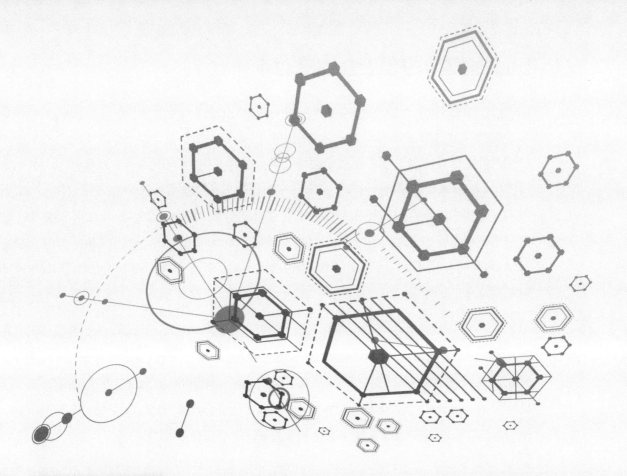

CHAPTER 3

Layout Simulation & EM Cosimulation:

평판 전송 선로 (Planar Transmission Line) 모델을 이용한 회로 해석과 설계

3.1 Linecalc를 이용한 전송 선로 설계

2장에서는 ADS에서 제공하는 Schematic Simulation 기능을 이용하여 이상적인 전송 선로 모델과 집중 소자가 포함된 다양한 회로들을 해석하였다. 이상적인 전송 선로 모델을 이용하여 정합 네트워크를 설계하는 방법을 설명하였고, 전송 선로가 포함된 회로의 과도 응답 특성도 해석하였다. 전송 선로 이론 (transmission line theory)으로 유도된 수식들을 이용하여 종이와 연필로 계산하여 얻었던 회로의 각종 파라미터들을 ADS를 이용하여 구할 수 있음을 확인할 수 있었다. 하지만, 이상적인 전송 선로 모델을 이용한 전송 선로 이론의 확인과 ADS의 Schematic Simulation 결과의 유효성 검증을 넘어서, ADS를 이용하여 보다 실질적인 RF/마이크로파 회로의 해석과 이를 바탕으로 한 RF/마이크로파 회로 설계가 필요하다.

ADS는 특정 구조의 전송 선로에 대한 특성 임피던스 (characteristic impedance), 손실 (loss), 유효 유전 상수 (effective dielectric constant) 등을 계산해주는 도구를 제공한다. 이 도구의 이름은 Linecalc 이며, 대표적인 전송 선로인 마이크로스트립 라인 (microstrip line), 스트립라인 (stripline), 코플래너 도파관 (coplanar waveguide: CPW), 동축 케이블 (coaxial cable), 구형 도파관 (rectangular waveguide) 등의 전송 선로의 특성을 손쉽게 해석하고 설계할 수 있다.

인쇄 회로 기판 (printed circuit board: PCB) 또는 실리콘 (silicon), 갈륨비소 (GaAS), 질화갈륨 (GaN) 등의 반도체 기판에 구현되는 전송 선로는 평판 구조 (planar structure)이다. 평판 전송 선로 (planar transmission line)는 마이크로스트립 라인, 스트립라인, 코플래너 도파관 등이 대표적이다. 이 장에서는 평판 전송 선로의 대표격인 마이크로스트립 라인을 사용하여 RF/마이크로파 회로를 해석하고 설계하는 방법을 설명한다.

Linecalc는 그림 3-1에 보인 바와 같이 윈도우즈 운영 체제에 있는 시작 메뉴의 "Advanced Design System 2021 Update 2" 폴더 밑에 실행 아이콘이 있다.

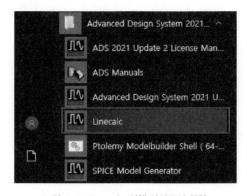

그림 3-1 Linecalc 실행 아이콘의 위치

이 아이콘을 클릭하면 그림 3-2에 보인 바와 같이 Linecalc 윈도우가 팝업 된다.

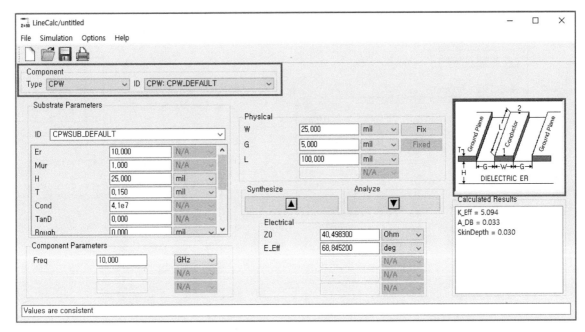

그림 3-2 Linecalc 윈도우

Linecalc 윈도우 상단에 "Component" 메뉴의 "Type" 풀다운 메뉴를 클릭하면 원하는 전송 선로 구조를 선택할 수 있다. 그림 3-2에 보인 Linecalc 윈도우에는 "CPW"가 선택되어 있다. CPW는 앞서 언급한 바와 같이 코플래너 도파관 (coplanar waveguide)의 약자이며, CPW의 구조가 Linecalc 윈도우 오른쪽에 보인다. 앞서 말한 바와 같이, 이 장에서는 마이크로스트립 라인을 사용하여 전송 선로 회로를 해석하고 설계하려고 한다. 따라서 "Component" 메뉴의 "Type" 풀다운 메뉴에서 마이크로스트립 라인, "MLIN"을 그림 3-3에 보인 바와 같이 선택하면 된다.

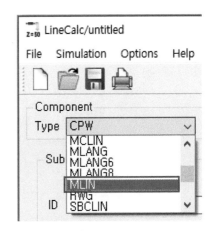

그림 3-3 "MLIN"의 위치

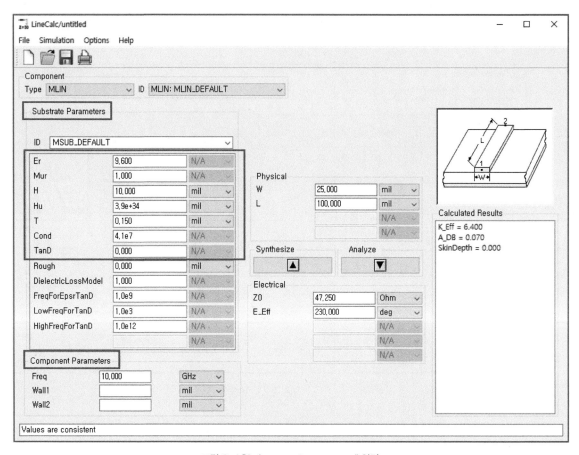

그림 3-4 "Substrate Parameters" 입력

Linecalc는 사용자가 입력해야 하는 "Substrate Parameters"가 그림 3-4의 좌측 상단에 적색 박스로
표시된 것과 같이 있다. 기판의 다양한 파라미터는 기판 제조사로부터 제공되는 것이 일반적이다.
"Er"은 기판 (substrate)의 상대 유전율 (relative permittivity) 또는 유전 상수 (dielectric constant)이다.
"Mur"은 기판의 상대 투자율 (relative permeability)인데, 보통의 경우 전송 선로를 설계하는 기판은 비
자성 물질 (nonmagnetic material)이므로 1이 된다. "H"는 기판의 두께이고, "Hu"는 기판에 뚜껑이 있
는 경우 기판의 표면으로부터의 높이를 의미하는데, 보통의 경우 기판의 뚜껑은 없기 때문에 매우 큰 숫
자인 "3.9e+34"를 그대로 유지한다. "T"는 기판의 도체 (conductor) 두께이고, "Cond"는 도체의 전도
도 (conductivity)를 의미한다. "TanD"는 기판의 유전체 손실을 손실 탄젠트 (loss tangent)로 표시한 값
이다. 그림 3-4의 좌측 적색 박스에 포함되지 않은 "Rough, DielectricLossModel, FreqForEpsrTanD,
LowFreqForTanD, HighFreqForTanD" 항목은 기판 제조사가 별도로 값을 제공하지 않는 이상 Linecalc
에서 제공하는 default 값을 유지한다.

"Substrate Parameters"의 각 파라미터는 단위가 있는 것과 없는 것으로 구분할 수 있다. 단위가 없는 파라미터의 경우 해당 항목 우측에 "N/A"라고 표시되어 있다. "N/A"는 보통 Not Applicable의 약자이다. 단위 표시가 필요한 파라미터의 경우 그림 3-5에 보인 바와 같이 단위를 선택할 수 있다.

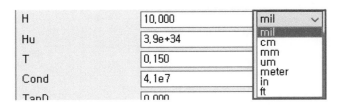

그림 3-5 "Substrate Parameters"의 단위 선택 풀다운 메뉴

"Substrate Parameters"에서 단위가 필요한 항목은 길이를 표시하는 항목이기 때문에 다양한 길이 단위를 선택할 수 있다. 많이 쓰이는 기판의 길이 단위는 "mil", "mm", "um"이다. 단위 환산표는 표 3-1에 보인 바와 같다.

표 3-1 단위 환산표

단위	환산값	비고
mil	10^{-3} inch	1 inch = 2.54 cm
mm	10^{-3} m	
um	10^{-6} m	

표 3-1에 보인 "mil" 단위는 다소 생소한 단위일 수 있다. 하지만, 미터법을 사용하지 않는 미국의 기판 제조 업체의 기판 규격에 쓰이는 단위이기 때문에 회로 개발자는 반드시 알아두어야 하는 단위이다.

그림 3-4의 좌측 하단에 적색 박스로 표시된 "Component Parameters"에는 주파수를 입력할 수 있는 "Freq" 항목이 단위를 선택할 수 있는 풀다운 메뉴와 함께 주어져 있다. "Wall1"과 "Wall2"는 기판의 양쪽에 금속 벽이 있을 경우 거리를 표시할 수 있지만, 보통의 경우 금속 벽은 없기 때문에 공란으로 둔다.

FR4 기판은 PCB 제조에 매우 많이 쓰이는 기판이다. 이 교재에서 FR4 2층 기판의 "Substrate Parameters"는 별다른 언급이 없는 한 표 3-2에 주어진 값을 사용하기로 한다.

표 3-2 FR4 기판의 특성

기판 파라미터("Substrate Parameters")	파라미터 값	비고
상대 유전율 (ϵ_r = "Er")	4.5	FR4
기판 두께 (Substrate thickness = "H")	1000 μm	FR4
손실 탄젠트 (loss tangent = "TanD")	0.01	FR4
도체 전도도 (conductivity = "Cond")	5.813×10^7 S/m	구리 (copper)
도체 두께 (Thickness = "T")	35 μm	

FR4 기판 위에 구리를 도체로 사용하는 상용 기판의 파라미터를 그림 3-6과 같이 편집하고, 마이크로 스트립 라인을 설계해본다.

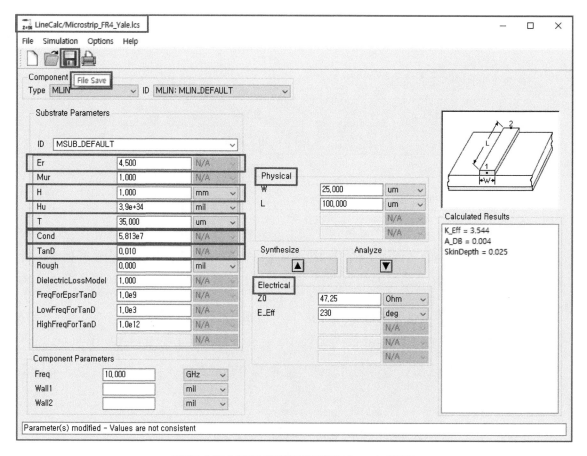

그림 3-6 FR4 기판의 파라미터를 적용한 Linecalc 윈도우

그림 3-6에 보인 바와 같이, 제조사가 제공하는 기판의 파라미터를 입력하고 "File Save"를 클릭하여 지정된 경로에 저장할 수도 있다. 회로 설계를 위해 계속 사용할 예정이라면 그림 3-6의 상단에 보인 바와 같이 특정 파일 이름 ("Microstrip_FR4_Yale.lcs")을 부여하고 저장해 두면 편리하다. 기판 정보를 입력하고 나면 Linecalc를 사용할 준비를 마치게 된다.

Linecalc는 그림 3-6의 중앙에 적색 박스로 표시된 "Physical" 메뉴와 "Electrical" 메뉴가 있다. 두 메뉴 모두 사용자가 해당 파라미터의 값을 입력할 수 있다. 마이크로스트립 라인의 특성 임피던스 (characteristic impedance, Z_0)는 라인의 폭에 의해 결정된다. "Physical" 메뉴의 "W"는 폭 (width), "L"은 길이 (length)를 의미한다. 이 교재에서 단위는 미터법 중에서 "um"를 사용하기로 한다.

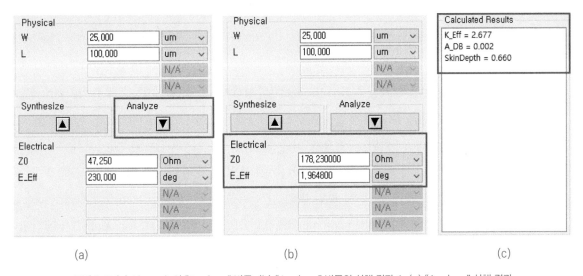

(a) (b) (c)

그림 3-7 (a) Linecalc의 "Analyze" 버튼, (b) "Analyze" 버튼의 실행 결과 1, (c) "Analyze" 실행 결과

Linecalc를 실행했을 때, "Physical" 메뉴에 초기값으로 입력되어 있는 값을 그대로 두고 그림 3-7 (a)에 표시된 "Analyze" (분석하다) 버튼을 클릭해보자. "Physical" 메뉴에 입력되어 있는 마이크로스트립 라인의 폭 ("W")과 길이 ("L")에 대하여 그림 3-7 (b)에 표시된 것과 같이 "Electrical" 메뉴에 특성 임피던스 ("Z0")와 유효 전기적 길이 ("E_Eff")가 계산된다. 이와 더불어, 그림 3-7 (c)에 보인 바와 같이 Linecalc 윈도우의 가장 우측에 "Calculated Results" 메뉴에 유효 유전 상수 (effective dielectric constant, ϵ_{eff}, "K_Eff"), dB 단위의 손실 (attenuation in dB, "A_DB"), 표피 심도 ("SkinDepth")가 추가로 계산된다.

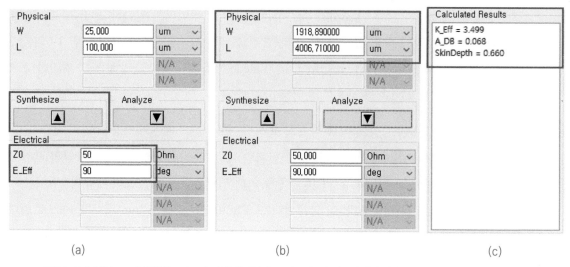

그림 3-8 (a) "Linecalc"의 "Synthesize" 버튼, (b) "Synthesize" 버튼의 실행 결과 1, (c) "Synthesize" 실행 결과

"Analyze" 버튼의 반대 기능은 "Synthesize" (합성하다) 이다. 단어 뜻 그대로 "Electrical" 메뉴의 특성 임피던스 ("Z0")와 유효 전기적 길이 ("E_Eff")를 설계하기 위한 "Physical" 메뉴의 폭 ("W")과 길이 ("L")을 "Synthesize"한다. 그림 3-8 (a)에 보인 바와 같이 "Z0"는 50, "E_Eff"는 90으로 입력하고, "Synthesize" 버튼을 클릭해보자. 그림 3-8 (b)에 보인 바와 같이 "Physical" 메뉴에 "W"와 "L"이 계산되어 보여진다. 그림 3-8 (c)에 보인 바와 같이 유효 유전 상수 (effective dielectric constant, ϵ_{eff}, "K_Eff"), dB 단위의 손실 (attenuation in dB, "A_DB"), 표피 심도 ("SkinDepth")가 계산된다.

3.2 마이크로스트립 라인 (microstrip line) 모델 vs. 이상적인 전송 선로 모델: 임의의 수식으로 표현되는 부하 임피던스

> **EXERCISE**
>
> 그림 3-9에 보인 바와 같이 무손실 전송 선로의 전기적 길이가 $\ell = 0.45\lambda$ 이고, 부하 임피던스 (load impedance, Z_L)가 $Z_L = (65 + j30)\,\Omega$일 때, 전압 반사 계수 (reflection coefficient, Γ), 정재파비 (standing wave ratio, SWR)와 입력 임피던스 (input impedance, Z_{in}) 값을 구하시오. 무손실 전송 선로를 FR4 기판에 구현되는 마이크로스트립 라인으로 대체할 때, 앞서 구한 입력 임피던스 값을 다시 구하고 무손실 전송 선로 결과 값과 비교하여 만약 다른 값이 계산된다면 원인을 분석하시오.

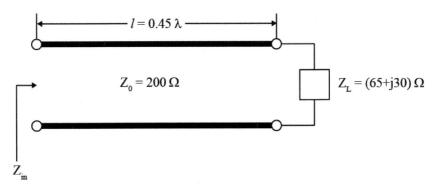

그림 3-9 복소 부하 임피던스로 종단된 전송 선로

모범 답안

이 문제는 2.2절 문제와 동일하다. 2.2절 문제에서는 Schematic Window에서 제공하는 이상적인 전송 선로 (ideal transmission line) 모델을 이용하여 Schematic Simulation을 수행하고 문제에서 요구하는 답을 구하였다. 하지만, 이 문제에서는 마이크로스트립 라인 모델을 이용하여 문제를 해결하고 이상적인 전송 선로 모델을 이용하여 Schematic Simulation으로부터 얻은 결과 값과 비교해 보려고 한다. 이를 위하여, 다음과 같이 Schematic Simulation을 수행한다.

가. Workspace와 New Schematic Window 생성

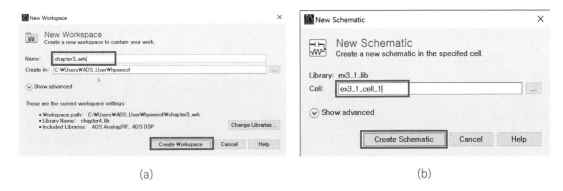

(a)   (b)

그림 3-10 (a) Workspace 생성, (b) New Schematic 생성

ADS Main Window에서 "Create A New Workspace" 아이콘을 클릭하면, 그림 3-10 (a)에 보인 바와 같이 "New Workspace" 윈도우가 팝업 된다. 이 윈도우에 "chapter3_wrk"를 입력하고 "Create Workspace" 버튼을 클릭하면, "chapter3_wrk"가 생성된다.

ADS Main Window에서 "New Schematic Window" 아이콘을 클릭하면, 그림 3-10 (b)에 보인 바와 같이 "New Schematic" 윈도우가 팝업 된다. 이 윈도우에 "ex3_1_cell_1"을 입력하고 "Create Schematic" 버튼을 클릭하면 "ex3_1_cell_1" Schematic Window가 팝업 된다.

나. ADS Schematic의 생성

Schematic Window 왼쪽의 "Parts" 윈도우의 풀다운 메뉴를 열고, 그림 3-11 (a)에 보인 바와 같이 "TLines-Microstrip" palette를 선택한다. ADS Schematic을 생성하기 위한 첫번째 단계는 그림 3-11 (b)에 보인 바와 같이 "ads_tlines:MSUB"를 Schematic Window에 배치하는 것이다.

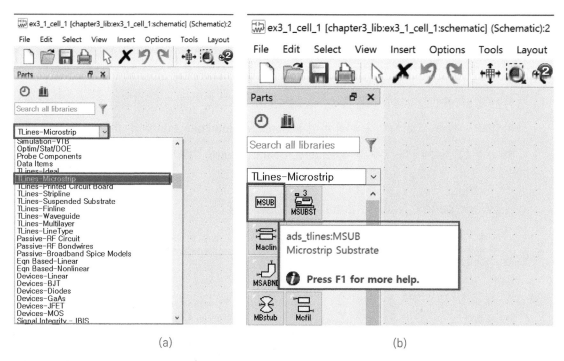

(a) (b)

그림 3-11 (a) ADS 마이크로스트립 선로 모델의 위치, (b) 마이크로스트립 선로 모델링을 위한 기판 모델("ads_tline:MSUB)의 위치

"ads_tlines:MSUB" instance를 Schematic Window에 배치하면 그림 3-12 (a)에 보인 바와 같이 "Choose Layout Technology" 윈도우가 팝업 된다. "Standard ADS Layers, 0.001 micron layout resolution"을 선택하고 "Finish" 버튼을 클릭한다.

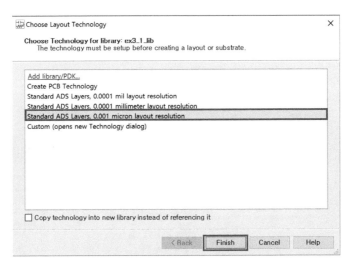

그림 3-12 "Choose Layout Technology" 윈도우

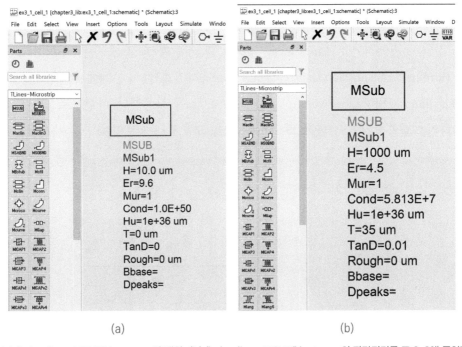

(a)   (b)

그림 3-13 (a) "ads_tlines:MSUB" instance의 배치, (b) "ads_tlines:MSUB" instance의 파라미터를 표 3-2에 주어진 FR4 기판으로 편집

"Choose Layout Technology" 윈도우의 "Finish" 버튼을 클릭하면, 그림 3-13 (a)와 같이 "ads_tlines: MSUB" instance가 Schematic Window에 배치된다. 그림 3-13 (b)에 보인 바와 같이 표 3-2에 주어진 FR4 기판의 파라미터를 입력한다.

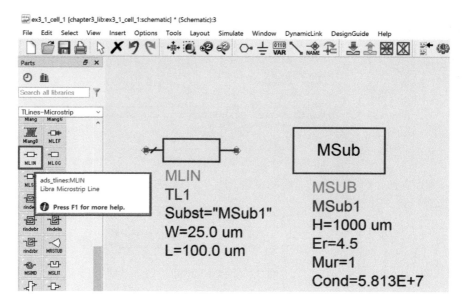

그림 3-14 마이크로스트립 라인 회로 소자 모델 ("ads_tlines:MLIN Libra Microstrip Line") 위치와 배치

2.2절의 문제에서는 "TLines-Ideal" palette의 첫번째 회로 소자인 "ads_tlines:TLIN Libra Ideal 2-Terminal Transmission Line" instance를 사용하였지만, 이 문제에서는 그림 3-14에 보인 바와 같이 "ads_tlines:MLIN Libra Microstrip Line" instance를 사용한다. 마이크로스트립 라인 회로 소자를 사용하여 그림 2-19와 유사한 ADS Schematic을 그림 3-15에 보인 바와 같이 생성한다.

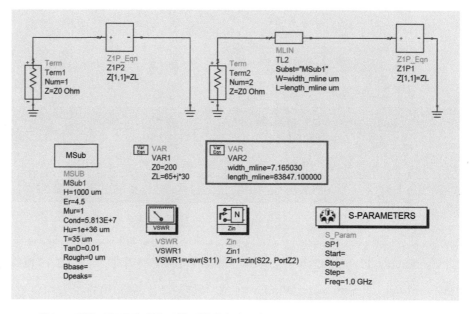

그림 3-15 마이크로스트립 라인 모델을 사용하여 전송 선로 회로를 해석하기 위한 ADS Schematic

그림 2-19와 다른 점은 마이크로스트립 라인의 폭 ("MLIN" 회로 소자의 "W")과 길이 ("MLIN" 회로 소자의 "L")를 물리적 길이로 입력해야 한다는 것이다. 이 값들을 계산하기 위하여 Linecalc를 활용한다.

2.2절의 문제에서 동작 주파수를 1 GHz로 지정했으므로 동일한 주파수를 Linecalc를 사용할 때 그림 3-16에 보인 바와 같이 "Freq" 항목에 입력한다. 그림 3-16에 보인 바와 같이 특성 임피던스 ("Z0")와 전송 선로의 전기적 길이 ("E_Eff")를 입력하면 "W"와 "L"을 계산할 수 있다. 그림 3-16의 중앙에 있는 "Electrical" 메뉴에 "Z0"와 "E_Eff"를 입력하고, "Synthesize" 버튼을 클릭하면 "Physical" 메뉴에 "W"와 "L"이 계산된다. Linecalc를 사용하여 계산된 "W"와 "L" 값들을 그림 3-15에 적색 박스로 표시된 "VAR2" instance의 "width_mline"과 "length_mline"에 입력하면 이 문제 해결에 필요한 마이크로스트립 라인이 포함된 ADS Schematic을 설계할 수 있다.

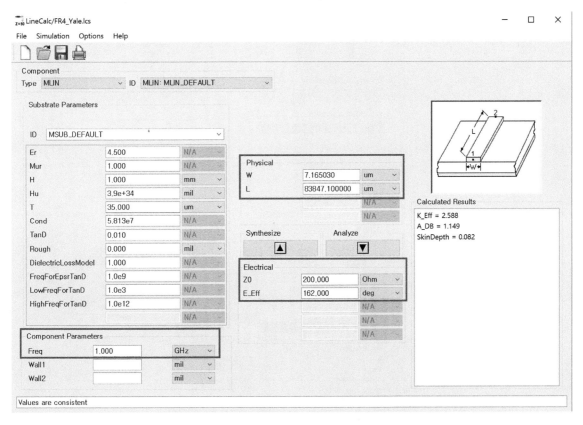

그림 3-16 Linecalc를 이용한 마이크로스트립 라인의 설계

다. Schematic Simulation 결과의 확인

A. 부하에서의 전압 반사 계수 (reflection coefficient, Γ)

그림 3-15에 보인 ADS Schematic으로 Schematic Simulation을 수행하면 "hpeesofdds/Data Display" 윈도우에서 결과를 확인할 수 있다. 이 문제의 결과와 2.2절 문제의 결과를 비교하기 위하여 "ex2_1_wrk"의 "ex2_1_cell_1"을 "chapter3_wrk"에 복사하고 Schematic Simulation을 수행한다. "hpeesofdds/Data Display" 윈도우에 결과값을 표시하기 "List" 기능을 사용하면 "Plot Traces & Attributes" 윈도우가 팝업 된다. "Datasets and Equations" 풀다운 메뉴를 클릭하면 그림 3-17에 보인 바와 같이 "ex3_1_cell_1"과 "ex2_1_cell_1"이 풀다운 메뉴에 함께 있는 것을 확인할 수 있다. 그림 3-17의 우측 "Traces" 메뉴에 있는 S(1,1)은 "ex3_1_cell_1"의 결과 값이다.

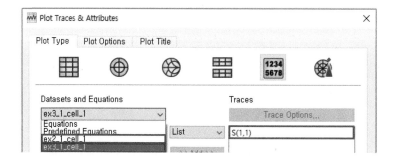

그림 3-17 "Plot & Traces" 윈도우의 "Datasets and Equations" 풀다운 메뉴

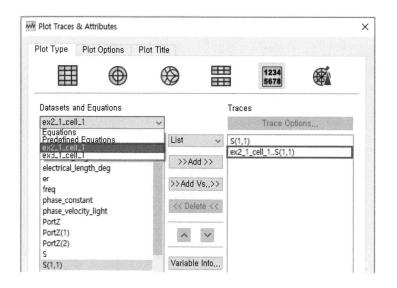

그림 3-18 "Datasets and Equations" 풀다운 메뉴를 이용한 다른 cell의 결과값 추가

"ex2_1_cell_1"의 결과값을 "Traces"에 추가하기 위하여, 그림 3-18에 보인 바와 같이 좌측의 "Datasets and Equations"의 풀다운 메뉴에 "ex2_1_cell_1"을 선택하고 S(1,1)을 ">>Add>>"하면 우측의 "Traces"에 "ex2_1_cell_1..S(1,1)"이라고 표시된다. 즉, Traces에 표시된 "S(1,1)"은 현재 Schematic Simulation cell인 "ex3_1_cell_1"의 결과값이고, "ex2_1_cell_1"의 결과값을 구분하기 위하여 해당 cell 이름을 추가한 것이다. "OK" 버튼을 클릭하면 그림 3-19에 보인 바와 같이 서로 다른 cell의 결과값을 비교할 수 있다.

freq	S(1,1)	ex2_1_cell_1..S(1,1)
1.000 GHz	0.519 / 161.012	0.519 / 161.012

그림 3-19 서로 다른 cell의 "S(1,1)" 결과 값 비교

그림 3-19에 보인 S(1,1) 값은 부하에서 바라본 반사 계수이고, "ex3_1_cell_1"과 "ex2_1_cell_1"이 동일한 회로이므로 당연히 같은 값이 나올 것을 예상할 수 있었고, 실제로 그림 3-19에 보인 바와 같이 동일한 값을 확인할 수 있다.

B. 부하에서의 정재파 비 (standing wave ratio, SWR)

부하에서의 반사 계수를 확인한 것과 같은 방법으로, 부하에서의 정재파 비를 "ex3_1_cell_1"과 "ex2_1_cell_1"을 그림 3-20에 보인 바와 같이 비교할 수 있다. 반사 계수와 마찬가지로 정재파 비도 동일한 값임을 확인할 수 있다.

freq	VSWR1	ex2_1_cell_1..VSWR1
1.000 GHz	3.154	3.154

그림 3-20 서로 다른 cell의 "VSWR1" 결과 값 비교

C. 전송 선로 입력단에서 바라본 입력 임피던스 (input impedance, Z_{in})

전송 선로 입력단에서 바라본 입력 임피던스는 그림 3-15의 "Zin1" instance로부터 구해지며, "ex3_1_cell_1"과 "ex2_1_cell_1"의 "Zin1"을 그림 3-21에 보인 바와 같이 비교할 수 있다.

freq	Zin1	ex2_1_cell_1..Zin1
1.000 GHz	85.713 / -5.061	70.032 / -22.540

freq	Zin1	ex2_1_cell_1..Zin1
1.000 GHz	85.379 - j7.561	64.682 - j26.845

그림 3-21 서로 다른 cell의 "Zin1" 결과 값 비교

그런데, "ex3_1_cell_1"과 "ex2_1_cell_1" "Zin1" 값이 크기 값을 기준으로 18% 이상의 차이가 발생한 것을 확인할 수 있다. "ex3_1_cell_1"과 "ex2_1_cell_1"의 결과 값 중 어느 것을 선택해야 하는가?

D. 마이크로스트립 라인의 물리적 모델 vs. 이상적인 전송 선로 모델

앞서 제기한 물음에 답하기 위하여 "ex3_1_cell_1"과 "ex2_1_cell_1"의 Schematic Simulation 상의 차이점이 무엇인지 분석해보자. "ex2_1_cell_1"에서 사용한 전송 선로 모델은 "TLines-Ideal"

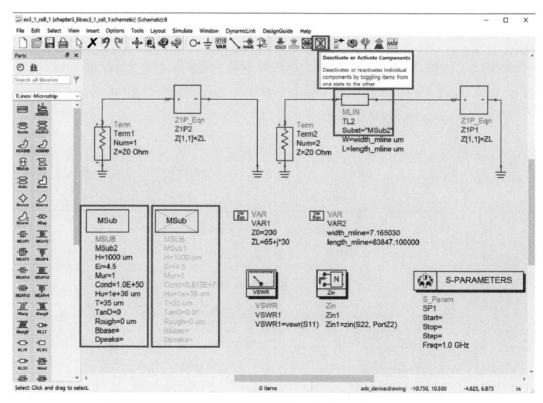

그림 3-22 마이크로스트립 라인의 손실 특성을 제거하여 수정된 ADS schematic

palette의 가장 단순한 전송 선로 모델로서 '무손실 (lossless)' 모델이다. 그러나, "ex3_1_cell_1"에서 사용한 전송 선로 모델은 실제 마이크로스트립 라인을 수학적으로 모델링한 것으로써, 유전체 손실 (dielectric loss)과 도체 손실 (conductor loss)을 포함하고 있다. 유전체 손실과 도체 손실을 Schematic Simulation에서 제거하면 '무손실 (lossless)' 전송 선로 모델의 결과 값과 같은 결과 값을 얻을 수 있는지 확인해보자. 이를 위하여 그림 3-22에 보인 바와 같이 ADS Schematic을 수정한다.

"ads_tlines:MSUB" instance를 하나 더 ADS Schematic에 배치하기 위하여 이미 ADS Schematic에 있는 "MSub1"을 복사와 붙여넣기 (copy & paste)를 실행한다. 추가 배치된 "ads_tlines:MSUB" instance의 이름이 "MSub2"임을 기억해 둔다. "MSub2"의 항목 중 "Cond" 와 "TanD"의 값을 그림 3-22에 보인 바와 같이 각각 "1.0E+50"과 "0"으로 수정한다. 이 수정 내용은 마이크로스트립 라인에 의한 유전체 손실과 도체 손실이 없다는 것 즉, '무손실 (lossless)' 전송 선로임을 선언하는 것이다. 왜냐하면, 완전 유전체 (perfect dielectric)과 완전 도체 (perfect conductor)의 손실 탄젠트 (loss tangent, "MSub" instance의 "TanD")와 전도도 (conductivity, "MSub" instance의 "Cond")는 각각 0과 무한대이기 때문이며, 완전 유전체와 완전 도체는 '무손실 (lossless)'을 의미하기 때문이다. "MSub2"의 항목 중 "Cond=1.0E+50"와 "TanD=0"라는 설정 값은 "MSub2"가 '무손실 (lossless)' 기판임을 의미한다. 도체의 전도도 "Cond=1.0E+50"는 무한대에 가까운 매우 큰 수이다.

"MSub1" instance를 사용하지 않으므로, 그림 3-22 우측 상단에 보인 바와 같이 "Deactivate or Activate Components" 아이콘을 사용하여 "MSub1" instance를 "Deactivate"한다. 그리고, 마이크로스트립 라인 모델, "MLIN – TL1" instance의 "Subst="MSub2""로 수정한다. 이 상태로 Schematic Simulation을 실행하고 결과 값을 확인해보자. 그림 3-23에 보인 바와 같은 결과 값을 얻을 수 있다.

freq	Zin1	ex2_1_cell_1..Zin1
1.000 GHz	70.032 / -22.540	70.032 / -22.540

freq	Zin1	ex2_1_cell_1..Zin1
1.000 GHz	64.682 - j26.845	64.682 - j26.845

그림 3-23 그림 3-22의 Schematic Simulation의 결과를 이용한 서로 다른 cell의 "Zin1" 결과 값 비교

"ex3_1_cell_1"과 "ex2_1_cell_1"의 입력 임피던스 값이 정확히 일치하는 것을 확인할 수 있다. 이상적인 전송 선로 모델과 마이크로스트립 라인 모델의 Schematic Simulation은 기판의 유전체

손실과 도체 손실을 Schematic Simulation에 포함 여부에 따라 결과 값이 매우 달라지는 것을 확인할 수 있다.

앞선 절의 질문으로 돌아가보자. "ex3_1_cell_1"과 "ex2_1_cell_1"의 결과 값 중 어느 것을 선택해야 하는가? 라는 질문에 대한 답은 명확하다. 이상적인 전송 선로 모델, 즉 '무손실 (lossless)' 전송 선로는 존재하지 않기 때문에, 실질적인 회로 설계를 하기 위해서는 기판의 유전체 손실과 도체 손실을 반드시 포함하여 시뮬레이션을 해야 한다는 것이다.

전송 선로 이론을 학습할 때 적용했던 '무손실 전송 선로 (lossless transmission line)' 모델은 수학적 복잡도를 줄이고 전송 선로 이론을 처음 배우는 학생들의 이해도를 높이기 위해서 고안된 것이지만, 실제 회로 설계를 위하여 '손실 전송 선로 (lossy transmission line)' 모델을 사용해야 한다. 이를 위하여 ADS와 같은 시뮬레이션 소프트웨어를 활용하여 실제 회로를 설계해야 회로 설계 오류를 최소화할 수 있고, 회로 개발 기간을 단축할 수 있다.

3.3 마이크로스트립 라인 모델 vs. 이상적인 전송 선로 모델: 집중 소자 값으로 지정된 부하 임피던스

💻 EXERCISE

어떤 $50\,\Omega$ 마이크로스트립 라인에 저항과 커패시터가 직렬로 연결된 부하 임피던스로 연결되어 있다. 부하 저항 $R_L = 75\,\Omega$ 과 부하 커패시터 $C_L = 5$ pF이고, 동작 주파수는 2.4 GHz이며, FR4 기판을 사용하여 회로를 설계하여 해석하려고 한다. (a) 주어진 동작 주파수에서 마이크로스트립 라인의 폭 (width)과 전기적 길이가 90°가 되는 물리적 길이를 구하고, (b) 마이크로스트립 라인을 FR4 기판을 사용하여 설계할 때 입력 임피던스를 구하시오.

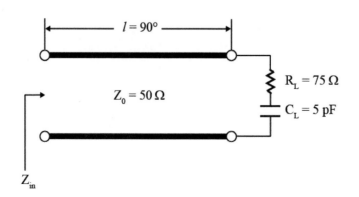

그림 3-24 복소 임피던스 (저항과 커패시터)로 종단된 전송 선로

가. 전기적 길이가 90°인 50Ω 마이크로스트립 라인의 물리적 길이

동작 주파수가 2.4 GHz일 때, FR4 기판에서 구현되는 50Ω 마이크로스트립 라인의 폭 (width)과 전기적 길이가 90°가 되는 물리적 길이 (physical length)는 Linecalc로 그림 3-25에 보인 바와 같이 손쉽게 계산할 수 있다.

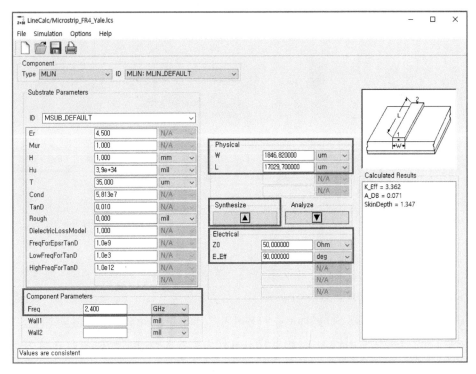

그림 3-25 Linecalc를 이용한 2.4 GHz에서 FR4 기판 상의 50Ω 마이크로스트립 라인의 폭 (width)과 전기적 길이가 90°가 되는 물리적 길이의 설계

그림 3-25의 Linecalc 왼쪽 하단 부분에 "Component Parameters" 메뉴의 "Freq" 항목에 "2.4 GHz"로 입력하고 오른쪽 하단 부분에 "Electrical" 메뉴에 "Z0"와 "E_Eff"에 각각 "50 ohm"과 "90 deg"를 입력하고 "Synthesize"를 클릭하면 "Physical" 메뉴에 폭 (width = "W")와 물리적 길이 (length = "L")이 각각 "$1846.82 \mu m$"와 "$17029.7 \mu m$"로 계산됨을 확인할 수 있다.

Linecalc의 결과 값을 이용하여 Schematic Simulation을 수행하기 위하여 그림 3-26에 보인 ADS Schematic을 생성할 수 있다. 이상적인 전송 선로 모델과 마이크로스트립 라인 모델의 시뮬레이션 성능을 비교하기 위하여, 이상적인 전송 선로에 문제에서 주어진 부하 저항과 커패시터를 연결하여

ADS Schematic에 추가하였다.

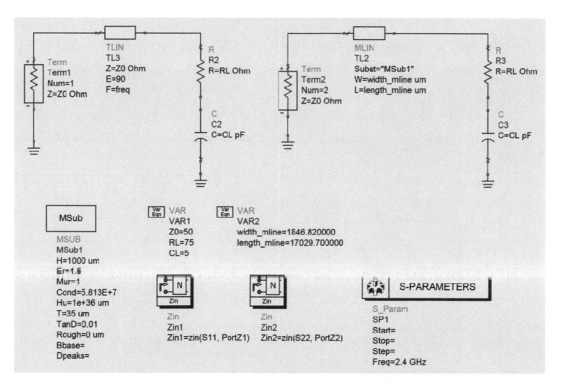

그림 3-26 3.3절 문제를 해결하기 위한 ADS Schematic

그림 3-26에 보인 ADS Schematic을 사용하여 Schematic Simulation을 실행하면, 이상적인 전송 선로 모델과 마이크로스트립 라인 모델의 입력 임피던스 값을 그림 3-27에 보인 바와 같이 비교할 수 있다.

freq	Zin1	Zin2
2.400 GHz	32.323 + j5.716	32.575 + j5.944

그림 3-27 그림 3-26에 보인 ADS Schematic에 대한 Schematic Simulation을 실행한 후 얻은 모델별 입력 임피던스 ("Zin") 결과 값 비교

그림 3-27에 보인 "Zin1"은 이상적인 전송 선로 모델을 사용하여 계산된 값이고, "Zin2"는 마이크로스트립 라인 모델을 사용하여 계산된 값이다. "Zin1"과 "Zin2" 값이 매우 유사함을 확인할 수 있다.

3.2절 문제의 경우 마이크로스트립 라인 모델이 이상적인 전송 선로 모델 대비 매우 큰 차이를 보였다. 이 원인을 분석해보면 3.2절 문제의 경우 문제의 전송 선로의 특성 임피던스 (Z_0)가 $200\,\Omega$으로써

이 문제의 전송 선로의 특성 임피던스 보다 4배 크다. Z_0가 매우 큰 값이기 때문에 기판의 유전체 손실과 도체 손실 파라미터의 유무에 따라 계산 결과에 큰 변동성을 유발했다는 추정이 가능하다.

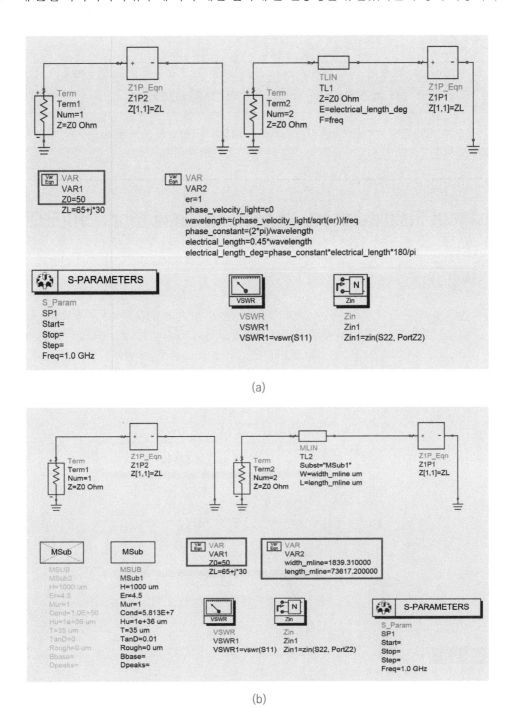

(a)

(b)

그림 3-28 (a) 2.2절 문제의 Z_0를 50Ω으로 변경한 ADS Schematic, (b) 2.2절 문제의 Z_0가 50Ω인 마이크로스트립 라인으로 변경된 ADS Schematic

실제로 2.2절의 문제에서 Z_0를 그림 3-28 (a)와 (b)에 보인 바와 같이 $50\,\Omega$으로 변경한 후 Schematic Simulation을 실행하면 마이크로스트립 라인 모델과 이상적인 전송 선로 모델 사이의 결과 값 ("Zin")이 매우 유사함을 그림 3-29에 보인 바와 같이 확인할 수 있다.

freq	Zin1	ex2_1_cell_2..Zin1
1.000 GHz	45.343 + j26.693	44.737 + j27.324

그림 3-29 그림 3-28 (a)와 (b)에 보인 ADS schematic에 대한 Schematic Simulation을 수행한 후 얻은 입력 임피던스 "Zin1" 결과 값 비교

3.4 Layout Simulation vs. Schematic Simulation: 마이크로스트립 라인

> **EXERCISE**
>
> 어떤 $50\,\Omega$ 마이크로스트립 라인이 2.4 GHz에서 전기적 길이가 $90°$이며, $50\,\Omega$ 부하로 종단되어 있다. FR4 기판을 사용하여 마이크로스트립 라인 설계하여 해석하려고 한다. 0 ~ 5 GHz 사이에서 마이크로스트립 라인 모델을 이용한 Schematic Simulation과 FR4에 설계한 마이크로스트립 라인의 Layout Simulation을 수행하여, 반사 계수와 전송 계수에 대한 주파수 특성을 비교하시오.

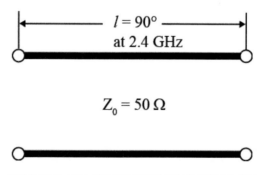

$$l = 90°$$
at 2.4 GHz

$$Z_0 = 50\,\Omega$$

그림 3-30 2.4 GHz에서 특성 임피던스가 $50\,\Omega$인 전송 선로

모범 답안

ADS는 3 종류의 시뮬레이션을 지원한다. 3 종류의 시뮬레이션을 각각 Schematic Simulation, Layout Simulation, EM Cosimulation으로 명명한다. 어떤 회로의 실제 성능은 회로를 제작하여 측정하여 평가해야 한다. 하지만, 대부분의 경우 회로 제작은 시간과 비용이 소모된다. 게다가, 회로 설계에 오류

가 발생하면 시간과 비용이 추가로 발생하게 된다. 회로 설계 단계에서 시뮬레이션을 수행하는 것은 실제 회로의 제작과 측정에 필요한 시간과 비용을 줄이기 위한 것이다. 시간과 비용을 절약하는 관점에서 보면 Schematic Simulation은 실제 회로 성능을 확인하는데 한계가 있다. Schematic Simulation의 한계를 극복하기 위하여 Layout Simulation이 필요하다.

가. ADS Schematic 작성과 Schematic Simulation

ADS는 Schematic Window에서 물리적 크기 (physical dimensions)가 정의되어 있는 회로 소자에 대하여 ADS Layout을 자동 생성해준다. 이 문제에서는 3.3절에서 설계했던 마이크로스트립 라인의 ADS Layout을 생성할 것이다. ADS Layout을 생성하기 위하여 그림 3-31에 보인 바와 같이 Schematic Window에 ADS에서 제공하는 마이크로스트립 라인 모델을 이용하여 ADS Schematic을 작성한다.

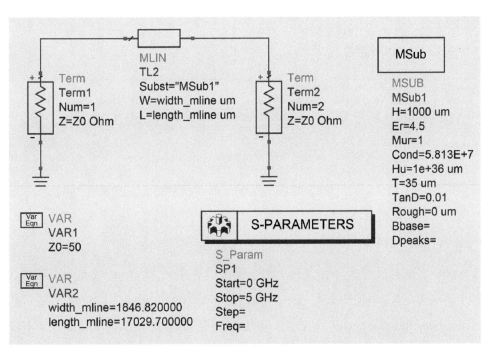

그림 3-31 마이크로스트립 라인에 대한 ADS Layout을 생성하기 위하여 작성된 ADS Schematic

그림 3-31과 같이 ADS Schematic을 작성한 후 S-parameter 시뮬레이션을 실행하여 그림 3-32 (a)와 (b)에 각각 보인 바와 같이 마이크로스트립 라인의 반사 계수 ($S_{11} = S(1,1)$)과 전송 계수 ($S_{21} = S(2,1)$)의 크기를 구할 수 있다.

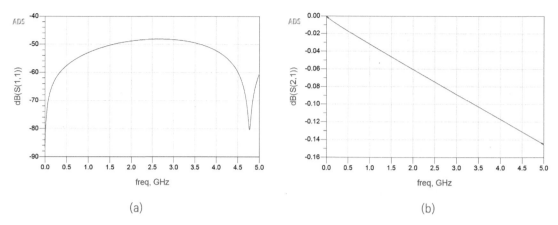

(a)   (b)

그림 3-32 입출력단이 50 Ω으로 종단되고, 2.4 GHz에서 전기적 길이가 90°인 50 Ω 마이크로스트립 라인의 (a) 반사 계수, (b) 전송 계수

Schematic Simulation에서 구한 그림 3-32의 반사 계수와 전송 계수의 크기는 Layout Simulation의 결과와 비교할 것이다.

나. ADS Layout의 생성

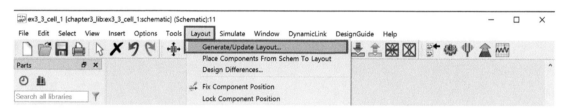

그림 3-33 Schematic Window (부분)의 "Layout" 풀다운 메뉴

그림 3-33에 보인 바와 같이 Schematic Window의 풀다운 메뉴 중 "Layout – Generate/Update Layout…"을 클릭하면 그림 3-34 (a)에 보인 바와 같이 "Layout Window"가 자동으로 Schematic Window의 백그라운드에서 팝업 되며, "Generate/Update Layout" 윈도우가 활성화된다. "Generate/Update Layout" 윈도우의 default 설정 값을 그대로 둔 채 "OK" 버튼을 클릭하면, 그림 3-34 (b)에 보인 바와 같이 마이크로스트립 라인이 Layout Window에 생성된다.

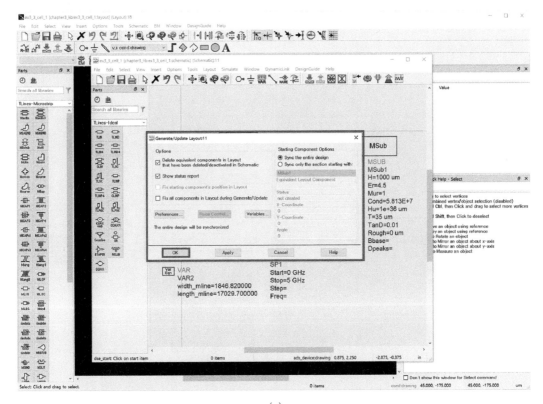

(a)

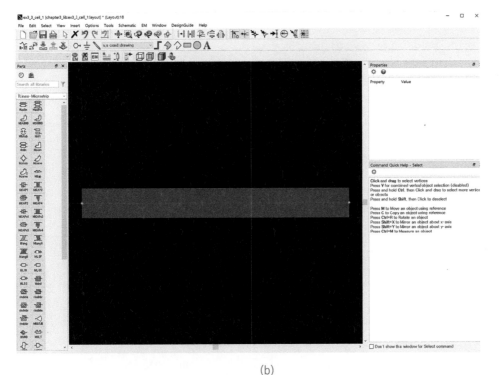

(b)

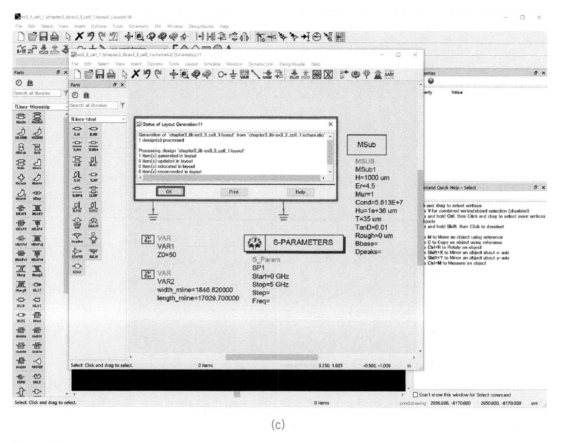

(c)

그림 3-34 (a) Schematic Window의 백그라운드에 자동 팝업된 Layout Window, (b) 마이크로스트립 라인이 자동 생성된 Layout Window, (c) "Status of Layout Generation" 윈도우

Schematic Window로 돌아가보면 그림 3-34 (c)에 보인 바와 같이 "Status of Layout Generation" 윈도우가 자동 팝업 되어 있다. ADS Layout 생성 리포트이므로 내용을 확인하고 "OK" 버튼을 클릭하여 해당 윈도우를 닫고, Layout Window를 선택한다.

다. Layout Window 사용법

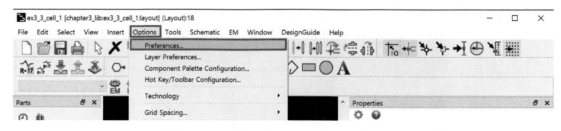

그림 3-35 Layout Window (부분)의 "Option - Preferences…" 위치

그림 3-35에 보인 바와 같이 Layout Window의 풀다운 메뉴 중 "Opitions – Preferences…"를 클릭하여, Layout Window 사용을 위한 조건을 선택한다. 그림 3-36에 보인 "Preferences for Layout" 윈도우에는 10개의 탭이 있다. 마지막 탭인 "Unit/Scale"을 선택하여 "Length" 항목의 단위가 "um"임을 확인한다. 그리고 두번째 탭인 "Grid/Snap"을 선택하여 "Spacing"과 "Active Snap Modes" 항목을 그림 3-36에 보인 바와 같이 설정한다.

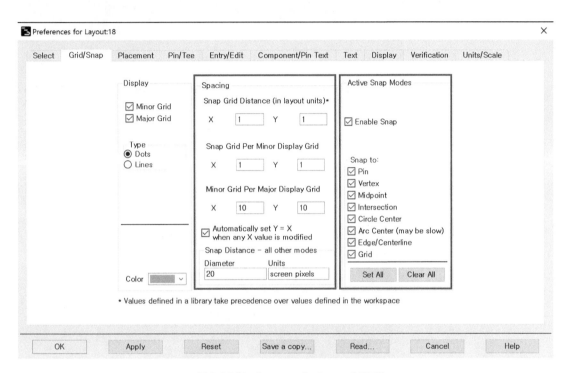

그림 3-36 "Preferences for Layout" 윈도우

그림 3-36에 보인 "Preferences for Layout" 윈도우 중앙에 있는 "Spacing" 메뉴에서 "Snap Grid Distance (in layout units)*"의 "X"와 "Y" 항목에 "1", "1"으로 설정한다. "X"와 "Y"는 Layout Window의 수평축과 수직축을 각각 의미한다. "1" 로 "Snap Grid Distance (in layout units)*"를 설정하면, ADS Layout을 설계 할 때, 모든 선을 "X"와 "Y" 방향으로 정확하게 $1\mu m$씩 증가 또는 감소시킬 수 있다. "Snap Grid Per Minor Display Grid"는 "1"로 설정한다. "Minor Display Grid" 사이의 거리가 $1\mu m$가 됨을 의미한다. "Minor Grid Per Major Display Grid"는 "10"으로 설정한다. 큰 점 ("Major Display Grid") 2개 사이에 작은 점 ("Minor Grid") 9개가 표시됨을 의미한다.

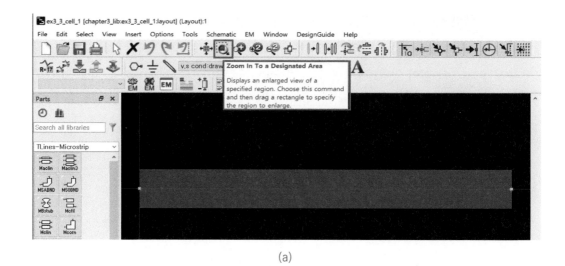

(a)

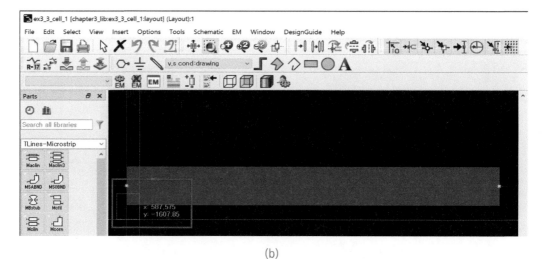

(b)

(c)

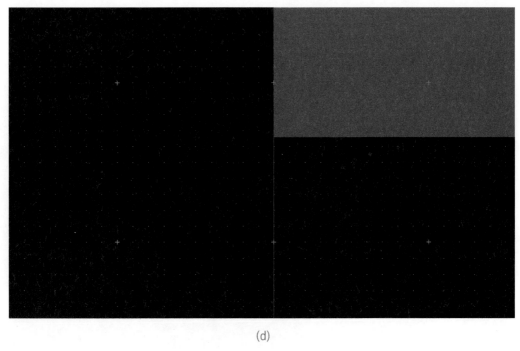

(d)

그림 3-37 (a) "Zoom In to A Designated Area" 아이콘 위치, (b) "Zoom In to A Designated Area" 아이콘을 클릭한 후 "Designated Area"를 마우스로 선택하는 장면, (c) "Major Grid"의 표시, (d) "Minor Grid"의 표시

"Major Grid"와 "Minor Grid"를 확인하기 위하여 그림 3-37 (a)에 보인 바와 같이 "Zoom In To a Designated Area" 아이콘을 클릭한다. 이 아이콘은 사용자가 원하는 부분 ("Designated Area")을 확대 ("Zoom In")하는 기능을 제공한다. 그림 3-37 (b)에 보인 바와 같이 확대를 원하는 위치 부근의 한 점에서 마우스를 클릭한 후 마우스를 드래그 (drag = 끌다, 끌어당기다)하면 점선 사각형이 그려진다. 이 상태에서 두번째 마우스를 클릭하면, 그림 3-37 (c)에 보인 바와 같이 해당 점선 사각형 면적 만큼 "Zoom In"됨을 확인할 수 있다. 그림 3-37 (c)와 같이 "Major Grid"가 보일 수도 있고 보이지 않을 수도 있다. 만약 "Major Grid"가 보이지 않는다면, "Zoom In To A Designated Area" 아이콘의 우측 두 번째 아이콘인 "Zoom In By 2" 아이콘을 한번 이상 "Major Grid"가 보일 때까지 클릭해 주면 "Major Grid"가 화면에 보일 것이다. 이 상태에서 "Zoom In To A Designated Area" 아이콘을 이용하여 더욱 "Zoom In"하면 그림 3-37 (d)에 보인 바와 같이 "Major Grid" 사이에 "Minor Grid"가 보이게 된다. "Major Grid"와 "Major Grid" 사이에 작은 점이 9개가 있는 것을 확인할 수 있다.

"Major Grid"와 "Major Grid" 사이의 거리를 측정할 수 있다. 그림 3-38 (a)에 보인 바와 같이, Layout Window의 "Insert" 풀다운 메뉴를 클릭하면 하단에 "Ruler" 메뉴가 있다. 이 "Ruler"를 클릭한 후 "Major Grid"와 "Major Grid" 사이의 거리를 측정하면 그림 3-38 (b)에 보인 바와 같이 $10\,\mu m$ 임을 확

인할 수 있다. 따라서, "Minor Grid"와 "Minor Grid" 사이의 거리는 자동적으로 $1\mu m$가 된다. "Minor Grid"와 "Minor Grid" 사이의 거리도 "Ruler"를 이용하여 확인할 수 있다.

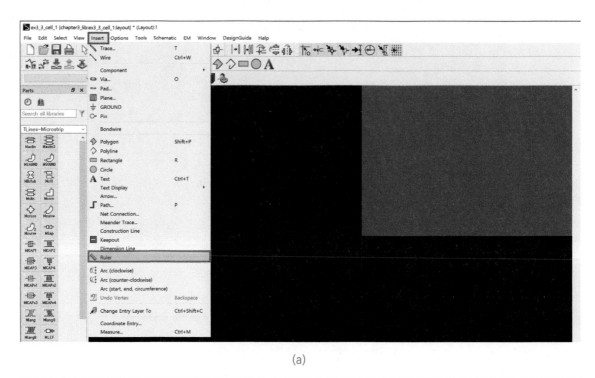

(a)

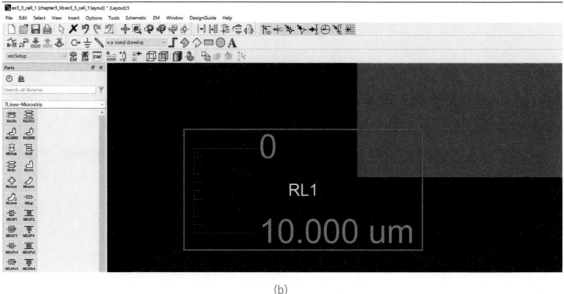

(b)

그림 3-38 (a) Layout Window의 "Insert - Ruler" 메뉴의 위치, (b) "Major Grid"와 "Major Grid" 사이의 거리 측정

"Ruler"를 이용하여 Schematic Window의 "Layout – Generate/Update Layout⋯" 메뉴를 이용하여 생성된 Layout Window의 마이크로스트립 라인이 Schematic Window에서 정의된 것과 동일하게 생성되었는지 확인할 수 있다. Layout Window의 풀다운 메뉴 "Insert – Ruler"를 선택하여 그림 3-39 (a)에 보인 바와 같이 "Ruler"를 이용하여 마이크스트립 라인의 폭과 길이가 숫자로 "1846.820 um"와 "17029.700 um"로 표시되어 있다. 그림 3-39 (b)에 보인 바와 같이 그림 3-31의 ADS Schematic에 정의된 마이크로스트립 라인의 폭 ("width_mline")과 길이 ("length_mline")과 정확하게 일치하는 것을 확인할 수 있다. "Ruler"는 마우스로 선택 후 컴퓨터 키보드의 "Delete" 키를 사용하여 지울 수 있다.

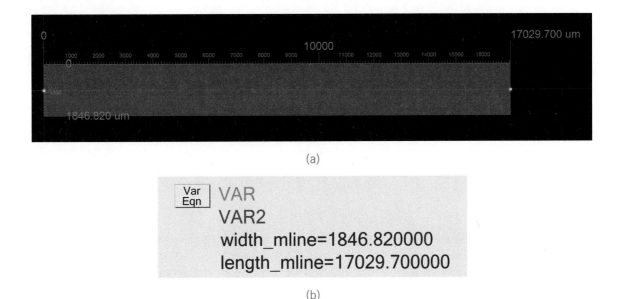

(a)

(b)

그림 3-39 (a) "Ruler"를 이용한 마이크로스트립 라인의 크기 측정, (b) 그림 3-31의 ADS schematic에 있는 마이크로스트립 라인의 크기가 정의된 "VAR" instance

그림 3-40에서 보인 바와 같이 ADS Main Window의 "Folder View" 탭에 보면 "ex3_3_cell_1" cell에 "layout" 항목이 생성되어 있는 것을 확인할 수 있다.

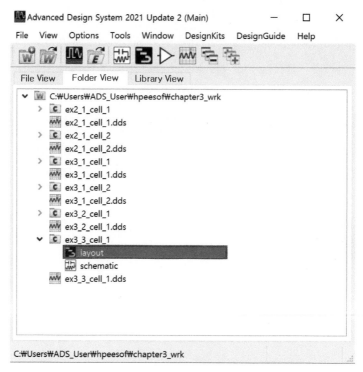

그림 3-40 ADS Main Window에서 확인할 수 있는 "layout" 윈도우

라. Layout Simulation

Layout Window에 생성된 마이크로스트립 라인을 이용하여 Layout Simulation을 실행할 수 있다. Layout Simulation을 실행하기 위하여 필요한 사항을 다음과 같이 설명한다.

A. EM Simulation Settings

그림 3-41에 보인 바와 같이 Layout Window에 "EM Simulation Settings"를 클릭하면, 그림 3-42 (a)에 보인 "New EM Setup View"라는 윈도우가 팝업 된다. "Create EM Setup View"를 클릭하면 그림 3-42 (b)에 보인 "chapter3_lib:ex3_3_cell_1:emSetup (EM Setup for simulation)"이라는 윈도우가 팝업 된다. 이 교재에서는 앞으로 이 윈도우를 emSetup 윈도우로 칭한다.

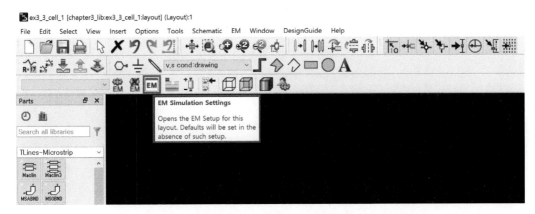

그림 3-41 Layout Window의 "EM Simulation Settings" 아이콘 위치

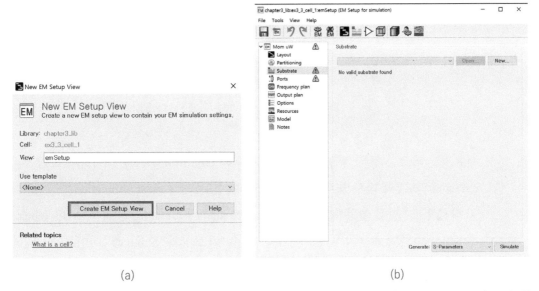

(a)   (b)

그림 3-42 (a) "New EM Setup View" 윈도우, (b) "chapter3_lib:ex3_3_cell_1:emSetup (EM Setup for simulation)" 윈도우

이와 함께 그림 3-43에 보인 바와 같이 ADS Main Window의 "ex3_3_cell_1" cell에 emSetup 항목이 생성되어 있는 것을 확인할 수 있다.

그림 3-43 ADS Main Window에 생성된 emSetup 항목

사용자는 필요할 경우, ADS Main Window의 emSetup을 더블 클릭하여 그림 3-42 (b)와 같은 emSetup 윈도우를 다시 열 수도 있다. emSetup 윈도우는 Layout Simulation을 실행하기 위하여 필요한 다양한 조건들을 설정하는 윈도우이다. Schematic Simulation의 경우, ADS Schematic을 완성한 후 Schematic Window의 우측 끝에 있는 톱니바퀴 모양의 "Simulate" 아이콘을 클릭하는 것으로 실행된다. 하지만, Layout Simulation은 Schematic Simulation보다 조금 더 복잡한 설정이 필요하다.

그림 3-42 (b)에서 확인할 수 있는 것처럼 emSetup 윈도우에서 노란색 바탕의 세모 모양에 느낌표가 표시되어 있는 항목 – 그림 3-42 (b)의 예에서는 "Substrate"와 "Ports" – 은 해당 항목의 설정에 오류가 있다는 표시이다. 오류를 해결하여 오류 표시를 제거하지 않으면 Layout Simulation은 실행되지 않는다. 다음과 같이 오류를 해결한다.

B. 기판의 정의: "Substrate"

그림 3-44에 보인 바와 같이 emSetup 윈도우의 "Substrate"를 선택하면, "No valid substrate found"라는 메시지와 함께 "Substrate" 메뉴가 비어 있는 것을 확인할 수 있다. "Substrate"를 정의하기 위하여 우측의 "New…" 버튼을 클릭하여 새로운 기판을 정의한다.

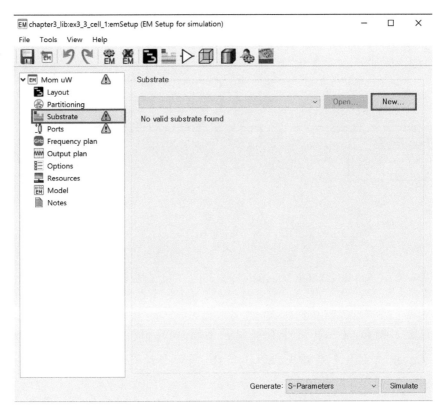

그림 3-44 emSetup 윈도우에서 "Substrate" 메뉴를 선택한 상태

"New…" 버튼을 클릭하면 그림 3-45 (a)에 보인 바와 같이 "New Substrate" 윈도우가 팝업 된다.
"File name:"은 "FR4_Yale" (또는 사용자의 편의에 따라 다른 이름을 선택해도 된다)로 설정하
고 "Template:" 풀다운 메뉴에서 이미 선택된 default 설정인 "25milAlumina"를 유지한 채
"Create Substrate" 버튼을 클릭하면, 그림 3-45 (b)에 보인 바와 같이 "FR4_Yale [ex2_1_lib]
(Substrate)" 윈도우가 팝업 된다. 이 교재에서는 앞으로 이 윈도우를 Substrate 윈도우로 칭한다.

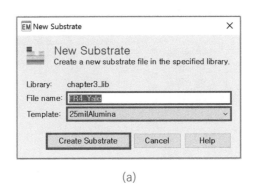

(a)

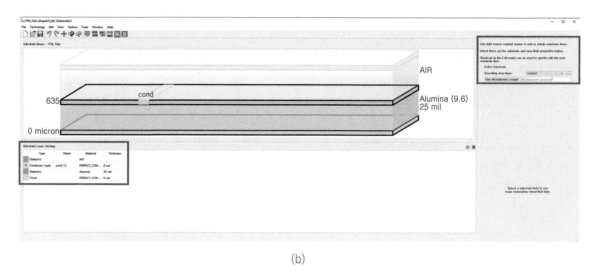

(b)

그림 3-45 (a) "New Substrate" 윈도우, (b) "FR4_Yale [chapter3_lib] (Substrate)" 윈도우

그림 3-46 (a)에 보인 바와 같이 그림 3-45 (b)에 표시된 "Substrate Layer Stackup" 표에 있는 "Cover" 항목을 선택하면, 그림 3-45 (b) 의 우측의 적색 박스에 표시된 내용이 그림 3-46 (b)에 보인 바와 같이 바뀐다.

(a)

(b)

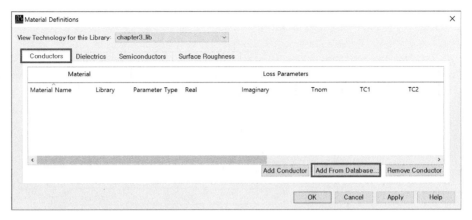

(c)

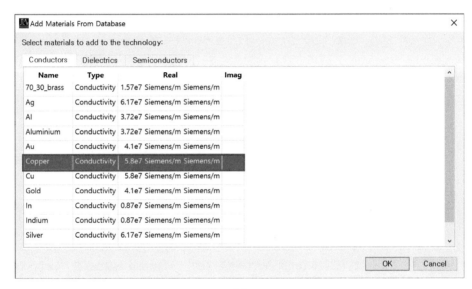

(d)

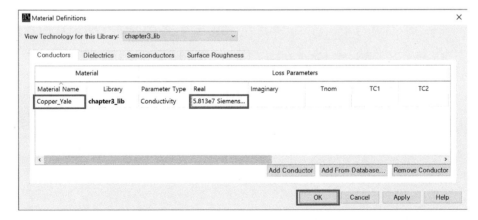

(e)

Use right mouse context menus to add or delete substrate items.

Select items on the substrate and view their properties below.

Shortcuts in the Edit menu can be used to quickly edit the next substrate item.

Interface
◉ Cover
○ Strip plane
☐ 377 Ohm Termination

Material   Copper_Yale

Thickness   35   micron

(f)

그림 3-46 (a) 그림 3-45 (b)에 표시된 "Substrate Layer Stackup" 표에서 "Cover" 항목 선택 (b) "Substrate Layer Stackup" 표에 있는 "Cover" 항목을 선택할 때 그림 3-45 (b) 의 우측의 적색 박스로 표시된 내용, (c) "Material Definitions" 윈도우, (d) "Add Materials From Database" 윈도우에서 "Copper"를 선택, (e) "Add Materials From Database" 윈도우에서 추가된 "Copper"의 이름과 전도도 값 변경, (f) "Cover"의 "Material"과 "Thickness" 변경

그림 3-46 (b)에 보인 바와 같이 하단의 "Material" 메뉴의 우측에 있는 "…" 버튼을 클릭하면, "Material Definitions" 윈도우가 그림 3-46 (c)와 같이 팝업 된다. "Material Definitions"에는 "Conductors" 탭이 선택되어 있는 것을 확인할 수 있다. 그림 3-46 (c)에 표시되어 있는 우측 하단의 "Add From Database…" 버튼을 클릭한다. 그림 3-46 (d)에 보인 바와 같이 "Copper"를 선택하고 "OK" 버튼을 누르면, "Material Definitions" 윈도우에 "Copper"가 추가되어 있음을 확인할 수 있다. 그림 3-46 (e)에 보인 바와 같이 "Material Name"을 "Copper_Yale"로 변경하고 "Loss Parameters"의 "Real" 항목을 "5.813e7"로 변경한다. 나머지 항목들은 default 값으로 유지한 채 "OK" 버튼을 클릭한다. 이제 "Substrate Layer Stackup" 메뉴에 있는 "Cover" 항목을 선택할 때 그림 3-45 (b) 의 우측의 적색 박스로 표시된 내용에서, 그림 3-46 (f)와 같이 "Copper_Yale"을 선택할 수 있다. 그리고, "Thickness"는 "35 micron"으로 설정한다.

같은 방법으로 그림 3-45 (b)의 "Substrate Layer Stackup" 메뉴에 있는 "Conductor Layer"를 선택하여 그림 3-47에 보인 바와 같이 설정한다. 이로써 기판의 도체 설정을 마친다. 설정을 마치면 반드시 저장한다.

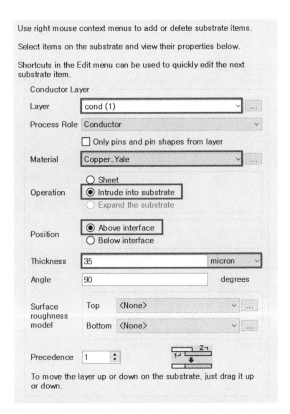

그림 3-47 그림 3-45 (b)의 "Substrate Layer Stackup" 표에 있는 "Conductor Layer"에 관한 설정

이제, 기판의 유전체 ("Dielectric")을 설정할 차례이다. 그림 3-45 (b)의 "Substrate Layer Stackup" 표의 "Dielectric"을 선택하면 Substrate 윈도우의 우측 내용이 그림 3-48 (a)에 보인 바와 같이 바뀐다. 그림 3-48 (a)의 "Material" 우측에 있는 "…" 버튼을 클릭하면 그림 3-48 (b)에 보인 바와 같이 "Material Definitions" 윈도우가 팝업되는데, 이번에는 "Dielectric" 탭이 선택되어 있는 것을 확인할 수 있다.

```
Use right mouse context menus to add or delete substrate items.

Select items on the substrate and view their properties below.

Shortcuts in the Edit menu can be used to quickly edit the next
substrate item.
  Substrate Layer
  Material       Alumina (9.6)                    ∨   ...
  Thickness  25                              mil  ∨
  Bounding area layer:  <inherit from substrate>  ∨  ...
```

(a)

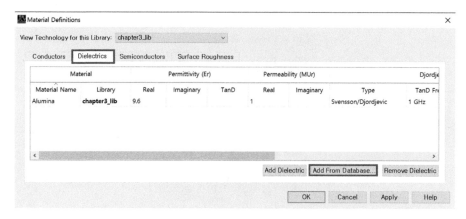

(b)

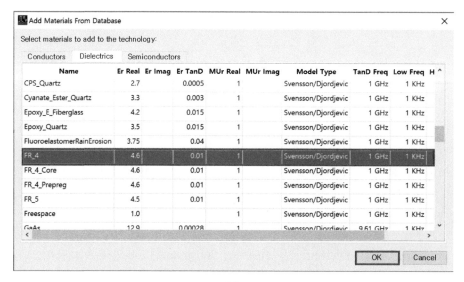

(c)

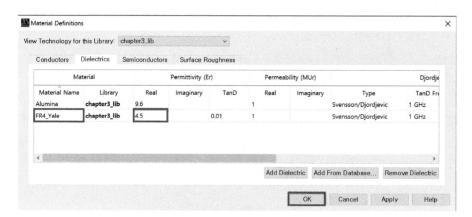

(d)

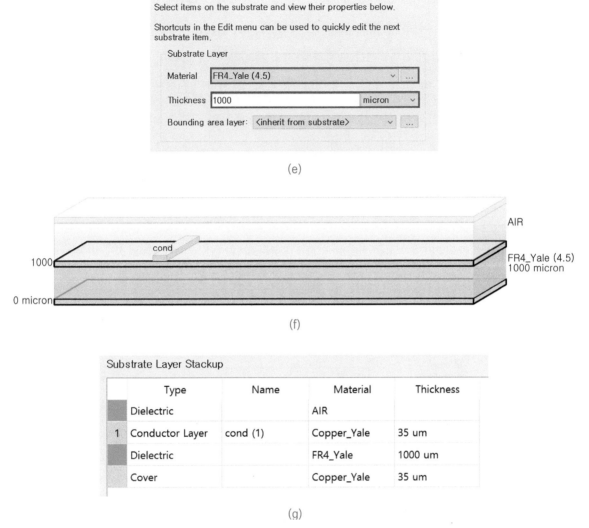

Use right mouse context menus to add or delete substrate items.

Select items on the substrate and view their properties below.

Shortcuts in the Edit menu can be used to quickly edit the next substrate item.

Substrate Layer

Material: FR4_Yale (4.5)

Thickness: 1000 micron

Bounding area layer: \<inherit from substrate\>

(e)

AIR

1000

cond

FR4_Yale (4.5)
1000 micron

0 micron

(f)

Substrate Layer Stackup

	Type	Name	Material	Thickness
	Dielectric		AIR	
1	Conductor Layer	cond (1)	Copper_Yale	35 um
	Dielectric		FR4_Yale	1000 um
	Cover		Copper_Yale	35 um

(g)

그림 3-48 (a) "Substrate Layer Stackup" 표에 있는 "Dielectric" 항목을 선택할 때 그림 3-45 (b) 의 우측의 적색 박스로 표시된 내용, (b) "Material Definitions" 윈도우, (c) "Add Materials From Database" 윈도우에서 "FR_4"를 선택, (d) "Add Materials From Database" 윈도우에서 추가된 "FR_4"의 이름과 유전율 값 변경, (e) "Dielectric"의 "Material"과 "Thickness" 변경, (f) 정의된 기판의 3D 모형, (g) "Substrate" 윈도우의 "Substrate Layer Stackup" 메뉴의 최종 상태 확인

그림 3-48 (b)의 하단에 보인 바와 같이 "Material Definitions" 윈도우의 "Add From Database…" 버튼을 클릭하면, 그림 3-48 (c)에 보인 바와 같이 "FR_4"를 찾을 수 있다. "Add From Database…" 하단의 "OK" 버튼을 클릭하면 "Material Definitions" 윈도우에 "FR_4"가 추가되어 있는 것을 확인할 수 있다. 그림 3-48 (d)에 보인 바와 같이, "Material Name"과 "Permittivity (Er)"의 "Real" 항목을 각각 "FR4_Yale"과 "4.5"로 변경하고 "OK" 버튼을 클릭한다. 이제

"Substrate Layer Stackup" 표에 있는 "Dielectric" 항목을 선택할 때 그림 3-45 (b) 의 우측의 적색 박스에 표시된 내용에서, 그림 3-48 (e)와 같이 "FR4_Yale"를 선택할 수 있다. 그리고, "Thickness"는 "1000 micron"으로 설정한다. 이 과정이 모두 끝나면 그림 3-48 (f)와 (g)에 각각 보인 바와 같이 기판의 3D 모형과 기판의 층별 물질과 조건이 변경되어 있음을 확인할 수 있다. 마지막으로 Substrate 윈도우의 저장 아이콘을 클릭하여 저장 후 이 윈도우를 닫는다.

emSetup 윈도우를 확인해보면, 그림 3-49 (a)에 보인 바와 같이 "Substrate" 항목에 노란색 세모 느낌표 경고 표시가 사라진 것을 확인할 수 있다. 그리고, "Substrate"에 "chapter3_lib:FR4_Yale"이 선택되어 있는 것도 확인할 수 있다. 이 "Substrate"는 그림 3-49 (b)에 보인 바와 같이 ADS Main Window에 "FR4_Yale.subst"라는 파일로 생성되어 있음을 확인할 수 있다. 사용자의 필요에 따라 ADS Main Window에서 "FR4_Yale.subst"를 더블 클릭하면 그림 3-45 (b)에 보인 "FR4_Yale [chapter3_lib] (Substrate)" 윈도우를 열고 편집도 가능하다.

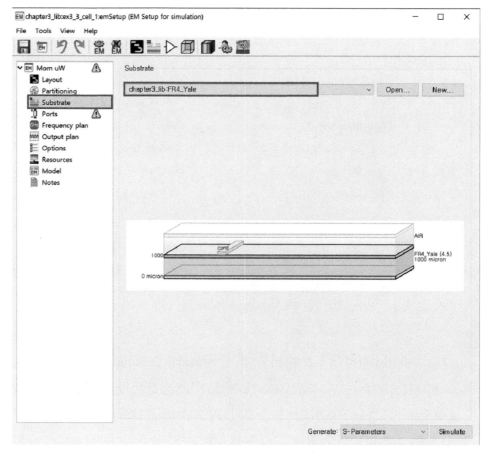

(a)

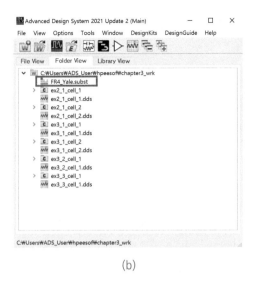

(b)

그림 3-49 (a) emSetup 윈도우의 "Substrate" 설정 완료, (b) ADS Main Window에 "FR4_Yale.subst" 파일이 생성된 모습

C. 포트의 정의: "Ports"

포트를 정의하기 전에 emSetup 윈도우는 일단 닫는다. 포트를 정의하기 위하여, 마이크로스트립 라인의 입출력단에 "Pin"을 먼저 정의해야 한다. 그림 3-50에 보인 바와 같이 Layout Window에서 "Insert Pin" 아이콘을 클릭한다.

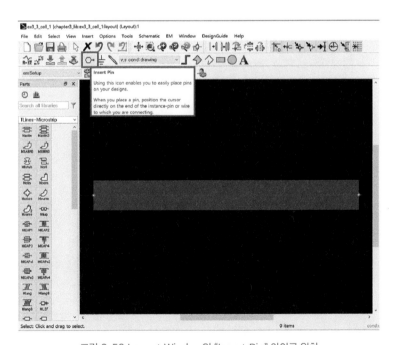

그림 3-50 Layout Window의 "Insert Pin" 아이콘 위치

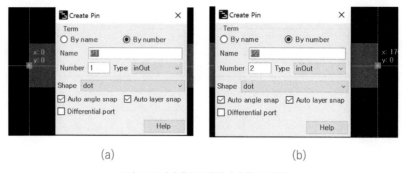

(a)   (b)

그림 3-51 (a) "P1" 설정, (b) "P2" 설정

그림 3-51 (a)에 보인 바와 같이 "Create Pin" 윈도우가 팝업 되고, Layout Window에 열십자 점선 중앙에 작은 적색 사각형이 보인다. 이 적색 사각형을 마이크로스트립 라인의 입출력이 있는 작은 옥색 (cyan) 마름모 모양 내부에 있는 사각형을 클릭한다. 그림 3-51 (b)에 보인 바와 같이 "Pin"이 설정된 마이크로스트립 입력단의 옥색 마름모 모양이 사라지고, 옥색 사각형만 남아 있는 것을 확인할 수 있다. 같은 방법으로 마이크로스트립 출력단에도 "Pin"을 설정하고, "Create Pin" 윈도우를 닫는다.

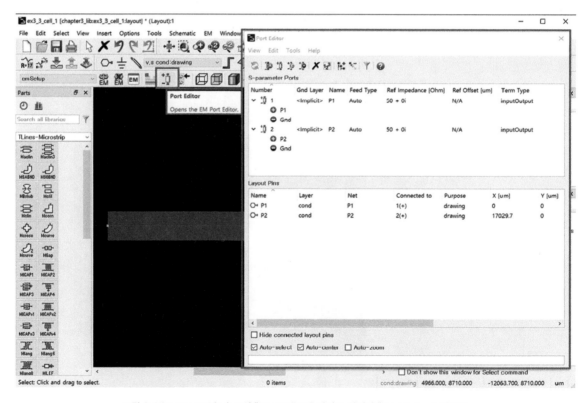

그림 3-52 Layout Window의 "Port Editor" 아이콘 위치와 "Port Editor" 윈도우

그림 3-52에 보인 바와 같이 "Port Editor" 아이콘을 클릭하면 "Port Editor" 윈도우가 팝업 된다. 그림 3-53 (a)에 보인 바와 같이 "Port Editor"의 메뉴 중 "Feed Type - Auto"에 마우스 커서를 올려 놓으면 내용 안내 윈도우가 팝업 된다. "Feed Type" 메뉴 밑의 "Auto"를 클릭하면 그림 3-53 (b)에 보인 바와 같이 다양한 "Feed Type" 선택 항목이 풀다운 메뉴로 보인다. 무한히 넓은 접지 평면 위에 있는 전기적으로 긴 전송 선로 ("electrically long transmission line with an infinite ground plane")를 Layout Simulation 하기 위한 "Feed Type"은 "TML"이다.

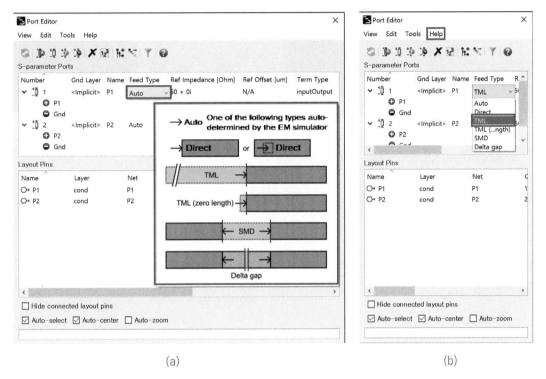

(a)   (b)

그림 3-53 (a) "Feed Type" 안내 윈도우, (b) "Feed Type" 풀다운 메뉴 중 "TML" 선택

이 문제에서 전송 선로의 길이, $\ell = 90°$ 이므로 전기적으로 긴 전송 선로이다. 왜냐하면, 전기적으로 짧은 전송 선로는 통상적으로 $\ell < \dfrac{\lambda}{10}$ 를 만족해야한다. 그런데, 이 문제의 전송 선로의 길이, $\ell = 90° = \dfrac{\lambda}{4} > \dfrac{\lambda}{10}$ 이므로 전기적으로 긴 전송 선로이다. 따라서, 앞서 설명한 것처럼 마이크로스트립 라인의입출력 포트의 "Feed Type"은 모두 그림 3-53 (b)에 보인 것과 같이 "TML"로 설정한다. "Feed Type"의 설정 방법에 대한 자세한 내용은 그림 3-53 (b)의 상단에 표시되어 있는 "Port Editor" 윈도우의 "Help" 메뉴를 참고할 수 있다. 이 과정이 끝나면 "Port Editor" 윈도우를 닫는다.

그림 3-54 (a)에 표시한 것처럼 Layout Window의 "EM Simulation Settings" 아이콘를 클릭하여 emSetup 윈도우를 연다.

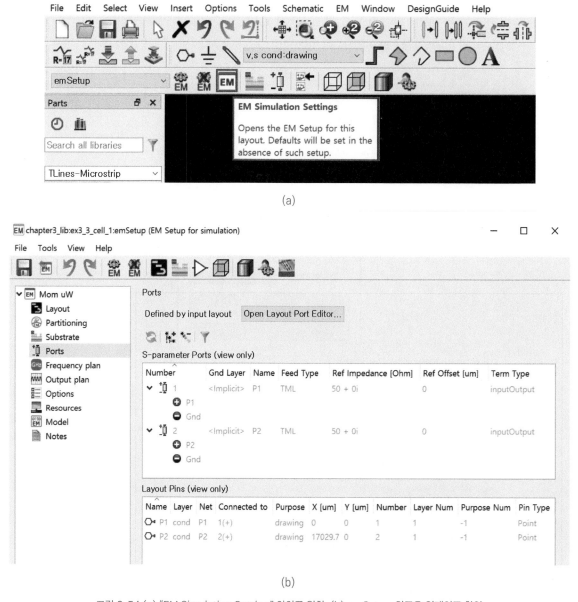

(a)

(b)

그림 3-54 (a) "EM Simulation Setting" 아이콘 위치, (b) emSetup 윈도우 업데이트 확인

그림 3-54 (b)에서 확인할 수 있듯이, emSetup 윈도우에 더 이상 노란 세모 모양의 느낌표가 있는 경고 표시는 볼 수 없다. 이제, Layout Simulation을 실행할 수 있는 조건이 거의 갖춰진 것이다.

D. 주파수 계획: "Frequency plan"

Schematic Simulation에서 주파수 스윕 ("frequency sweep") 범위를 지정했던 것처럼 Layout Simulation에서도 그림 3-55에 보인 바와 같이 주파수 범위를 정하여 시뮬레이션한다. emSetup 윈도우를 생성할 때 기본 값으로, "FStart" = 0 GHz, "Fstop" = 10 GHz, "Npts" = 50으로 설정되어 있다. 이 값을 그림 3-55에 보인 바와 같이 설정한다. "Npts"는 0 ~ 5 GHz 범위를 몇개로 나눌지 설정하는 값이다. "Npts" 값이 크면 클수록 Layout Simulation의 연산량은 증가한다. "Freuquency Plan" "Type"은 기본 값인 "Adaptive"로 설정한다.

그림 3-55 emSetup 윈도우의 주파수 계획 ("Frequency plan") 설정

E. 선택 사항: "Options"

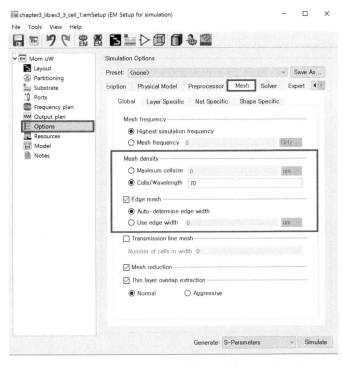

그림 3-56 emSetup 윈도우의 선택 사항 ("Options") 설정

그림 3-56에 보인 바와 같이 선택 사항 ("Option")의 "Mesh" 탭의 "Global" 탭에서 "Mesh density"는 70 Cells/wavelength로 설정하고, "Edge mesh"를 체크하여 "Auto-determine edge width"를 선택한다.

F. Layout Simulation: "Simulate"

마지막으로 그림 3-57 (a)에 보인 바와 같이 emSetup 윈도우 우측 하단에 있는 풀다운 메뉴에서 "Generate: S-Parameters"를 선택하고 "Simulate" 버튼을 클릭한다.

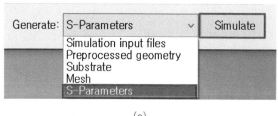

(a)

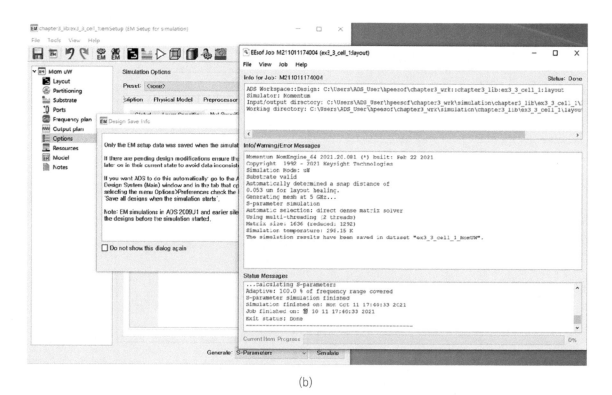

(b)

그림 3-57 (a)emSetup 윈도우 (부분) 하단의 "Generate: S-parameters"를 선택하고 "Simulate" 버튼 클릭, (b) "Design Save Info" 윈도우와 "EEsof Job" 윈도우

그림 3-57 (a)에 보인 "Simulate" 버튼을 클릭하면, "Design Save Info" 윈도우와 "EEsof Job" 윈도우가 동시에 자동 팝업 된다. "Design Save Info" 윈도우는 Layout Window에서 최종 Layout Design을 저장하지 않고 Layout Simulation을 실행하면 Layout Simulation 결과와 Layout design 사이의 불일치가 발생할 수 있음을 경고하는 창이다. ADS는 모든 시뮬레이션 실행 직전에 저장되지 않은 설계 사항이 있는 경우 자동 저장을 지원한다. "Design Save Info" 윈도우에 안내되어 있는 것처럼 ADS Main Window의 풀다운 메뉴 중 "Option – Preferences…"를 클릭하여 "Save all design when simulation starts"를 체크할 것 권한다.

"EEsof Job" 윈도우는 세가지 영역 – "Info for Job: Mxxxxxxxxxxxx", "Info/Warning/Error Messages", "Status Messages" – 이 있다. "Info for Job: Mxxxxxxxxxxxx" 영역은 시뮬레이션의 입출력 경로를 보여준다. "Info/Warning/Error Messages" 영역은 시뮬레이션이 진행하는 동안 "Warning" 또는 "Error"가 발생하는 경우 관련 내용을 안내하는 영역이다. "Warning"은 시뮬레이션이 진행되기는 하지만 결과에 문제점을 내포할 수 있음을 안내해준다. "Error"가 발생하면 보통 시뮬레이션은 정지된다. "Status Messages" 영역은 주파수 스윕 내용을 알려주며, 시뮬레이션의 시작과 종료 시각을 확인할 수 있다. Layout Simulation의 경우 Layout Design의 구조와 컴퓨터의 성능에 따라 매우 긴 시뮬레이션 시간이 필요한 경우도 많다. 따라서, 시뮬레이션 시간을 확인하는 기능은 매우 필요한 기능이며, "Status Messages" 영역에서 파악할 수 있다. 시뮬레이션이 문제 없이 종료되면, "Status Messages" 영역의 마지막에 "Exit status: Done"이라는 메시지와 함께 Layout Simulation이 정상적으로 종료된다.

마. Layout Simulation vs. Schematic Simulation

Layout Simulation이 정상적으로 종료되면 "ex3_3_cell_1"의 Layout Simulation 결과가 저장 (ADS Main Window의 "File View" 탭에서 현재 Workspace의 하위 폴더 중 "Data" 폴더에 "ex3_3_cell_1_MomUW.ds"와 "ex3_3_cell_1_MomUW_a.ds"로 저장됨)되고, "Data Display" 윈도우 파일인 "ex3_3_cell_1.dds"가 그림 3-58 (a)에 보인 바와 같이 팝업 된다. Schematic Simulation 결과 그래프가 그려진 이 파일에, Layout Simulation 결과가 자동으로 업데이트 되어 표시된다. Schematic Simulation이 수행된 후 S(1,1)과 S(2,1)의 크기의 주파수 특성을 확인했기 때문에, Layout Simulation이 수행된 후 S(1,1)과 S(2,1)의 크기로 해당 그래프들이 자동 업데이트 되는 것이다. 그림 3-58 (a)의 S(2,1) 그래프를 선택하여 더블 클릭하면 "Plot Traces & Attributes" 윈도우가 팝업 된다. 그림 3-58 (b)에 보인 바와 같이 "Datasets and Equations" 메뉴에 "ex3_3_cell_1_MomUW_a"로 현재 dataset이 표시되어 있는 것을 확인할 수 있다.

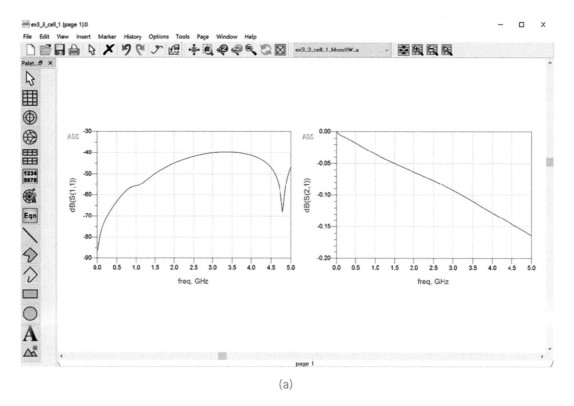

(a)

(b)

그림 3-58 (a) "ex3_3_cell_1.dds" 윈도우 팝업, (b) "Plot Traces & Attributes" 윈도우의 "Datasets and Equations" 메뉴에 "ex3_3_cell_1_MomUW_a"로 현재 dataset이 설정되어 있음

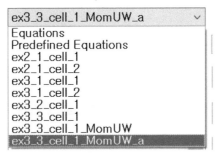

Datasets and Equations

ex3_3_cell_1_MomUW_a

Equations
Predefined Equations
ex2_1_cell_1
ex2_1_cell_2
ex3_1_cell_1
ex3_1_cell_2
ex3_2_cell_1
ex3_3_cell_1
ex3_3_cell_1_MomUW
ex3_3_cell_1_MomUW_a

그림 3-59 "Datasets and Equation" 메뉴 확대

그림 3-59에 보인 바와 같이 "Datasets and Equations" 메뉴에서 "ex3_3_cell_1"은 Schematic Simulation 결과가 저장되어 있는 dataset이다. 따라서 "ex3_3_cell_1_MomUW_a"에 저장된 Layout Simulation 결과와 직접 비교할 수 있다. 그림 3-60 (a)와 (b)에 각각 보인 바와 같이 Schematic Simulation과 Layout Simulation의 반사 계수 (S_{11} =S(1,1))과 전송 계수 (S_{21}=S(2,1))의 크기 결과를 비교하여 볼 수 있다.

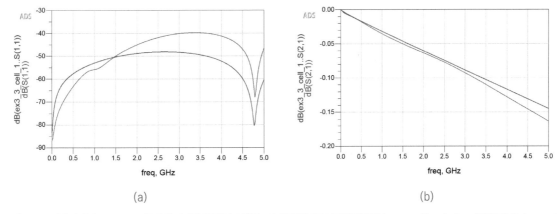

(a)   (b)

그림 3-60 입출력단이 50 Ω으로 종단된 전기적 길이가 90°인 50 Ω마이크로스트립 라인의 Layout Simulation (적색)과 Schematic Simulation (청색) 결과 비교: (a) 반사 계수, (b) 전송 계수

S_{11}에 대한 Layout Simulation과 Schematic Simulation 결과를 비교해보면, Layout Simulation의 경우 주파수가 증가하면 S_{11}의 크기가 증가하는 것을 볼 수 있다. S_{21}의 크기도 Schematic Simulation의 결과는 선형적으로 감소하지만, Layout Simulation의 결과는 주파수가 증가할수록 감소폭이 증가하는 현상을 관찰할 수 있다.

마이크로스트립 전송 선로를 제작하여 측정하면, Layout Simulation 결과와 유사한 결과를 얻게 된다. Layout Simulation이 실제 회로 성능에 가까운 결과를 얻게 되는 것이다. 즉, Schematic Simulation보다 Layout Simulation이 실제 회로 성능을 좀 더 실질적으로 예측할 수 있다.

3.5 EM Cosimulation: 마이크로스트립 라인과 인덕터의 직렬 연결

EXERCISE

Coilcraft (인덕터 제조사) 칩 인덕터 (chip inductor) 0805HP 시리즈 6.2 nH를 아래 그림과 같이 50Ω 마이크로스트립 라인에 직렬로 연결하여 인덕터의 S-parameter를 0 ~ 10 GHz 사이에서 계산하려고 한다. 마이크로스트립 라인의 전기적 길이는 10 GHz에서 주어진 길이이고, FR4 기판을 사용하여 회로를 설계하여 해석하려고 한다. Schematic Simulation과 EM Cosimulation을 수행하여 결과 값과 비교하시오.

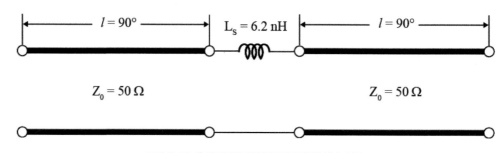

그림 3-61 칩 인덕터의 입출력단에 연결된 전송 선로

모범 답안

가. Schematic Simulation

ADS Main Window에서 "New Schematic Window" 아이콘을 클릭하여 "ex3_4_cell_1"이라는 이름으로 cell을 생성하고 ADS Schematic을 작성한다. 인덕터 제조사가 추천하는 인덕터 패드 사이즈가 적용된 ADS Layout을 생성하기 위하여 그림 3-62에 보인 바와 같은 ADS Schematic을 작성한다.

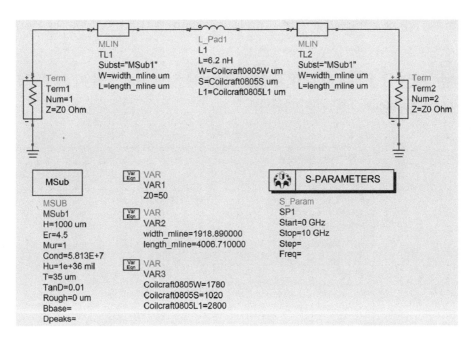

그림 3-62 칩 인덕터의 S-parameter 특성 해석을 위한 ADS Schematic

인덕터를 PCB에 실장하기 위한 인덕터 패드를 ADS Layout에 생성하기 위하여 그림 3-63 (a)에 보인 바와 같이 "Parts" 윈도우에서 "Lumped-With Artwork" palette를 선택한다. "Lumped-With Artwork" palette에서 "ads_rflib:L_Pad1" 회로 소자를 ADS Schematic에 배치한다.

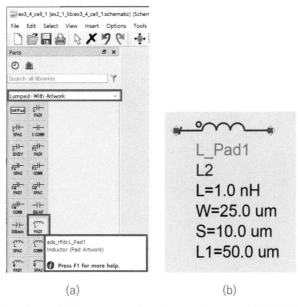

(a)   (b)

그림 3-63 (a) 칩 인덕터의 패드가 포함된 ADS 회로 소자 모델 ("ads_rflib:L_Pad1") 위치, (b) "L_PAD1" instance

그림 3-63 (b)에 보인 바와 같이 이 인덕터는 패드 사이즈 규격 ("W", "S", "L1")을 ADS Schematic에 명시하도록 되어 있다. "W", "S", "L1"에 대한 정의를 확인하는 방법은 다음과 같다. "L_Pad1" instance를 더블 클릭하면, 그림 3-64에 보인 바와 같이 회로 부품의 규격을 편집할 수 있는 "Edit Instance Parameters" 윈도우가 열린다.

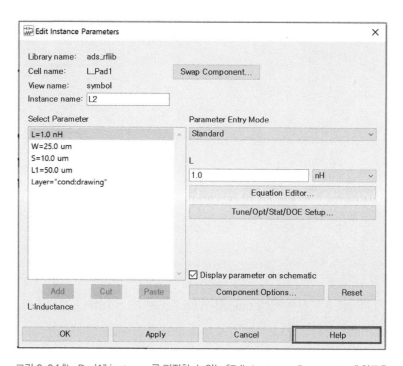

그림 3-64 "L_Pad1" instance를 편집할 수 있는 "Edit Instance Parameters" 윈도우

그림 3-64 우측 하단의 "Help" 버튼을 클릭하면 그림 3-65에 보인 바와 같이 "L_Pad1 (Inductor (Pad Artwork))"에 대한 ADS 규격 문서 윈도우가 팝업 된다.

L_Pad1 (Inductor (Pad Artwork))

Lumped inductor based on empirical model(Pad Artwork).

Symbol

Parameters

Name	Description	Units	Default
L	Inductance	nH	1.0
W	(ADS Layout option) Width of pad	mil	25.0
S	(ADS Layout option) Spacing	mil	10.0
L1	(ADS Layout option) Length	mil	50.0

- This component's artwork is composed of two rectangular pads with pins on the outer edges, as shown:

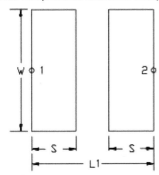

그림 3-65 "L_Pad1 (Inductor (Pad Artwork))"에 대한 ADS 규격 문서 (부분)

그림 3-65 하단에서 확인할 수 있듯이 "W", "S", "L1"에 대한 정의가 명시되어 있음을 확인할 수 있다.

이 문제에서 지정한 Coilcraft 사의 0805HP 시리즈의 data sheet를 찾아보면, 그림 3-66에 보인 바와 같이 칩 인덕터의 패드 크기 (pad size)가 주어져 있다. 인덕터 제조사의 data sheet에는 "Recommended Land Pattern"으로 명시되어 있다.

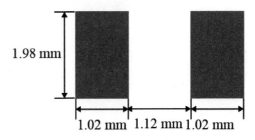

그림 3-66 Coilcraft 사의 0805HP 시리즈 칩 인덕터의 패드 규격

$W = 1980\,\mu m$, $S = 1020\,\mu m$, $L1 = 3160\,\mu m$으로 설정한다. 인덕터 제조사가 제공한 패드 사이즈의 단위는 mm이므로, μm로 환산하였다.

그림 3-62의 ADS Schematic에 대한 Schematic Simulation을 실행하여 S-parameter를 그림 3-67에 보인 바와 같이 확인할 수 있다.

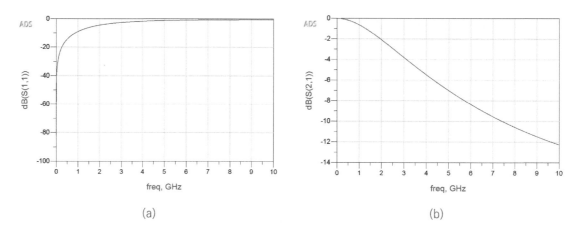

그림 3-67 그림 3-62에 보인 ADS Schematic에 대한 Schematic Simulation 결과: (a) 반사 계수, (b) 전송 계수

나. ADS Layout 생성

그림 3-62에 보인 ADS Schematic에 대한 레이아웃을 생성하면 그림 3-68과 같다.

그림 3-68 그림 3-62에 보인 ADS Schematic에 대한 ADS Layout 생성

그림 3-68과 같이 생성된 레이아웃의 옥색 점에 각각 "Pin"을 할당한다. 그림 3-69에 보인 바와 같이 입력 마이크로스트립 라인 (레이아웃의 가장 왼쪽 옥색 점)에 Pin 1, 출력 마이크로스트립 라인 (레이아웃의 가장 오른쪽 옥색 점)에 Pin 2, 인덕터 입력 패드의 우측 끝에 Pin 3, 인덕터 출력 패드 좌측 끝에 Pin 4를 할당한다.

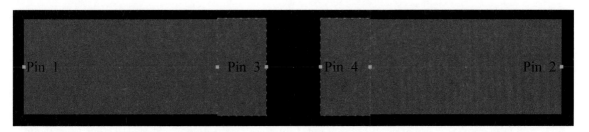

그림 3-69 그림 3-68에 보인 레이아웃에 "Pin" 할당 순서

Layout Window의 "Port Editor" 아이콘를 클릭하면, 그림 3-70에 보인 바와 같이 "Port Editor" 윈도우가 팝업 된다. 총 4개의 포트가 설정되어 있는 것을 확인할 수 있다.

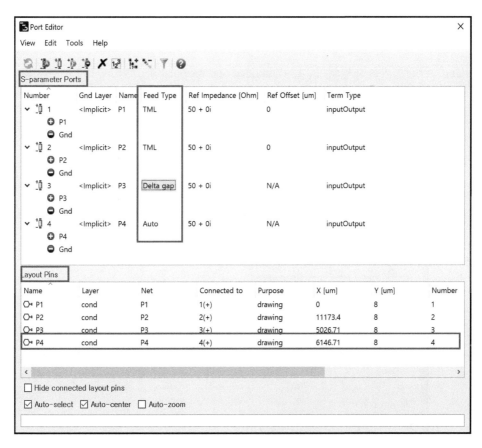

그림 3-70 "Port Editor" 윈도우

그림 3-70에 보인 바와 같이 "Port Editor" 윈도우에서 port별로 "Feed Type"을 설정한다. "TML"은 3-4절에서 설명한 바 있다.

"Delta gap"은 PCB에 조립되는 surface mount device (SMD)의 기생 소자 (parasitic element)를 Layout Simulation 결과에 포함하게 하는 설정이다. 이 문제의 인덕터는 입출력 패드가 FR4 기판 위에 있으므로 FR4 기판의 접지면 (ground plane)과 입출력 패드 사이의 기생 소자가 발생하게 된다. 따라서, 인덕터 패드에 "Delta gap" 포트를 설정해야 올바른 시뮬레이션 결과를 얻을 수 있다.

"Delta gap"으로 설정된 포트는 "Gnd Layer"를 "<implicit>" 설정하면 안된다. "Delta gap"으로 "Feed Type"이 설정된 포트는 입력단 (+)과 출력단 (-)이 짝지워져야 한다. 이 문제의 경우 Pin 3와 Pin 4가 각각 인덕터의 입출력 포트로 설정되어 있으므로, Port 3를 입력단 (+)으로 설정하고, Port 4를 출력단 (-)으로 설정하면 된다.

Port 4를 출력단 (-)로 설정하는 방법은 간단하다. 그림 3-70에 보인 바와 같이 "Port Editor" 윈도우 하단에 있는 "Layout Pins" 영역에서 "P4"를 마우스로 클릭하면 하늘색으로 해당 줄이 하이라이트된다. "P4"의 마우스 클릭 상태를 유지한 채 상단의 "S-parameter Ports" 영역에 있는 "+P3" 항목 밑의 "-Gnd" 위로 끌어올려 떨어뜨린다 ("dragged and dropped"). 그림 3-71에 보인 바와 같이 "S-parameter

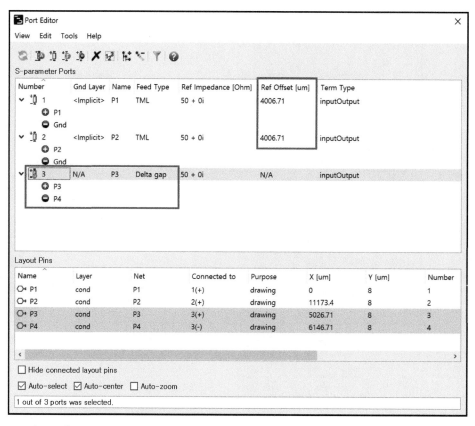

그림 3-71 "Port Editor" 윈도우에서 "Feed Type" 중 "Delta gap"에 대한 "Gnd Layer" 설정 완료 모습

Ports" 영역의 Port 4는 사라지고 Port 3의 "-Gnd"가 "-P4"로 바뀐 것을 확인할 수 있다. Port 3의 "Gnd Layer"도 "<implicit>"에서 " "N/A"로 바뀌어 있는 것을 확인할 수 있다.

한 가지 더 변경해야 하는 사항은 그림 3-71에 보인 "Port Editor" 윈도우 우측 상단에 있는 "Ref Offset [um]" 메뉴이다. 이 문제에서 구해야 하는 S-parameter는 인덕터의 S-parameter이다. 하지만, 그림 3-69에 보인 ADS Layout은 입출력 마이크로스트립 라인 – 입출력 전송 선로를 급전선 (feedline) 이라 함 – 이 포함되어 있다. 이 ADS Layout에 대한 시뮬레이션을 수행하면 구해지는 S-parameter는 급전선과 인덕터의 S-parameter가 혼합된 S-parameter이다. 급전선의 S-parameter를 Layout Simulation의 결과로부터 '제거' (영어로 de-embedding이라고 표현함)하기 위하여 Layout Simulation 의 기준면 (reference plane)을 인덕터 입출력단으로 옮겨야 한다. 이것은 회로망 분석기 (network analyzer)를 사용하여 회로의 성능을 측정하기 전에 회로망 분석기를 calibration 과정을 거쳐 기준면 을 설정하는 것과 등가이다. 그림 3-71 우측 상단에 보인 바와 같이 "Ref Offset [um]"에 마이크로스 트립 라인의 물리적 길이를 입력한다. "Ref Offset [um]"을 입력하고 ADS Layout을 확인해보면 그림 3-72에 보인 바와 같이 마이크로스트립 라인 위에 노란색 선이 표시되어 있는 것을 볼 수 있다. 이와 같이 "Ref Offset [um]"을 설정하면 Layout Simulation으로 계산되는 S-parameter는 인덕터의 입출 력단 사이에서의 S-parameter가 되는 것이다.

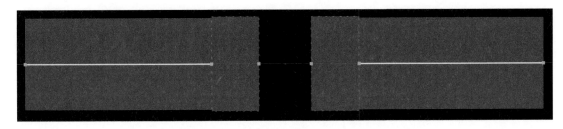

그림 3-72 "Port Editor" 윈도우의 "Ref Offset [um]" 항목에 설정한 마이크로스트립 라인의 물리적 길이 값에 의해 표시된 노란색 선

이제 Layout Window에서 "EM Simulation Settings" 아이콘를 클릭하여 "ex3_4_cell_1" cell을 위한 "ex3_4_cell_1:emSetup"을 그림 3-73과 같이 생성한다. "Substrate"는 "FR4_Yale" 기판으로 설정되 어 있고, "Ports"도 설정이 끝났기 때문에 노란색 느낌표 경고 표시가 없는 emSetup 윈도우를 확인할 수 있다.

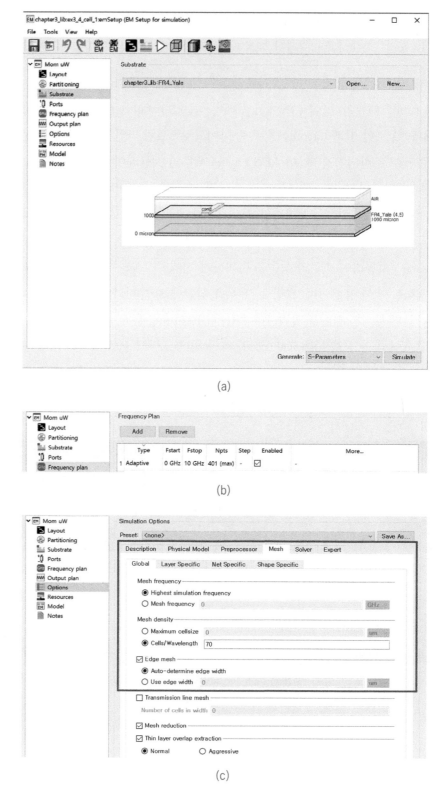

(a)

(b)

(c)

그림 3-73 (a) 문제를 위한 emSetup 윈도우, (b) "Frequency plan" 설정, (c) "Option - Mesh - Global" 탭 설정

"Frequency plan" 메뉴는 그림 3-73 (b)에 보인 바와 같이 설정한다. 그리고, "Options" 메뉴에서 "Mesh" 탭의 "Global" 탭을 그림 3-73 (c)에 보인 바와 같이 설정한다.

다. EM Cosimulation

그림 3-72에 보인 바와 같이 ADS Layout을 완성하였지만, 이 ADS Layout은 입출력 마이크로스트립 라인과 인덕터 패드만 포함되어 있다. 그림 3-72에 보인 ADS Layout을 사용하여 Layout Simulation을 수행하는 것은 무의미하다. 왜냐하면, 인덕터의 입출력 패드 사이가 개방 회로 (open circuit)이므로 회로적으로 아무런 의미가 없기 때문이다. Layout Window에서는 Schematic Window처럼 회로 부품을 배치할 수 없다. 이와 같은 문제를 해결하기 위하여 ADS에서는 EM Cosimulation 기능을 지원한다. 그림 3-74에 보인 바와 같이 emSetup 윈도우의 최상단 항목 "Mom uW"을 클릭하면 "Setup Type"에 default 값이 "EM Simulation/Model"로 설정되어 있다.

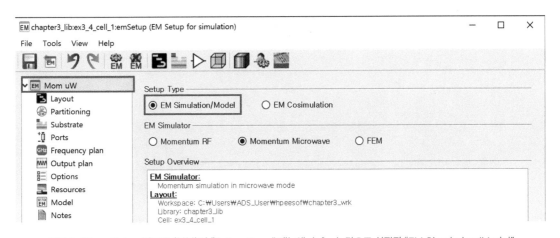

그림 3-74 emSetup 윈도우 (부분)의 "Setup Type" 메뉴에 default 값으로 설정된 "EM Simulation/Model"

그림 3-74에서 "Setup Type"을 그림 3-75 (a)에 보인 바와 같이 "EM Cosimulation"으로 선택하면 왼쪽의 최상단 항목이 "Mom uW Cosim"으로 변경되어 있는 것을 확인할 수 있다. 그리고 "Resources" 메뉴 밑에 있던 "Model" 메뉴도 "Cosimulation"으로 자동 변경되어 있는 것도 확인할 수 있다. "Setup Overview" 영역의 일부 항목도 자동 변경된다.

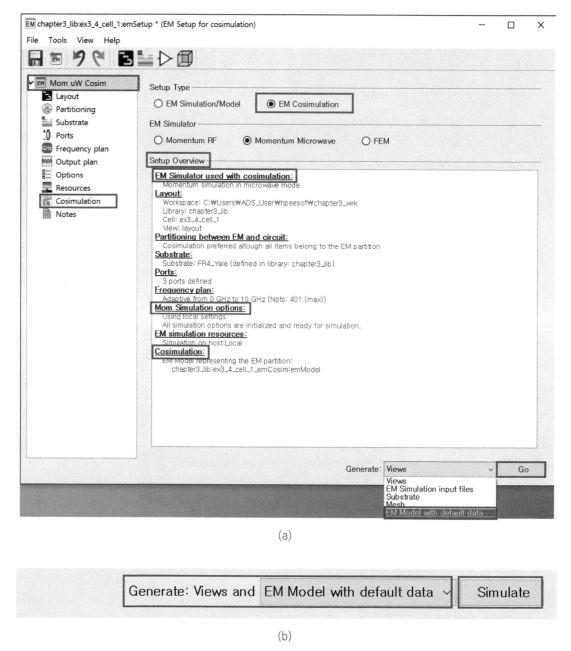

(a)

(b)

그림 3-75 (a) emSetup 윈도우의 "Setup Type" 메뉴에서 "EM Cosimulation" 선택, (b) emSetup 윈도우 (부분)의 가장 하단 부분 확대

그림 3-75 (a)에 보인 바와 같이 emSetup 윈도우의 하단에 "Generate" 풀다운 메뉴에서 "EM Model with default data"를 선택한다. 이 선택과 함께 emSetup 윈도우의 하단은 그림 3-75 (b)에 보인 바와 같이 변경된다. 이제 그림 3-75 (b)의 우측에 있는 "Simulate" 버튼을 클릭한다.

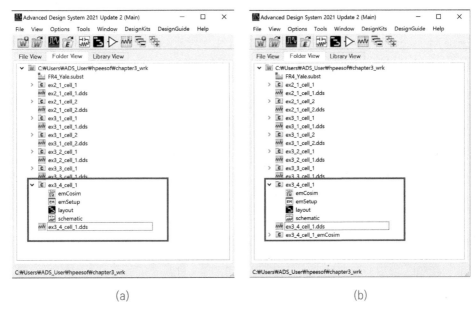

(a)   (b)

그림 3-76 ADS Main Window: (a) EM Cosimulation 실행 전, (b) EM Cosimulation 종료 후

EM Cosimulation이 종료되면, ADS Main Window에 EM Cosimulation 결과가 저장된 "ex3_4_cell_1_emCosim" cell이 자동 생성되어 있는 것을 그림 3-76 (a)와 (b)에서 보인 바와 같이 확인할 수 있다.

그림 3-77 "EEsof Job" 윈도우 (부분)

EM Cosimulation이 진행되는 동안 그림 3-77에 보인 바와 같이 "EEsof Job" 윈도우의 "Info/Warning/Error Messages" 메뉴에 "WARNING" 메시지가 발생하는 것을 확인할 수 있다. 이 "WARNING" 메시지는 마이크로스트립 라인의 폭과 인덕터 패드의 폭이 "Frequency Plan"의 특정 주파수 이상에서 파장 (λ)의 10%를 초과하기 때문에 발생한다.

그림 3-51에 보인 "Pin" 정의 과정을 그림 3-78에 다시 보였다.

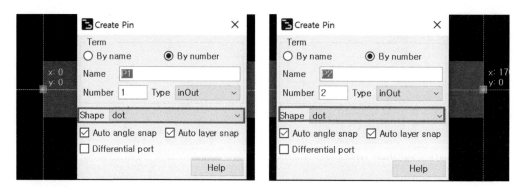

그림 3-78 "Create Pin" 윈도우

그림 3-78에 보인 바와 같이 "Pin"의 "Shape"은 "dot"로 설정되어 있다. "Pin"을 최초로 정의할 때는 Layout Window에서 "Pin" 모양이 default 설정 값인 "dot" 설정되고, conductor layout의 edge에 배치하면 자동으로 해당 edge 길이 전체에 대하여 "edge pin"으로 설정된다. 이 edge 길이가 특정 주파수 이상에서 파장 (λ)의 10%를 초과했기 때문에 그림 3-77에 보인 "WARNING" 메시지가 발생한 것이다. 이 문제를 해결하기 위하여 Layout Window를 열고 그림 3-79에 보인 바와 같이 "pin"의 조건을 편집한다. 편집이 필요한 "Pin"을 더블 클릭하면 아래와 같이 "Edit Pin" 윈도우가 팝업 된다.

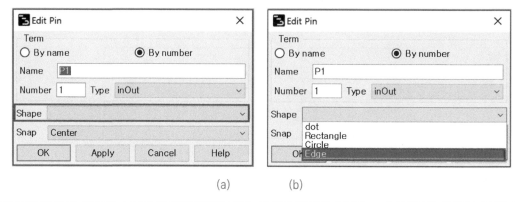

(a)　　　　(b)

그림 3-79 "Edit Pin" 윈도우: (a) "Pin"을 더블 클릭으로 "Edit Pin" 윈도우 열기, (b) "Shape" 풀다운 메뉴에서 "Pin" 모양 설정

그림 3-79 (a)에 보인 바와 같이 "Shape" 메뉴가 빈 칸으로 보이는 것을 확인할 수 있다. 풀 다운 메뉴를 내려보면 "Edge" 항목이 있는 것을 볼 수 있다. 그림 3-79 (b)에 보인 바와 같이 "Edge"를 선택하면, 그림 3-80 (a)에 보인 바와 같이 "L" 항목이 보인다. "Edge" "Pin"의 길이 ("L"ength)를 설정할 수 있다. 길이의 단위는 Layout Window의 "Option – Preferences…" 윈도우의 "Units/Scale" 탭에서 설정된 "Length" 항목에 지정되어 있음을 확인할 수 있다. 이 교재에서는 별다른 언급이 없는 한 길이의 단위를 "um"로 지정하여 사용하고 있다.

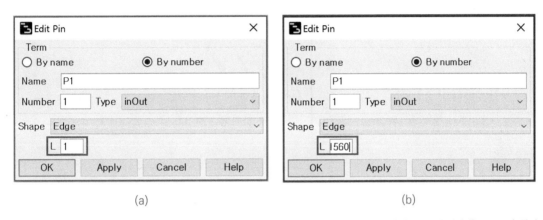

(a)   (b)

그림 3-80 "Edit Pin" 윈도우: (a) "Pin"의 "Shape"을 "Edge"로 선택하면 "L"이 나타남, (b) "Edge"의 길이 ("L"ength) 설정

"Edge pin"의 길이는 이 문제의 최대 주파수인 10 GHz에서의 파장 (λ)의 10 %를 초과하지 않으면서 "WARNING" 메시지가 발생하지 않는 길이로 정한다. 대개 9.7 % 정도가 되도록 설정한다.

마이크로스트립 라인의 λ를 계산할 때 주의가 필요하다. TEM 모드를 지원하는 전송 선로의 λ는 식 (3.1) 로 계산된다.

$$\lambda = \frac{\frac{c}{\sqrt{\epsilon_r}}}{f} \tag{3.1}$$

식 (3.1)에서 $c = 1/\sqrt{(\mu_0 \epsilon_0)}$ (광속: speed of light), ϵ_r은 전송 선로 매질의 유전 상수, f는 주파수이다. 하지만, 마이크로스트립 라인은 quasi-TEM 모드를 지원하는 전송 선로이다. 따라서, λ를 구하는 식 (3.1)에서 ϵ_r 대신 유효 유전 상수 (effective dielectric constant, ϵ_{eff})를 사용해야 한다. 따라서, 마이크로스트립 라인의 파장은 식 (3.1)을 수정한 식 (3.2) 로 계산한다.

$$\lambda = \frac{\frac{c}{\sqrt{\epsilon_{eff}}}}{f} \qquad (3.2)$$

ϵ_{eff}는 그림 3-86에 보인 바와 같이 Linecalc 윈도우의 우측에 있는 "Calculated Results" 메뉴의 "K_eff" 값임을 3.1절에서 설명한 바 있다.

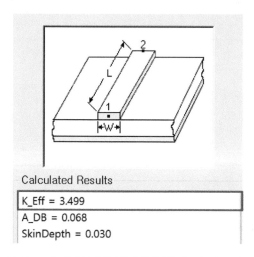

그림 3-81 Linecalc 윈도우 (부분)의 우측에 있는 "Calculated Results"

Linecalc에서 계산된 ϵ_{eff} 값을 사용하여 10 GHz에서의 파장 (λ)을 아래와 같이 계산한다.

$$\lambda = \frac{\frac{c}{\sqrt{3.499}}}{10 \times 10^9} = 0.0160$$

이 파장의 9.7 % 값을 계산하면 $1552 \mu m$이다. "WARNING" 메시지가 발생하지 않는 최대 길이 $1560 \mu m$로 설정한다. "Edge Pin"의 길이, $1560 \mu m$는 10 GHz에서 파장 (λ)의 9.73%이다.

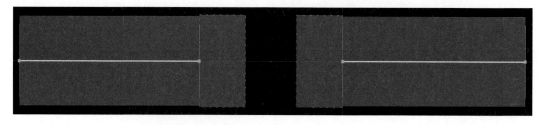

그림 3-82 "Edge Pin" 설정 후 conductor edge에 보이는 옥색 선

그림 3-82에 보인 바와 같이 "P1", "P2", "P3", "P4"를 모두 "Edge Pin"으로 설정하면, "Pin" 모양이 layout pattern (conductor)의 "Edge"에 옥색으로 표시되어 있음을 확인할 수 있다. "Edge Pin"으로 설정한 다음 Layout Simulation을 실행하면 그림 3-83에 보인 바와 같이 "Infor/Warning/Error Messages" 메뉴에 "WARNING" 메시지가 발생하지 않음을 확인할 수 있다.

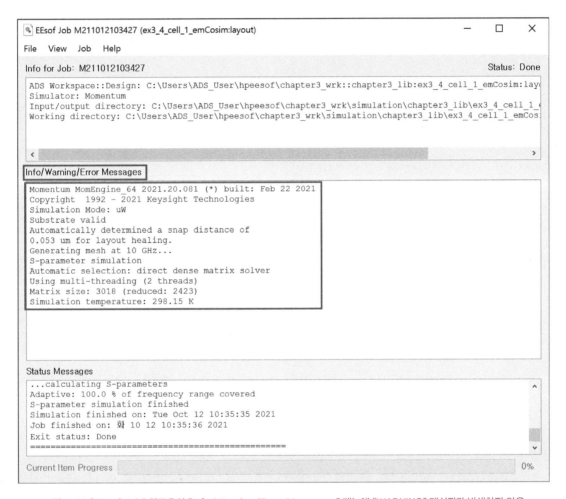

그림 3-83 "EEsof Job" 윈도우의 "Info/Warning/Error Messages" 메뉴에 "WARNING" 메시지가 발생하지 않음

라. emCosim 모델을 이용한 Schematic Simulation

EM Cosimulation을 수행한 이유는 EM Cosimulation에서 얻은 Layout Simulation의 결과를 Schematic Simulation에 이용하기 위해서이다. '다' 절에서 생성한 "ex3_4_cell_1_emCosim"을 이용하여 Schematic Simulation을 수행할 수 있다. ADS Main Window에서 "New Schematic Window" 아이콘을 클릭하여 "ex3_4_cell_2" 이라는 이름으로 cell을 생성하고 Schematic Window를 연다.

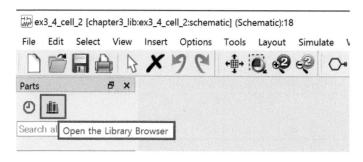

그림 3-84 Schematic Window (부분)의 "Open the Library Browser" 위치

그림 3-84에 보인 바와 같이 Schematic Window의 좌측 상단에 있는 "Open the Library Browser" 아이콘을 클릭하면 그림 3-85에 보인 바와 같이 "Component Library" 윈도우가 팝업 된다.

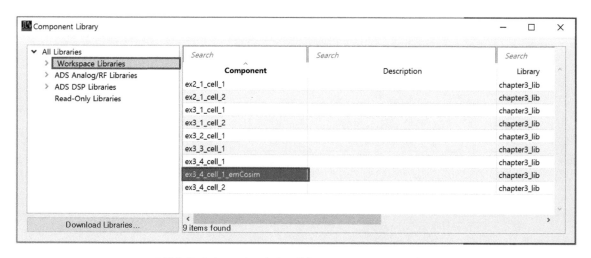

그림 3-85 Schematic Window의 "Component Library" 윈도우

"Workspace Libraries"는 현재의 Workspace에서 생성되어 Schematic Window에서 사용 가능한 회로 부품 리스트 (component list)를 보여준다. "em3_4_cell_1_emCosim" 부품이 생성되어 있는 것을 확인할 수 있다. 이 부품이 '다' 절에서 수행한 EM Cosimulation에 의해서 생성된 부품이다. 이 교재에서 EM Cosimulation에 의해서 생성된 부품을 "emCosim 모델"로 통칭한다. 이 emCosim 모델을 더블 클릭하면 그림 3-86에 보인 바와 같이 "Generate Symbol" 윈도우가 팝업 된다.

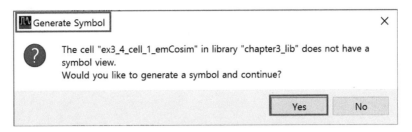

그림 3-86 "Generate Symbol" 윈도우

"Yes" 버튼을 클릭하면 그림 3-87에 보인 바와 같이 "Symbol Generator for…"라는 윈도우가 팝업된다.

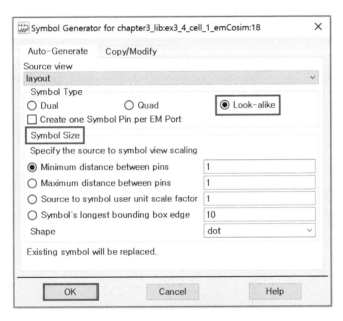

그림 3-87 "Symbol Generator for…" 윈도우

그림 3-87에 보인 바와 같이 default 상태로 "OK" 버튼을 클릭하면, 그림 3-88에 보인 바와 같이 EM Cosimulation에 의해서 생성된 "Symbol"이 Schematic Window에 배치된다. 그림 3-87에 보인 바와 같이 "Symbol Generate for…" 윈도우에서 "Symbol type" 메뉴의 "Look-alike" 옵션을 선택했기 때문에, Layout Window에서 설계했던 마이크로스트립 라인과 인덕터 패드가 Schematic Window에서 동일한 모양으로 보여지는 것이다.

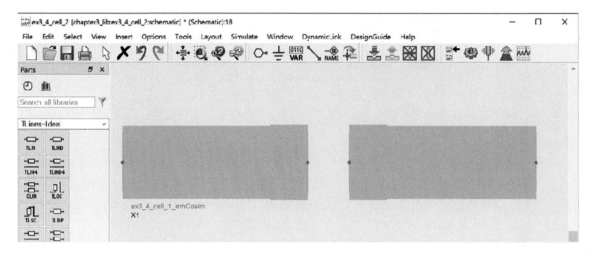

그림 3-88 Schematic Window (부분) EM Cosimulation에 의해 생성된 emCosim 모델이 배치된 모습

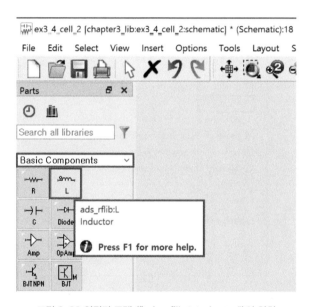

그림 3-89 인덕터 모델 ("ads_rflib:L Inductor")의 위치

"ex3_4_cell_1_emCosim" instance와 함께 그림 3-89에 보인 바와 같이 "Basic Components"의 "ads_rflib:L Inductor" instance를 사용하여 그림 3-90에 보인 바와 같이 S-parameter 시뮬레이션을 수행할 수 있는 ADS Schematic, "ex3_4_cell_2"를 완성할 수 있다. EM Cosimulation에 의해 생성된 부품의 심볼 크기는 그림 3-87에 보인 "Symbol Size" 메뉴의 설정 값으로 조정이 가능하다.

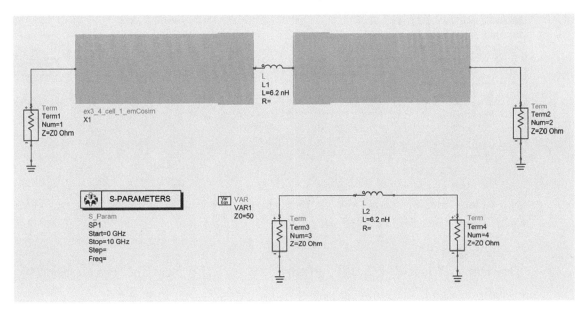

그림 3-90 EM Cosimulation에 의해 생성된 emCosim 모델을 사용한 ADS Schematic

ADS Layout을 생성하기 위하여 인덕터의 입출력단에 마이크로스트립 라인을 연결한 회로도를 '가' 절에서 작성하였다. '나' 절에서 설명한 바와 같이 인덕터와 인덕터를 PCB에 실장하기 위한 인덕터 패드가 포함된 S-parameter를 계산하기 위하여, "Port Editor" 윈도우에서 Port 1과 Port 2의 "Ref Offset [um]"을 마이크로스트립 라인의 길이만큼 설정하였다. 이러한 설정 때문에 인덕터의 입출력 마이크로스트립 라인은 S-parameter 시뮬레이션에서 de-embedding된다. 입출력 마이크로스트립 라인이 de-embedding된 S-parameter를 Schematic Simulation 결과와 직접 비교하기 위하여 인덕터의 입출력단에 "Term" instance를 직접 연결한 회로를 그림 3-90의 하단에 보인 바와 같이 추가하였다.

마. Coilcraft 사에서 제공하는 S-parameter 사용법

Coilcraft 사에서는 자사에서 제조하는 칩 인덕터의 S-parameter를 자사의 웹사이트에서 제공한다. 이 문제에서 사용하는 칩 인덕터 0805HP 시리즈의 S-parameter도 Coilcraft 사의 웹사이트에서 쉽게 찾을 수 있다. Coilcraft 사에서 제공되는 S-parameter를 ADS에서 다양한 방법으로 사용할 수 있다. 이 절에서는 Coilcraft 사에서 제공한 S-parameter를 ADS로 읽어 들여서 ADS에서 활용할 수 있는 "Dataset"을 생성하는 방법을 소개한다. ADS Main Window에서 그림 3-91 (a)에 보인 바와 같이 "New Data Display Window"를 클릭하여, 그림 3-91 (b)에 보인 "Data Display Window"를 하나 연다.

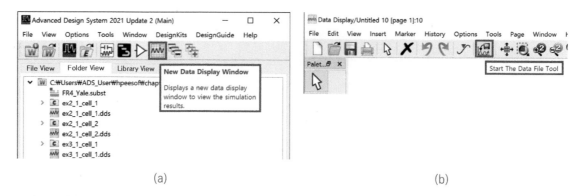

(a)   (b)

그림 3-91 (a) ADS Main Window (부분)에 있는 "New Data Display Window" 아이콘 위치, (b) "Data Display Window" (부분)에 있는 "Start The Data File Tool" 아이콘 위치

"Data Display Window"에서 그림 3-91 (b)에 보인 바와 같이 "Start The Data File Tool" 아이콘을 클릭하면 그림 3-92 (a)에 보인 바와 같이 "dftool/mainWindow"가 팝업 된다.

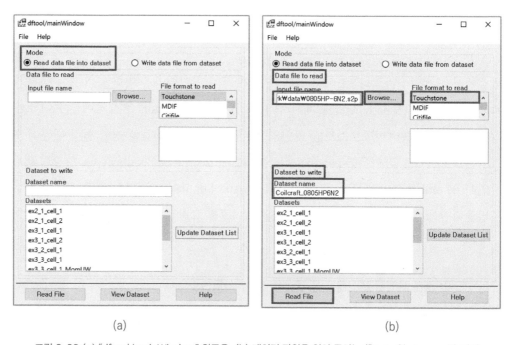

(a)   (b)

그림 3-92 (a) "dftool/mainWindow" 윈도우, (b) 데이터 파일을 읽어 들이는 ("Data file to read") 과정

이 윈도우는 2개의 "Mode"가 있다. 외부 데이터를 읽어 들이는 "Mode"는 그림 3-92 (a)에 보인 바와 같이 "Read data file into dataset" 항목을 선택하면 된다. 외부 데이터의 저장 형식에 따라 "File format to read" 메뉴에 "Touchstone", "MDIF", "Citifile", "ICCAP", "SMatrixIO" 등이 있다. S-parameter는 "Touchstone" 형식으로 저장되는 것이 보통이며, Coilcraft 사에서 제공하는 S-parameter도

"Touchstone" 형식으로 제공된다. 따라서, "File format to read"는 "Touchstone"으로 선택한다.

그림 3-92 (b)의 상단에 보인 바와 같이 "Data file to read" 메뉴에 있는 "Browse…" 버튼을 클릭하여 컴퓨터에 저장된 파일을 선택한다. "Touchstone" 형식으로 저장된 N-port 네트워크에 대한 S-parameter 데이터의 파일 확장자는 "sNp"이다. 인덕터는 2-port 네트워크이므로 인덕터의 S-parameter 데이터의 파일 확장자는 그림 3-92 (b)에서 보인 바와 같이 "s2p"이다. ADS에서 각종 시뮬레이션에 의해 생성된 각종 데이터는 Workspace의 하위 폴더인 "data" 폴더에 저장된다. 외부에서 가져온 각종 데이터도 동일한 경로에 저장하고 사용하는 것이 좋다. 따라서, Coilcraft 사의 웹사이트에서 다운로드 한 "s2p" 파일을 Workspace의 "data" 폴더에 저장한다. 0805HP series 6.2 nH ("0805HP-6N2.s2p") "s2p" 파일과 0805HQ series 6.2 nH "s2p" 파일 ("08HQ6N2.S2P")을 Workspace의 "data" 폴더에 저장한다.

그림 3-92 (b)의 중간에 보인 바와 같이 "Dataset to write" 메뉴에서 "Dataset name"을 사용자가 원하는 이름을 공백 없이 직접 입력한다. 그림 3-92 (b)의 중간에 보인 바와 같이 "Coilcraft_0805HP6N2"로 입력되어 있는 것을 확인할 수 있다. 마지막으로, 그림 3-92 (b)의 하단에 보인 바와 같이 "Read File" 버튼을 누르면 그림 3-93 (a)에 보인 바와 같이 "Coilcraft_0805HP6N2"라는 파일이 생성된 것을 확인할 수 있다.

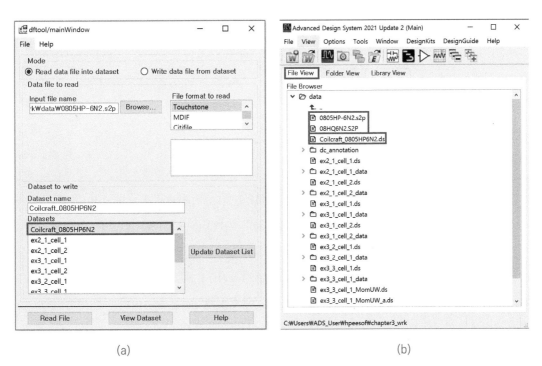

(a)   (b)

그림 3-93 (a) 생성된 "Coilcraft_0805HP6N2" 파일, (b) ADS Main Window의 "File View" 탭에서 확인할 수 있는 "data" 폴더에 저장된 "Coilcraft_0805HP6N2.ds" 파일

"Coilcraft_0805HP6N2"라는 파일은 그림 3-93 (b)에 보인 바와 같이 ADS Main Window의 "File View"에서 저장된 위치를 확인할 수 있다. 그림 3-93 (b)에서는 "0805HP-6N2.s2p" 파일과 "08HQ6N2.S2P" 파일이 저장된 것도 확인할 수 있다. 이 과정이 모두 끝나면 그림 3-91 (a)의 "Data Display Window"와 그림 3-92 (a)의 "dftool/mainWindow"는 닫는다.

바. 시뮬레이션 결과의 비교와 분석

이 문제에서는 총 3개의 S-parameter 시뮬레이션 결과를 얻게 된다. 첫번째 S-parameter는 '가' 절에서 얻은 것이고, 두번째와 세번째 S-parameter는 '라' 절에서 각각 "ex3_4_cell_3_emCosim" 회로 부품을 이용한 "ex3_4_cell_2" ADS Schematic (그림 3-90)의 Schematic Simulation 결과와 인덕터 입출력단에 직접 "Term" instance를 연결하여 얻은 Schematic Simulation 결과이다. 이 3개의 S-parameter를 그림 3-94에 보인 바와 같이 비교할 수 있다.

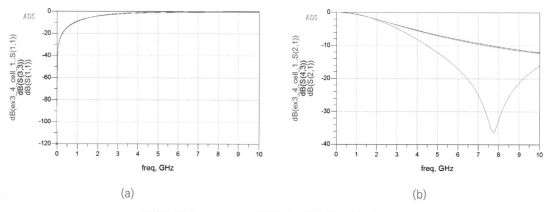

그림 3-94 S-parameter의 비교: (a) 반사 계수, (b) 전송 계수

그림 3-94에서 "dB(S(1,1))"과 "dB(S(2,1))"은 "ex3_4_cell_1_emCosim" 회로 부품을 이용한 Schematic Simulation 결과이고, "dB(S(3,3))"과 "dB(S(4,3))"는 인덕터 입출력단에 직접 "Term" instance를 연결하여 얻은 Schematic Simulation 결과로써, "ex3_4_cell_2" dataset에 있는 S-parameter 이다. "dB(ex3_4_cell_1..S(1,1))"과 "dB(ex3_4_cell_1..S(2,1))"은 "ex3_4_cell_1" cell의 Schematic Simulation 결과로써, "ex3_4_cell_1" dataset에 있는 S-parameter이다.

그림 3-94 (a)에 보인 입력 반사 계수 – S(1,1) 또는 S(3,3) – 는 모두 매우 비슷한 특성을 보인다. 하지만, 그림 3-94 (b)에 보인 전송 계수 – S(2,1) 또는 S(4,3) – 는 "ex3_4_cell_1_emCosim" 모델을 이용한 Schematic Simulation 결과와 나머지 두 경우가 매우 다른 특성을 보인다. 어느 시뮬레이션 결과가

실제 결과와 비슷한 결과인지 분석이 필요하다. 이 분석을 위하여 Coilcraft 사에서 제공한 칩 인덕터 0805HP series 6.2 nH에 대한 S-parameter와 그림 3-94에 보인 S-parameter를 같은 그래프에서 비교해 본다.

그림 3-94에 보인 그래프에 Coilcraft 사에서 제공한 칩 인덕터 0805HP series 6.2 nH에 대한 S-parameter를 추가하는 방법은 다음과 같다. Data display window에서 그림 3-94에 보인 그래프 중 하나를 더블 클릭하면 그림 3-95에 보인 바와 같이 "Plot Traces & Attributes" 윈도우가 팝업 된다.

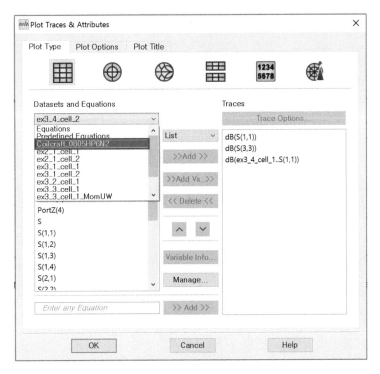

그림 3-95 "Plot Traces & Attributes" 윈도우

그림 3-95에 표시된 바와 같이 '마' 절에서 추가한 "Coilcraft_0805HP6N2" dataset을 "Datasets and Equations" 풀 다운 메뉴에서 찾을 수 있다. "Coilcraft_0805HP6N2" dataset을 선택한 후 S(1,1)과 S(2,1)을 각각 추가하면 그림 3-96를 얻을 수 있다.

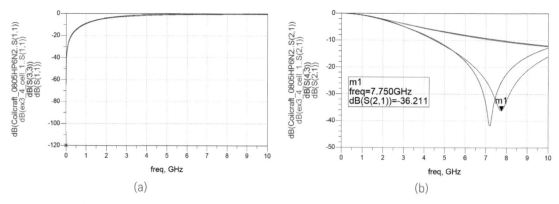

그림 3-96 S-parameter의 비교: (a) 반사 계수, (b) 전송 계수

그림 3-96 (a)에서 확인할 수 있듯이, 4가지 경우 모두 반사 계수는 매우 비슷한 특성을 보인다. 하지만, 그림 3-96 (b)에서 확인할 수 있듯이, emCosim 모델을 이용한 Schematic Simulation 결과로부터 얻은 전송 계수와 Coilcraft 사에서 제공한 칩 인덕터 0805HP series 6.2 nH에 대한 전송 계수가 비슷한 특성을 보인다. '가' 절의 Schematic Simulation 결과("ex3_4_cell_1..S(2,1)")와 인덕터 단독("S(4,3)")의 전송 계수는 주파수 증가에 따라 크기가 완만하게 감소하지만, 특정 주파수에서 극소값을 갖고 다시 증가하는 특성이 보이지 않는다. 이와 반대로, emCosim 모델을 이용한 Schematic Simulation으로부터 얻은 전송 계수 ("S(2,1)")는 7.75 GHz에서 전송 계수가 극소값을 보인다. Coilcraft 사에서 제공한 칩 인덕터 0805HP series 6.2 nH에 대한 전송 계수는 7.22 GHz에서 극소값을 보인다. emCosim 모델을 이용한 Schematic Simulation의 전송 계수와 Coilcraft 사가 제공한 전송 계수의 극소값이 발생하는 주파수의 편차 (0.53 GHz)를 보이기는 하지만, emCosim 모델을 사용한 결과만 전송 계수의 극소값 발생 현상을 관찰할 수 있다.

이러한 결과로부터 매우 흥미로운 결론을 도출할 수 있다. Schematic Simulation의 경우 실제 회로의 특성을 정확하게 파악하기에는 한계가 내포되어 있다는 것이다. 저항, 인덕터, 커패시터와 같은 수동 회로 소자와 트랜지스터와 같은 능동 회로 소자가 포함된 회로의 경우 Layout Simulation과 Schematic Simulation을 동시에 수행할 수 있는 EM Cosimulation을 수행하여야 실제 회로의 성능을 예측할 수 있다는 것을 이 문제는 실증하고 있다고 결론내릴 수 있다.

사. EM Cosimulation과 Schematic Simulation 병행의 한계

Coilcraft 사는 다양한 칩 인덕터 시리즈를 공급한다. 이 문제에서 사용한 부품은 0805HP series이지만, 0805HQ series도 있다. 동일한 인덕턴스 값이지만 인덕터의 성능에 차이가 존재한다. Coilcraft 사의 제품 사양에 따르면, 0805HP series의 quality factor (Q-factor)가 자사의 0805 세라믹 칩 인덕터 (ceramic chip inductor) 제품 중 가장 높다. Q-factor는 인덕터의 손실 특성을 나타내는 척도이며 클수록 손실이 적다는 것을 의미한다. 앞 절에서 EM Cosimulation의 S-parameter와 0805HP series의 S-parameter가 매우 유사한 것으로 나타났다. 하지만, 0805HQ series 6.2 nH의 S-parameter와 비교하면 어떤 결과가 나올지 확인해 보자.

일단, 그림 3-97에 보인 바와 같이 Coilcraft 사에서 제공된 0805HQ series 6.2 nH의 S-parameter를 "Coilcraft_0805HQ6N2" dataset에 저장한다.

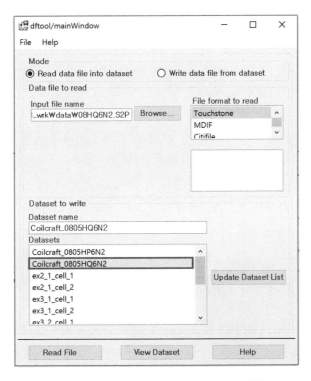

그림 3-97 생성된 "Coilcraft_0805HQ6N2" 파일

저장된 "Coilcraft_0805HQ6N2" dataset을 앞 절의 S-parameter 그래프에 포함시켜 비교해보면 그림 3-98에 보인 바와 같은 결과를 얻을 수 있다.

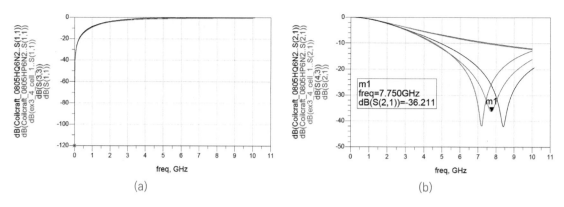

그림 3-98 S-parameter의 비교: (a) 반사 계수, (b) 전송 계수

그림 3-98 (a)에 보인 바와 같이 입력 반사 계수는 큰 차이가 없음을 확인할 수 있다. 하지만, 그림 3-98 (b) 에 보인 바와 같이 전송 계수는 매우 큰 차이가 존재함을 확인할 수 있다. 동일한 인덕턴스 값이지만, 제조 방법의 차이 때문에 전송 계수의 극소값이 0805HQ series 6.2 nH의 경우 8.41 GHz이고, 이 주파수는 0805HP series 6.2 nH보다 1.19 GHz 크다. emCosim 모델을 이용한 Schematic Simulation에서 얻은 전송 계수의 극소값은 0805HP series 6.2 nH 인덕터의 극소값과 0805HQ series 6.2 nH와 극소값 사이에서 발생한다.

이와 같은 현상이 발생한 이유는, Schematic Simulation 에서 사용한 인덕터 부품 라이브러리 때문이다. Schematic Simulation에서 사용한 인덕터는 "Basic Components"의 "ads_rflib:L Inductor" instance로써 이상적인 인덕터 모델이다. 하지만, 칩 인덕터 제조사에서 제공하는 S-parameter는 칩 인덕터를 PCB에 실장한 후 실제 측정 값으로부터 만들어진 값이다. 즉, 칩 인덕터에 포함된 코일의 인덕턴스, 코일을 만든 금속의 전도도, 세라믹 패키지, PCB 상의 인덕터 패드와 접지면 사이의 기생 소자 등이 반영된 S-parameter인 것이다. 따라서, 실제 칩 인덕터의 성능을 알아보는 방법은 실제로 성능을 측정하는 것이 가장 올바른 방법이다.

하지만, 모든 회로를 측정하는 것은 시간과 비용이 필요하기 때문에, 시뮬레이션 소프트웨어를 이용하여 장차 제작될 회로의 성능을 예측해보는 것이다. 시뮬레이션 소프트웨어의 한계를 인식하고, 측정 결과와 가장 근접한 시뮬레이션 결과를 얻기 위하여 올바른 시뮬레이션 방법을 지속적으로 연구해야 한다.

이 문제에서 확인한 것과 같이, Schematic Simulation의 결과는 실제 측정 결과와 매우 큰 차이가 발견되었다. EM Cosimulation와 Schematic Simulation을 병행할 경우, 때때로 측정 결과와 유사한 시뮬레이션 결과가 도출되지만 항상 정확하게 예측되는 것은 아니라는 점을 직시해야 한다. 이 문제점을 해결하기 위한 방편으로 3D EM simulation software package를 활용할 수도 있지만, 이 교재의 범위를 벗어나므로 생략하기로 한다.

3.6 인덕턴스 값의 추출

Coilcraft (인덕터 제조사) 칩 인덕터 (chip inductor) 0805HP 시리즈 6.2 nH를 그림 3-99에 보인 바와 같이 50 Ω 마이크로스트립 라인에 직렬로 연결하여 (a) 인덕터의 S-parameter를 0 ~ 10 GHz 사이에서 구하고, (b) 실효 인덕턴스 (effective inductance, L_{eff})를 계산하시오.

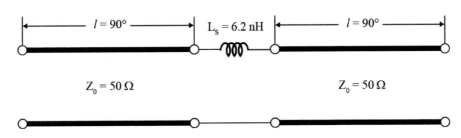

그림 3-99 칩 인덕터의 입출력단에 연결된 전송 선로

모범 답안

가. 인덕터의 S-parameter 계산과 정성적 해석

인덕터의 S-parameter는 구하는 ADS Schematic을 생성하기 위하여 3.5절의 문제를 해결하기 위하여 작성된 "ex3_4_cell_2"를 이용한다. 그림 3-100 (a)에 보인 바와 같이 "ex3_4_cell_2"의 Schematic Window를 "File – Save As…" 기능을 이용하여 "ex3_5_cell_1"을 생성한다. "File – Save As…" 메뉴를 클릭하면 그림 3-100 (b)에서 보인 바와 같이 "Save Design As" 윈도우가 팝업 된다. "Cell:" 이름을 "ex3_5_cell_1"으로 지정하고, "Options"의 "Save the entire cell"은 사용자의 필요에 따라 체크여부를 결정한 후 "OK" 버튼을 클릭한다. "ex3_4_cell_2"의 ADS Schematic으로부터 생성된 "ex3_5_cell_1"의 ADS Schematic을 그림 3-100 (c)에 보였다. 그림 3-100 (c)에 표시된 적색 박스의 회로는 이 문제와 관련이 없으므로 지우면, 그림 3-100 (d)에 보인 바와 같은 최종 ADS Schematic을 얻게 된다.

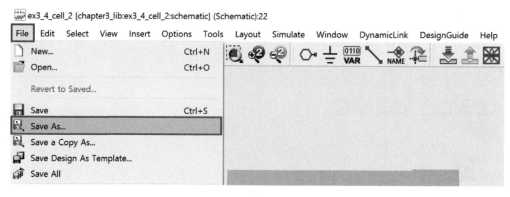

(a)

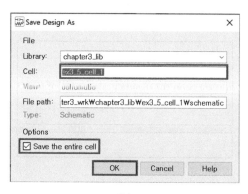

(b)

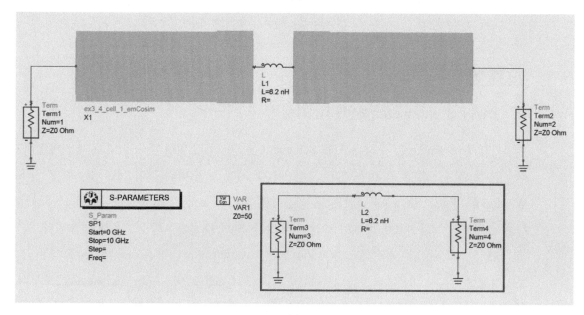

(c)

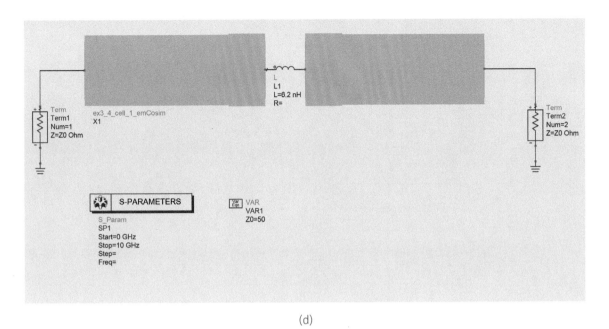

(d)

그림 3-100 (a) "File - Save As…" 메뉴 위치, (b) "Save Design As" 윈도우, (c) "ex3_4_cell_2"의 ADS Schematic으로부터 생성된 "ex3_5_cell_1"의 ADS Schematic, (d) "ex3_5_cell_1"의 최종 ADS Schematic

그림 3-100 (d)에 보인 ADS Schematic에 대한 Schematic Simulation을 실행하면 그림 3-101에 보인 바와 같은 S-parameter를 구할 수 있다. 인덕터의 반사 계수 (S(1,1))과 전송 계수 (S(2,1))가 그림 3-101에 보인 바와 같이 계산되는 이유를 정성적으로 설명하면 다음과 같다.

반사 계수는 인덕터에 입력되는 신호가 반사되는 정도를 표시한다. 인덕터는 DC에서는 단락 회로 (short circuit)이므로, 주파수가 0 Hz에 가까울수록 반사 계수의 크기는 0에 가깝게 된다. 이 값을 dB 로 환산하면 $-\infty$ dB가 된다. 인덕터의 인덕턴스 값이 L이라면, 인덕터의 임피던스 값은 jwL이다. 주파수가 증가하면 인덕터의 임피던스 값은 증가하게 되며, 임피던스 값이 증가한다는 것은 인덕터 가 신호를 통과하지 못하게 작용한다는 것을 의미한다.

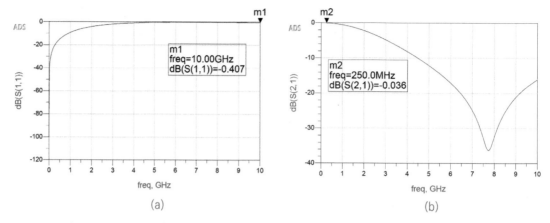

그림 3-101 그림 3-100 (d)에 보인 ADS Schematic으로부터 구한 S-parameter: (a) 반사 계수, (b) 전송 계수

그림 3-101 (a)에 보인 바와 같이 10 GHz에서의 반사 계수는 -0.407 dB로써 0 dB에 가깝다. 반사 계수 0 dB를 실수로 환산하면 1이나. 반사 계수가 1이면 입력 신호와 반사 신호가 같다는 것을 의미한다. 즉, 입력 신호가 모두 반사됨을 의미한다. 인덕터의 임피던스 값이 높은 주파수에서 커지므로 개방 회로 (open circuit)처럼 동작하여 반사 계수가 1에 가까워지는 것이다.

그림 3-101 (b)에 보인 바와 같이 전송 계수의 경우 주파수가 0 Hz에 가까울수록 0 dB에 가까운 것을 확인할 수 있다. 예를 들어, 주파수가 250.0 MHz에서 -0.036 dB의 전송 계수를 보인다. 앞서 설명한 것과 같이, DC에서는 단락 회로 (short circuit)이므로 신호를 통과시킨다. 전송 계수가 0 dB이면 입력 신호와 출력 신호가 같다는 것을 의미한다. 즉, 입력 신호가 인덕터를 통과하여 출력 신호가 된다는 것이다. 하지만, 주파수가 올라감에 따라 전송 계수는 작아지며, 인덕터 입력단을 통과한 신호가 인덕터를 통과하면서 감쇄됨을 의미한다. 특정 주파수에서 전송 계수가 극소값에 도달하였다가 증가하는 현상을 그림 3-101 (b)에서 확인할 수 있다.

나. S-parameter로부터 실효 인덕턴스를 추출하는 이론적 배경

인덕터는 2 단자 소자 (2-terminal element)이므로, 이 문제의 회로는 그림 3-102와 같은 전형적인 2-port 네트워크로 나타낼 수 있다. 2-port 네트워크의 특성은 Z-parameter (impedance parameter), Y-parameter (admittance parameter), S-parameter (scattering parameter), transmission- parameter

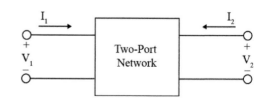

그림 3-102 전형적인 2-port 네트워크 모델

(transmission 또는 ABCD parameter) 등으로 나타낼 수 있다. 초고주파 회로의 특성은 S-parameter로 나타내는 것이 일반적이다. 초고주파 회로에서는 전압과 전류가 시공간 함수이기 때문에, 전압파 (voltage wave)와 전류파 (current wave)라고 하는 파동 개념을 도입해야 한다. 그리고, 입사파와 반사파 개념을 도입해야 하기 때문에 S-parameter로 초고주파 회로의 특성을 나타내는 것이 편리하다. 하지만, S-parameter로부터 회로 소자의 특성을 직관적으로 파악하는 것은 쉽지 않다.

이 문제와 같이 단일 소자의 경우, 이 소자의 S-parameter를 시뮬레이션을 통하여 확보하거나, 인덕터 제조사에서 제공한 S-parameter를 확보한 후, 확보된 S-parameter를 Y-parameter로 변환하여 회로 소자 값을 계산할 수 있다. 2-port 네트워크를 각각 S-parameter와 Y-parameter로 나타내면 그림 3-103과 같다.

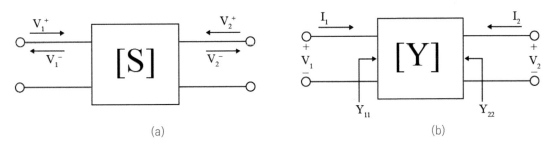

그림 3-103 (a) S-parameter로 나타낸 2-port 네트워크, (b) Y-parameter로 나타낸 2-port 네트워크

인덕터를 그림 3-104에 보인 바와 같이 2-port 네트워크에 삽입하고, 출력단을 단락 회로 (short circuit: S.C.)으로 종단하면, Y-parameter의 Y_{11}이 인덕터의 입력단에서 바라본 어드미턴스 (admittance) 임을 알 수 있다.

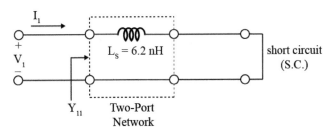

그림 3-104 2-port 네트워크 모델을 이용한 인덕터의 인덕턴스 추출 모델

따라서, S-parameter를 Y-parameter로 변환하면, 인덕터의 임피던스를 계산하여 계산된 어드미턴스의 허수부로부터 유효 인덕턴스를 계산할 수 있다.

다. Schematic Simulation을 통해 얻은 S-parameter의 저장

Schematic Simulation을 이용하여 실효 인덕턴스를 추출하기 위해서, '가' 절에서 계산된 S-parameter를 별도로 저장해야 한다. 시뮬레이션을 통한 S-parameter를 저장하는 방법은 다음과 같다. 우선, 그림 3-105 (a)에 보인 "Data Display Window"에서 "Start The Data File Tool" 아이콘을 클릭하여 그림 3-105 (b)에 보인 "dftoo/mainWindow"를 연다.

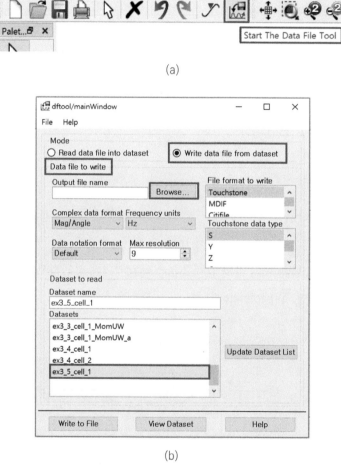

(a)

(b)

그림 3-105 (a) "Data Display Window" (부분)에 있는 "Start The Data File Tool" 아이콘 위치, (b) "dftool/mainWindow"의 "Write data file from dataset" 모드 선택

그림 3-105 (b)에 보인 바와 같이 "dftoo/mainWindow"가 팝업 되면, "Mode" 메뉴에서 "Write data file from dataset"을 선택한다. "Data file to write" 메뉴의 선택 항목은 default로 둔다. 다만, "File format to write"은 "Touchstone" 형식을 선택하고, "Touchstone data type"은 "S"임을 확인한다. "Dataset to read" 항목에서는 '가' 절에서 수행한 Schematic Simulation의 dataset인 "ex3_5_cell_1"을 선택한다. 그리고 "Data file to write"의 "Output file name"을 입력한다. "Output file name"은 사용자가 임의로 정할 수 있다. 다만, "Output file name"에 공백이 있으면 ADS에서 에러가 발생하므로 공백 없는 이름을 정해야 한다. 영문자와 숫자를 사용할 수 있고, 공백이 필요할 경우 underbar ("_") 특수문자를 사용하면 좋다.

"Output file name"을 정할 때, "Browse…" 버튼을 사용하여, S-parameter가 저장되는 경로를 지정할 수 있다. "Browse…" 버튼을 클릭하면, 그림 3-106에 보인 바와 같이 윈도우즈 운영체제의 "파일 탐색기"와 비슷한 윈도우가 팝업된다. 파일 저장 경로는 그림 3-106에 보인 바와 같이, "ADS_User > hpeesof > ex2_1_wrk > data" 폴더이다. 사용자가 Workspace를 생성하면, Workspace 폴더 밑에 자동으로 "data" 폴더 생성되며, "data" 폴더에 시뮬레이션 결과들이 자동 저장된다. ADS Main Window에 있는 "File View" 탭을 선택하여 확인할 수도 있다. 그림 3-106에 보인 바와 같이, ex3_5_cell_1.s2p"라고 입력한 후 "저장(S)" 버튼을 클릭한다. 사용자가 지정하는 파일 이름에 반드

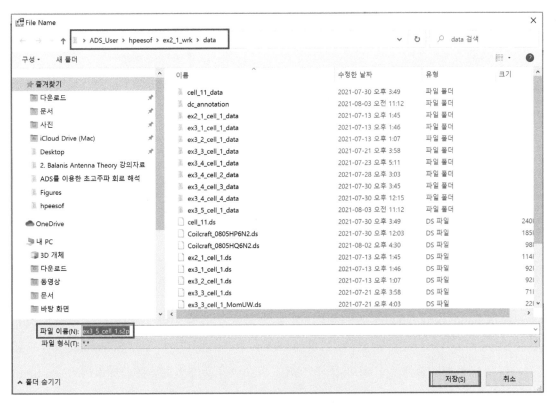

그림 3-106 파일 저장 경로와 파일 이름 지정

시 ".s2p"라는 확장자를 붙여준다. 3.5절 문제에서 설명한 것처럼, "s2p"는 Touchstone 파일 형식에 지정된 확장자이며, 2-port 네트워크의 S-parameter임을 의미한다.

"저장(S)" 버튼을 누르면 "dftoo/mainWindow"로 돌아가며, 그림 3-107 (a)에 표시된 바와 같이 "Output file name"이 파일 저장 경로와 함께 지정되어 있음을 확인할 수 있다. "dftoo/mainWindow" 의 하단에 있는 "Write to File" 버튼을 누르면, 그림 3-107 (b)에 보인 바와 같이 ADS Main Window 의 "File View" 탭에서 "ex3_5_cell_1.s2p" 파일이 생성된 것을 확인할 수 있다. 이 과정이 끝나면 "dftool/mainWindow" 윈도우는 닫는다.

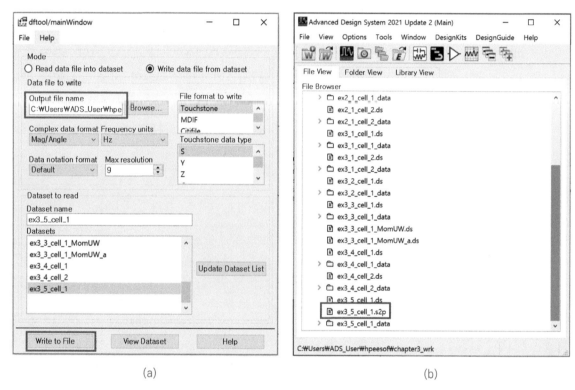

(a)   (b)

그림 3-107 (a) 설정된 파일 저장 경로와 파일 이름 확인, (b) ADS Main Window의 "File View" 탭에서 생성된 파일 확인

라. Schematic Simulation을 이용한 실효 인덕턴스 (L_{eff})의 추출

Schematic Simulation을 이용하여 실효 인덕턴스를 추출하기 위해서, "ex3_5_cell_2"라는 새 Schematic Window를 생성하여 ADS Schematic을 작성한다. 이 ADS Schematic에서 필요한 instance 는 그림 3-108 (a)에 보인 바와 같이 "Parts" 윈도우의 풀다운 메뉴를 클릭하여 "Data Items" palette에 서 선택할 수 있다.

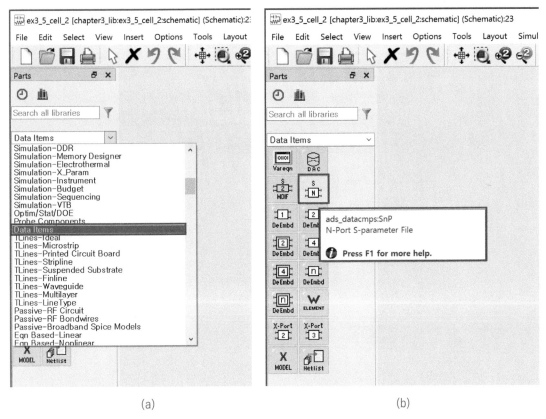

그림 3-108 (a) Schematic Window (부분)에 있는 "Data Items" palette의 위치, (b) "Data Items" palette에 있는 N-port 데이터 모델 ("adsdatacmps:SnP N-Port S-parameter File")의 위치

"Data Items" palette에 있는 instance 중에서 그림 3-108 (b)에 표시된 "ads_datacmps:SnP N-Port S-parameter File" instance를 선택하여 ADS Schematic에 배치하면, 그림 3-109에 보인 바와 같이 "SnP" instance가 Schematic Window에 배치된다. "SnP" instance를 더블 클릭하면, 그림 3-110에 보인 바와 같은 "N-Port S-parameter File" 윈도우가 팝업 된다.

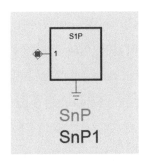

그림 3-109 "SnP" instance

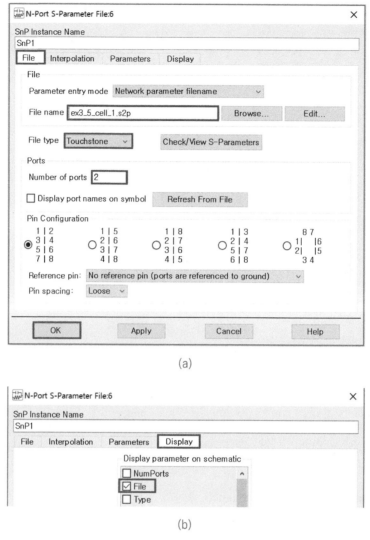

(a)

(b)

그림 3-110 (a) "N-Port S-parameter File" 윈도우, (b) "N-Port S-parameter File" 윈도우 (부분)의 "Display" 탭

그림 3-110에 보인 바와 같이 "File" 탭의 "File name" 메뉴에 "Browse…" 버튼을 클릭하여, '다' 절에서 저장했던 "ex3_5_cell_1.s2p" 파일을 선택하면, 그림 3-110에 보인 바와 같이 File name 메뉴에 "ex3_5_cell_1.s2p" 파일이 표시된다. 이와 동시에 File type은 "Touchstone" 형식으로 자동 선택되고, "Ports" 메뉴에서 "Number of ports"에 "2"로 자동 입력된 것을 확인할 수 있을 것이다. '다' 절에서 이미 Touchstone 형식으로 2-port network의 S-parameter를 저장하여 확장자를 ".s2p"로 지정하여 저장했기 때문에 파일 형식을 ADS에서 자동 인식한 것이다. "N-Port S-parameter File" 윈도우에서 그림 3-110 (b)에 보인 바와 같이 "Display" 탭에서 "Display parameter on schematic" 메뉴의 "File"을 체크한다.

나머지 항목들은 default 상태로 두고, "OK" 버튼을 클릭하면 그림 3-111 (a)에 보인 바와 같이 "SnP" instance가 바뀌어 있음을 확인할 수 있다. 비교를 위하여 그림 3-109에 보였던 default "SnP" instance를 그림 3-111 (b) 에 다시 보였다. 2-port network의 S-parameter 이므로 1개의 port가 "SnP" instance의 우측에 자동으로 추가 된 것이다. 그리고, "ex3_5_cell_1.s2p" 파일 이름이 보여지고 있음을 확인할 수 있다.

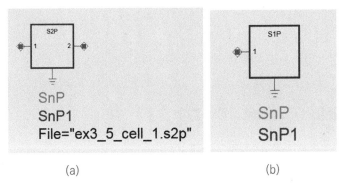

(a)   (b)

그림 3-111 (a) "s2p" 확장자에 의해 자동으로 만들어진 "SnP" instance, (b) default "SnP" instance

그림 3-112에 보인 바와 같이 필요한 나머지 회로 부품들을 배치하고, ADS Schematic을 완성한다. Coilcraft 사에서 제공하는 칩 인덕터 0805HP 시리즈 6.2 nH의 S-parameter파일을 이용하여 실효 인덕턴스를 추출하기 위하여 동일한 구조의 회로를 우측에 추가로 구성하였다.

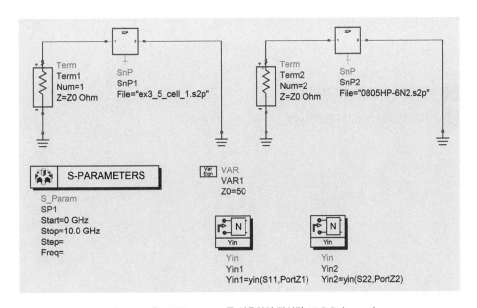

그림 3-112 "SnP" instance를 이용하여 작성된 ADS Schematic

그림 3-112에 보인 좌측 회로는 인덕터의 S-parameter는 그림 3-100 (d)에 보인 Schematic Simulation을 통하여 얻은 S-parameter 파일을 사용하였고, 우측 회로는 Coilcraft 사에서 제공하는 칩 인덕터 0805HP 시리즈 6.2 nH의 S-parameter파일을 사용하였다. 그림 3-112의 "Yin1"과 "Yin2"의 값으로부터 각각의 경우에 대하여 다음 식을 이용하여 실효 인덕턴스 (L_{eff})를 구할 수 있다

$$L_{eff} = \frac{imag\left(\dfrac{1}{Y_{in}}\right)}{2\pi f}$$

Y_{in}과 f는 각각 입력 어드미턴스와 주파수를 의미한다.

마. 실효 인덕턴스 (L_{eff}) 값의 비교와 분석

"Data Display" 윈도우에서 "Eqn" 아이콘을 이용하여 그림 3-113 (a)에 보인 수식을 편집한다. "LeffSim"은 그림 3-100 (d)에 보인 Schematic Simulation으로부터 계산된 S-parameter 파일을 이용하여 추출된 실효 인덕턴스이고, "LeffCoil"은 Coilcraft 사에서 제공된 S-parameter 파일을 이용하여 추출된 실효 인덕턴스 값이다. 이 수식을 이용하여 계산된 실효 인덕턴스의 주파수별 값을 그림 3-113 (b)에 보였다.

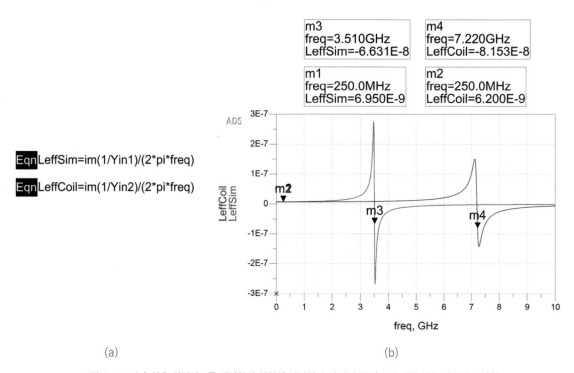

(a)   (b)

그림 3-113 (a) 실효 인덕턴스를 계산하기 위하여 편집된 수식, (b) 주파수에 따른 실효 인덕턴스 파형

Coilcraft 사의 칩 인덕터 0805HP 시리즈의 인덕턴스는 250 MHz에서 측정한 값임을 Coilcraft 사의 제품 규격서 ("Datasheet")에서 확인할 수 있다. 그림 3-113 (b)에서 확인할 수 있는 것과 같이, 250 MHz에서 실효 인덕턴스, "LeffSim"과 "LeffCoil"의 값은 각각 6.950 nH, 6.200 nH로 계산되었다. "LeffSim" 값이 "LeffCoil" 값보다 0.75 nH 크다. 그림 3-100 (d)에 보인 바와 같이 인덕터의 인덕턴스 값은 6.2 nH로 설정되어 있다. 인덕터의 값보다 0.75 nH 큰 값이 계산된 이유는 인덕터의 입출력 패드로부터 발생하는 기생 인덕턴스가 포함되었기 때문이다.

한 가지 더 주목해야 할 점은 그림 3-113 (b) 그래프에 표시된 데이터 마커 ("Marker") "m3"와 "m4"이다. "m3"와 "m4"에 표시된 주파수를 self resonant frequency (SRF)라고 한다. 이상적인 인덕터는 인덕턴스만을 갖는다. 하지만, 실제 인덕터는 인덕턴스뿐만 아니라 기생 소자 (parasitic element)를 갖게 된다. 기생 소자는 커패시터와 저항을 포함하며 인덕터와 병렬 연결로 모델링된다. 낮은 주파수 대역에서는 인덕터에 병렬로 연결된 커패시터의 리액턴스가 매우 크기 때문에 개방 회로로 동작하여 기생 소자의 효과를 무시할 수 있다. 하지만, 주파수가 높아지면 커패시터의 리액턴스가 줄어들게 되고 기생 소자의 효과를 무시할 수 없게 된다. 기생 커패시터와 기생 저항 성분이 인덕터와 병렬로 연결되어, 공진 현상을 일으키게 된다. SRF는 이 공진 현상의 공진 주파수이다. 인덕터는 SRF보다 낮은 대역에서는 인덕터로 동작하지만, SRF보다 높은 대역에서는 더이상 인덕터가 아니게 된다는 것을 의미한다.

그림 3-113 (b)의 "m3"와 "m4"로 표시된 것처럼, "LeffSim"과 "LeffCoil"의 SRF는 각각 3.51 GHz, 7.2 GHz로 계산되었다. "LeffCoil"의 SRF = 7.2 GHz는 Coilcraft 사의 제품 규격서와 일치한다. "LeffSim"은 제조사에서 제시한 SRF의 절반 정도로 계산되었다. 이와 같은 계산 오차는 그림 3-100 (d)의 인덕터가 ADS가 제공하는 "Basic Components"에서 제공하는 instance를 사용했기 때문이며, 고주파 회로의 컴퓨터 시뮬레이션에 한계가 있음을 보여주는 또다른 예이다.

3.7 Layout Simulation vs. Schematic Simulation: RC 부하로 종단된 마이크로스트립 라인

EXERCISE

어떤 50 Ω 마이크로스트립 라인에 저항과 커패시터가 직렬로 연결된 부하 임피던스로 연결되어 있다. 부하 저항 R_L = 75 Ω 과 부하 커패시터 C_L = 5 pF이고, 동작 주파수는 2.4 GHz이며, FR4 기판을 사용하여 회로를 설계하여 해석하려고 한다. Layout Simulation을 수행하여 3.3절의 Schematic Simulation 결과 값과 비교하시오.

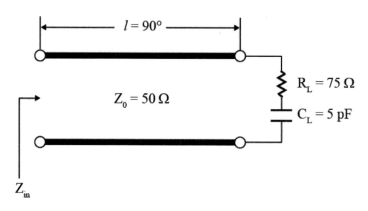

그림 3-114 저항과 커패시터로 종단된 전송 선로

가. 이상적인 전송 선로 모델을 이용한 Schematic Simulation

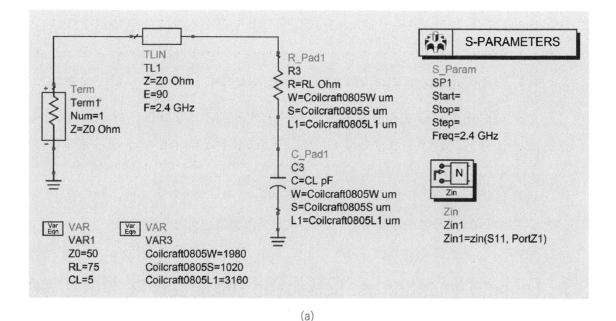

(a)

freq	Zin1
2.400 GHz	32.323 + j5.716

(b)

그림 3-115 (a) 이상적인 전송 선로 모델을 이용한 ADS Schematic, (b) (a)의 ADS Schematic 으로부터 얻은 입력 임피던스

이상적인 전송 선로 모델과 회로 소자를 이용하여 이론적인 입력 임피던스를 먼저 구해본다. 그림 3-115 (a)에 보인 ADS Schematic을 이용하여 Schematic Simulation을 수행하면, 그림 3-115 (b)에 보인 바와 같은 입력 임피던스 값을 얻을 수 있다. 그림 3-115 (b)에 보인 "Zin1"을 전송 선로 이론에 의한 값을 기준 값으로 설정한다.

그림 3-115 (a)에서 사용된 저항과 커패시터는 "Lumped-With Artwork"에 있는 "R_Pad1"과 "C_Pad1" instance를 사용했다. "R_Pad1"과 "C_Pad1" instance는 입출력 패드의 크기가 포함된 모델이다. 이상적인 저항과 커패시터모델로 대체하여 Schematic Simulation을 수행하여도 그림 3-115 (b)와 동일한 결과가 나온다.

나. 마이크로스트립 라인 모델을 이용한 ADS Schematic 과 ADS Layout의 생성

문제에서 주어진 조건에 부합하는 ADS Schematic을 그림 3-116 (a)에 보인 것과 같이 생성한다. 그림 3-115 (a)에서 이상적인 전송 선로 모델을 마이크로스트립 모델로 교체한 것이다. FR4 기판을 사용하여 2.4 GHz에서 전기적 길이가 90°인 50 Ω 마이크로스트립 라인은 Linecalc를 이용하여 설계할 수 있다. 그림 3-116 (a)에 보인 ADS Schematic으로부터 그림 3-116 (b)에 보인 ADS Layout을 생성한다.

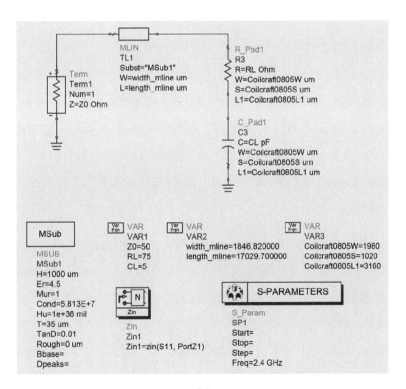

(a)

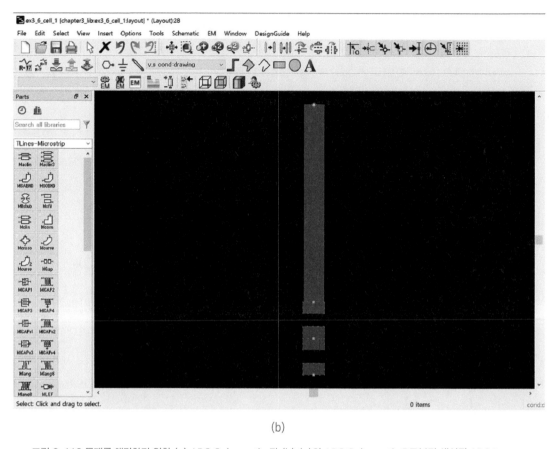

(b)

그림 3-116 문제를 해결하기 위한 (a) ADS Schematic 과 (b) (a)의 ADS Schematic으로부터 생성된 ADS Layout

그림 3-116 (a)에 보인 바와 같이 부하 임피던스를 구성하는 커패시터의 출력 패드는 접지 되어 있다. 따라서, ADS Layout 의 가장 오른쪽 패드는 접지면(ground plane = GND면)에 연결되어야 한다. 그림 3-48 (f)와 (g)에 보인 "FR4_Yale" 기판 모형을 그림 3-117 (a)에 다시 보였다. 그림 3-48 (g)에 보인 "Substrate Layer Stackup" 표에서 확인할 수 있는 것처럼 "FR4_Yale" 기판은 바닥면은 "Cover"로 설정되어 있다.

ADS에서 "Cover"는 기판의 "top interface"와 "bottom interface"로 동작한다. "top interface"와 "bottom interface"는 각각 기판의 최상층과 최하층에 있는 "implicit ground" (암시적 GND면)을 의미하며, 무한대로 넓은 GND면이다. ADS의 기판에서 "Cover"는 암시적 GND면으로 처리되기 때문에, ADS Layout에서 물리적으로 존재하지는 않는다. 그림 3-117 (b)에 보인 "Port Editor" 윈도우의 "S-parameter Ports" 영역에 있는 "Gnd Layer"가 암시적 ("<Implicit>")으로 설정된 것은 바로 "Cover"로 지정된 GND면이 기판에 정의되어 있기 때문에 가능한 것이다.

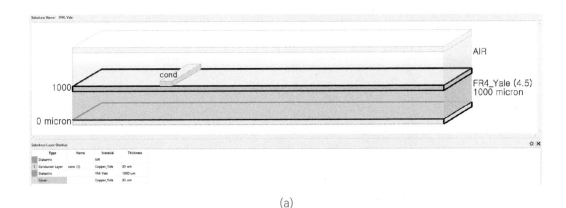

(a)

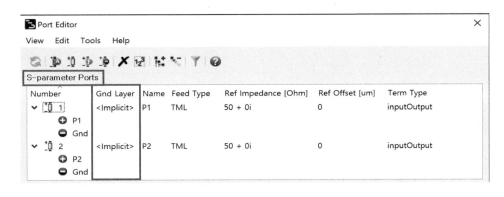

(b)

그림 3-117 (a) "FR4_Yale" 기판, (b) "Gnd Layer"가 "<Implicit>"로 지정된 예

ADS Layout에서 GND면과 커패시터의 패드 사이를 연결하기 위하여 "via" 기술을 사용한다. "Via" 는 원래 라틴어로써 영어의 "road, street, path, way, route"이며 우리말로 하면 "길"이다. 다층 PCB를 제조할 때, 층간 연결을 위하여 "via" 기술을 사용한다.

"Via" 는 보통 "via pad"와 "via hole"로 이루어진다. PCB에 via hole을 형성하기 위하여 전동 드릴링 (electric drilling) 또는 레이저 드릴링 (laser drilling) 기술을 사용한다. 드릴링 기술로 기판에 미세한 via hole을 뚫은 다음 via hole의 표면에 무전해 도금을 한 후, via hole 주변에 via pad를 형성하여 층 간 단락 회로를 구현하는 것이다.

다음과 같이 기판에 via를 설정하고 Layout Simulation을 수행한다. "FR4_Yale" 기판의 윈도우를 열 고, 그림 3-118 (a)에 보인 바와 같이 "Substrate Layer Stackup" 표에서 "Dielectric" layer를 선택하고 마우스의 오른쪽 버튼을 클릭하면 팝업되는 풀다운 메뉴에서 "Map Conductor Via"를 선택한다. 그 림 3-118 (b)에 보인 바와 같이 "FR4_Yale" 기판에 "hole"이라는 via가 생성된다. 이 "hole"의 "Conductor Via"의 설정은 그림 3-118 (b)의 우측에 표시된 적색 박스에서 하게 된다. 그림 3-118 (c)

에 그림 3-118 (b)의 우측에 표시된 적색 박스 부분을 확대하여 보였고, 그림 3-118 (c)에 보인 바와 같이 "Material"을 "Copper_Yale"로 설정한다.

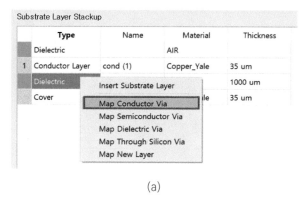

(a)

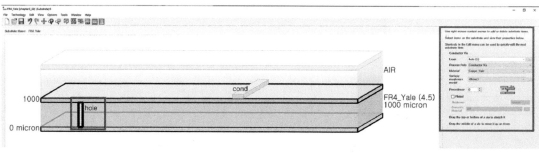

(b)

Use right mouse context menus to add or delete substrate items.

Select items on the substrate and view their properties below.

Shortcuts in the Edit menu can be used to quickly edit the next substrate item.

Conductor Via

Layer	hole (5)
Process Role	Conductor Via
Material	Copper_Yale
Surface roughness model	\<None\>
Precedence	0
☐ Plated	
Thickness	micron
Dielectric Material	AIR

Drag the top or bottom of a via to stretch it.

Drag the middle of a via to move it up or down.

(c)

그림 3-118 (a) "FR4_Yale" 기판에 via를 매핑 (mapping) 방법, (b) "FR4_Yale" 기판에 정의된 "hole" via, (c) (b)의 우측에 표시된 적색 박스 내용의 확대

기판에 정의된 via를 Layout Window에 삽입하는 방법은 그림 3-119 (a)에 보인 바와 같이 "Insert Circle" 아이콘을 클릭하는 것이다. Layout Window에서 "Circle"을 그림 3-119 (b)에 보인 바와 같이 삽입한 후, 삽입된 "Circle"을 선택하면 Layout Window 우측에서 이 "Circle"의 설정값 ("Properties")을 편집할 수 있다. 그림 3-119 (b)의 우측에 보인 바와 같이 "Radius"를 "150"으로 설정한다. 이 교재가 집필되는 시점에 PCB 제조에 널리 사용되는 via의 지름이 300 μm이 때문에 반지름 ("Radius")을 "150"으로 설정했다. 이제, 사용자가 원하는 위치로 옮기면 via 삽입이 완성된다. 이 문제의 경우 커패시터의 출력 패드 중앙에 삽입하도록 한다.

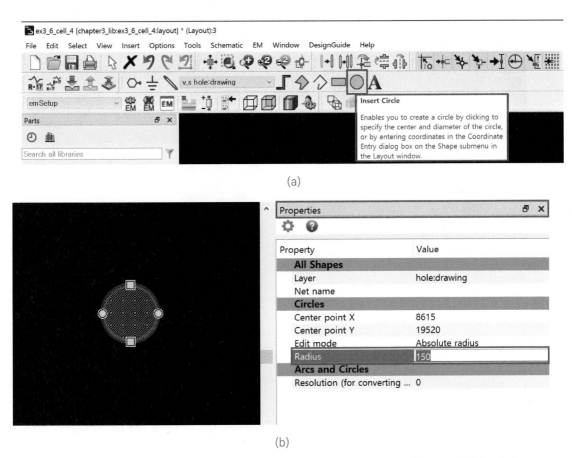

그림 3-119 (a) Layout Window에서 "Insert Circle" 아이콘의 위치, (b) 삽입된 "Circle"의 반지름 설정

(a)

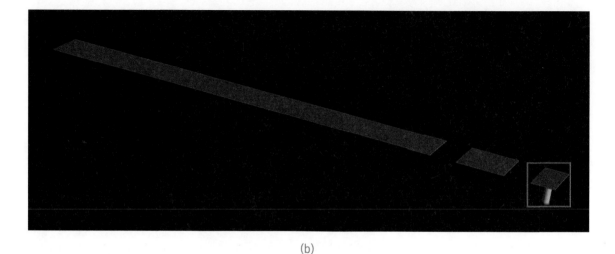

(b)

(c)

freq	Zin1	ex3_6_cell_1..Zin1	ex3_6_cell_0..Zin1
2.400 GHz	32.236 + j2.742	32.575 + j5.944	32.323 + j5.716

(d)

그림 3-120 (a) 커패시터 출력 패드에 삽입된 via, (b) (a)의 "3D View", (c) via가 포함된 ADS Layout으로부터 생성된 emCosim 모델을 사용한 ADS Schematic, (d) Schematic Simulation의 결과

커패시터의 출력 패드 중앙에 via가 삽입된 ADS Layout을 그림 3-120 (a)에 보였다. 그림 3-120 (a)의 "2D View"를 그림 3-120 (b)에 보인 바와 같이 "3D View"로 확인해보면 커패시터의 출력 패드에 via가 형성되어 있는 것을 확인할 수 있다. Layout Window의 "2D View" 또는 "3D View"에서 암시적 GND면인 "Cover" layer는 표시되지 않는다.

그림 3-120 (a)에 대한 EM Cosimulation을 수행한 후 생성된 emCosim 모델을 사용하여, 그림 3-120 (c)와 같은 ADS Schematic을 생성할 수 있다. Schematic Simulation을 수행하면 그림 3-120 (d)에 보인 "Zin1" 값과 같은 입력 임피던스를 얻을 수 있다.

그림 3-120 (d)에서 "ex3_6_cell_0..Zin1"과 "ex3_6_cell_1..Zin1"은 각각 그림 3-115 (a)와 그림 3-116 (a)의 Schematic Simulation으로부터 얻은 입력 임피던스 값이다. 이상적인 전송 선로 모델과 마이크로스트립 모델을 사용한 입력 임피던스 값은 매우 유사하지만, emCosim 모델로부터 얻은 입력 임피던스와는 차이가 상대적으로 크다. 특히 허수부 값이 차이가 두드러진다. Schematic Simulation로부터 얻은 입력 임피던스 값은 저항과 커패시터 패드 사이의 기생 소자 (parasitic element)의 영향을 포함할 수 없기 때문에, emCosim 모델로부터 얻은 입력 임피던스 값과 차이가 발생하게 된다. 따라서, 실제 소자가 포함된 회로의 성능을 정확히 파악하기 위해서는 EM Cosimulation을 통한 emCosim 모델로부터 회로 성능을 확인해야 한다.

3.8 Layout Simulation을 이용한 단일 스터브 정합 네트워크의 설계와 성능 최적화

EXERCISE

부하 임피던스 $Z_L = (100 - j50)\,\Omega$을 $50\,\Omega$ 전송 선로에 정합하기 위하여 동작 주파수 3 GHz에서 (a) 단락 회로로 종단된 병렬 단일 스터브 (shunt single-stub terminated with short circuit) 정합 네트워크 (matching network)를 설계하고, (b) 설계된 정합 네트워크를 마이크로스트립 라인으로 ADS Layout을 설계하여 각각 Schematic Simulation과 Layout Simulation으로부터 얻은 입력단에서의 반사 계수에 대한 주파수 응답 특성을 비교하시오.

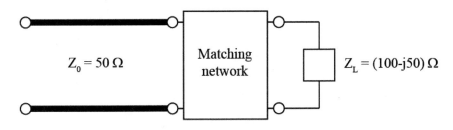

그림 3-121 복소 부하 임피던스에 대한 정합 네트워크의 설계

가. ADS Schematic과 ADS Layout의 생성

이 문제는 2.8절 문제의 연장이다. 2.8절 문제에서는 Smith Chart Utility 윈도우를 사용하여 이상적인 전송 선로를 이용하여 정합 네트워크를 설계하였다. 이 문제에서는 2.8절 문제에서 도출한 이상적인 전송 선로를 이용한 ADS Schematic을 마이크로스트립 라인을 이용한 ADS Layout으로 설계함으로써 실제에 보다 가까운 시뮬레이션 결과를 얻고자 한다. 2.8절 문제의 결과를 인용할 수 있다. 단락 회로로 종단된 병렬 단일 스터브 정합 네트워크는 두 종류로 구할 수 있으며, 그림 3-122 (a)와 (b)에 각각 보였다. 이 중에서 전송 선로의 길이가 짧은 그림 3-122 (a)에 대한 ADS Layout을 한다. 보통 RF/마이크로파 회로 설계할 때, 회로의 크기는 작은 것을 선호한다. 왜냐하면, 회로의 길이가 크면 공간을 많이 차지할 뿐만 아니라, 손실도 커지기 때문이다.

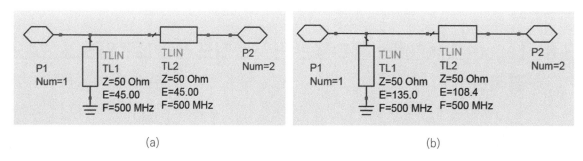

(a)   (b)

그림 3-122 단락 회로로 종단된 병렬 단일 스터브 정합 네트워크

2.8절 문제에서는 동작 주파수가 500 MHz였지만, 이 문제는 3 GHz이므로 3 GHz에서 동작하는 마이크로스트립 라인을 설계해야 한다. Linecalc를 이용하여 3 GHz에서 동작하는 $Z_0 = 50\Omega$이고 전기적 길이가 45°인 마이크로스트립 라인을 설계하면 된다. 그림 3-123 (a)와 (b)에 각각 3 GHz에서 동작하도록 수정한 ADS Schematic과 Schematic Simulation을 통하여 정합 네트워크의 성능을 보였다. 그림 3-123 (b)에 보인 바와 같이, 3 GHz에서 반사 계수가 이상적인 전송 선로 모델과 마이크로스트립 라인 모델이 모두 -40 dB 이하인 것을 확인할 수 있다. 그림 3-123 (b)의 "dB(S(3,3))"는 그림 3-123 (a)의 상단 좌측에 보인 회로에 대한 주파수 응답이다. 그림 3-123 (a)의 상단 좌측에 보인 회로는 이 문제에서 주어진 복소 부하 임피던스 ($Z_L = 100 - j50\Omega$)를 50Ω 전송 선로에 연결했을 때 발생하는 반사 계수 (그림 3-123 (b)의 "dB(S(3,3))")를 계산하기 위한 회로이다.

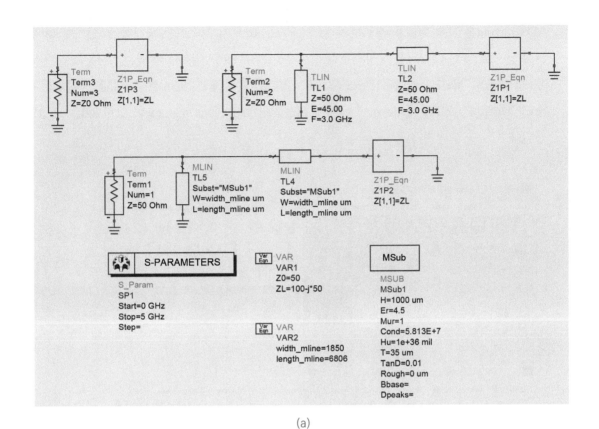

(a)

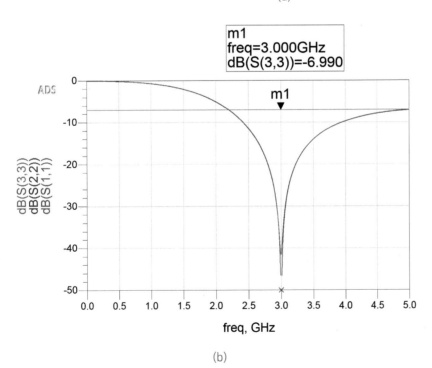

(b)

그림 3-123 (a) 3 GHz에서 동작하는 정합 회로, (b) Schematic Simulation을 이용한 정합 회로의 성능 확인

ADS Layout은 그림 3-123 (a)에 보인 ADS Schematic으로부터 자동 생성할 수 있지만, 이 문제에서는 수동으로 ADS Layout을 작성해보려고 한다. ADS Main Window에 있는 "New Layout Window"를 클릭하여 "Cell:" 이름을 "ex3_7_cell_1"으로 입력하고 "Create Layout" 버튼을 클릭하면 "ex3_7_cell_1" cell 밑에 "layout" 메뉴가 생성되며 빈 Layout Window가 그림 3-124 (a)와 같이 생성된다.

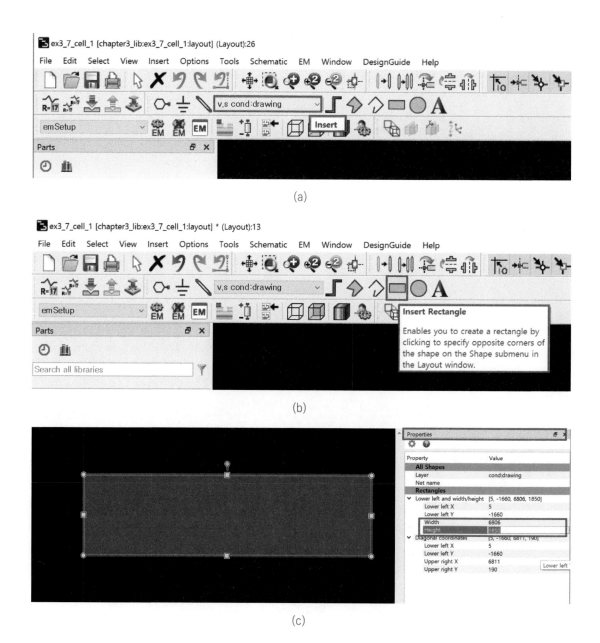

(a)

(b)

(c)

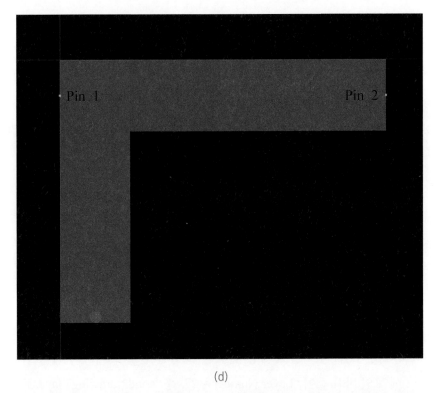

(d)

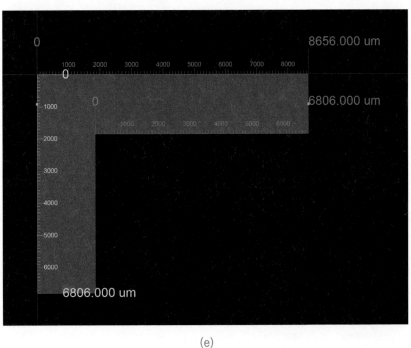

(e)

그림 3-124 (a) ADS Main Window에 있는 "New Layout Window"를 클릭하여 생성한 빈 Layout Window (부분)과 "Insert" 풀다운 메뉴의 위치, (b) "Insert Rectangle" 아이콘 위치, (c) 삽입된 직사각형의 편집, (d) 완성된 "Top"면 ("cond:drawing" layer) '초기 Layout', (e) "Ruler" 기능을 이용한 정합 네트워크의 크기 측정

그림 3-124 (a)에 표시된 것처럼 "Insert" 풀다운 메뉴에서 "cond:drawing"이 선택되어 있는 것을 확인하고, 그림 3-124 (b)에 보인 "Insert Rectangle"을 클릭하여, 그림 3-124 (c)에 보인 바와 같이 직사각형 한개를 Layout Window에 삽입한다. 이 직사각형을 그림 3-124 (c)에 보인 바와 같이 선택하면, Layout Window의 우측에 "Properties"가 보인다. "Width"와 "Height"에 각각 그림 3-123 (a)에 있는 "length_mline = 6806"과 "width_mline = 1850"을 입력한다. 이 직사각형이 바로 복소 부하 임피던스 $Z_L = (100 - j50)\Omega$에 직렬로 연결되는 마이크로스트립 라인이 된다.

그림 3-124 (c)의 직사각형을 복사와 붙여넣기 (copy & paste)를 실행하여 동일한 직사각형을 추가한다. 추가된 직사각형이 바로 병렬 단일 스터브 (shunt single-stub)이 된다. 이 추가된 직사각형을 회전 후 그림 3-124 (c)의 직사각형의 좌측 끝단에 정렬하여 붙이고, 추가된 직사각형의 종단에 via를 추가하면 그림 3-124 (d)와 같은 ADS Layout의 "Top"면이 완성된다.

마지막으로 그림 3-124 (e)에 보인 바와 같이 "Insert - Ruler" 기능을 이용하여 설계된 정합 네트워크의 크기를 확인할 수 있다. "Ruler"의 색깔은 "Insert" 풀다운 메뉴에 현재 선택된 layer인 "cond:drawing" layer의 색깔로 자동 설정된다. 병렬 단일 스터브의 길이를 측정한 "Ruler"는 그림 3-124 (e)에 보인 바와 같이 "Layer Number = 2", 즉 "cond2:drawing" layer로 설정하여 다른 "Ruler" 들과 색깔이 다르다. 그림 3-124 (d)에 보인 ADS Layout을 '초기 Layout'으로 명명한다.

나. EM Cosimulation

A. '초기 Layout'에 대한 EM Cosimulation

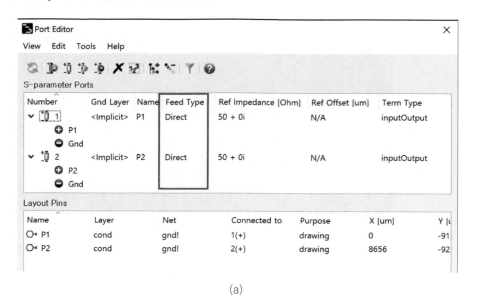

(a)

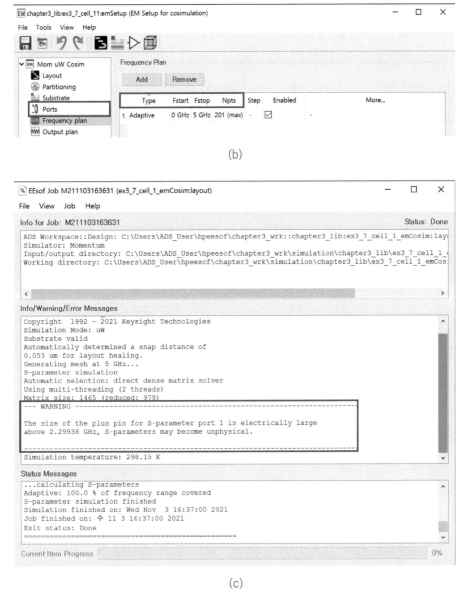

(b)

(c)

그림 3-125 (a) '초기 Layout'에 대한 "Port Editor" 윈도우에서 "Port" 설정, (b) emSetup 윈도우에서 "Frequency plane" 설정, (c) "EEsof Job" 윈도우의 "WARNING" 메시지

'초기 Layout'에 대한 EM Cosimulation을 수행하기 위하여, 그림 3-124 (d)에 보인 바와 같이 "Pin 1"과 "Pin 2"를 정의한 후, 그림 3-125 (a)에 보인 바와 같이 "Port Editor"의 "Gnd Layer"와 "Feed Type"을 수정한다. 그림 3-125 (b)에 보인 바와 같이 "Frequency plan"을 설정하고 EM Cosimulation을 실행하면 실행 도중에 그림 3-125 (c)에 보인 바와 같은 "WARNING" 메시지가 발생한다.

이 "WARNING" 메시지가 발생한 이유는 그림 3-124 (d)에 보인 바와 같이 "Pin 1"이 병렬 단일 스터브에 설정되어 있기 때문이다. "Pin 1"이 연결된 부분은 병렬 단일 스터브의 "Height = 6806 um"이며 이 길이는 "WARNING" 메시지에 보인 2.29938 GHz 이상에서는 $\lambda/10$을 초과하게 되어 "WARNING" 메시지가 발생하는 것이다. 즉, "Pin 1"을 이와 같이 설정하면 안된다. 하지만, 그림 3-123 (a)에 보인 ADS Schematic을 보면, "Pin 1"의 위치가 기술적으로 잘못 설정된 것도 아니다. 어떻게 이 "WARNING" 메시지를 해결할 수 있을까? 다음과 같이 '초기 Layout'을 수정해보자.

B. '2차 Layout'에 대한 EM Cosimulation과 Schematic Simulation

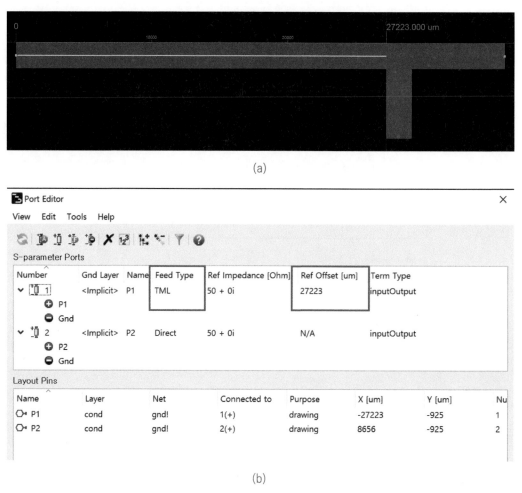

(a)

(b)

그림 3-126 (a) 병렬 단일 스터브 정합 네트워크의 입력단에 마이크로스트립 급전선 (feedline)을 추가한 '2차 Layout', (b) "Port Editor"에서 '2차 Layout'의 "P1"에 대한 설정

'초기 Layout'의 EM Cosimulation 과정에서 발생한 "WARNING" 메시지를 해결하기 위하여, 그림 3-126 (a)에 보인 바와 같이 병렬 단일 스터브 정합 네트워크의 입력단에 마이크로스트립 급전선 (feedline)을 추가한다. 이 급전선의 길이는 3 GHz에서 급전선의 전기적 길이가 180°가 되도록 설계 한다. Linecalc를 이용하여 FR4 기판에 대하여 3 GHz에서 급전선의 전기적 길이가 180°가 되도록 설계하면, 그림 3-126 (a)에 보인 바와 같이 급전선의 물리적 길이는 $27223 \, \mu m$가 된다.

그림 3-126 (b)에 보인 바와 같이, '2차 Layout'의 "P1"에 대한 "Feed Type"과 "Ref Offset [um]"을 각각 "TML"과 "27223"으로 설정 한다. "Ref Offset [um]"을 "27223"으로 설정하면 S-parameter 시뮬레이션 결과에서 마이크로스트립 급전선 부분은 de-embedding 되므로, '초기 Layout'에 대한 EM Cosimulation 과정에서 발생한 "WARNING" 메시지를 해결하면서 병렬 단일 스터브 정합 네트워크 의 성능을 정확하게 얻을 수 있다.

그림 3-126 (a)에 보인 '2차 Layout'에 대한 EM Cosimulation을 수행하면 아무런 "WARNING" 메시지가 발생하지 않고 정상적으로 시뮬레이션이 종료된다. '2차 Layout'에 대한 emCosim 모델을 이용하여 그림 3-127 (a)에 보인 바와 같이 ADS Schematic을 생성할 수 있다.

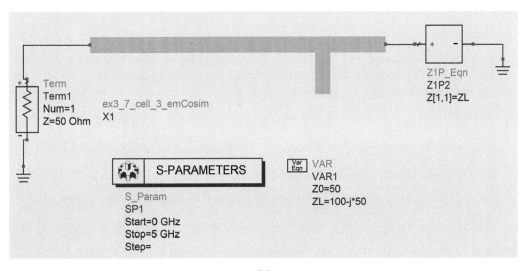

(a)

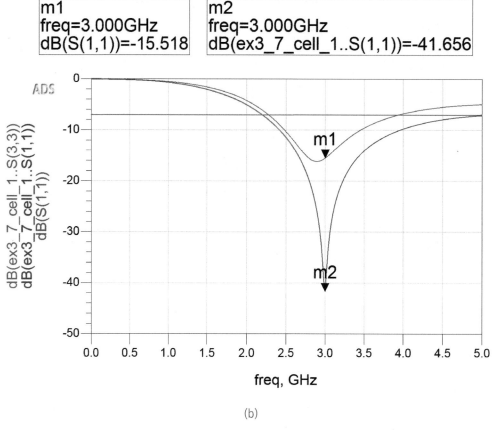

(b)

그림 3-127 (a) '2차 Layout'에 대한 EM Cosimulation으로부터 생성된 emCosim 모델을 이용한 ADS Schematic, (b) '2차 Layout'의 병렬 단일 스터브 정합 네트워크의 성능

그림 3-127 (a)에 보인 ADS Schematic에 대한 Schematic Simulation 결과를 그림 3-127 (b)에 보였다. 그림 3-127 (b)의 선홍색 (magenta)으로 표시된 "dB(ex3_7_cell_1..S(3,3))"는 그림 3-123 (a)의 상단 좌측에 보인 회로의 반사 계수이다. 이 문제에서 주어진 복소 부하 임피던스 ($Z_L = (100 - j50)$)를 50Ω 전송 선로에 연결했을 때 발생하는 반사 계수를 의미하며, '2차 Layout'의 병렬 단일 스터브 정합 네트워크의 성능과 비교하기 위하여 포함되었다. '2차 Layout'의 병렬 단일 스터브 정합 네트워크의 성능 (그림 3-127 (b)의 "dB(S(1,1))")은 정합 네트워크가 없을 때 대비하여 $-6.99 - (-15.088)$ $= 8.098(dB)$ 개선됐지만, 정합 네트워크에 대한 Schematic Simulation 결과인 그림 3-127 (b)의 "dB(ex3_7_cell_1..S(1,1))")와 비교하면 매우 저조한 성능을 보인다.

C. '3차 Layout'에 대한 EM Cosimulation과 Schematic Simulation

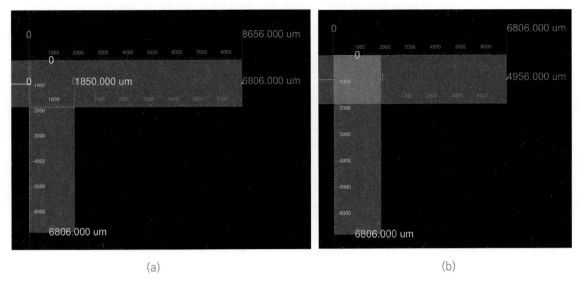

(a)   (b)

그림 3-128 (a) '2차 Layout'의c 정합 네트워크의 크기, (b) '3차 Layout'의 정합 네트워크의 크기

병렬 단일 스터브 정합 네트워크 설계의 핵심 내용은 병렬 스터브의 위치와 부하 임피던스에 연결되는 직렬 마이크로스트립 라인의 길이를 결정하는 것이다. 병렬 스터브의 위치는 부하 임피던스에 직렬로 연결되는 마이크로스트립 라인의 길이로 결정된다. 그림 3-123 (a)에 보인 "length_mline = 6806"이 부하 임피던스에 직렬로 연결되는 마이크로스트립 라인의 길이이며, 그림 3-128 (a)에 보인 바와 같이 "length_mline = 6806.000"로 마이크로스트립 라인의 길이가 설계되어 있다. 하지만, 병렬 스터브의 폭 (그림 3-123 (a)의 "width_mline = 1850" 또는 그림 3-128 (a)) 때문에, 부하 임피던스에 직렬 연결되는 마이크로스트립 라인의 길이가 병렬 연결 스터브의 폭 ("width_mline = 1850") 만큼 증가하게 된다. 이 문제점을 해결하기 위하여 그림 3-128 (b)에 보인 바와 같이 부하 임피던스에 직렬 연결되는 마이크로스트립 라인의 끝단과 병렬 연결 스터브의 시작단이 겹치도록 배치한다. 그림 3-128 (b)로 수정된 설계안을 '3차 Layout'으로 명명하고 EM Cosimulation을 수행한다.

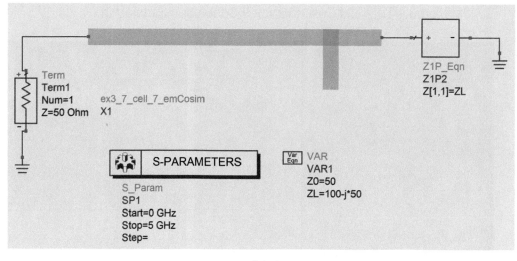

(a)

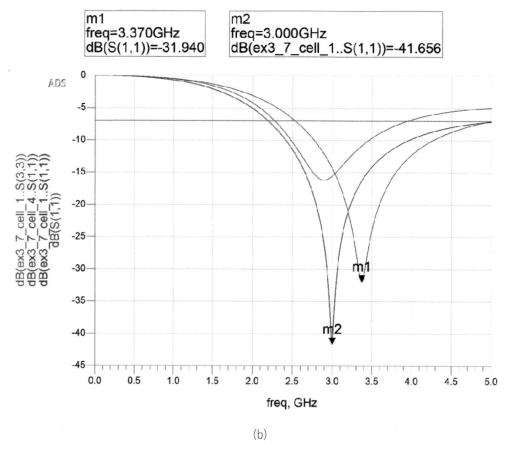

(b)

그림 3-129 (a) '3차 Layout'에 대한 EM Cosimulation으로부터 생성된 emCosim 모델을 사용한 ADS Schematic, (b) '3차 Layout'의 병렬 단일 스터브 정합 네트워크의 성능

'3차 Layout'에 대한 EM Cosimulation을 수행한 결과로 만들어지는 emCosim 모델을 이용하여 ADS Schematic을 그림 3-129 (a)에 보인 바와 같이 생성한다. 그림 3-129 (a)에 보인 ADS Schematic에 대하 Schematic Simulation을 수행한 결과를 그림 3-129 (b)에 보였다.

'3차 Layout'에서 부하 임피던스에 직렬 연결된 마이크로스트립 라인의 길이를 '2차 Layout' 대비 병렬로 연결되는 스터브의 폭만큼 줄인 효과가 그림 3-129 (b)에 보인 바와 같이 나타났다. 그림 3-129 (b)의 "dB(S(1,1))"은 '3차 Layout'의 병렬 단일 스터브 정합 네트워크의 성능이다. "dB(S(1,1))"의 최저점이 3.37 GHz에서 -31.940 dB로써 최저점을 보인다. '3차 Layout'의 정합 네트워크의 반사 계수가 -31.940 dB이면, 이 정합 네트워크가 훌륭하게 동작하고 있다는 것을 의미한다. 왜냐하면, 그림 3-123 (b)에 보인 것처럼 부하 임피던스에서의 반사 계수는 -6.99 dB인데, '3차 Layout'의 정합 네트워크에 의해서 반사 계수의 크기가 24.95 dB 감소했기 때문에 대폭 개선된 것이다.

다만, '3차 Layout'의 정합 네트워크의 문제점은 이 문제에서 설계해야 하는 정합 네트워크의 설계 주파수인 3 GHz보다 0.37 GHz 높은 대역에서 동작하는 것이다. '3차 Layout'의 직렬 마이크로스트립 라인의 길이는 '2차 Layout' 대비 마이크로스트립 폭만큼 짧다. 직렬 마이크로스트립 라인의 길이를 줄였을 때, 반사 계수의 최저점에서의 주파수 – '3차 Layout'의 경우 3.37 GHz – 가 설계 주파수인 3 GHz보다 크다는 것은 직렬 마이크로스트립 라인의 길이를 너무 많이 줄였다는 결론을 도출할 수 있다.

D. '4차 Layout'에 대한 EM Cosimulation과 Schematic Simulation

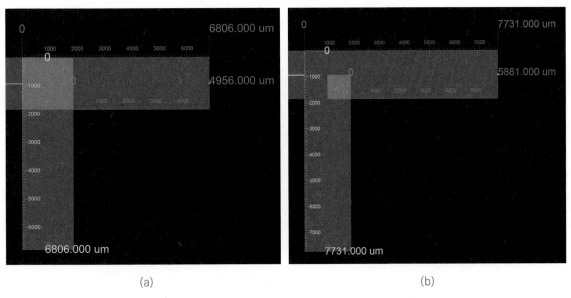

(a)　　　　　　　　　　　　　(b)

그림 3-130 (a) '3차 Layout'의 정합 네트워크의 크기, (b) '4차 Layout'의 정합 네트워크의 크기

그림 3-130에 '3차 Layout'과 '4차 Layout'의 정합 네트워크 크기를 비교하여 보였다. '3차 Layout'의 시뮬레이션 결과로부터 정합 네트워크의 동작 주파수가 3 GHz를 초과하는 사실을 알게 되었으므로, 직렬 마이크로스트립 라인과 병렬 스터브의 길이를 각각 마이크로스트립 라인 폭의 절반 만큼씩 늘린 그림 3-130 (b)와 같이 '4차 Layout'의 정합 네트워크를 설계하고 대한 EM Cosimulation과 Schematic Simulation을 실행한다.

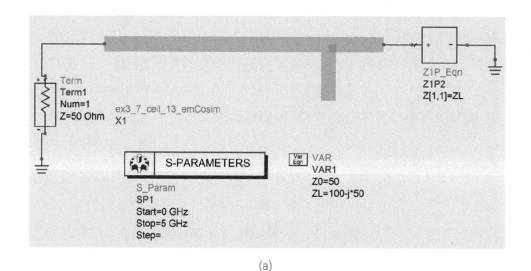

(a)

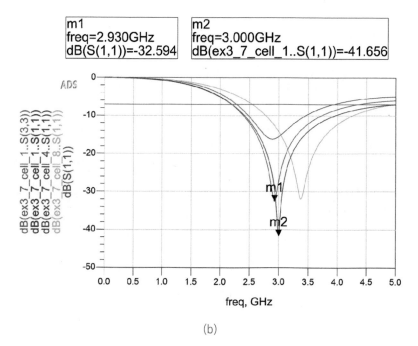

(b)

그림 3-131 (a) '4차 Layout'에 대한 EM Cosimulation으로부터 생성된 emCosim 모델을 이용한 ADS Schematic, (b) '4차 Layout'의 병렬 단일 스터브 정합 네트워크의 성능

그림 3-131 (a)에 '4차 Layout'에 대한 EM Cosimulation으로부터 생성된 emCosim 모델을 이용한 ADS Schematic을 보였고, 그림 3-131 (b)에 Schematic Simulation 결과를 비교하였다.

그림 3-131 (b)의 "dB(S(1,1))", "dB(ex3_7_cell_8..S(1,1))", "dB(ex3_7_cell_4..S(1,1))", "dB(ex3_7_cell_1..S(1,1))"은 각각 '4차 Layout', '3차 Layout', '2차 Layout', ADS Schematic Window에서 제공하는 "MLIN (Microstrip Line)"을 이용한 정합 네트워크에 대한 반사 계수의 주파수 응답이다. Schematic Window에서 제공하는 "MLIN (Microstrip Line)"을 이용한 정합 네트워크에 대한 반사 계수의 주파수 응답을 이상적인 응답이라고 생각할 수 있다. 이 이상적인 응답에 가장 가까운 ADS Layout은 '4차 Layout'임이 명백하다. '4차 Layout'에 대한 반사 계수 크기의 최저점은 2.93 GHz에서 -32.594 dB이다. 설계 주파수인 3 GHz에서 단지 0.07 GHz = 70 MHz 편차가 발생했을 뿐이다. 그림 3-131 (b)에 보인 바와 같이, 설계 주파수 3 GHz에서 반사 계수는 -27.3dB이다. 2차 ~ 4차에 걸친 ADS Layout의 수정을 통하여, 발견한 사실은 직렬 마이크로스트립 라인의 길이를 조정하면 정합 네트워크의 동작 주파수를 제어할 수 있다는 것이다. 따라서, 직렬 마이크로스트립 라인의 길이를 미세 조정하면 설계 주파수인 3 GHz에 맞출 수 있다.

그림 3-130 (b)에 보인 바와 같이 직렬 마이크로스트립 라인의 길이는 $5881.000 \mu m$이다. 이 길이는 '2차 Layout'의 직렬 마이크로스트립 라인의 길이 $(6806 \mu m)$를 기준으로 직렬 마이크로스트립 라인의 폭 ("width_mline = 1850")의 절반 (8/16)만큼을 줄인 것이다. 각 차수마다 직렬 마이크로스트립 라인의 길이에 따른 반사 계수가 최저점이 되는 주파수와 반사 계수의 크기를 표 3-3에 정리하였다.

표 3-3 직렬 마이크로스트립라인의 길이에 따른 반사 계수의 크기와 주파수 변화

Layout 차수	직렬 마이크로스트립 라인의 길이 (μm)	반사 계수 최저점 주파수 (GHz)	반사 계수의 크기 (dB)
2차	6806	2.89	-16.167
3차	$4956 = 6806 - 1850$	3.37	-31.940
4차	$5881 = 6808 - (8 \times 1850 | 16)$	2.93	-32.594

표 3-3에서 확인할 수 있는 바와 같이, 직렬 마이크로스트립 라인의 길이에 따라서 반사 계수 최저점 주파수가 달라지는 것을 확인할 수 있다. 직렬 마이크로스트립 라인의 폭 ("width_mline = 1850")을 16등분하여, 표 3-4에 보인 바와 같이 순차적으로 줄이거나 늘림으로써 3 GHz에 도달하는 것을 확인할 수 있다. 그림 3-132 (a) ~ (d)까지 직렬 마이크로스트립 라인의 길이의 증감에 따른 정합 네트워크의 ADS Layout을 보였다.

표 3-4 직렬 마이크로스트립라인의 길이에 따른 반사 계수의 크기와 주파수 변화

Layout 차수	직렬 마이크로스트립 라인의 길이 (μm)	반사 계수 최저점 주파수 (GHz)	반사 계수의 크기 (dB)
5차	$5418.5 = 6806 - \left(\dfrac{12 \times 1850}{16}\right)$	3.04	-42.624
6차	$5649.75 = 6806 - \left(\dfrac{10 \times 1850}{16}\right)$	2.98	-41.646
7차	$5534.125 = 6806 - \left(\dfrac{11 \times 1850}{16}\right)$	3.01	-66.790
8차	$5591.938 \approx 5591.9375 = 6806 - \left(10.5 \times \dfrac{1850}{16}\right)$	3.00	-47.171

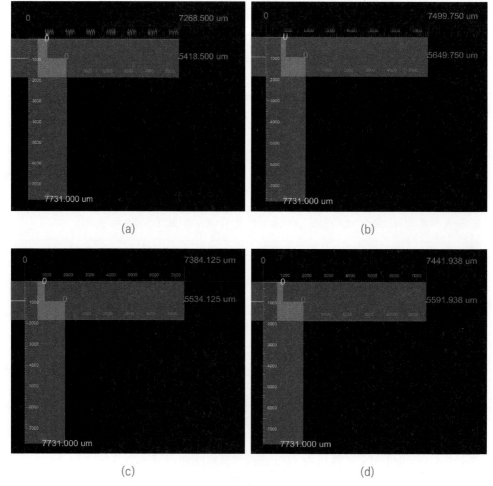

그림 3-132 (a) '5차 Layout' 의 정합 네트워크 크기, (b) '6차 Layout' 의 정합 네트워크 크기, (c) '7차 Layout' 의 정합 네트워크 크기, (d) '8차 Layout' 의 정합 네트워크 크기

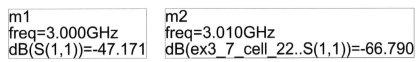

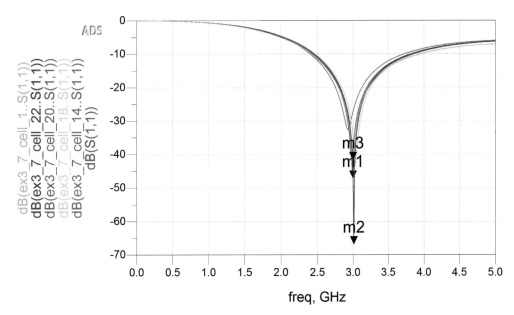

그림 3-133 그림 3-132의 ADS Layout에 대한 주파수 응답 특성 비교

그림 3-133에 '4차 Layout' (그림 3-130 (b))와 그림 3-132 (a) ~ (d)의 ADS Layout에 대한 주파수 응답 특성을 비교하였다. 그림 3-133에서 "dB(ex3_7_cell_14..S(1,1))"은 '4차 Layout'에 대한 주파수 응답 특성이다. 그림 3-133에서 "dB(ex3_7_cell_18..S(1,1))", "dB(ex3_7_cell_20..S(1,1))", "dB (ex3_7_cell_22..S(1,1))", "dB(S(1,1))"는 각각 그림 3-132 (a), (b), (c), (d)에 보인 ADS Layout에 대한 주파수 응답 특성이다. 그림 3-133에서 "dB(ex3_7_cell_1..S(1,1))"은 그림 3-123 (a)에 보인 마이크로스트립 라인 모델을 이용한 Schematic Simulation의 주파수 응답 특성이다.

그림 3-133의 "Marker" "m1"이 바로 그림 3-132 (d)에 보인 최종 ('8차 Layout') 정합 네트워크의 주파수 응답 특성 그래프에 표시된 "Marker"이다. "m1"의 주파수는 정확하게 3.000 GHz이고, 반사 계수의 크기가 -47.171 dB로 확인된다. 이 값은 마이크로스트립 라인 모델을 이용한 Schematic Simulation의 주파수 응답 특성 ("dB(ex3_7_cell_1..S(1,1))")에 표시된 "m3"의 반사 계수보다 오히려 5.515 dB 좋은 특성을 보이는 것을 확인할 수 있다.

3.9 Layout simulation을 이용한 집중 소자 정합 네트워크의 설계와 성능 최적화

EXERCISE

저항 R_L = 100 Ω 과 인덕터 L_L = 11 nH가 직렬로 연결되 부하 임피던스 50Ω 전송 선로에 정합하기 위하여 동작 주파수 2.4 GHz에서 (a) 집중 소자 정합 네트워크 (L-section matching network)를 설계하고, (b) 설계된 정합 네트워크를 마이크로 스트립 라인으로 ADS Layout을 설계하여 ADS Schematic과 ADS Layout에 대하여 각각 Schematic Simulation과 Layout Simulation으로부터 얻은 입력단에서의 반사 계수에 대한 주파수 응답 특성을 비교하시오.

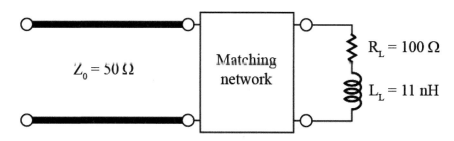

그림 3-134 저항과 인덕터로 구성된 부하 임피던스에 대한 정합 네트워크 설계

모범 답안

가. Smith Chart Utility를 이용한 정합 네트워크 설계

Smith Chart Utility를 이용하여 정합 네트워크를 설계하기 위하여, 그림 3-135에 보인 바와 같이 ADS Schematic을 설계한다. 그림 3-135에 보이는 DA_SmithChartMatch instance는 Smith Chart Utility 윈도우에서 정합 네트워크를 설계해야 한다.

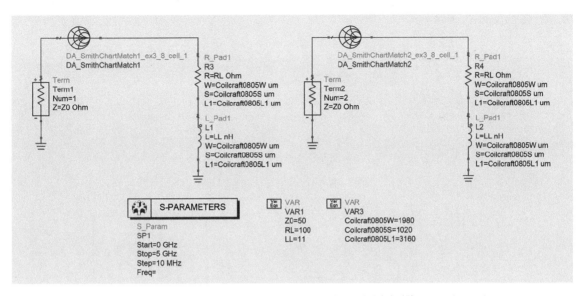

그림 3-135 Smith Chart Utility를 이용하여 정합 네트워크를 설계하기 위한 ADS Schematic

2장에서 설명한 Smith Chart Utility 윈도우의 사용 방법을 참고한다. 이 문제의 경우 그림 3-136 (a)에 보인 바와 같이 "Load Impedance"의 형태를 "Series RL"로 선택하고, 저항과 인덕터의 값을 입력하면 된다. 문제에 주어진 바와 같이 실제 부하 임피던스가 저항과 인덕터가 직렬 연결되어 있기 때문이다. 동작 주파수와 전송 선로의 특성 임피던스는 그림 3-136 (b)와 (c)의 좌측 상단에 보인 바와 같이 각각 "2.4"와 "50"으로 입력해야 한다.

(a)

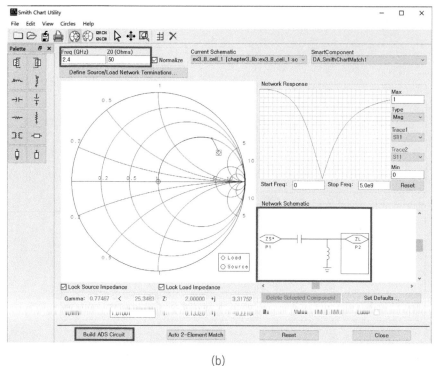

(b)

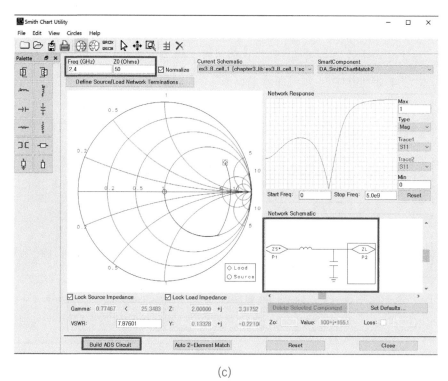

(c)

그림 3-136 (a) Smith Chart Utility의 Network Terminations 윈도우 설정, (b) 병렬 인덕터와 직렬 커패시터를 사용한 정합 네트워크, (c) 병렬 커패시터와 직렬 인덕터를 사용한 정합 네트워크

Smith Chart Utility 윈도우에서 설계된 두 종류의 정합 네트워크 구조 (matching network topology) 를 그림 3-136 (b)와 (c)에 보인 바와 같이 확인할 수 있다. 첫번째 정합 네트워크는 직렬 커패시터와 병렬 인덕터가 연결된 형태이고, 두번째 정합 네트워크는 직렬 인덕터와 병렬 커패시터가 연결된 형태이다. 이들 두 종류의 정합 네트워크 구조를 각각 '정합 네트워크 #1'과 '정합 네트워크 #2'로 구분한다.

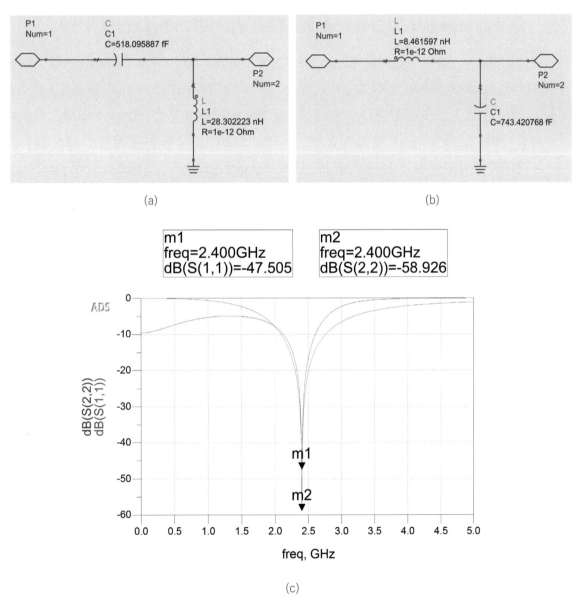

그림 3-137 (a) '정합 네트워크 #1'의 회로 소자 값, (b) '정합 네트워크 #2'의 회로 소자 값, (c) '정합 네트워크 #1'와 '정합 네트워크 #2'의 입력단 반사 계수의 주파수 응답 특성 비교

그림 3-137 (a)와 (b)에 '정합 네트워크 #1'와 '정합 네트워크 #2'의 회로 소자 값을 표시하였고, 그림 3-137 (c)에 '정합 네트워크 #1'와 '정합 네트워크 #2'의 입력단 반사 계수의 주파수 응답 특성을 비교하였다. 두 정합 네트워크는 2.4 GHz에서 40 dB 이상의 반사 손실을 보여 매우 우수한 정합 네트워크 성능을 확인할 수 있다. 그림 3-137 (c)에 보인 두 종류의 정합 네트워크의 입력단 반사 계수의 주파수 응답 특성은 Schematic Simulation으로부터 얻은 결과이다.

나. PCB Artwork과 EM Cosimulation을 이용한 정합 네트워크 성능 확인

'가'절에서 설계된 정합 네트워크를 FR4 PCB에 구현하기 위하여 EM Cosimulation을 이용하여 정합 네트워크의 성능을 확인해본다. '정합 네트워크 #1'에 대한 ADS Schematic을 그림 3-138 (a)와 같이 생성 (그림 3-137 (a)의 병렬 인덕터에 포함된 "R=1e-12 Ohm"은 회로 성능에 크게 영향을 미치지 않기 때문에 제거하였음) 하고, 생성된 ADS Schematic으로부터 자동 생성된 ADS Layout을 그림 3-138 (b)와 같이 보였다. 자동 생성된 ADS Layout에는 모두 4쌍의 패드가 보여야하시만, 3-138 (b)에는 3쌍만 보인다. 사실은 3-138 (b)에는 총 4쌍의 패드가 있지만, 그림 3-138 (b)에 표시된 적색 박스에 두 쌍의 패드가 겹쳐져 있다.

이 시점에서부터는 Layout Window에서 진행되는 PCB 설계 작업이며, 이와 같은 작업을 "PCB artwork"이라고 한다. PCB artwork은 회로 설계의 핵심 과정이며, 최종 회로 성능을 좌우하는 매우 중요한 작업임을 기억해야 한다. PCB artwork은 회로 소자의 배치와 회로 소자의 연결 순으로 이루어진다.

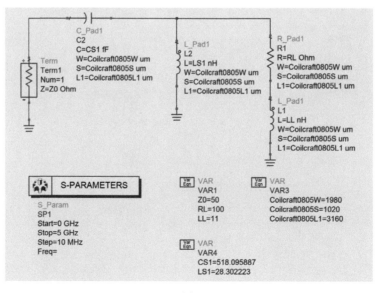

(a)

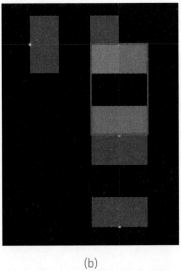

(b)

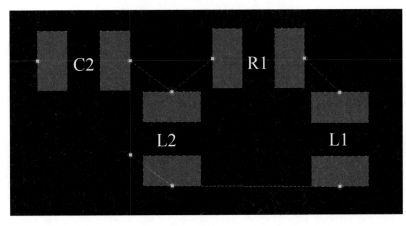

(c)

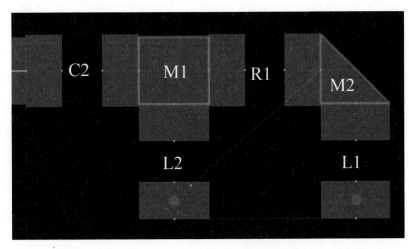

(d)

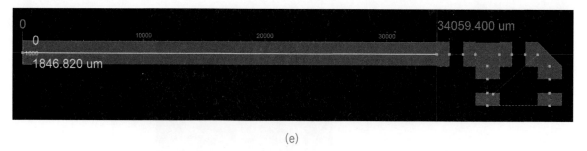

(e)

그림 3-138 (a) '정합 네트워크 #1'을 이용하여 생성된 ADS Schematic, (b) (a) 의 ADS Schematic으로부터 자동 생성된 ADS Layout, (c) (b)에 생성된 4쌍의 패드를 회로 배치에 맞도록 재배치한 ADS Layout, (d) "M1"과 "M2" 삽입, (e) 정합 네트워크 입력단에 마이크로스트립 라인을 추가한 최종 ADS Layout

3-138 (b)에서 겹쳐진 패드를 이동시키고 ADS Schematic에서 연결된 회로 소자 (C2, L2, R1, L1)처럼 배치하면, 그림 3-138 (c)에 보인 바와 같이 C2, L2, R1, L1의 패드가 물리적으로 배치된 ADS Layout을 생성할 수 있다. 그림 3-138 (c)와 (d)에 표시된 C2, L2, R1, L1는 독자의 이해를 돕기 위해 표시한 것이며, Layout Window에서는 표시되지 않는다. 다만, 각각의 패드를 선택하면 Layout Window 우측에 각 패드의 "Properties"에서 이름을 확인할 수는 있다.

C2, L2, R1, L1의 패드 배치 작업을 마치면, 패드를 물리적으로 연결하는 것이 다음 작업이다.

그림 3-138 (d)의 중앙에 보인 바와 같이, C2의 출력 패드, L2와, R1의 입력 패드를 물리적으로 연결해 줄 metal layer (그림 3-138 (d)의 "M1")를 "cond" layer를 이용하여 삽입한다. "Insert Rectangle" 아이콘을 이용하면 쉽게 metal layer를 삽입할 수 있다. "M1"의 폭은 FR4 기판을 조건으로 2.4 GHz에서 50Ω 특성 임피던스를 얻을 수 있는 폭을 계산하여 정했고, 길이는 C2, L2, R1을 물리적으로 연결할 수 있는 가장 짧은 길이로 정했으며, $1846.82\mu m \times 1980\mu m$이다. 그림 3-138 (d)의 우측에 보인 바와 같이, R1의 출력 패드와 L1의 입력 패드 사이에는 삼각형 모양의 metal layer (그림 3-138 (d)의 "M2")를 삽입하였다. 전송 선로가 90° 꺾이는 부분은 그림 3-138 (d)의 "M2" 모양으로 PCB artwork을 하는 것을 권장한다. "Create A New Polygon"아이콘을 이용하면 쉽게 삼각형 모양을 삽입할 수 있다. "M2"의 크기는 삼각형의 높이와 밑변의 길이가 각각 $1913\mu m$과 $1980\mu m$이다. 또한, 그림 3-138 (d)의 하단에 보인 바와 같이 L2와 L1의 출력 패드는 "hole" layer를 이용하여 패드의 중앙에 각각 via를 삽입하여 GND면과 단락 회로를 형성한다. 마지막으로 그림 3-138 (e)에 보인 바와 같이, 정합 네트워크 입력단에 2.4 GHz에서 특성 임피던스 50Ω와 전기적 길이 180°가 되는 마이크로스트립 라인 ($1846.82\mu m \times 34059.4\mu m$)을 연결함으로써 PCB artwork을 마치고, 최종 ADS Layout을 생성한다.

(a)

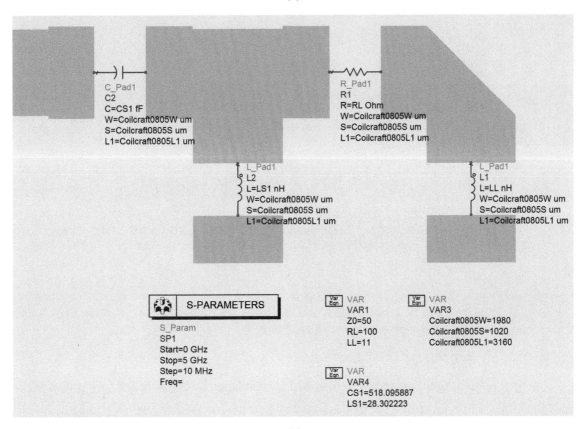

C_Pad1
C2
C=CS1 fF
W=Coilcraft0805W um
S=Coilcraft0805S um
L1=Coilcraft0805L1 um

R_Pad1
R1
R=RL Ohm
W=Coilcraft0805W um
S=Coilcraft0805S um
L1=Coilcraft0805L1 um

L_Pad1
L2
L=LS1 nH
W=Coilcraft0805W um
S=Coilcraft0805S um
L1=Coilcraft0805L1 um

L_Pad1
L1
L=LL nH
W=Coilcraft0805W um
S=Coilcraft0805S um
L1=Coilcraft0805L1 um

S-PARAMETERS

S_Param
SP1
Start=0 GHz
Stop=5 GHz
Step=10 MHz
Freq=

VAR
VAR1
Z0=50
RL=100
LL=11

VAR
VAR3
Coilcraft0805W=1980
Coilcraft0805S=1020
Coilcraft0805L1=3160

VAR
VAR4
CS1=518.095887
LS1=28.302223

(b)

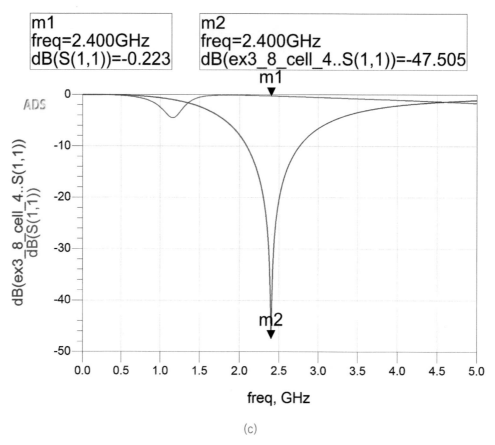

그림 3-139 (a) 그림 3-138 (e)로부터 생성된 "emCosim" 모델을 사용한 ADS Schematic, (b) (a)에 표시된 적색 박스 부분의 확대, (c) (a)의 주파수 응답과 그림 3-138 (a)의 주파수 응답 비교

생성된 최종 ADS Layout을 이용하여 EM Cosimulation을 수행한 후, 생성된 emCosim을 사용하여 그림 3-139 (a)와 같이 ADS Schematic을 생성한다. 그림 3-139 (b)에 그림 3-139 (a)에 표시된 적색 박스 부분을 확대하여 보였다. 그림 3-139 (b)에 보인 바와 같이, 회로 소자의 값은 그림 3-138 (a)와 동일하다.

그림 3-139 (a)의 반사 계수에 대한 주파수 응답을 그림 3-139 (c)에 보였으며, 그림 3-138 (a)의 주파수 응답 (그림 3-139 (c)의 "dB3_8_cell_4..S(1,1))")과 비교하였다. 그림 3-139 (c)에서 확인할 수 있는 바와 같이, EM Cosimulation을 통하여 얻은 '정합 네트워크 #1'의 반사 손실은 2.4 GHz에서 0.223 dB로써, Schematic Simulation으로부터 얻은 '정합 네트워크 #1'의 반사 손실과 비교할 수 없을 정도로 크다. '정합 네트워크 #1'을 FR4 기판에 구현하기 위한 PCB artwork 과정에서 발생한 PCB의 기생 소자에 의한 '정합 네트워크 #1'의 성능 저하를 추정할 수 있다.

다. 정합 네트워크의 성능 자동 최적화 ("Optimize")

ADS는 회로의 성능을 사용자가 원하는 규격에 맞출 수 있도록 회로의 성능 최적화 ("Optimize") 기능을 제공한다. 3.8 절에서는 정합 네트워크의 성능을 최적화하기 위하여 사용자의 수동 최적화를 진행했다면, 이 절에서는 정합 네트워크 성능 자동 최적화 방법을 소개한다.

그림 3-140 (a)에 보인 바와 같이, ADS에서 자동 최적화 기능을 사용하기 위하여 필요한 Schematic Simulation 회로 소자를 Schematic Window의 "Optim/Stat/DOE" palette에서 제공한다. "Optim/Stat/DOE" palette를 선택하면, 그림 3-140 (b)와 (c)에 보인 바와 같이 "Optim"과 "Goal" instance를 확인할 수 있다. 각각 "Nominal optimization"과 "Goals for 'nominal' type optimization" 으로 명명된 instance이다. "Optim"과 "Goal" instance를 이용하여 ADS의 자동 최적화 기능을 사용하게 된다.

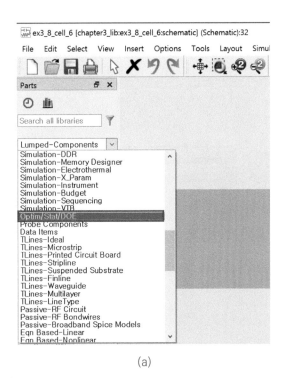

(a)

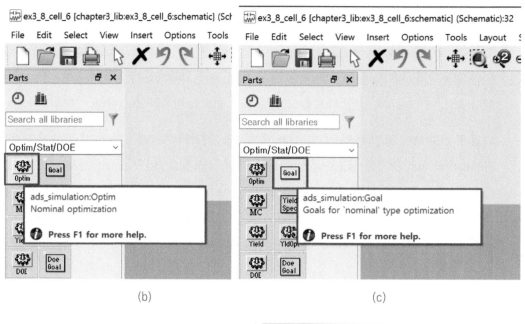

(b)

(c)

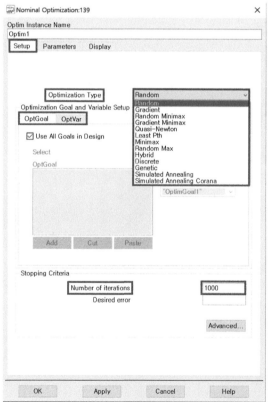

(d)

(e)

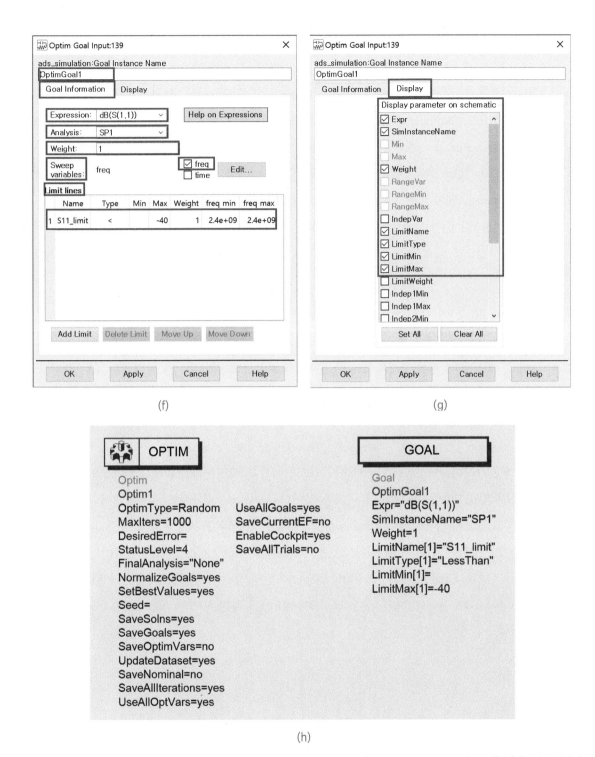

(f)

(g)

(h)

그림 3-140 (a) Schematic Window의 "Optim/Stat/DOE" palette의 위치, "Optim/Stat/DOE" palette의 (b) "Optim"과 (c) "Goal" instance 위치, (d) "Nominal Optimization" 윈도우의 "Setup" 탭 설정, (e) "Nominal Optimization" 윈도우의 "Parameters" 탭 설정, (f) "Optim Goal Input" 윈도우의 "Goal Information" 탭 설정, (g) "Optim Goal Input" 윈도우의 "Display" 탭 설정, , (h) 설정을 마친 "Optim"과 "Goal" instance 모습

그림 3-140 (b)에 보인 "Optim" instance의 설정 방법을 그림 3-140 (d)와 (e)에 보였다. "Optim" instance는 총 3개의 탭이 있는데, 3-140 (d)의 "Setup" 탭에서는 "Optimization Type"을 선택할 수 있으며, "Number of iterations"를 설정할 수 있다. 이 문제에서는 "Optimization Type"은 "Random"으로 선택하고, "Number of iterations"를 1000으로 설정하였다. "Setup" 탭에 "Optimization Goal and Variable Setup"을 위하여 "OptGoal" 탭과 "OptVar" 탭이 있다. 이들 각각의 탭에 "Use All Goals in Design"과 "Use All Optimization Variables in Design"을 체크한 default 설정을 그대로 둔다. "Parameters" 탭에서는 "Output Data Control"에서 "Save data for iterations(s)/Trial(s)"를 "All Iters"로 선택하고, "Update display during optimization"을 선택하여 최적화 추이의 전과정을 확인할 수 있고, 실시간으로 최적화 과정을 확인할 수 있다. "Optim" instance 나머지 부분은 default 설정 상태를 유지한다.

그림 3-140 (c)에 보인 "Goal" instance의 설정 방법을 그림 3-140 (f)와 (g)에 보였다. Schematic Simulation에서 저쩌과 "Goal"은 다수도 존재할 수 있기 때문에, 그림 3-140 (f)에 보인 "Optim Goal Input" 윈도우의 최상단에 보인 바와 같이 "Goal Instance Name"을 확인한다. 이 문제의 경우 "Goal"은 1개이며, 이름은 "OptimGoal1"이다. "Goal" instance에는 두개의 탭이 있으며, "Goal Information" 탭과 "Display" 탭이다. "Goal Information" 탭에서는 그림 3-140 (f)에 보인 바와 같이 "Expression", "Analysis", "Weight", "Sweep variables", "Limit lines"가 있다. "Expression"은 최적화 대상 값이다. "Analysis"는 시뮬레이터의 이름을 지정한다. "Weght"는 만약 "Goal"이 다수 존재한다면 "Goal"마다 가중치를 부여하는 것이다. "Sweep variables"는 시뮬레이터의 종류에 따라 정해지며, "Limit lines"에서는 "Expression"의 최종 목표 범위를 지정한다. 그림 3-140 (f)에 보인 설정 내용은 2.4 GHz에서 반사 계수의 크기를 -40 dB 미만으로 목표 범위를 지정하는 것이다. 그림 3-140 (g)는 "Optim Goal Input" 윈도우의 "Display" 탭의 설정 내용이다. 사용자가 ADS Schematic에 표시하고 싶은 내용을 선택하면 된다. 그림 3-140 (h)에 설정을 마친 "Optim"과 "Goal" instance 모습을 보였다.

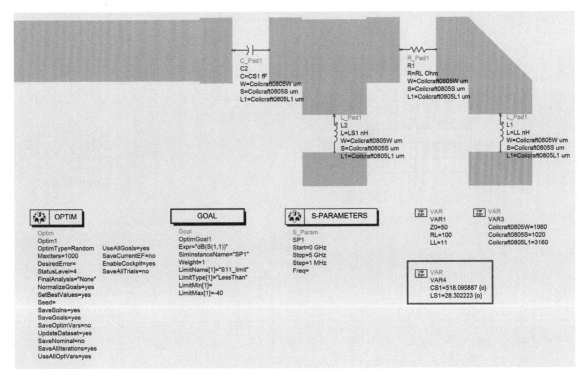

(a)

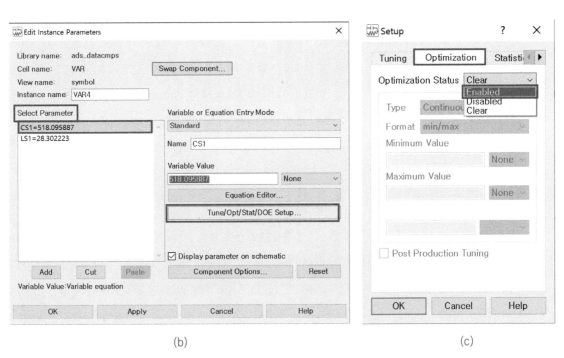

(b)   (c)

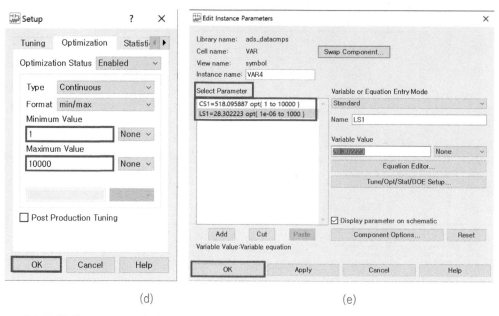

(d)   (e)

그림 3-141 (a) 최적화 ("Optimization") 기능을 이용하기 위하여 생성된 ADS Schematic, (b) (a)에 표시된 적색 박스의 "VAR4" "Edit Instance Parameters" 윈도우에 있는 "Tune/Opt/Stat/DOE Setup…" 버튼, (c) (b)의 "Tune/Opt/Stat/DOE Setup…" 버튼을 누르면 팝업 되는 "Setup" 윈도우에서 "Optimization" 탭 내용 설정, (d) "Setup" 윈도우에서 "Optimization" 탭에서 최댓값과 최솟값의 설정, (e) "Edit Instance Parameters" 윈도우의 "Select Parameter" 메뉴의 변경 내용

ADS의 자동 최적화 ("Optimization") 기능은 결국 회로 소자 값을 자동으로 변경하면서 "Goal"에 설정된 목표 값 ("Goals"이라 함)을 만족하는 회로 소자 값을 찾아내는 기능이다. 따라서, 사용자는 "Goal"을 만족시키기 위하여 값을 변경해야 할 회로 소자 ("Variables"라 함)와 회로 소자 값을 설정해야 한다. 이 문제에서는 정합 네트워크 회로 소자인 CS1과 LS1이 "Variables"이며, 그림 3-141 (a)의 하단에 있는 "VAR4" instance에 CS1과 LS1이 정의되어 있는데, CS1과 LS1에 대입된 회로 소자 값의 우측에 "{o}"라는 표시가 있음을 확인할 수 있다. "{o}"는 최적화 ("Optimization")를 위하여 "Variables"로 지정되어 있음을 표시하는 것이며 다음과 같은 과정을 마치면 자동으로 표시된다.

"VAR4" instance를 더블 클릭하면, 그림 3-141 (b)에 보인 바와 같이 "Edit Instance Parameters" 윈도우가 팝업 되며 CS1과 LS1가 "Select Parameter" 메뉴에 있는 것을 확인할 수 있다. CS1과 LS1에 대입된 회로 소자 값은 그림 3-139 (b)에 있는 "VAR4" instance와 동일하며, 이 값들은 각각 CS1과 LS1의 "nominal value"라 한다. CS1을 선택하고, "Tune/Opt/DOE Setup…" 버튼을 클릭하면 그림 3-141 (c)에 보인 바와 같이 "Setup" 윈도우가 팝업 된다. "Optimization" 탭을 클릭하고, "Optimization Status" 풀다운 메뉴에서 "Enable"을 선택하면 "Optimization" 탭의 설정 메뉴가 그림 3-141 (d)에 보인 바와 같이 활성화된다. 최솟값 ("Minimum Value")과 최댓값 ("Maximum Value")

에 각각 사용자가 원하는 값을 입력하고 하단의 "OK" 버튼을 클릭하면, 그림 3-141 (e)의 "Select Parameter" 메뉴에 있는 "CS1=518.095887" 우측에 "opt{1 to 10000}"이라는 표시가 생성된 것을 확인할 수 있다. 동일한 방법으로 LS1을 설정할 수 있다. 이 과정을 모두 마치고, 그림 3-141 (e)의 하단에 있는 "OK" 버튼을 클릭하면, 그림 3-141 (a)의 적색 박스에 표시된 것처럼 "{o}"가 회로 소자의 "nominal value" 우측에 표시된 것을 확인할 수 있다. 이 과정을 마치고 나면 최적화 ("Optimization") 기능을 사용하기 위한 준비를 마치게 된다.

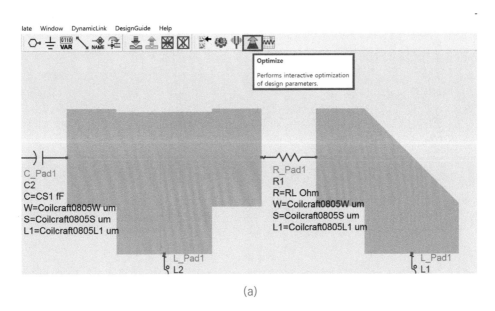

(a)

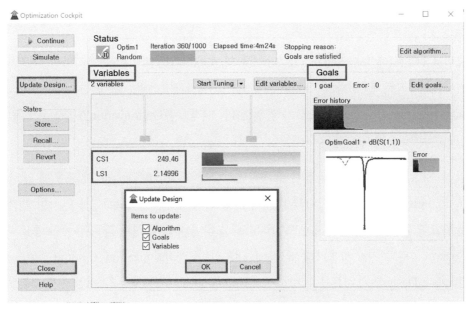

(b)

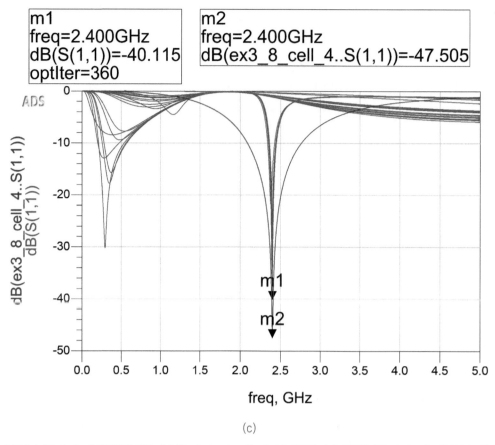

그림 3-142 (a) "Optimize" 아이콘의 위치, (b) "Optimization Cockpit" 윈도우, (c) 최적화 ("Optimization")가 종료된 후 "Data Display Window"에 표시된 최적화 과정에서 발생한 반사 계수에 대한 주파수 응답의 변화 과정

그림 3-142 (a)에 보인 Schematic Window의 "Optimize" 아이콘을 클릭하면, 최적화 ("Optimization") 기능이 동작하게 된다. "Optimize" 아이콘을 클릭하면, 그림 3-142 (b)에 보인 바와 같이 "Optimization Cockpit" 윈도우가 팝업 된다. 최적화 ("Optimization") 과정은 그림 3-140 (d)와 (f)에 설정한 바에 따라서 수행된다.

최적화 ("Optimization") 과정이 수행되면, "Optimization Cockpit" 윈도우에 앞서 설정한 바와 같이 "Variables" 메뉴에 보인 CS1과 LS1의 값을 변화시키면서 "Goals"를 만족할 때까지 최적화 과정을 반복한다. "Goals"를 만족하는 "Variables"을 찾아내면, 최적화 과정은 중간 종료되고, "Optimization Cockpit" 윈도우는 사용자의 입력에 대기한다. "Optimization Cockpit" 윈도우의 좌측에 있는 "Update Design…" 버튼을 클릭하면, "Update Design" 윈도우가 팝업되며, "Items to update:" 항목을 선택할 것을 사용자에게 안내한다. "Algorithm", "Goals", "Variables"를 모두 선택하고 "OK"를 클릭하면, ADS Schematic에 관련 내용이 업데이트된다. 마지막으로, "Optimization Cockpit" 윈도우의 좌측 하단에 있는 "Close" 버튼을 클릭하면 최적화 ("Optimization") 과정은 종료된다. 이 최적화 과정은 "Optimization Type"을 "Random"으로 설정했기 때문에, 최적화 종료 시점의 CS1과 LS1의 최적화 회로 소자 값이 매번 정확히 일치하지 않는 것을 지적해둔다.

최적화 과정이 종료되면, 그림 3-142 (c)에 보인 바와 같이 "Data Display" 윈도우에 최적화 과정에서 계산된 반사 계수에 대한 주파수 응답이 모두 그려진다. 이와 같이 최적화 과정에서 계산된 반사 계수에 대한 주파수 응답이 모두 그려지는 이유는 그림 3-140 (e)에 보인 바와 같이 "Nominal Optimization" 윈도우의 "Parameters" 탭에서 "Output Data Control" 메뉴에서 "Output Data Control"에서 "Save data for iterations(s)/Trial(s)"를 "All Iters"로 선택하고, "Update display during optimization"을 선택하여 최적화 추이의 전과정을 확인할 수 있고, 실시간으로 최적화 과정을 확인할 수 있도록 설정했기 때문이다. 최적화 과정에서 "Data Display" 윈도우를 열어두면 실시간으로 최적화 과정을 확인할 수 있다.

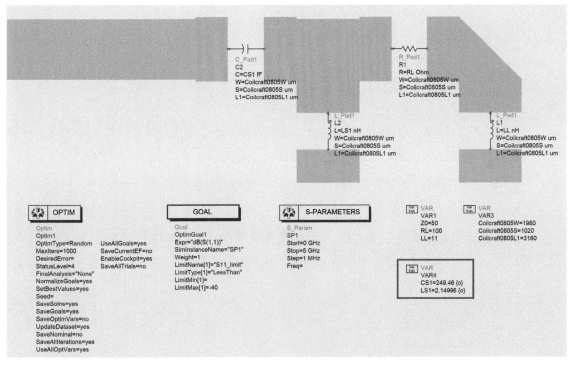

(a)

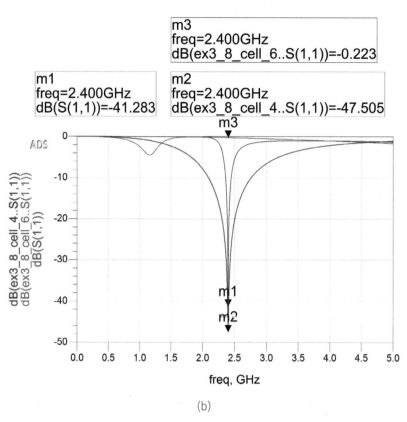

그림 3-143 (a) 최적화 과정으로 얻어진 회로 소자 값이 업데이트된 모습, (b) (a)의 주파수 응답과 그림 3-138 (a)의 주파수 응답 비교

그림 3-142 (b)에 보인 바와 같이 "Optimization Cockpit" 윈도우의 좌측에 있는 "Update Design…" 버튼을 클릭하여 그림 3-143 (a)의 "VAR4" instance에 보인 바와 같이 CS1과 LS1의 "nominal value"가 업데이트 되었음을 확인할 수 있다. 업데이트된 "nominal value"를 이용하여 Schematic Simulation을 수행하면, 그림 3-142 (b)에 보인 바와 같이 '정합 네트워크 #1'의 최적화 해에 대한 주파수 응답 특성을 확인할 수 있다. 최적화 해를 구하기 전의 성능과 비교하면, 2.4 GHz에서 반사 손실이 41.06 dB 개선되었음을 확인할 수 있다. 최적화 전후의 CS1과 LS1의 회로 소자 값을 표 3-5에 비교하였다.

표 3-5 최적화 전후 CS1과 LS1의 회로 소자 값 비교

회로 소자	최적화 전	최적화 후
CS1 (fF)	518.095887	249.46
LS1 (nH)	28.302223	2.14996

표 3-5에 보인 바와 같이, 최적화 전의 회로 소자 값 (이 회로 소자 값은 Smith Chart Utility를 통해 설계된 회로 소자 값들임)과 최적화 후의 회로 소자 값의 변화량이 매우 큰 것을 알 수 있다. 최적화 전의 회로 소자 값 대비, CS1은 51.85%가 감소됐으며, LS1은 92.40 %의 감소율을 보였다. 표 3-5 의 변화량은 FR4 PCB로부터 발생한 기생 소자 값으로 생각할 수 있으므로, 회로 설계 과정에서 기판으로부터 발생하는 기생 소자 값을 고려하지 않을 수 없다는 결론을 도출할 수 있다.

라. 정합 네트워크의 조정 ("Tuning")

이 문제의 정합 네트워크는 그림 3-137 (a)와 (b)에 각각 보인 바와 '정합 네트워크 #1'과 '정합 네트워크 #2' 등 두 종류이다. 그림 3-137 (b)에 보인 '정합 네트워크 #2'를 emCosim 모델을 이용하여 그림 3-144 (a)와 같이 생성하여 주파수 응답을 확인하면 그림 3-144 (b)에 보인 바와 같다.

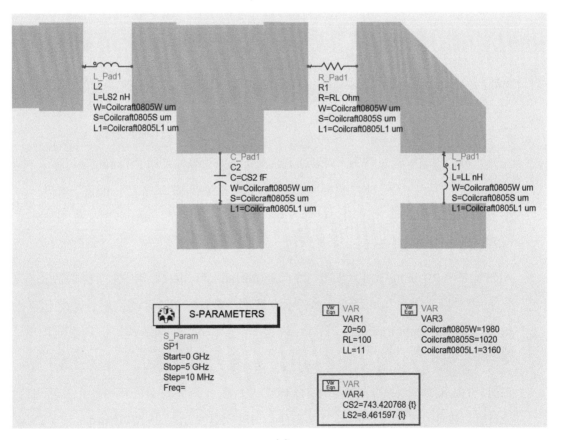

(a)

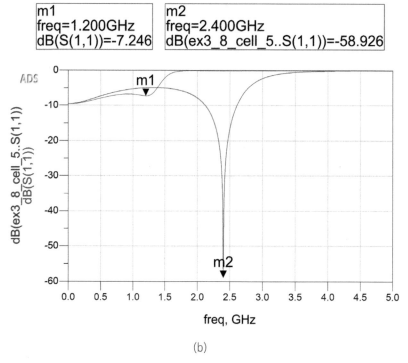

(b)

그림 3-144 (a) 그림 3-137 (b)에 보인 정합 네트워크에 대하여 "emCosim" 모델을 적용한 ADS Schematic, (b) (a)에 대한 주파수 응답 특성

ADS는 '다' 절에서 설명한 최적화 ("Optimize") 기능과 함께 조정 ("Tuning") 기능도 제공한다. 조정 ("Tuning") 기능은 사용자가 원하는 회로 소자의 값을 직접 조정 ("Tuning") 하면서, 회로의 거동 (behavior of circuit)을 직접 확인할 수 있는 기능이다. 조정 ("Tuning") 기능을 이용하여 그림 3-144 (a)의 거동을 살펴본다.

ADS의 조정 ("Tuning") 기능과 최적화 ("Optimization") 기능의 유사한 점은 회로 소자 값을 변경하는 것이다. 다른 점은 회로 소자 값을 수동으로 변경하면서 회로의 거동을 살필 수 있다는 점이다. 따라서, 최적화 ("Optimization") 기능과 유사하게 변경해야 할 회로 소자를 지정하고 회로 소자 값을 설정해야 한다.

조정 ("Tuning") 기능을 이용하여 '정합 네트워크 #2'의 거동을 살피기 위하여 정합 네트워크의 회로 소자인 CS2와 LS2를 지정한다. 그림 3-144 (a)의 하단에 있는 "VAR4" instance에 CS2와 LS2가 정의되어 있는데, CS2와 LS2에 대입된 회로 소자 값의 우측에 "{t}"라는 표시가 있음을 확인할 수 있다. "{t}"는 조정 ("Tuning")을 위하여 해당 소자가 조정 ("Tuning") 회로 소자로 지정되어 있음을 표시하는 것이며 다음과 같은 과정을 마치면 자동으로 표시된다.

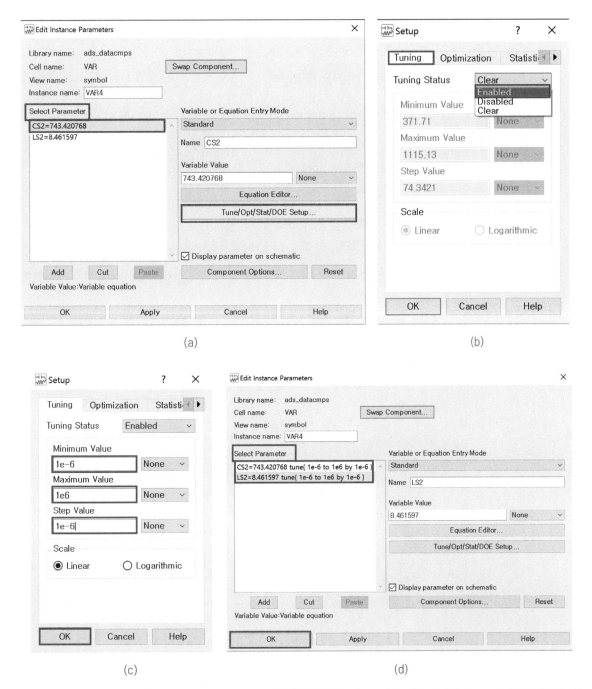

그림 3-145 (a) "VAR4" "Edit Instance Parameters" 윈도우에 있는 "Tune/Opt/Stat/DOE Setup…" 버튼, (b) (a)의 "Tune/Opt/Stat/DOE Setup…" 버튼을 누르면 팝업 되는 "Setup" 윈도우에서 "Tuning" 탭 내용 설정, (c) "Setup" 윈도우에서 "Optimization" 탭에서 최댓값, 최솟값, 단계 값의 설정, (d) "Edit Instance Parameters" 윈도우의 "Select Parameter" 메뉴의 변경 내용

"VAR4" instance를 더블 클릭하여 그림 3-145 (a)에 보인 바와 같은 윈도우를 다시 연다. 그림 3-145 (a)에 보인 바와 같이 좌측의 "Select Parameter" 메뉴에서 "CS2"를 선택하고 우측에 표시된 "Tune/Opt/Stat/DOE Setup…" 버튼을 클릭한다.

그림 3-145 (b)에 보인 바와 같이 "Optimization" 탭 설정 방법과 동일하게 "Tuning" 탭을 "Enabled"를 선택하면, 그림 3-145 (c)에 보인 바와 같이 "Tuning" 탭의 메뉴가 활성화 된다. 최솟값 ("Minimum Value"), 최댓값 ("Maximum Value"), 단계 값 ("Step Value")에 각각 사용자가 원하는 값을 입력하고 하단의 "OK" 버튼을 클릭하면, 그림 3-145 (d)의 "Select Parameter" 메뉴에 있는 "CS2=743.420768" 우측에 "tune{1e-6 to 1e6 by 1e-6}"이라는 표시가 생성된 것을 확인할 수 있다. 동일한 방법으로 "LS2"를 설정하고, 그림 3-145 (d)의 하단에 있는 "OK" 버튼을 클릭한다. 이 과정을 모두 마치면, 그림 3-144 (a)의 적색 박스에 표시된 것처럼 "{t}"가 회로 소자의 "nominal value" 우측에 표시된 것을 확인할 수 있다.

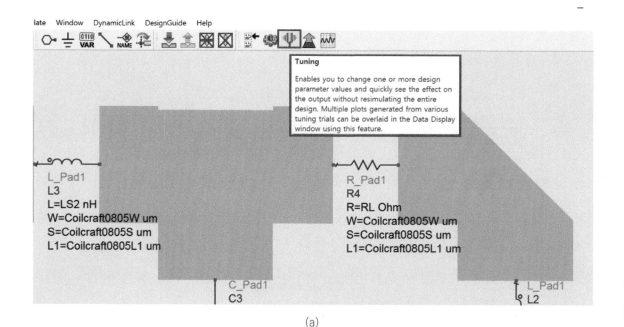

(a)

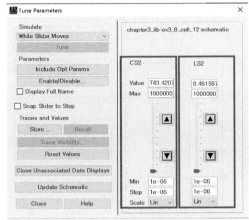
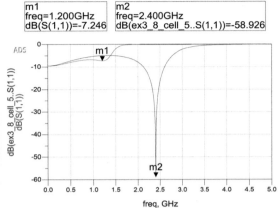

(b)

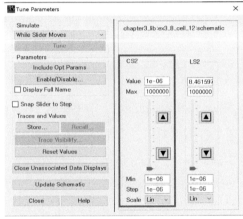
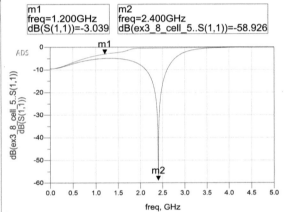

(c)

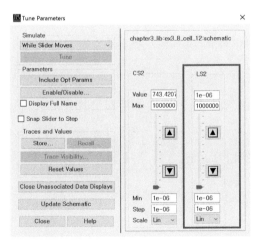
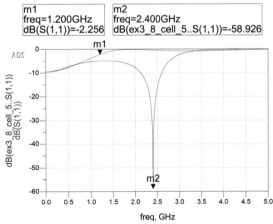

(d)

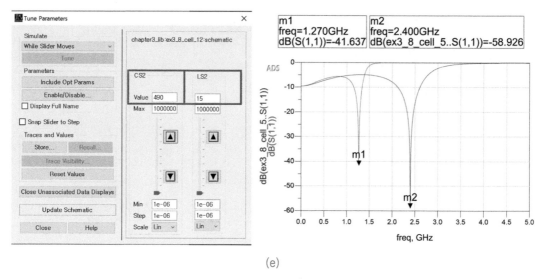

(e)

그림 3-146 (a) "Tuning" 아이콘의 위치, (b) "Tune Parameters" 윈도우와 CS2와 LS2의 "nominal value"에 대한 주파수 응답 특성, (c) CS2의 최솟값에 대한 주파수 응답 특성, (d) LS2의 최솟값에 대한 주파수 응답 특성, (e) CS2 = 490, LS2 = 15로 입력했을 때 주파수 응답 특성

그림 3-146 (a)에 보인 바와 같이, Schematic Window의 "Tuning" 아이콘을 클릭하면 조정 ("Tuning") 기능이 활성화 된다. 조정 ("Tuning") 기능이 활성화되면 그림 3-146 (b)의 좌측에 보인 "Tune Parameters"라는 윈도우가 팝업 된다. 그림 3-146 (b)의 "Tune Parameters" 윈도우 우측에 표시된 것처럼 CS2와 LS2 "nominal value", "Max", "Min" 값이 표시되어 있고, 값을 조정할 수 있는 상하 버튼과 마우스로 움직일 수 있는 눈금자가 있다. 이 기능들을 이용하여 "Value"를 조정하거나 "Value"에 사용자가 직접 값을 입력할 수도 있다. 그림 3-146 (b)의 우측 그래프는 CS2와 LS2의 "nominal value"가 입력됐을 때 회로의 주파수 응답 특성이다. 그림 3-146 (c)와 (d)에는 각각 CS2와 LS2에 최솟값 (1e-6)을 입력했을 때 각 그림 우측에 회로의 주파수 응답 특성을 보였다. 많은 변화가 보이지 않는다.

그림 3-146 (e)에는 CS2와 LS2에 각각 490과 15를 입력했을 때 우측에 회로의 주파수 응답 특성을 보였다. 1.27 GHz에서 반사 손실이 41.637 dB를 보인다. 하지만, 조정 ("Tuning") 기능을 이용하여 2.4 GHz에서 반사 손실이 40 dB 이상이 되도록 조정 ("Tuning") 할 수가 없다.

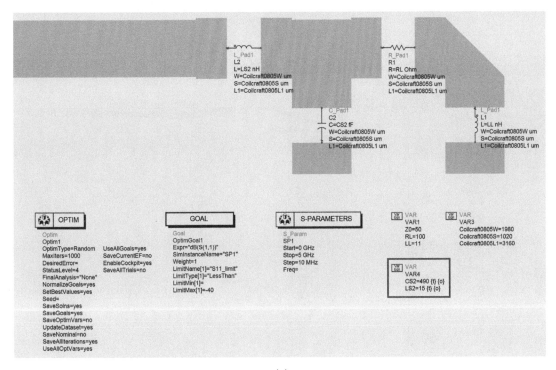

(a)

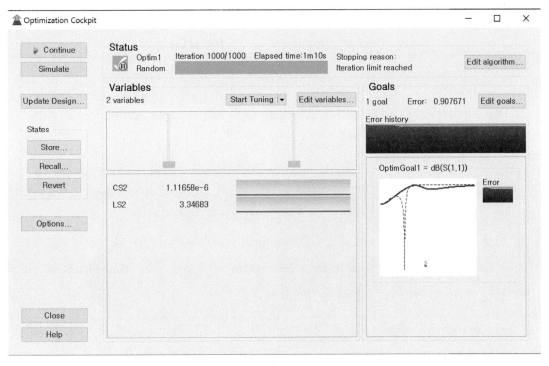

(b)

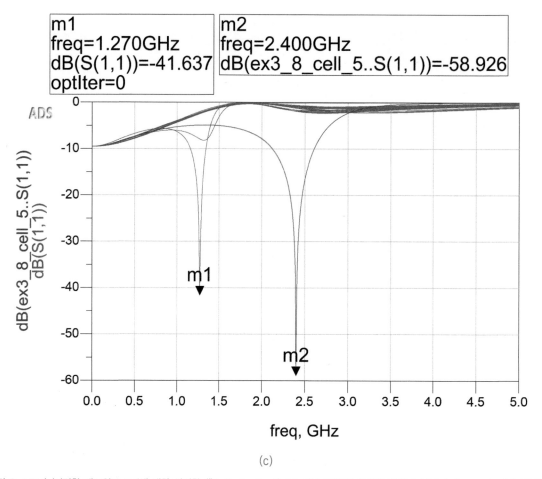

(c)

그림 3-147 (a) '정합 네트워크 #2'에 대한 최적화 ("Optimization") 기능을 이용하기 위하여 생성된 ADS Schematic, (b) 최적화 ("Optimization") 과정이 종료된 "Optimization cockpit" 윈도우 상태, (c) 최적화 ("Optimization")가 종료된 후 "Data Display Window"에 표시된 최적화 과정에서 발생한 주파수 응답의 변화 과정

그림 3-137 (b)에 보인 '정합 네트워크 #2'에 대하여 최적화 ("Optimization") 기능을 이용하기 위하여 그림 3-147 (a)에 보인 바와 같이 ADS Schematic을 생성하였다. 그림 3-147 (a)의 하단에 표시된 적색 박스의 "VAR4"의 CS2와 LS2의 "nominal value" 우측에 "{t}"와 "{o}"가 함께 표시된 것을 확인할 수 있다. "VAR4" "Edit Instance Parameters" 윈도우에 있는 "Tune/Opt/Stat/DOE Setup…" 버튼을 사용하여 "{t}"와 "{o}"을 동시에 표시할 수 있다.

최적화 ("Optimization") 기능을 사용하였지만, 그림 3-147 (b)와 (c)에 보인 바와 같이 2.4 GHz에서 반사 계수의 크기를 -40 dB 미만이 되는 CS2와 LS2의 최적화 해를 찾는데 실패했다.

사실, 이와 같은 결과는 '정합 네트워크 #1'의 최적화 ("Optimization") 과정에서 예견됐던 것이다. 왜냐하면, 표 3-5에 보인 바와 같이 LS1의 변화량이 26.152263 nH라는 것은 인덕터 패드 주변에 유도성 기생 소자 (inductive parasitic element)가 26.152263 nH 존재한다는 것이다. 따라서, LS2를 최솟값 (1e-6)으로 줄인다고 해도 유도성 기생 소자 때문에 매우 큰 인덕터가 존재하는 형국이다. 매우 큰 유도성 기생 소자를 상쇄하기 위하여 LS2는 커패시터로 교체해야 한다. 하지만 LS2를 커패시터로 교체하면 CS2는 반드시 인덕터로 교체해야 한다. 그렇지 않으면, 직렬 커패시터와 병렬 커패시터의 정합 네트워크 구조가 되는데, 이럴 경우 부하 임피던스를 50Ω 전송 선로에 정합하는 것은 불가능하다. LS2를 커패시터로 교체하고 CS2를 인덕터로 교체하면 결국 '정합 네트워크 #1'의 정합 네트워크 구조가 되므로 '정합 네트워크 #2' 는 FR4 기판에서 부하 임피던스를 50Ω 전송 선로에 정합할 수 없다는 결론을 도출할 수 있다. 따라서, '정합 네트워크 #2'로 조정 ("Tuning")과 최적화 ("Optimization")를 실패한 것은 ADS의 문제라기 보다는 FR4 기판에 대한 '정합 네트워크 #2'의 정합 네트워크 구조로부터 기인한 것으로 결론내릴 수 있다.

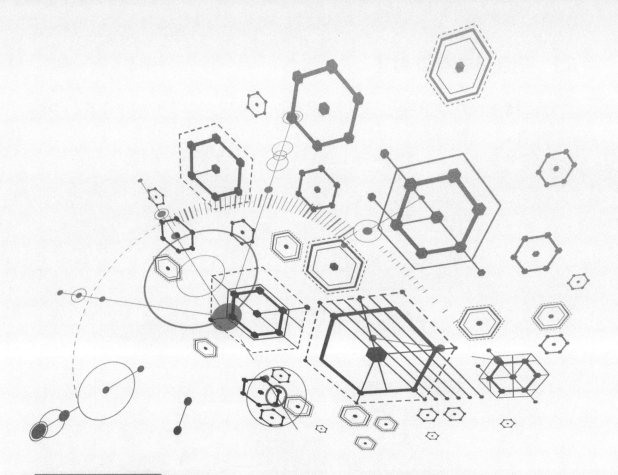

CHAPTER 4

안테나 해석과 설계

4.1 안테나 해석과 설계

전송 선로와 다양한 회로 부품이 포함된 RF/마이크로파 회로 해석과 설계를 위한 ADS를 사용 방법을 2장과 3장을 통하여 자세히 설명하였다. ADS를 이용한 RF/마이크로파 회로 시뮬레이션은 다음과 같은 순서도에 보인 절차를 통해 회로를 해석하고 설계한다.

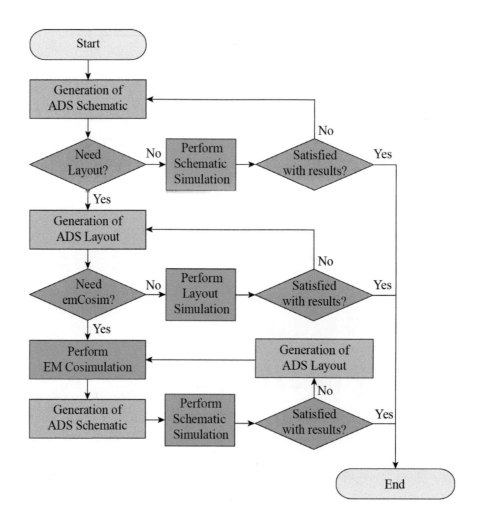

RF/마이크로파 회로 시뮬레이션의 경우 ADS Schematic으로부터 ADS Layout을 생성할 수도 있고, ADS Schematic을 거치지 않고 곧바로 ADS Layout을 생성할 수도 있다. 하지만, 안테나의 경우 정형화된 회로 부품이 아니기 때문에 위의 순서도에서 Generation of ADS Schematic과 Perform Schematic Simulation은 생략하고 곧바로 ADS Layout을 생성하여 Layout Simulation을 수행하는 것이 일반적인 안테나 해석과 설계 순서이다. 사용자의 필요에 따라 안테나의 emCosim 모델을 생성하

여 Schematic Simulation의 회로 부품으로 사용할 수도 있을 것이다.

4장에서는 ADS의 Layout Simulation을 이용하여 두 종류의 안테나를 해석하고 설계하는 과정을 설명한다. 첫번째 안테나는 반파장 다이폴 안테나 (half-wavelength dipole antenna)이다. 반파장 다이폴 안테나는 모노폴 안테나 (monopole antenna)와 함께 선형 도선 (linear wire) 안테나의 대표적인 예이며 가장 구조가 간단한 안테나이다. 이상적인 완전 반파장 다이폴 안테나는 단파 (HF 대역 3 ~ 30 MHz)대역과 초단파 (VHF 대역 30 ~ 300 MHz) 대역에서 사용되는 다양한 안테나의 성능을 측정하는 기준이 되는 표준 안테나로 사용된다. 반파장 다이폴 안테나는 매우 간단한 구조의 안테나이며, 실제로 널리 사용되는 안테나이기 때문에 안테나 교재의 첫번째 분석 대상으로 꼽힌다. 간단한 구조의 안테나이지만 수학적 분석은 간단치 않다. 수학적 분석을 통하여 얻은 반파장 다이폴 안테나의 특성을 ADS의 Layout Simulation을 통하여 해석하고 안테나 특성을 분석하는 것은 수학적 이론으로 분석된 특성을 수치 해석적 시뮬레이션을 통하여 확인하는 의미가 있다.

두번째 안테나는 마이크로스트립 사각형 패치 안테나 (microstrip rectangular patch antenna)이다. 마이크로스트립 라인 구조를 안테나에 적용시킨 다양한 마이크로스트립 안테나의 한 종류이다. 마이크로스트립 안테나는 평판 구조이기 때문에 평판 또는 비평판 표면에 쉽게 장착이 가능하며, PCB 제작 기술 또는 집적 회로 제작 기술과 제작 호환성이 뛰어나고, 제작 비용이 비교적 저렴하여 각종 통신 시스템 개발에서 각광 받고 있는 안테나이다. 마이크로스트립 패치 모양을 다양하고 쉽게 바꿀 수 있기 때문에 동작 주파수, 편파, 복사 패턴, 임피던스에 관한 다양한 요구에 대응할 수 있는 장점도 있다. 하지만, 마이크로스트립 안테나를 수학적으로 해석하는 것은 쉬운 일이 아니다. ADS의 Momentum Microwave 시뮬레이터는 평판 회로의 해석에 특히 강점을 보이기 때문에, 마이크로스트립 사각형 패치 안테나를 ADS를 이용하여 해석하고 설계할 수 있게 되면, 다양한 모양의 마이크로스트립 안테나의 설계할 수 있는 기반이 될 것이다.

4.2 반파장 다이폴 안테나 (half-wavelength dipole antenna)

EXERCISE

공기 중에서 동작하며 동작 주파수가 2.4 GHz인 반파장 다이폴 안테나 (half-wavelength $\left(\frac{\lambda}{2}\right)$ dipole antenna)를 설계하고, 설계된 안테나의 공진 주파수에서의 (a) 반사 계수, (b) 입력 임피던스, (c) 안테나 이득을 구하시오.

가. Layout Window 설정

4장 서두에서 언급한 것처럼 안테나는 정형화된 회로 부품이 아니므로 Layout Window를 생성하여 안테나 레이아웃을 설계해야 한다. 레이아웃을 설계하기 위하여 기판 정의를 먼저 하는 것이 좋다. 반파장 다이폴 안테나는 도선 (wire)의 반지름을 a 라고 할 때, 이 도선의 지름 ($2a$)이 파장과 비교하여 매우 작은 도선으로 제작하는 것이 일반적이다. 하지만, 이 문제에서는 기판을 공기로 설정하고, 도선은 기판의 도체로 구현한다고 가정하고 설계한다. 이 문제를 위하여 "ex4_1_wrk"라고 명명된 Workspace를 생성한다. 그리고 그림 4-1에 보인 바와 같이 ADS Main Window에서 "New Layout Window" 아이콘을 클릭하여 Layout Window를 생성한다.

그림 4-1 ADS 주 윈도우(부분)에서 "New Layout Window" 아이콘 위치

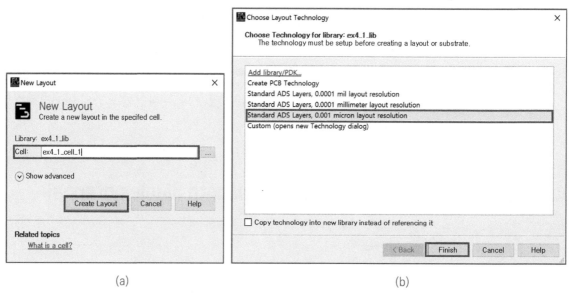

(a)   (b)

그림 4-2 (a)"New Layout" 윈도우, (b) "Choose Layout Technology" 윈도우

그림 4-2 (a)와 같이 "New Layout" 윈도우가 팝업 되면 "Cell:" 이름을 입력하고 "Create Layout" 버튼을 클릭한다. 그림 4-2 (b)와 같이 "Choose Layout Technology" 윈도우가 팝업 되면, "Standard ADS Layers, 0.001 micron layout resolution" 항목을 선택하고, "Finish" 버튼을 클릭한다. 그림 4-3에 보인 바와 같은 Layout Window가 팝업 된다.

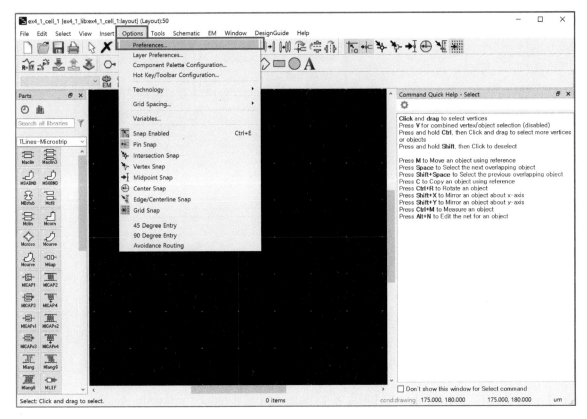

그림 4-3 전형적인 "Layout Window"

그림 4-3에 보인 바와 같이 "Options – Preferences…" 풀다운 메뉴를 클릭하면, 그림 4-4에 보인 바와 같이 "Preferences for Layout" 윈도우가 팝업 된다. "Unit/Scale" 탭에서 "Length"가 "um"로 설정되어 있는 것을 확인하고, "Grid/Snap" 탭을 선택한 후, 그림 4-4에 보인 바와 같이 설정한다.

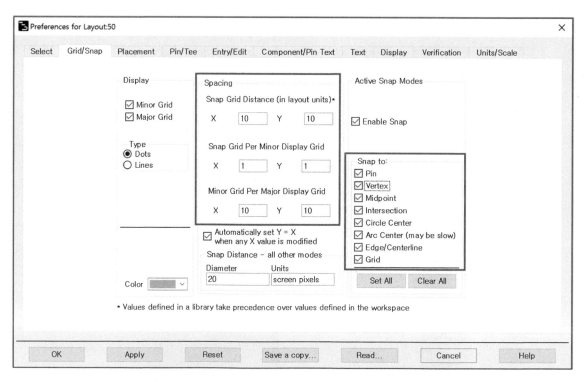

그림 4-4 "Preferences for Layout" 윈도우의 "Grid/Snap" 탭 설정

첫째, 그림 4-4의 우측에 표시된 것처럼, "Snap to:" 항목을 모두 선택한다. ADS Layout을 생성할 때 도움이 되는 "Snap" 기능들이다. 예를 들면, "Midpoint"는 ADS Layout에 있는 도형의 중앙점 (midpoint)에 근접하면 마우스의 커서 또는 다른 도형이 자동으로 달려들게 ("snap")되는 것이다.

둘째, 그림 4-4의 "Spacing" 메뉴에서 "Snap Grid Distance (in layout units)*"의 "X"와 "Y" 항목에 "10", "10"으로 설정한다. "X"와 "Y"는 Layout Window의 수평축과 수직축을 의미한다. "10"으로 "Snap Grid Distance (in layout units)*"를 설정하면, Layout Design을 할 때, 모든 선을 "X"와 "Y" 방향으로 정확하게 $10\mu m$씩 증가 또는 감소시킬 수 있다. "Snap Grid Per Minor Display Grid"는 "1"로 설정한다. "Minor Display Grid" 사이의 거리가 $10\mu m$가 됨을 의미한다. "Minor Grid Per Major Display Grid"는 "10"으로 설정한다. 큰 점 ("Major Display Grid") 2개 사이에 작은 점 ("Minor Grid") 9개가 표시됨을 의미한다. 큰 점 사이에 작은 점이 9개가 있는 것을 확인할 수 있다. 이 작은 점 사이의 거리를 확인해보기 위하여, "Insert – Ruler"를 선택하여 실제 거리를 측정할 수 있다.

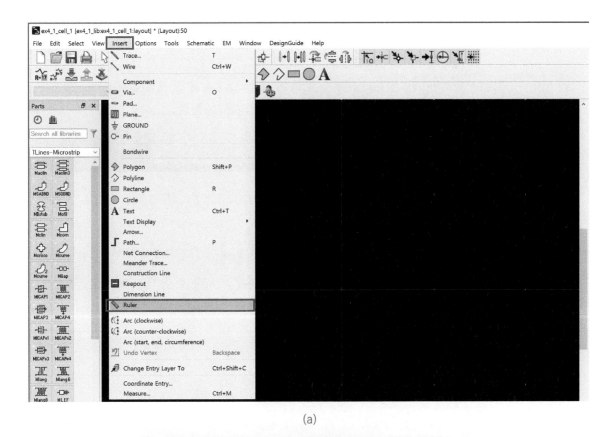

(a)

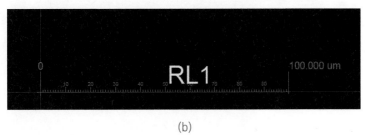

(b)

그림 4-5 (a) Layout Window의 "Ruler" 위치, (b) "Ruler"를 사용하여 "Grid" 사이의 거리 측정 예시

그림 4-5 (b)에 보인 바와 같이, 큰 점 사이에 작은 점이 9개 있고, 작은 점 사이의 거리는 $10\mu m$이며 큰 점과 큰 점 사이는 $100\mu m$임을 그림 4-5 (b)에 보인 바와 같이 확인할 수 있다. "Ruler"를 선택하면, 매우 큰 점선 열십 자 교차 점이 큰 점 또는 작은 점 위에 정확하게 일치하면서 움직이는 것을 확인할 수 있다. 이와 같이 열십자 교차 점이 큰 점 또는 작은 점 위에 정확하게 일치하는 것은 "Snap" 기능을 사용하고 있기 때문이다. 또한, 열십 자 교차 점이, "X" 또는 "Y" 방향으로 정확하게 $10\mu m$씩 증가하거나 감소하는 것을 확인할 수 있을 것이다. 앞서 "Snap Grid Distance (in layout units)*"의 "X"와 "Y" 항목에 "10", "10"으로 설정했기 때문이다.

나. 다이폴 안테나에 대한 ADS Layout 생성

그림 4-6 Layout Window(부분)의 "Insert Path" 아이콘 위치

그림 4-6에 보인 바와 같이 "Insert Path" 아이콘을 클릭하면 그림 4-7에 보인 바와 같이 "Path" 윈도우가 팝업 된다. "Width (um)"를 1300으로 설정하고, "End style"과 "Corner type"은 각각 "Square"와 "Miltered"로 설정한다.. 그림 4-7 중앙 하단에 표시된 옥색 열십자 교차점은 Layout Window의 원점이고 좌표 값이 (0,0)이다.

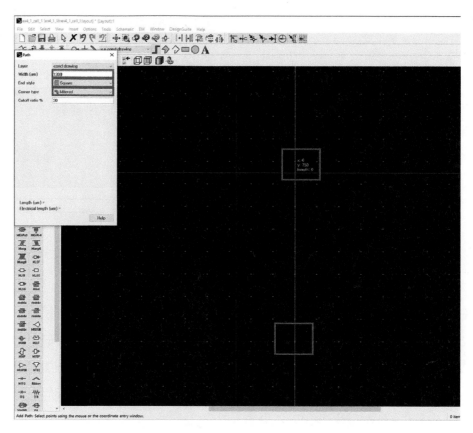

그림 4-7 Layout Window(부분)의 "Path" 윈도우 설정

그림 4-7 중앙 상단에 보인 바와 같이 안테나 레이아웃 시작점을 좌표점 (0, 750)으로 하여 마우스를 클릭한 후 그림 4-8 (a)에 보인 바와 같이 "dx: 0", "dy: 50", "length: 50"가 되도록 Y 축 방향으로 마우스를 수직 이동한 지점에서 마우스를 더블 클릭하면 그림 4-8 (b)와 같이 직각 사각형이 그려진다. 이 사각형의 실제 크기를 측정하기 위하여 "Ruler" 기능을 이용하면, 직각 사각형의 크기는 그림 4-8 (b)에 보인 바와 같이 $1300\mu m \times 1350\mu m$이다.

"Path"를 이용하여 안테나 패턴을 그릴 때 "Width"를 1300으로 설정하였고, 시작점의 좌표점은 (0, 750)이었다. "Path"는 시작점 좌표를 기준으로 초기 설정한 "Width"의 절반 – 이 경우는 650 –에 해당하는 길이만큼 좌우와 상하단에 패턴을 자동으로 연장한다. 그림 4-8의 경우 Y 축의 양의 방향으로 50 만큼 이동했기 때문에 Y 축 방향으로의 길이가 $1300\mu m$가 된 것이다.

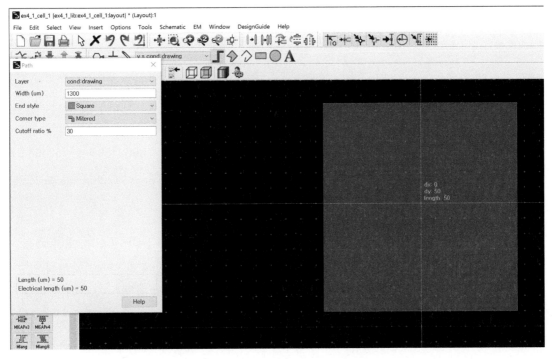

(a)

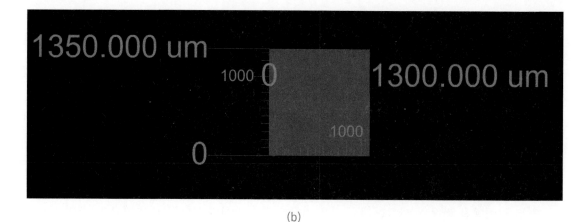

(b)

그림 4-8 (a) "Path"를 이용한 사각형 패턴 그리기 (b) "Ruler"를 이용한 사각형 패턴의 길이 측정

2.4 GHz 전자파의 공기 중에서의 파장은 아래 식의 계산으로 얻을 수 있다.

$$\lambda = \frac{c}{f} = \frac{\frac{1}{\sqrt{\mu_0 \epsilon_0}}}{2.4 \times 10^9} = 0.124914 \ m$$

반파장 다이폴 안테나의 길이는 파장의 절반이므로, $l = 0.5\,\lambda = 0.0624568\,m = 62458.6\,\mu m$이다. 따라서, 반파장 다이폴 안테나의 'Arm #1'의 길이 $\frac{\ell}{2} = 0.0312284\,m = 31228.4\,\mu m \cong 31220\,\mu m$으로 설정한다.

$31220\,\mu m$ 길이로 늘이기 위한 방법은 다음과 같다. 일단, 그림 4-8 (b)에 보인 "Ruler"를 지운 후 직각 사각형을 마우스로 클릭하면 그림 4-9 (a)에 보인 바와 같이 중앙에 작은 정사각형이 있고 정사각형의 상하에 이 직각 사각형 패턴의 시작점과 끝점을 의미하는 작은 원이 표시되어 있다. 그림 4-9 (a)의 상단의 작은 원에 마우스 포인터를 올려 놓으면 작은 상하 화살표 모양으로 바뀌는 것을 확인할 수 있다. 이 상하 화살표 모양을 유지하며 마우스를 클릭하면 그림 4-9 (b)에 보인 바와 같이 바뀐다. 이 상태에서 마우스를 위로 움직이면 "Path"가 길어지게 된다. 그림 4-9 (b)의 "dx = 0"으로 유지하면서, "dy = 29870"으로 증가시켜야 반파장 다이폴 안테나의 'Arm #1'의 길이가 $31220\,\mu m$가 된다.

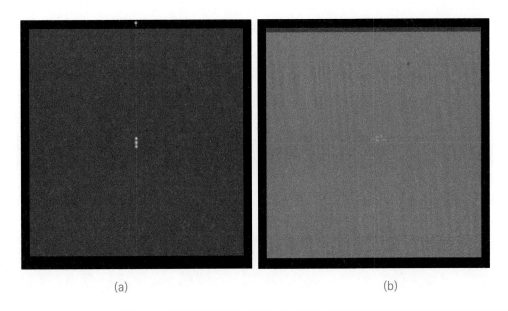

(a)   (b)

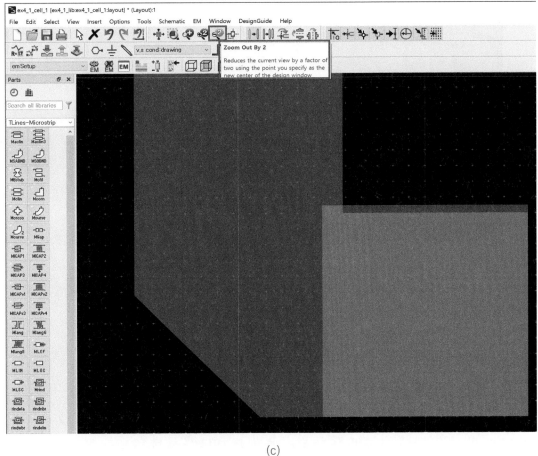

(c)

그림 4-9 (a)"Path"를 선택하면 보이는 분홍색 선과 작은 원 (b) 상단의 작은 원위에 마우스 포인터를 놓고 클릭한 후의 모습, (c) "Zoom Out By 2" 아이콘의 위치

하지만, Layout Window에 공간이 부족하다. 이럴 경우 매유 유용한 ADS 사용 팁이 있다. 그림 4-9 (c)에 보인 바와 같이 "Zoom Out By 2" 아이콘을 사용자의 필요에 따라 여러번 클릭하면 Layout Window의 공간이 상대적으로 넓어지는 것을 확인할 수 있다. Layout 공간이 상대적으로 넓어지기 때문에 직사각형 패턴은 상대적으로 작아지는 것을 확인할 수 있다.

그림 4-10 (a)에 보인 바와 같이, 목표한 "dy = 29870" 값까지 도달하면 마우스를 더블 클릭한다. 실제 길이를 "Ruler"를 이용하여 측정하면 그림 4-10 (b)에 보인 바와 같이 $31220 \mu m$임을 확인할 수 있다. 그림 4-10에 보인 Layout Design은 실제 Layout Design을 회전 시킨 모습이다.

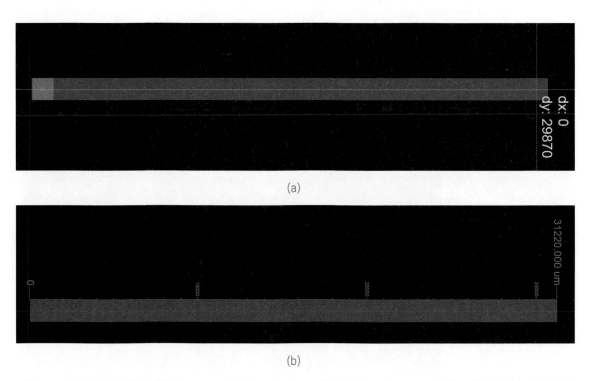

그림 4-10 (a) 반파장 다이폴 안테나의 'Arm #1'의 길이가 $31220 \mu m$가 되도록 "dy = 29870" 값까지 도달한 상태 (b) 반파장 다이폴 안테나의 'Arm #1'의 길이가 $31220 \mu m$임을 "Ruler"로 확인함

반파장 다이폴 안테나의 'Arm #2'는 'Arm #1'을 그린 방법과 동일한 방법으로 그릴 수도 있지만, 더욱 간단한 방법은 복사와 붙여넣기 (copy & paste)를 활용하는 것이다. 그림 4-10 (b)에 보인 반파장 다이폴 안테나 'Arm #1'을 마우스로 선택한 후 Ctrl+c와 Ctrl+v를 실행하면 그림 4-11 (a)에 보인 바와 같이 동일한 패턴의 'Arm #2'를 얻을 수 있다. 'Arm #2'를 마우스로 클릭하여 선택한 후 'Arm #1'의 하단에 그림 4-11 (b)에 보인 바와 같이 이동시킨다.

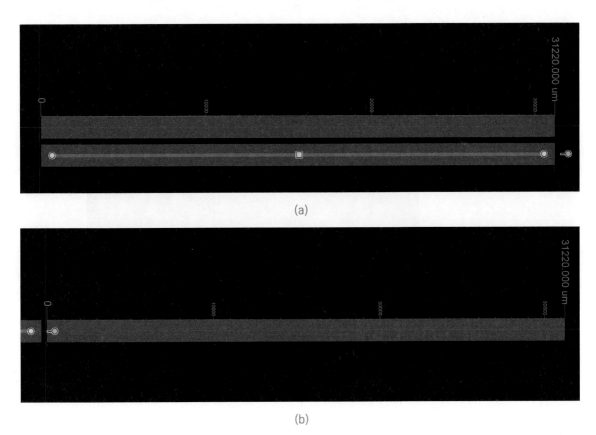

(a)

(b)

그림 4-11 (a) Ctrl+c와 Ctrl+v를 활용하여 'Arm #1'과 동일한 패턴 'Arm #2'를 생성함, (b) 'Arm #2'를 'Arm #1'의 하단으로 이동함

Layout Window에서 사용자가 원하는 부분을 "Zoom In"하려면 그림 4-12 (a)에 보인 "Zoom In To a Designated Area" 아이콘을 사용하면 된다. 그림 4-12 (b)에 보인 바와 같이 "Zoom In To a Designated Area" 아이콘을 클릭한 후 사용자가 원하는 부분을 지정하기 위하여 왼쪽 위에서 오른쪽 아래로 마우스를 이용하여 사각형을 그린 후 클릭한다.

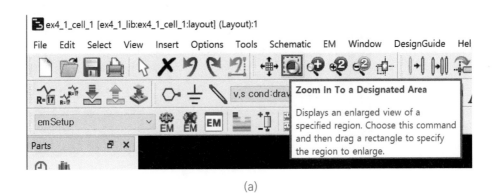

(a)

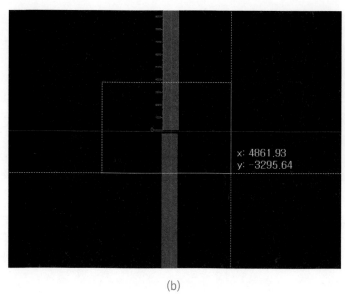

(b)

그림 4-12 (a)"Zoom In To a Designated Area" 아이콘 위치, (b) "Zoom In To a Designated Area" 아이콘을 클릭한 후 사용자가 원하는 부분을 지정하는 모습

이 안테나의 ADS Layout을 완성하기 위하여 'Arm #1'과 'Arm #2'의 급전부 (feeding point) edge가 정확하게 정렬되어야 하며, X 축 대칭이 되어야 한다. 그림 4-13 (a)에 보인 반파장 다이폴 안테나의 대략적인 레이아웃 설계에서 급전부를 "Zoom In"하여 그림 4-13 (b)에 보였다. 그림 4-13 (b)에서 확인할 수 있듯이 안테나 급전부가 Layout Window의 원점 (0,0)에 대하여 X 축 대칭이 아님을 확인할 수 있다.

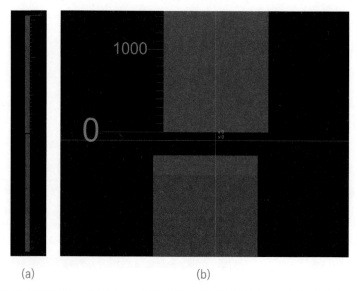

(a)   (b)

그림 4-13 (a) 반파장 다이폴 안테나의 'Arm #1'과 'Arm #2'를 대략적으로 배치한 모습, (b) (a)의 안테나 급전부를 "Zoom In"한 모습

'Arm #2'를 'Arm #1'의 X 축의 대칭점에 놓기 위하여 그림 4-13 (b)에 보인 급전부를 보다 더 확대하여 그림 4-14 (a)에 보인 바와 같이 "Major Display Grid" 눈금이 보이도록 한다. 보다 더 "Zoom In"을 하면 그림 4-14 (b)와 같이 "Minor Display Grid"가 보이게 된다.

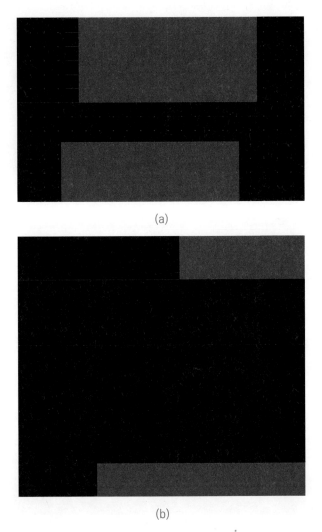

(a)

(b)

그림 4-14 (a) 'Arm #1' (상단)과 'Arm #2' (하단) 사이에 "Major Display Grid"가 표시된 상태, (b) 'Arm #1' (상단)과 'Arm #2' (하단) 사이에 "Major Display Grid"와 "Minor Display Grid"가 동시에 표시된 상태

"Preferences for Layout" 윈도우에서 "Snap Grid Per Minor Display Grid"는 "1"로 설정하였고, "Minor Display Grid" 사이의 거리가 $10\mu m$로 설정하였다. 따라서, 그림 4-14 (b)의 하단에 있는 'Arm #2'의 좌측 꼭지점에 최대한 가깝게 마우스 포인터로 놓은 다음 'Arm #2'를 선택하면 'Arm #2'를 $10\mu m$씩 쉽게 이동시킬 수 있다.

그림 4-15에 보인 바와 같이 'Arm #2'의 좌측 상단 꼭지점 (그림 4-15의 좌측 패턴)과 'Arm #1'의 좌측 하단 꼭지점 (그림 4-15의 우측 패턴) 사이의 거리가 정확하게 $200\,\mu m$ 임을 "Ruler" 기능을 이용하여 확인할 수 있다.

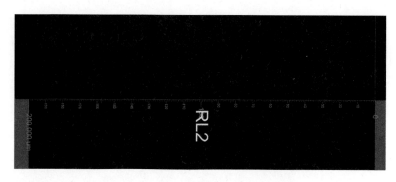

그림 4-15 'Arm #2'의 좌측 상단 꼭지점 (그림 4-15의 좌측 패턴)과 'Arm #1'의 좌측 하단 꼭지점 (그림 4-15의 우측 패턴) 사이의 거리 측정

'Arm #1' (그림 4-16 (a)의 상단 패턴)의 좌측 하단 꼭지점의 좌표는 그림 4-16 (a)에 보인 바와 같이 (-650, 100)이다. 'Arm #2' (그림 4-16 (b)의 하단 패턴)의 우측 상단 꼭지점의 좌표는 그림 4-16 (b)에 보인 바와 같이 (650, -100)이다. 따라서, 반파장 다이폴 안테나의 'Arm #1'과 'Arm #2'는 X 축과 Y 축에 대하여 정확히 대칭인 구조임을 보여준다. 그림 4-17에 완성된 반파장 다이폴 안테나의 레이아웃 설계를 보였다.

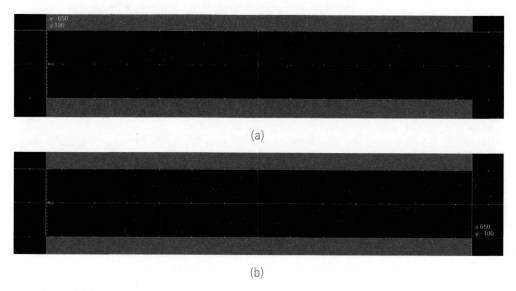

(a)

(b)

그림 4-16 (a) "Ruler"의 edge에 자동 "snap"된 'Arm #2', (b) 'Arm #1'과 'Arm #2'가 정확하게 정렬된 모습

그림 4-17 완성된 반파장 다이폴 안테나 레이아웃 설계

다. 기판 (Substrate)의 정의

문제에서 주어진 조건으로 반파장 다이폴 안테나는 공기 중에서 동작하도록 시뮬레이션 해야 한다. 그림 4-18에 보인 바와 같이 Layout Window의 "Substrate Editor" 아이콘을 클릭하여 공기 기판을 정의한다.

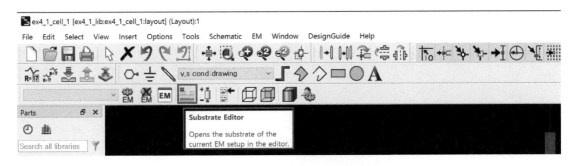

그림 4-18 "Substrate Editor" 아이콘

이 아이콘을 클릭하면 그림 4-19 (a)에 보인 바와 같이 "Information Message" 윈도우가 팝업된다. "OK" 버튼을 클릭하면 "New Substrate" 윈도우가 그림 4-19 (b)에 보인 바와 같이 팝업된다. 이 윈도우의 "File name"에 "air_substrate"라고 입력하고 "Template"는 "25milAlumina" 상태를 유지하고 "Create Substrate"을 클릭한다.

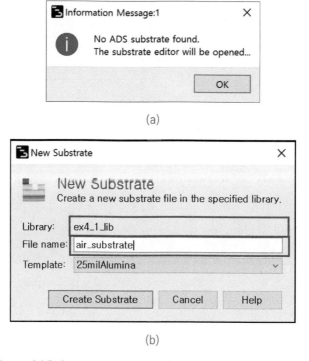

(a)

(b)

그림 4-19 (a) "Information Message" 윈도우, (b) "New Substrate" 윈도우

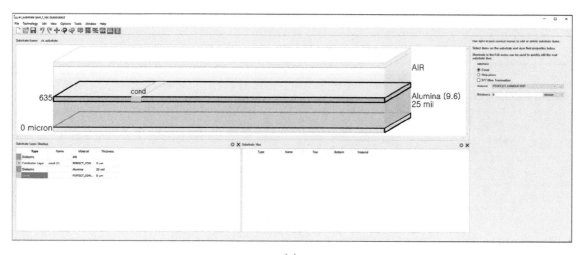

(a)

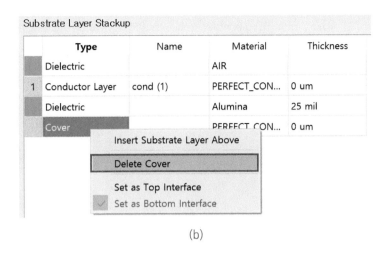

(b)

그림 4-20 (a) "air_substrate" 윈도우, (b) "Cover"를 선택하고 마우스의 오른쪽 버튼을 누르면 풀다운 메뉴가 나옴

그림 4-20 (a)에 보인 바와 같이 "air_substrate" 윈도우가 팝업 된다. 이 윈도우의 좌측 하단에 있는 "Substrate Layer Stackup" 표의 "Type" 칼럼에 있는 "Cover"를 그림 4-20 (a)에 보인 바와 같이 선택하고, 그림 4-20 (b)에 보인 바와 같이 마우스의 오른쪽 버튼을 누르면 풀다운 메뉴가 보인다. 이 풀다운 메뉴에서 "Delete Cover"를 클릭한다. 3장에서 설명한 바와 같이 기판의 "Cover"는 무한히 넓은 GND면을 의미하는데, 반파장 다이폴 안테나의 경우 무한히 넓은 GND면이 존재하면 안된다. 따라서, 기판의 "Cover"를 삭제하는 것이다.

"Delete Cover"를 클릭하면 그림 4-21 (a)에 보인 바와 같이 "Substrate Layer Stackup" 표의 "Type" 컬럼에 있던 "Cover"가 삭제된 것을 확인할 수 있다. 그림 4-21 (a)와 같이 "Dielectric"을 선택하면, "air_substrate" 윈도우 우측 메뉴가 그림 4-21 (b)와 같이 보인다. 그림 4-21 (c)에 보인 바와 같이 "Material" 풀다운 메뉴에서 "AIR"를 선택하면 "Substrate Layer Stackup" 표의 "Material" 칼럼이 "AIR"로 바뀐 것을 확인할 수 있다.

Substrate Layer Stackup

	Type	Name	Material	Thickness
	Dielectric		AIR	
1	Conductor Layer	cond (1)	PERFECT_CON...	0 um
	Dielectric		Alumina	

(a)

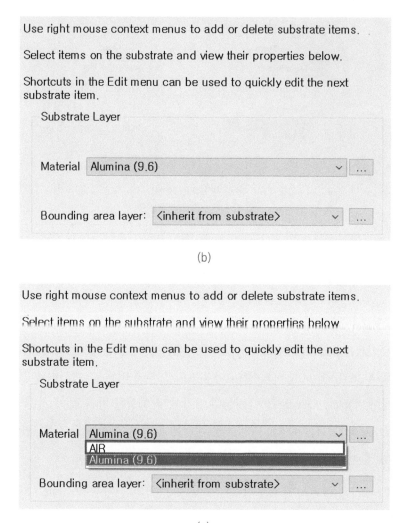

Use right mouse context menus to add or delete substrate items.

Select items on the substrate and view their properties below.

Shortcuts in the Edit menu can be used to quickly edit the next substrate item.

Substrate Layer

Material   Alumina (9.6)

Bounding area layer: \<inherit from substrate\>

(b)

Use right mouse context menus to add or delete substrate items.

Select items on the substrate and view their properties below.

Shortcuts in the Edit menu can be used to quickly edit the next substrate item.

Substrate Layer

Material   Alumina (9.6)
            AIR
            Alumina (9.6)

Bounding area layer: \<inherit from substrate\>

(c)

그림 4-21 (a) "Cover"가 삭제되고 "Dielectric"이 기판의 가장 하단에 존재함, (b) (a)에 보인 바와 같이 "Dielectric"을 선택하면, "air_substrate" 윈도우 우측에 보이는 메뉴, (c) "Dielectric"의 "Material"을 "AIR"로 변경하는 과정

다시 "Substrate Layer Stackup" 표로 돌아가서 "Conductor Layer"를 선택하면, "air_substrate" 윈도우 우측 메뉴가 그림 4-22와 같이 변경된다. 그림 4-22 (a)의 적색 박스로 표시된 "Conductor Layer" 메뉴의 "Material" 메뉴의 가장 우측의 "…" 버튼을 클릭하면 그림 4-23 (a)에 보인 바와 같이 "Material Definitions" 윈도우가 팝업된다.

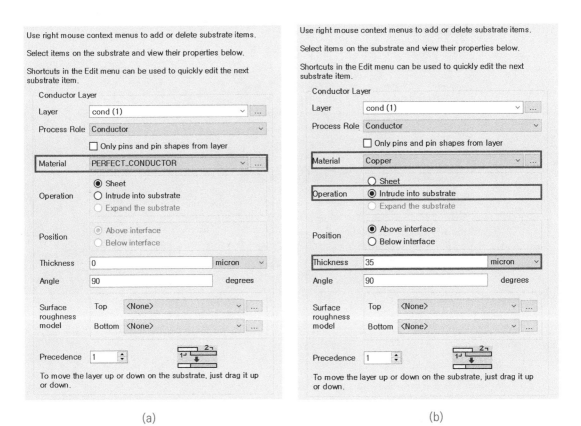

그림 4-22 (a) "Conductor Layer"를 선택했을 때의 "air_substrate" 윈도우 우측 메뉴 (b) "Conductor Layer"의 설정 변경

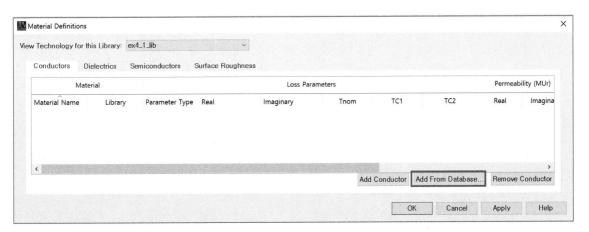

(a)

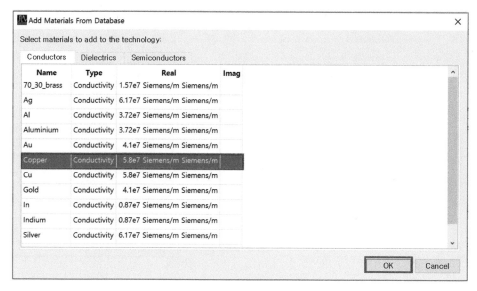

(b)

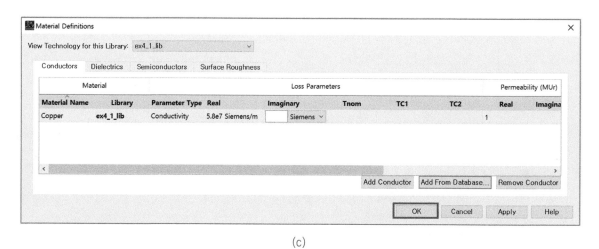

(c)

그림 4-23 (a) "Material Definitions" 윈도우, (b) "Add Materials From Database" 윈도우, (c) "Material Definitions" 윈도우에 추가된 "Copper"

그림 4-23 (a)에 보인 "Material Definitions" 윈도우의 "Add From Database…" 버튼을 클릭하면, "Add Materials From Database" 윈도우가 그림 4-23 (b)에 보인 바와 같이 팝업된다. "Copper"를 선택하고 "OK" 버튼을 클릭하면, 그림 4-23 (c)에 보인 바와 같이 "Copper"가 추가되어 있음을 확인할 수 있다. "Material Definitions" 윈도우의 "OK" 버튼을 눌러 윈도우를 닫는다.

그림 4-22 (b)에 보인 바와 같이 "Material"은 "Copper"로 변경하고, "Operation"은 "Intrude into substrate"로 변경하고, "Thickness"는 "35 micron"으로 설정한다.

이상의 과정으로 정의된 공기중에서 동작하는 반파장 다이폴 안테나 시뮬레이션 기판인 "air_substrate" 윈도우를 그림 4-23 (a)에 보였고, 그림 4-23 (a)의 좌측 중간에 표시된 적색 박스로 표시된 "Substrate Layer Stackup" 표를 그림 4-23 (b)에 확대해 보였다. "Conductor Layer" 상하층에 모두 "AIR"로 정의되어 있는 것을 확인할 수 있다.

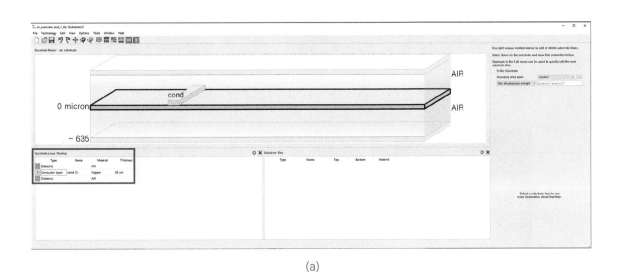

(a)

Substrate Layer Stackup

	Type	Name	Material	Thickness
	Dielectric		AIR	
1	Conductor Layer	cond (1)	Copper	35 um
	Dielectric		AIR	

(b)

그림 4-23 (a) "air_substrate" 윈도우, (b) "air_substrate" 윈도우의 "Substrate Layer Stackup" 표 확대 모습

라. 포트 ("Port")의 정의

반파장 다이폴 안테나의 입력 포트를 정의하기 위하여 일단 "Pin"을 정의해야 한다. 반파장 다이폴 안테나는 입력 포트가 2개이므로, 2개의 "Pin"을 정의한다. 그림 4-24 (a)에 보인 바와 같이 "Insert Pin" 아이콘을 클릭한다. "Insert Pin"을 클릭하면 그림 4-24 (b)에 보인 바와 같이 "Create Pin" 윈도우가 팝업된다.

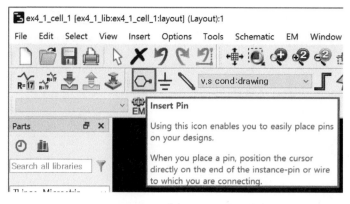

(a)

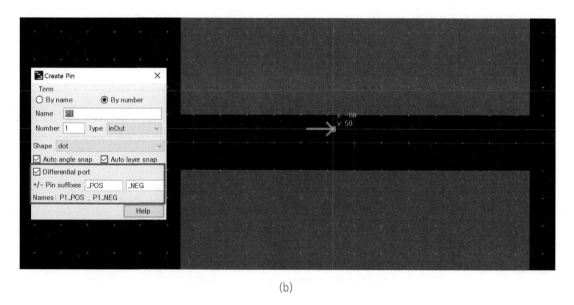

(b)

그림 4-24 (a) "Insert Pin" 아이콘의 위치, (b) "Create Pin" 윈도우

반파장 다이폴 안테나의 포트를 정의할 때 주의할 점은 그림 4-24 (b)의 "Create Pin"의 적색 박스로 표시한 "Differential port"를 체크하고 2개의 "Pin"을 정의해야 한다는 것이다. 다이폴 안테나의 경우 GND면이 없고, 두개의 도체 ('Arm #1'과 'Arm #2')로만 이루어진 구조이다. 이 두개의 도체 사이에 교류 신호가 인가되어야 하므로 "Differential port"로 정의하여야 한다.

"Create Pin" 윈도우에서 "Differential port"를 체크하면 그림 4-24 (b)의 적색 박스에 보인 바와 같이 추가 내용이 표시된다. 이 내용은 변경하지 않고 'Arm #1'과 'Arm #2'에 차례대로 "Pin"을 할당한다. 그림 4-25 (a)에 보인 바와 같이 반파장 다이폴 안테나에 "Pin"이 할당됐지만, 안테나의 크기가 상대적으로 매우 크기 때문에 각각의 "Pin" 모양을 식별하기 쉽지 않다. "Pin"의 크기를 "Zoom In" 하면,

그림 4-25 (b)에 보인 바와 같이 각각 "P1_POS"와 "P1_NEG"로 표시되어 있음을 확인할 수 있다. 그림 4-24 (b)의 적색 박스에 보인 바와 같이 "P1_POS"와 "P1_NEG"는 각각 "P1"의 "+" 단자와 "−" 단자를 의미한다.

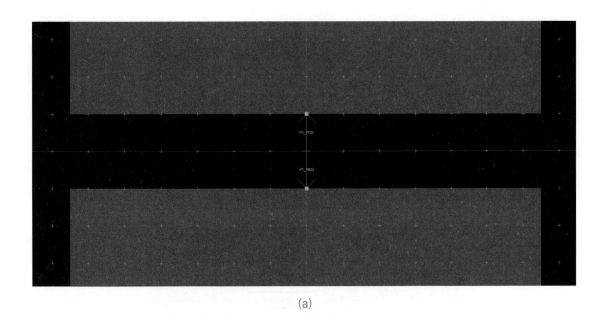

(a)

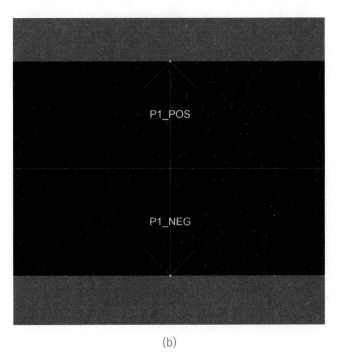

(b)

그림 4-25 (a) 반파장 다이폴 안테나의 'Arm #1'과 'Arm #2'에 각각 할당된 "Pin", (b) 'Arm #1'의 "Pin" 이름은 "P1_POS"이고 'Arm #2'의 "Pin" 이름은 "P1_NEG"

"Pin"을 정의하였으므로, 그림 4-26 (a)에 보인 바와 같이 "Port Editor" 아이콘을 이용하여 그림 4-26 (b)에 보인 "Port Editor" 윈도우를 연다. 두개의 "Port"가 "Differential port"로 설정되어 있으므로, "Gnd Layer"는 "N/A"로 자동 설정되어 있음을 그림 4-26 (b)에서 확인할 수 있다. 이 문제의 경우 그림 4-26 (b)에 보인 바와 같이 "Feed Type"은 "Direct"로 설정한다.

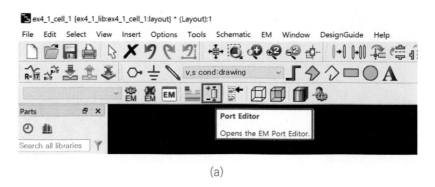

(a)

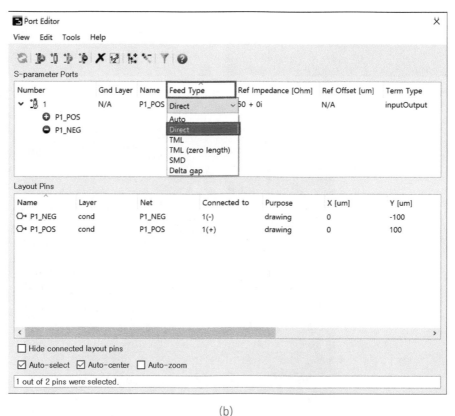

(b)

그림 4-26 (a) "Port Editor" 아이콘 위치, (b) "Feed Type"을 "Direct"로 설정

마. 안테나 시뮬레이션 실행

안테나 시뮬레이션을 실행하기 위하여 그림 4-27 (a)에 보인 "EM Simulation Settings" 아이콘을 클릭하면, 그림 4-27 (b)에 보인 바와 같은 "New EM Setup View" 윈도우가 팝업된다.

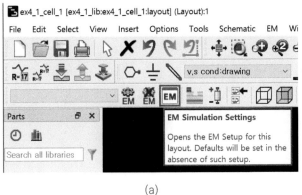

(a)

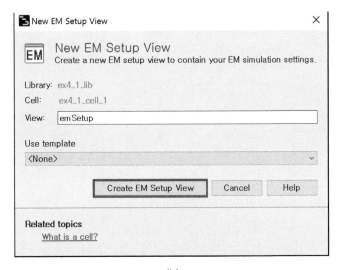

(b)

그림 4-27 (a) "EM Simulation Settings" 아이콘 위치, (b) "New EM Setup View" 윈도우

"New EM Setup View" 윈도우의 "Create EM Setup View"를 클릭하면, emSetup 윈도우와 함께 "EM Setup What's New" 윈도우가 동시에 팝업된다. "EM Setup What's New" 윈도우는 "OK" 버튼을 클릭하여 닫는다.

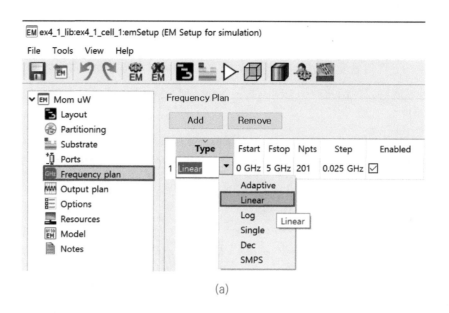

(a)

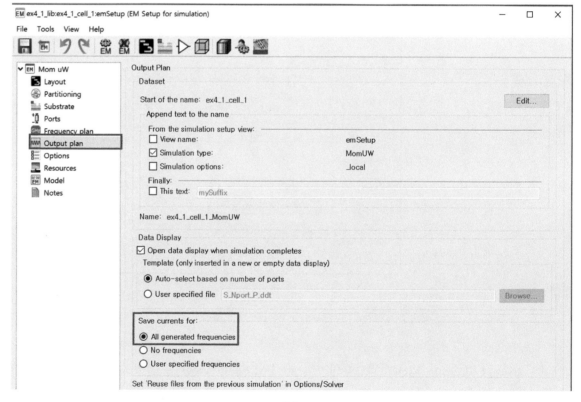

(b)

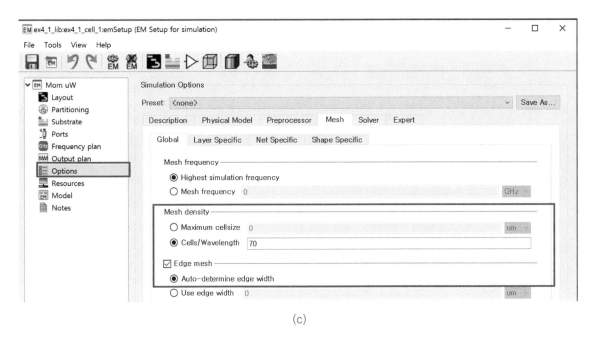

(c)

그림 4-28 emSetup 윈도우에서 (a) "Frequency plan" 설정, (b) "Output plan" 설정, (c) "Options" 설정

emSetup 윈도우에서 설정해야 할 내용들을 그림 4-28에 보였다. 첫째, "Frequency plan" 메뉴는 그림 4-28 (a)에 보인 바와 같이 0 GHz ~ 5 GHz까지 201개의 주파수 ("Npts" = Number of Points)에 대해서 "Linear" "Type"으로 시뮬레이션 한다고 설정한다. "Npts"를 입력하면 주파수 "Step"은 자동 계산된다. 둘째, "Output plan" 메뉴는 그림 4-28 (b)에 보인 바와 같이 하단의 "Save currents for:" 메뉴에서 "All generated frequencies"를 선택한다. 이 옵션은 Layout Simulation 후에 안테나의 "Far Field" 결과를 확인하기 위하여 반드시 필요하다. 셋째, "Options" 메뉴에서 3장에서 설정한 것과 같이 "Mesh density"에서 "Cells/Wavelength" = 70으로 설정하고, "Edge mesh"를 체크한 후 "Auto-determine edge width"를 선택한다.

emSetup 윈도우의 우측 하단에 있는 "Generate: S-parameters Simulation" 버튼을 클릭하면, "EEsof Job M*********** (ex4_1_cell_1:layout)" 윈도우가 그림 4-29와 같이 자동 팝업된다. Layout Simulation은 그림 4-29 하단의 "Status Messages"에서 확인할 수 있듯이, "Simulation frequency [201] = 5 GHz"를 마지막으로 Layout Simulation을 끝날 때까지 계속된다. Layout Simulation이 실행되는 시간은 Layout Design의 복잡도와 시뮬레이션 컴퓨터의 성능에 따라 좌우된다.

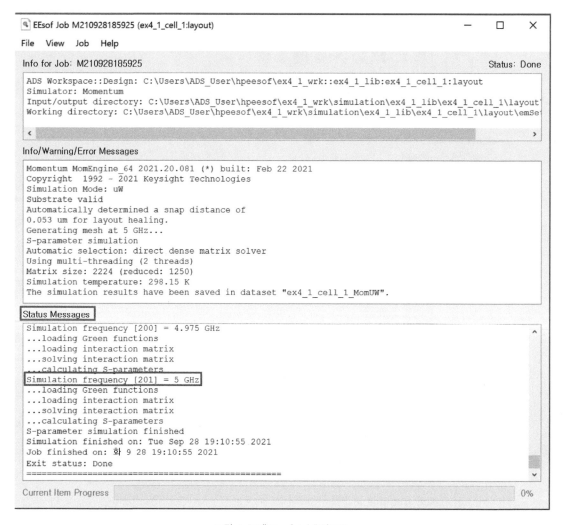

그림 4-29 "EEsof Job" 윈도우

바. Layout Simulation 결과의 확인

이 문제에서 구해야 하는 안테나 파라미터는 설계된 안테나의 공진 주파수에서의 (a) 반사 계수, (b) 입력 임피던스, (c) 안테나 이득이다.

A. 반사 계수

Layout Simulation이 끝나면, "Data Display" 윈도우가 자동 팝업되며, 이 윈도우의 첫번째 페이지에 반사 계수의 크기 ("Magnitude")와 위상 각도 ("Phase Angle") 특성 그래프가 그려진다. 그림 4-30 (a)와 (b)에 각각 반사 계수의 크기와 위상 각도의 주파수 특성 그래프를 보였다.

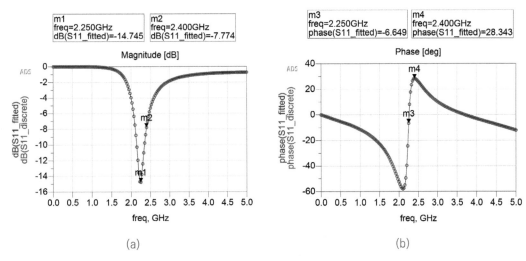

그림 4-30 반사 계수의 (a) 크기와 (b) 위상 각도

동작 주파수가 2.4 GHz가 되도록 반파장 다이폴 안테나를 설계하였지만, Layout Simulation을 통하여 얻어진 안테나의 동작 주파수 (공진 주파수)는 그림 4-30 (a)에 보인 바와 같이 2.25 GHz로서, 150 MHz의 편차가 발생하였음을 볼 수 있다.

이와 같은 현상이 발생된 이유는 반파장 다이폴 안테나의 특성으로 잘 알려진 사실로부터 기인한다. 실제로 반파장 다이폴 안테나의 첫번째 공진 주파수는 도체의 두께와 길이에 의해 결정되며 대략 $\ell = 0.47\lambda \sim 0.48\lambda$ 사이에서 결정된다. 도체의 두께가 얇으면 얇을수록 $\ell = 0.48\lambda$ 에 가까운 길이에서 첫번째 공진 주파수가 나타난다.

즉, 반파장 다이폴 안테나의 도체 두께가 무시할만큼 작다면, 2.4 GHz가 첫번째 공진 주파수가 되기 위한 반파장 다이폴 안테나의 길이는 다음과 같이 조정되어야 한다. 앞서 계산한 2.4 GHz 신호의 파장을 다시 한번 반복하면,

$$\lambda = \frac{c}{f} = \frac{\frac{1}{\sqrt{\mu_0 \epsilon_0}}}{2.4 \times 10^9} = 0.124914 \ m$$

이다. 따라서, $\ell = 0.48\lambda = 0.0599587m$이므로, $\frac{\ell}{2} = 29979.4\,\mu m \cong 29900\,\mu m$로 조정해야한다. 앞서 설계했던 반파장 다이폴 안테나의 한쪽 도체 길이가 $31220\,\mu m$이었으므로 $1320\,\mu m$ 줄여야 한다.

B. 입력 임피던스

공진 주파수에서의 입력 임피던스는 "Data Display" 윈도우의 두번째 페이지에 자동 생성된 "Smith Chart"에서 구할 수 있다.

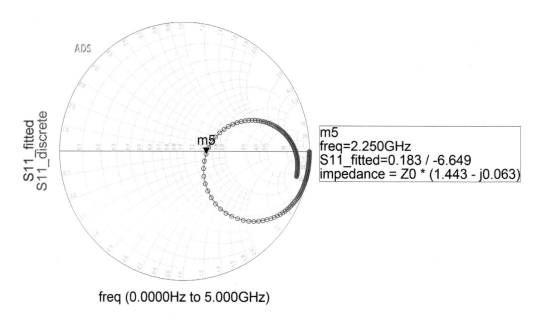

그림 4-31 공진 주파수에서의 입력 임피던스를 구할 수 있는 "Data Display" 윈도우의 두번째 페이지에 자동 생성된 "Smith Chart"

그림 4-31에 보인 바와 같이 공진 주파수, 2.25 GHz에서의 입력 임피던스는,

$$Z_{in} = Z_0 \times (1.443 - j0.063) = 50 \times (1.443 - j0.063) = 72.15 - j3.15\ \Omega$$

이다. 반파장 다이폴 안테나의 공진 주파수에서의 입력 임피던스는 이론적으로 실수값이며 73 Ω으로 알려져 있다. 위의 식으로부터 계산된 입력 임피던스의 실수부는 72.15 Ω으로써 이론값과 매우 가까운 값임을 알 수 있고, 허수부의 크기는 3.15 Ω으로써 무시할 만큼 작은 값이다. 즉, Layout Simulaiton으로부터 얻은 공진 주파수에서의 입력 임피던스는 이론으로부터 얻은 값과 거의 일치한다고 결론 내릴 수 있다.

C. 안테나 이득

안테나 이득은 그림 4-32 (a)에 보인 바와 같이 emSetup 윈도우의 "Far Field" 아이콘을 이용하여 구할 수 있다. "Far Field" 아이콘을 클릭하면 그림 4-32 (b)에 보인 "Momentum Visualization" 윈도우가 팝업 된다.

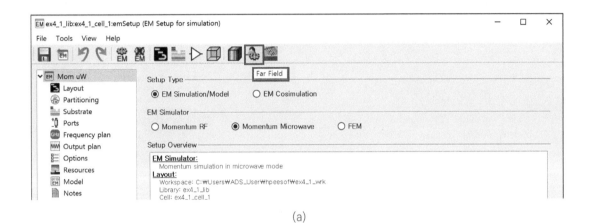

(a)

(b)

그림 4-32 (a) emSetup 윈도우의 "Far Field" 아이콘의 위치, (b) "Momentum Visualization" 윈도우

그림 4-32 (b)에 보인 "Momentum Visualization" 윈도우의 좌측 하단에 보면 그림 4-33 (a)에 보인 바와 같이 "Properties", "Solution Setup", "Plot Properties" 등 3개의 탭이 있다. 그림 4-33 (b)에 보인 바와 같이 "Solution Setup"을 선택하면 주파수 ("Frequency") 리스트가 보인다. 이 문제에서 설계한 반파장 다이폴 안테나의 공진 주파수는 2.25 GHz로 시뮬레이션 결과가 도출됐으므로 2.25 GHz를 선택한다. 2.25 GHz를 선택하면, 그림 4-34에 보인 바와 같이 "Momentum Visualization" 윈도우의 가운데 윈도우에 반파장 다이폴 안테나의 복사 패턴이 그림 표시된다.

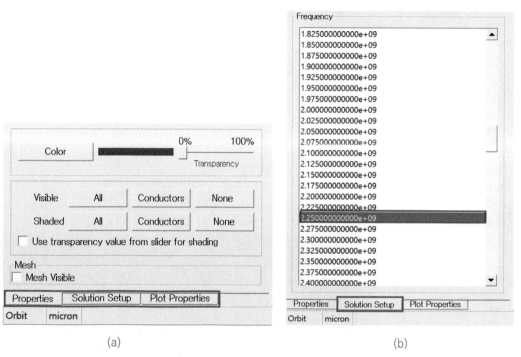

(a)   (b)

그림 4-33 (a) "Momentum Visualization" 윈도우 하단에 있는 3개의 탭, (b) "Solution Setup" 탭을 선택하고 공진 주파수 2.25 GHz를 선택한 모습

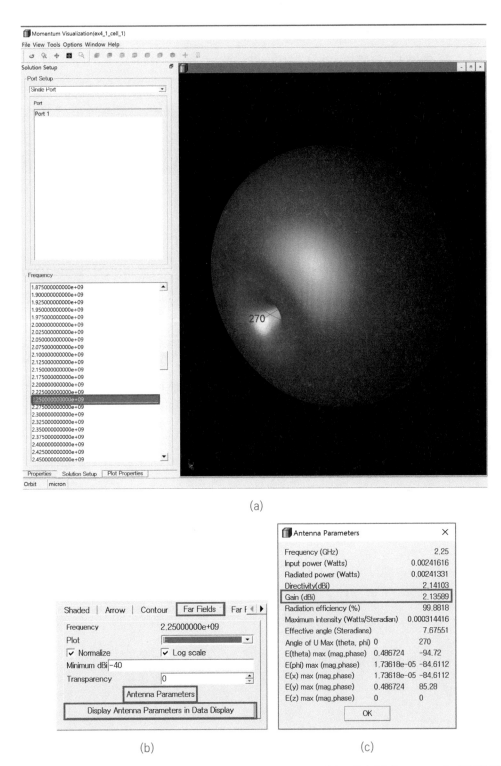

(a)

(b)

(c)

그림 4-34 (a) 주파수를 2.25 GHz로 선택하면 반파장 다이폴 안테나의 복사 패턴이 보임, (b) "Plot Properties"의 다섯개의 탭 중 "Far Fields" 탭의 초기 설정 상태, (c) "Far Fields" 탭의 "Antenna Parameters" 버튼을 클릭했을 때 팝업 되는 "Antenna Parameters" 윈도우

세번째 탭인 "Plot Properties"를 선택하면, 그림 4-34 (b)에 보인 바와 같이, "Shaded", "Arrow", "Contour", "Far Fields", "Far Field Cut" 등 5개의 탭이 있다. 이 중 "Far Fields" 탭을 설정하면 그림 4-34 (b)에 보인 바와 같이 초기 설정 상태를 확인할 수 있다. 그림 4-34 (b)의 하단에 적색 박스로 표시된 "Antenna Parameters" 버튼을 클릭하면 그림 4-34 (c)에 보인 바와 같은 "Antenna Parameters"를 확인할 수 있다. 이 윈도우에서는 2.25 GHz에서 많은 정보를 알아낼 수 있다. 그 중에는 안테나 이득 (Gain (dBi))도 포함되어 있어, 이 문제에서 요구하는 값을 얻을 수 있다. 이 문제에서 설계한 반파장 다이폴 안테나는 2.25 GHz에서 2.13589 dBi의 안테나 이득을 가지는 것을 알 수 있다. 안테나 이득의 단위 dBi는 등방성 안테나 (isotropic antenna) 대비 이득을 의미한다. 이론적으로 반파장 다이폴 안테나의 안테나 이득은 등방성 안테나 대비 2.15 dB 높기 때문에 반파장 다이폴 안테나의 이득의 이론적인 값은 2.15 dBi이다. Layout Simulation으로부터 얻은 반파장 다이폴 안테나의 이득이 2.13589 dBi 이고, 이 값은 2.15 dBi에 매우 근접한 결과 값임을 확인할 수 있다. 이 문제에서 요구하는 답은 모두 구했지만, 한 가지 더 체크해볼 항목이 있다.

안테나의 최대 이득 (G_0)는 안테나의 복사 효율 ("Radiation efficiency", e_{cd})와 안테나의 최대 지향성 ("Directivity", D_0)의 곱으로 표현되며, 안테나의 각 파라미터의 단위를 dB로 표시할 경우 아래와 같은 식이 성립한다.

$$G_0 \ (dBi) = e_{cd} \ (dB) + D_0 \ (dBi)$$

Layout Simulation의 결과로써 그림 4-34 (c)에 보인 백분율 e_{cd}값을 dB로 환산하면 아래 식과 같고, D_0 값은 주어져 있으므로,

$$e_{cd} \ (dB) = 10\log0.998818 = -0.00514$$
$$D_0 \ (dBi) = 2.14103$$

G_0 값을 계산하면,

$$G_0 (dBi) = -0.00514 + 2.14103 = 2.13589$$

그림 4-34 (c)에 G_0 값과 일치하는 것을 확인할 수 있다.

그림 4-34 (b)의 가장 하단에 "Display Antenna Parameters in Data Display" 버튼을 클릭하면,

"EM_Antenna" 라는 "Data Display" 윈도우가 자동 팝업된다. 이 윈도우에는 안테나 이득 ("Gain"), 지향성 ("Directivity"), 효율 ("Efficiency"), 복사된 전력 ("Power radiated")가 주파수 함수로 표시된다. 그리고, ADS Main Window에 "EM_Antenna.dds"라는 파일로 자동 저장된 것을 확인할 수 있다. 안테나 이득과 ADS Main Window의 상태를 그림 4-35 (a)와 (b)에 각각 보였다.

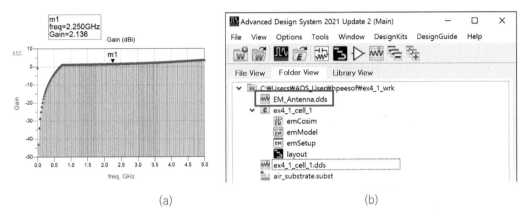

(a)   (b)

그림 4-35 (a) 안테나 이득, (b) ADS Main Window의 "EM_Antenna.dds" 저장 상태

사. 반파장 다이폴 안테나의 수정

"ex_4_1_cell_1"의 Layout Window를 수정하기 위하여, "File − Save As⋯" 메뉴를 클릭하면, 그림 4-36 (a)와 같은 "Save Design As" 윈도우가 팝업 된다. 그림 4-36 (a)에 보인 바와 같이 "Cell:" 이름을 "ex_4_1_cell_2"로 설정하고, 하단의 "Options"의 "Save the entire cell"을 체크하고 "OK" 버튼을 클릭하면, 그림 4-36 (b)에 보인 바와 같이 관련된 파일이 모두 복사된다.

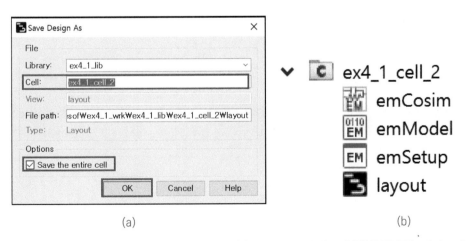

(a)   (b)

그림 4-36 (a) "Save Design As" 윈도우, (b) ADS Main Window (부분)에 생성된 "ex4_1_cell_2" "ex4_1_cell_2" Layout Window를 열어 반파장 다이폴 안테나의 'Arm #1'과 'Arm #2'의 길이를 각각 $1320\mu m$씩 줄인 후 Layout Simulation을 다시 수행하면, 그림 4-34 (a)와 같은 반사 계수의 크기를 얻을 수 있다. "ex4_1_cell_1"에서 얻은 공진 주파수인 2.25 GHz보다 100 MHz 증가한 2.35 GHz를 얻었지만, 2.4 GHz에 미치지는 못한다. "ex4_1_cell_2"의 설계값에서 'Arm #1'과 'Arm #2'의 길이를 각각 $660\mu m$ 씩 추가로 줄인 후 Layout Simulation을 다시 수행하면 그림 4-34 (b)에 보인 바와 같이 공진 주파수를 정확하게 2.4 GHz에서 얻을 수 있다.

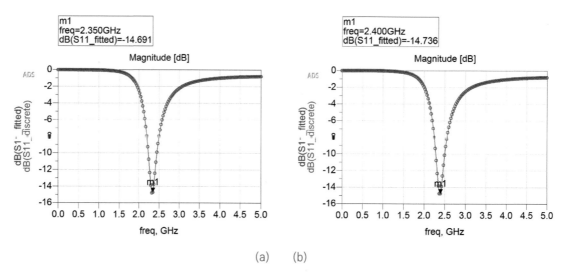

(a)   (b)

그림 4-34 (a) "ex4_1_cell_1" 설계값 대비 'Arm #1'과 'Arm #2'의 길이를 각각 $1320\mu m$씩 줄인 후 Layout Simulation 결과, (b) "ex4_1_cell_1" 설계값 대비 'Arm #1'과 'Arm #2'의 길이를 각각 $1980\mu m$씩 줄인 후 Layout Simulation 결과

4.3   마이크로스트립 사각형 패치 안테나(microstrip rectangular patch antenna)

 EXERCISE

FR4 기판에 2.4 GHz에서 동작하는 마이크로스트립 직사각형 패치 안테나 (microstrip rectangular patch antenna)를 설계하여, 설계된 안테나의 공진 주파수에서의 (a) 반사 계수, (b) 입력 임피던스, (c) E-평면 (E-plane)과 H-평면 (H-plane)에서의 복사 패턴을 구하시오.

가. 마이크로스트립 직사각형 패치 안테나의 구조

마이크로스트립 직사각형 패치 안테나의 구조를 그림 4-35 (a)와 (b)에 각각 윗면에서 본 도체 패턴 구조와 측면에서 본 기판 구조로 보였다.

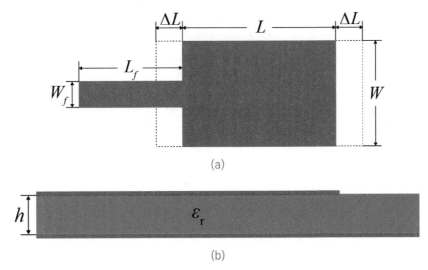

(a)

(b)

그림 4-35 마이크로스트립 직사각형 패치 안테나의 (a) 윗면 구조와 (b) 측면 구조

나. 50Ω 마이크로스트립 안테나 급전선 설계

FR4 기판은 3장에서 사용했던 FR4 기판의 특성을 재사용한다. 독자들의 편의를 위하여 표 3-2를 표 4-1에 다시 보였다.

표 4-1 FR4 기판의 특성

기판 파라미터 ("Substrate Parameters")	값	비고
상대 유전율 (ϵ_r= "Er")	4.5	FR4
기판 두께 (Substrate thickness = "H")	$1000 \mu m$	FR4
손실 탄젠트 (loss tangent = "TanD")	0.01	FR4
도체 전도도 (conductivity = "Cond")	5.813×10^7 S/m	구리 (copper)
도체 두께 (Thickness = "T")	$35 \mu m$	

Linecalc를 이용하여 안테나 급전선 (feedline)을 그림 4-36과 같이 설계할 수 있다. 표 4-1에 주어진 FR4의 전기적 특성을 Linecalc의 해당 항목에 입력한다. 마이크로스트립 패치 안테나의 동작 주파수가 2.4 GHz로 주어져 있으므로 Linecalc 좌측 하단의 "Component Parameters"의 "Freq" 항목에 2.4 GHz를 입력하였다. FR4 기판에서의 50 Ω 마이크로스트립 라인을 설계하기 위하여 "Electrical" 메뉴에 특성 임피던스 ("Z0") 항목에 "50.000 Ohm"을 입력하고, 전기적 길이 ("E_Eff") 항목에 "180.000 deg"을 입력한 후, "Synthesize"를 클릭한다. Linecalc는 "Physical" 메뉴에 마이크로스트립 급전선의 폭 (그림 4-35 (a)의 W_f)과 길이 (그림 4-35 (a)의 L_f)를 각각 1846.82μm와 64059.4μm로 계산해준다.

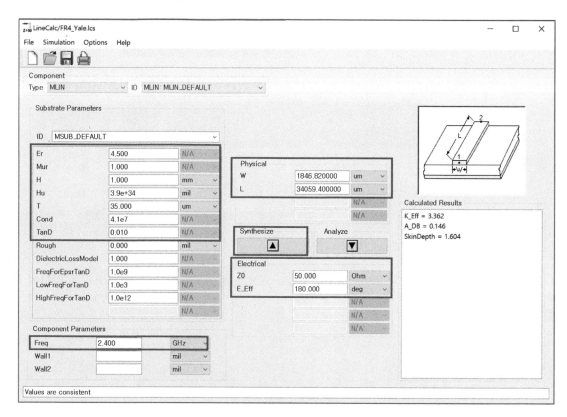

그림 4-36 "Linecalc"를 이용한 FR4 기판에서의 50 Ω 안테나 급전선 설계

마이크로스트립 라인의 "E_Eff"를 180°로 설정한 이유는 전송 선로 이론에 의하여 마이크로스트립 급전선이 마치 없는 것처럼 동작하기 때문이다. 전송 선로의 전기적 길이가 180°라는 것은 전기적 길이가 λ/2라는 것을 의미한다. 그리고, 전송 선로의 전기적 길이가 λ/2의 정수배가 되면 전송 선로의 출력단의 부하 임피던스와 전송 선로의 입력단에서 바라본 입력 임피던스가 동일하게 된다. 따라서,

마이크로스트립 안테나 급전선의 길이를 180° 로 설정하면, 급전선의 입력단 신호와 동일한 신호가 마이크로스트립 패치 입력단에 전달된다는 것을 의미한다. 단, 이 급전선의 손실을 무시할 수 있다는 가정하에서 성립하며, 이 교재에서 사용하는 FR4 기판은 손실을 무시할 수 있을 정도로 작은 유전체 손실과 도체 손실을 보인다.

다. 2.4 GHz에서 공진하는 마이크로스트립 직사각형 패치 설계

특정 주파수, f_r에서 공진하는 마이크로스트립 직사각형 패치의 설계를 위하여 C. A. Balanis의 안테나 참고 문헌[2]에 수록된 방정식을 활용한다. 독자들의 편의를 위해서 설계에 필요한 방정식을 다음과 같이 보인다.

기판의 두께 (그림 4-35 (b)의 h), 기판의 상대 유전율 (ϵ_r), 공진 주파수 (f_r)가 정해지면, 식 (4.1)을 이용하여 마이크로스트립 직사각형 패치의 폭 (그림 4-35 (a)의 W)를 계산할 수 있다. 식 (4.1)의 $\mu_0 = 4\pi \times 10^{-7} H/m$과 $\epsilon_0 = 8.854 \times 10^{-12} F/m$는 각각 진공의 투자율 (permeability)과 유전율 (permittivity)이다. 마이크로스트립 직사각형 패치의 길이 (그림 4-35 (a)의 L)는 식 (4.2)를 이용하여 계산할 수 있다.

$$W = \frac{1}{2f_r \sqrt{\mu_0 \epsilon_0}} \sqrt{\frac{2}{\epsilon_r}} \tag{4.1}$$

$$L = \frac{1}{2f_r \sqrt{\epsilon_{eff}} \sqrt{\mu_0 \epsilon_0}} - 2 \Delta L \tag{4.2}$$

(4.2)식은 마이크로스트립 패치에 의한 유효 유전 상수 (effective dielectric constant, ϵ_{eff})와 확장 길이 (extension of length, 그림 4-35 (a)의 ΔL)의 함수이다. 식 (4.3)에 보인 ϵ_{eff}는 기판의 ϵ_r과 두께 대 폭의 비 (height-to-width ratio, h/W)의 함수이다. 식 (4.4)에 보인 ΔL은 ϵ_{eff}, 폭 대 두께의 비 (width-to-height ratio, W/h), 기판의 두께 (그림 4-35 (b)의 h)에 관한 함수이다.

$$\epsilon_{eff} = \frac{\epsilon_r + 1}{2} + \frac{\epsilon_r - 1}{2} \left[1 + 12 \frac{h}{W} \right]^{-1/2} \tag{4.3}$$

---

2 Antenna Theory Analysis and Design, 4th Edition, Constantine A. Balanis, John Wiley & Sons, Inc., pp. 789~791, 2016

$$\frac{\Delta L}{h} = 0.412 \frac{(\epsilon_{eff} + 0.3)\left(\dfrac{W}{h} + 0.264\right)}{(\epsilon_{eff} - 0.258)\left(\dfrac{W}{h} + 0.8\right)} \tag{4.4}$$

식 (4.1) ~ (4.4)를 이용하여 계산된 마이크로스트립 직사각형 패치의 폭(그림 4-35 (a)의)과 길이 (그림 4-35 (a)의 L)는 각각 37663.2 μm와 29285.8 μm이다. 앞서 Linecalc를 사용하여 안테나의 급전선으로 사용할 마이크로스트립 라인의 폭과 길이와 함께 식 (4.1) ~ (4.4)를 이용하여 구한 마이크로스트립 직사각형 패치 안테나의 급전선과 패치의 폭과 길이로부터 그림 4-37에 보인 바와 같이 마이크로스트립 라인으로 급전되는 마이크로스트립 직사각형 패치 안테나의 크기를 설정한다.

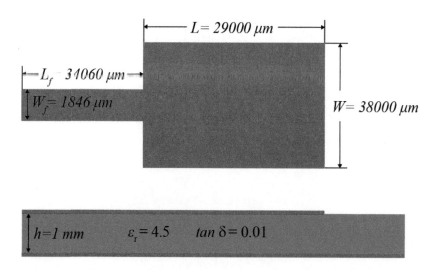

그림 4-37 마이크로스트립 라인 급전선과 마이크로스트립 직사각형 패치 안테나의 크기

라. 마이크로스트립 직사각형 패치 안테나에 대한 Layout Simulation

그림 4-37에 보인 마이크로스트립 직사각형 패치 안테나를 Layout Window에서 ADS Layout을 생성한다. 마이크로스트립 라인과 직사각형 패치 안테나는 그림 4-38 (a)에 보인 "Insert Rectangle" 아이콘을 이용하여 쉽게 그릴 수 있다. "Insert Rectangle" 아이콘을 클릭하여 그림 4-38 (b)에 보인 바와 같이 직사각형을 Layout Window에 삽입한 후 이 직사각형을 선택하면 Layout Window 우측에 이 직사각형의 "Properties" 윈도우가 표시된다. 이 "Properties"에 직사각형의 "Width"와 "Height"를 직접 입력할 수 있다.

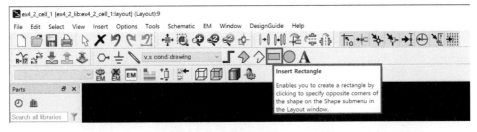

(a)

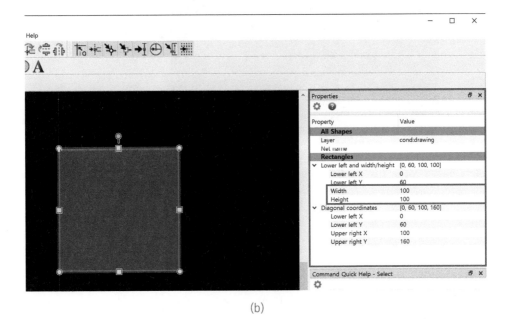

(b)

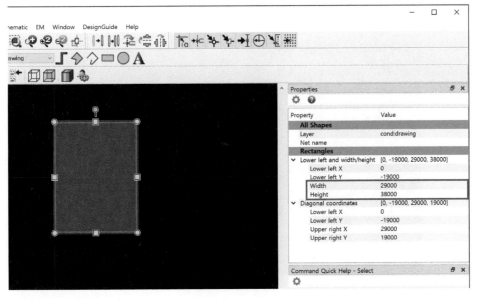

(c)

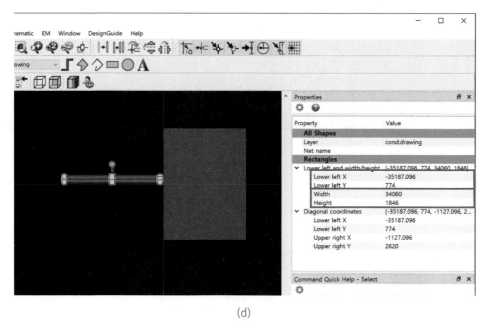

(d)

그림 4-38 (a) "Insert Rectangle" 아이콘의 위치, (b) 직사각형의 "Properties" 윈도우, (c) 마이크로스트립 직사각형 $L \times W = 2900\mu m \times 3800\,\mu m$ 패치, (d) 마이크로스트립 급전선 $L_f \times W_f = 34060\,\mu m \times 1846\,\mu m$

그림 4-38 (c)에 보인 바와 같이 "Width"와 "Height"에 각각 29000과 38000을 입력하면 마이크로스트립 직사각형 $L \times W = 2900\mu m \times 3800\mu m$ 패치를 쉽게 그릴 수 있다. 이와 같은 방법으로 마이크로스트립 급전선을 그림 4-38 (d)에 보인 바와 같이 그릴 수 있다.

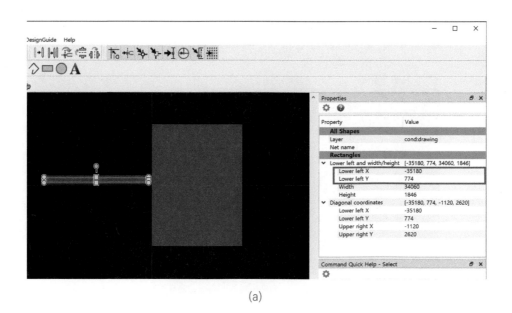

(a)

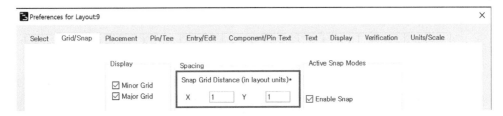

그림 4-39 (a) "Rectangle"의 시작점 좌표의 정수화, (b) "Preferences for Layout" 윈도우에서 "Snap Grid Distance" 설정

직사각형의 시작 좌표 (그림 4-38 (d)의 "Lower left X"와 "Lower left Y": (-35187.096, 774)를 임의로 선택됐기 때문에 X 좌표의 경우 정수 좌표가 아니다. 이럴 경우 정렬이 어렵기 때문에 좌표를 정수로 설정하는 것이 좋다. 이 경우 "Lower left X"의 좌표를 -35180으로 설정한다. 그리고, 마이크로스트립 급전선의 $W_f = 1846\,\mu m$이어서, $1\,\mu m$ 단위로 "Snap Grid Distance"를 설정하는 것이 좋다. 이를 위하여 그림 4-39 (b)에 보인 바와 같이 "Options" 풀다운 메뉴에서 "Preferences…" 메뉴를 선택하여 "Preferences for Layout" 윈도우를 연 다음 "Snap Grid Distance (in layout units)*" 메뉴에서 "1"로 조정한다.

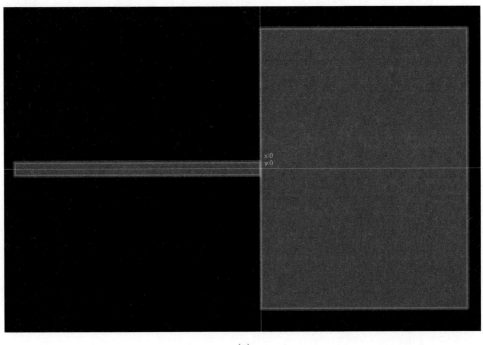

(a)

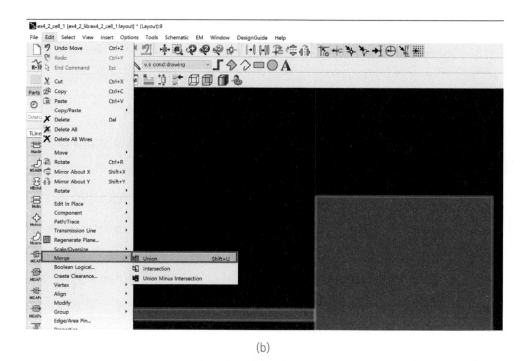

(b)

(c)

그림 4-40 (a) 마이크로스트립 직사각형 패치와 급전선의 원점 정렬과 선택, (b) "Edit - Merge - Union" 기능을 이용한 두 직사각형의 합체, (c) 완성된 마이크로스트립 라인으로 급전하는 마이크로스트립 직사각형 패치 안테나 Layout Design

Layout Window의 원점, (0,0)에 그림 4-40 (a)에 보인 바와 같이 직사각형 패치의 왼쪽 변의 중앙점과 급전선의 오른쪽 변의 중앙점을 정렬하고 두 직사각형을 선택한다. 그림 4-41 (b)에 보인 바와 같이 "Edit" 풀다운 메뉴에서 패치와 급전선을 "Merge - Union"을 클릭하면 마이크로스트립 직사각형 패치 안테나의 ADS Layout이 완성된다.

마. 기판의 정의

FR4 2층 기판을 정의하기 위하여 Layout Window의 "Substrate Editor" 아이콘을 클릭한다. 그림 4-41 (a)에 보인 바와 같이"File name:"에 사용자가 원하는 이름을 설정 (그림 4-41 (a)에는 FR4_Yale로 설정됨)하고, "Template"은 일단 ADS의 default setting인 "25milAlumina"를 유지한 채 "Create Substrate"를 클릭한다.

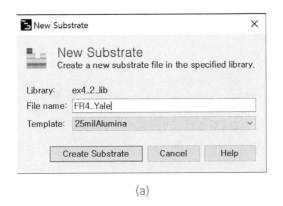

(a)

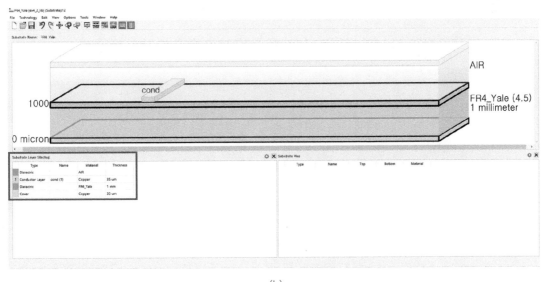

(b)

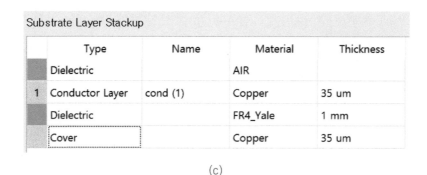

	Type	Name	Material	Thickness
	Dielectric		AIR	
1	Conductor Layer	cond (1)	Copper	35 um
	Dielectric		FR4_Yale	1 mm
	Cover		Copper	35 um

(c)

그림 4-41 (a) "New Substrate" 윈도우, (b) "FR4_Yale (Substrate)" 윈도우, (c) "Substrate Layer Stackup" 표의 확대 모습

그림 4-41 (b)에 보인 바와 같이 "FR4_Yale (Substrate)" 윈도우에서 FR4 기판을 정의한다. 이 윈도우의 좌측 하단에 "Substrate Layer Stackup" 표를 그림 4-41 (c)에 확대해 보였다. "Substrate Layer Stackup" 표를 수정하는 방법은 이 교재의 3장에서 자세히 설명했으니 참고하면 된다.

바. 포트 ("Port")의 정의

"Port"를 정의하는 방법은 3장과 4장에서 자세히 설명하였으니 참고하면 된다. "Port"의 "Feed Type"은 그림 4-42에 보인 바와 같이 "TML"로 설정한다.

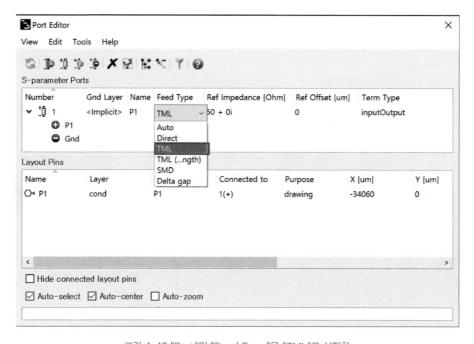

그림 4-42 "Port"의 "Feed Type"을 "TML"로 설정함

사. Layout Simulation 실행 결과

"EM Simulation Settings" 아이콘을 클릭하여 emSetup 윈도우를 오픈한 후 "Frequency plan", "Output plan", "Options – mesh" 탭을 4-2절과 같이 설정한다. 단, "Frequency plan"의 "Type"은 "Adaptive"로 설정한다. 4-2절의 반파장 다이폴 안테나에 비해 상대적으로 구조가 복잡하기 때문에, "Linear"로 설정할 경우 Layout Simulation 수행 시간이 컴퓨터 성능에 따라 매우 길 수 있다.

Layout Simulation에 error 없이 종료되고, "Data Display" 윈도우가 자동 팝업 된다. 반사 계수 ("S11")의 크기와 Smith chart에서의 입력 임피던스를 그림 4-43 (a)와 (b)에 각각 보였다.

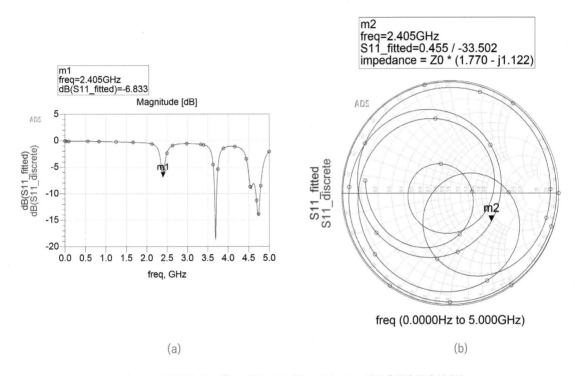

(a)   (b)

그림 4-43 (a) 반사 계수 ("S11")의 크기, (b) Smith chart에서 측정된 입력 임피던스

그림 4-43 (a)에 보인 바와 같이 설계된 마이크로스트립 직사각형 패치 안테나는 2.405 GHz에서 공진을 일으키지만, 반사 계수의 크기가 -10 dB에 미치지 못한다. 안테나가 적절한 성능으로 동작을 위해서 공진 주파수에서 반사 계수의 크기는 적어도 -10 dB 이하로 유지되어야 한다. 반사 계수가 -10 dB 이하가 되지 못하는 원인은 그림 4-43 (b)에서 확인할 수 있듯이 안테나의 입력 임피던스 부정합 (input impedance mismatch)때문이다. 안테나의 입력단에서 바라본 입력 임피던스 (Z_{in})는

$$Z_{in} = Z_0 \times (1.770 - j1.122) = 50 \times (1.770 - j1.122) = 88.5 - j56.1\,\Omega$$

이다. 이 입력 임피던스 부정합을 수정하기 위하여 마이크로스트립 직사각형 패치와·급전선 출력단 사이의 인터페이스에 임피던스 매칭 구조를 삽입하여 해결할 수 있다.

아. 임피던스 정합 (impedance matching) 테크닉

임피던스 매칭 구조를 삽입하는 테크닉은 안테나 패치의 일부분을 제거하는 것이다. 패치에서 제거된 일부분을 인셋 (inset: 삽입물)이라고 부른다. 안테나 패치와 급전선 인터페이스에 인셋 영역을 정의함으로써 급전부에서 안테나 패치의 임피던스를 조정할 수 있다.

안테나의 패치에 인셋 영역을 정의하기 위하여 그림 4-44 (a)에 보인 바와 같이 $8000\,\mu m \times 1846\,\mu m$ 크기의 직사각형을 2개 추가한다. 추가된 2개의 직사각형을 그림 4-44 (b)에 보인 바와 같이 마이크로스트립 급전선과 직사각형 패치가 만나는 부분의 상하 꼭지점에 정렬한다.

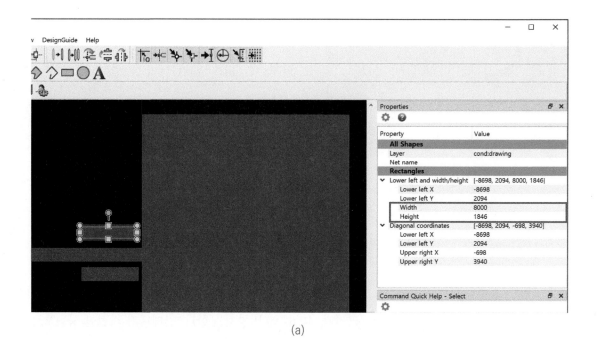

(a)

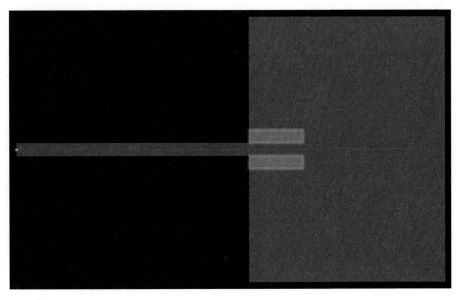

(b)

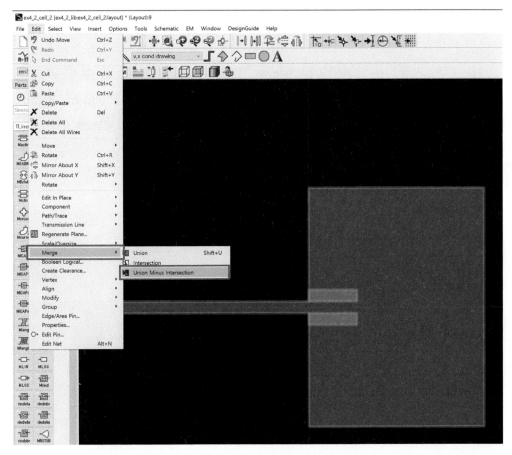

(c)

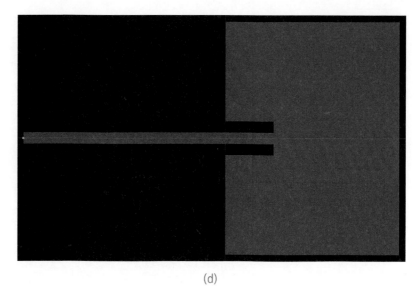

(d)

그림 4-44 (a) 2개의 직사각형 추가, (b) 추가된 2개의 직사각형 정렬, (c) "Edit" 풀다운 메뉴의 "Merge - Union Minus Intersection" 메뉴 위치, (d) "Merge - Union Minus Intersection"을 이용하여 추가된 2개의 직사각형이 제거

그림 4-44 (c)에 보인 바와 같이, 추가된 직사각형 2개와 마이크로스트립 직사각형 패치 안테나를 선택하여 "Edit" 풀다운 메뉴에 있는 "Merge - Union Minus Intersection"을 클릭하면, 그림 4-44 (d)에 보인 바와 같이 안테나 패치에 인셋 영역이 정의된다. 앞서 정의된 $8000\mu m \times 1846\mu m$ 크기의 직사각형을 2개의 크기는 다수의 Layout Simulation을 통하여 얻어진 최적화된 크기임을 밝혀둔다.

자. 매칭된 마이크로스트립 직사각형 패치 안테나의 성능

A. 공진 주파수에서의 반사 계수와 입력 임피던스

Layout Simulation을 수행하여 얻은 안테나의 반사 계수의 크기와 Smith chart에서 측정된 입력 임피던스를 그림 4-45 (a)와 (b)에 각각 보였다.

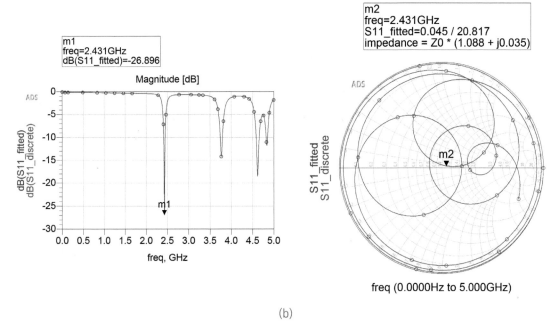

(b)

그림 4-45 (a) 반사 계수 ("S11")의 크기, (b) Smith chart에서 측정된 입력 임피던스

마이크로스트립 직사각형 패치 안테나의 공진 주파수는 설계 목표인 2.4 GHz에 매우 근접한 2.431 GHz이고 반사 계수의 크기는 -26.896 dB로 측정되었다. 이 안테나의 입력 임피던스 (Z_{in})는

$$Z_{in} = Z_0 \times (1.088 + j0.035) = 50 \times (1.088 + j0.035) = 54.4 + j1.75\Omega$$

이다. 공진 주파수에서 입력 임피던스의 실수부는 50 Ω에 매우 근접해 있고, 허수부는 무시할 수 있을 만큼 작은 값임을 확인할 수 있다.

B. E-plane과 H-plane에서의 복사 패턴

마이크로스트립 안테나의 E-평면 (E-plane)과 H-평면 (H-plane)을 정하기 위하여 기준 좌표축 설정을 먼저 확인해야 한다. 기준 좌표축을 확인하기 위하여 다음과 같은 과정을 거친다.

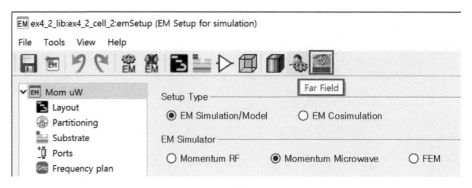

(a)

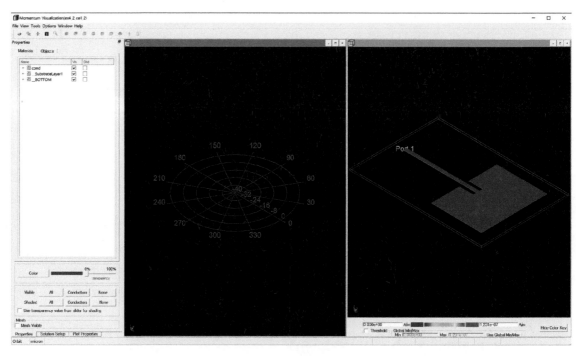

(b)

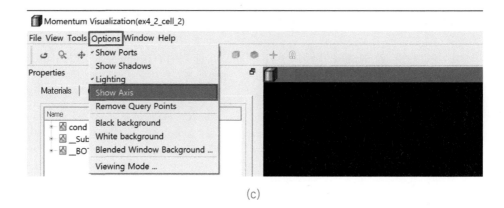

(c)

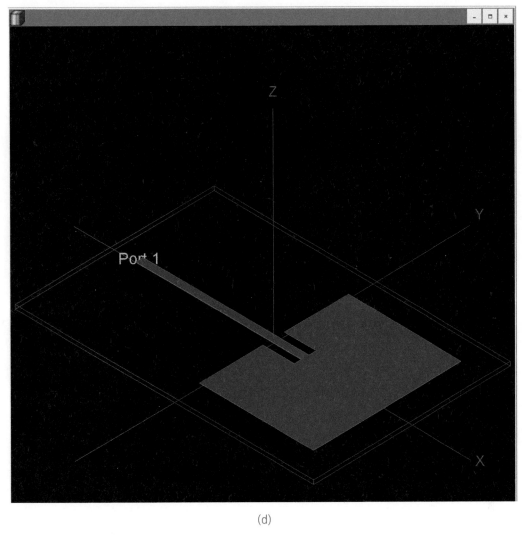

(d)

그림 4-46 (a) emSetup 윈도우의 "Far Field" 아이콘 위치, (b) "Momentum Visualization" 윈도우, (c) "Momentum Visualization" 윈도우의 "Option" 풀다운 메뉴의 "Show Axis" 메뉴, (d) 마이크로스트립 안테나의 기준 좌표축

그림 4-46 (a)에 보인 바와 같이 emSetup 윈도우에서 "Far Field" 아이콘을 클릭하면, 그림 4-46 (b)에 보인 바와 같이 "Momentum Visualization" 윈도우가 팝업 된다. 그림 4-46 (c)에 보인 바와 같이 "Momentum Visualization" 윈도우의 "Option" 풀다운 메뉴에서 "Show Axis"를 클릭하면, 그림 4-46 (d)에 보인 바와 같이, 안테나의 기준 좌표축을 확인할 수 있다.

그림 4-46 (d)에 보인 기준 좌표축에서, 마이크로스트립 안테나의 E-평면은 Z-X 평면이 되고, H-평면은 Y-Z 평면이다. Z-X 평면은 $\phi = 0°$이고, Y-Z 평면은 $\phi = 90°$이다. 그림 4-46에 보인 "Momentum Visualization" 윈도우의 두번째 탭인 "Solution Setup" 탭에서 공진 주파수와 가장

가까운 주파수인 2.407 GHz를 선택하면 그림 4-47 (a)에 보인 바와 같이 3D 복사 패턴 (그림 4-47 (a)의 중앙 윈도우)과 마이크로스트립 안테나에서의 전류 밀도 분포도 (그림 4-47 (a)의 우측 윈도우)가 그림으로 표시된다.

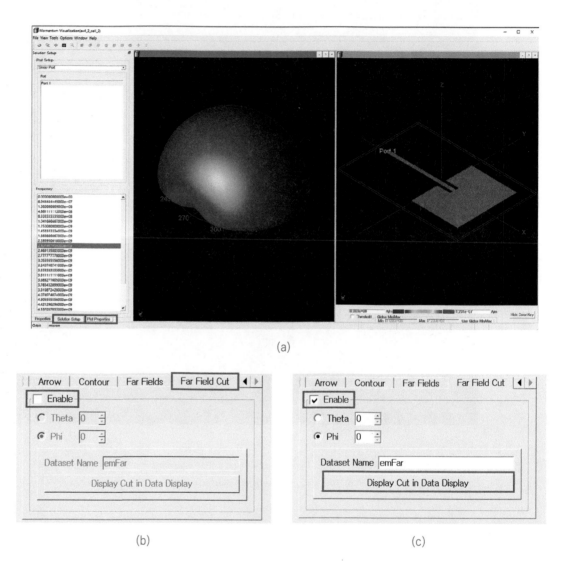

(a)

(b)

(c)

그림 4-47 (a) "Solution Setup" 탭에서 2.407 GHz를 선택했을 때, 3D 복사 패턴과 마이크로스트립 안테나의 전류 밀도 분포도, (b) "Plot Properties" 탭의 "Far Field Cut" 탭의 default 상태 (c) "Far Field Cut"의 "Enable"을 체크한 상태

"Momentum Visualization" 윈도우의 세번째 탭인 "Plot Properties" 탭의 마지막 탭인 "Far Field Cut" 탭을 선택하면, 그림 4-47 (b)에 보인 바와 같은 그림이 나온다. 그림 4-47 (c)와 같이 "Enable"을 체크하면, "Theta"와 "Phi"가 하이라이트 되며, 각각의 값을 편집할 수 있게 된다.

앞서 설명한 바와 같이 마이크로스트립 안테나의 E-평면은 Z-X 평면이고, Z-X 평면은 $\phi = 0°$이다. 그림 4-47 (c)에서 "Phi" 항목에 0을 입력하면, 그림 4-48 (a)에 보인 바와 같이 3D 복사 패턴에 초록색 선이 표시된다. 이 초록색 선은 Z-X 평면을 따라 3D 복사 패턴을 절단 ("Cut")하는 것을 의미한다. 그림 4-47 (c)의 하단에 표시된 "Display Cut in Data Display" 버튼을 클릭하면, "Data Display" 윈도우가 그림 4-48 (b)와 같이 팝업 되고, 그림 4-48 (c)에 보인 바와 같이 ADS Main Window에 "EM_FarFieldCut.dds" 파일이 자동 생성된다.

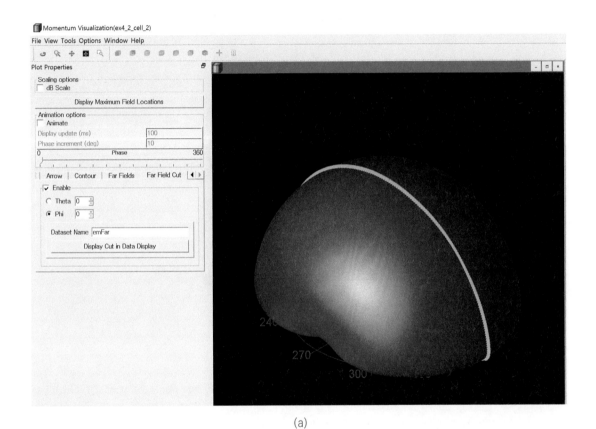

(a)

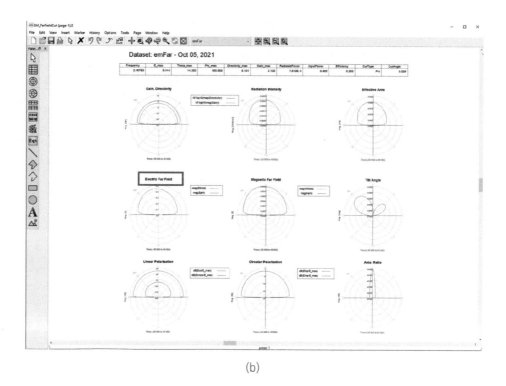

(b)

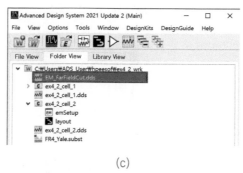

(c)

그림 4-48 (a) "Far Field Cut"의 "Phi" 항목에 0을 입력했을 때 3D 복사 패턴에 초록색 선의 표시, (b) "Far Field Cut" 탭의 "Display Cut in Data Display" 버튼을 클릭하면 자동 팝업 되는 "Data Display" 윈도우, (c) ADS Main Window에서 "EM_FarFieldCut.dds" 파일 위치

E-평면은 "electric-field 벡터와 최대 복사 방향을 포함하는 평면"으로 정의된다. 따라서, 그림 4-48 (b)의 다양한 그래프 중에서 E-평면의 복사 패턴은 "Electric Far Field" 패턴이 된다.

마이크로스트립 안테나의 H-평면은 Y-Z 평면이고 이다. 따라서, 그림 4-47 (c)의 "Phi"에 90을 입력하면, 그림 4-49 (a) 보인 바와 같이, 3D 복사 패턴에 초록색 선이 표시된다. 이번에는 Y-Z 평면으로 3D 복사 패턴을 절단하는 것을 의미한다. 그림 4-47 (c)의 하단에 표시된 "Display Cut in Data Display" 버튼을 다시 클릭하면, "Data Display" 윈도우가 그림 4-49 (b)와 같이 팝업 된다.

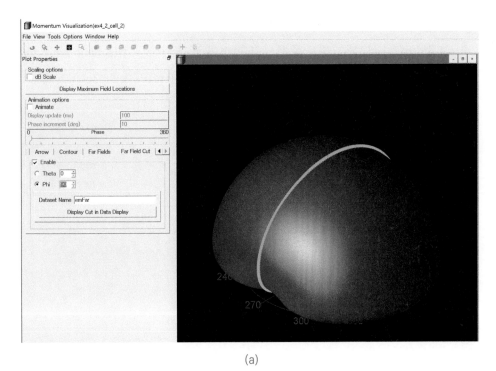

(a)

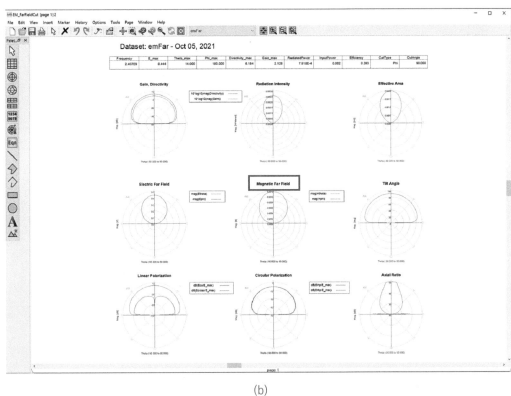

(b)

그림 4-49 (a)"Far Field Cut"의 "Phi" 항목에 90을 입력했을 때 3D 복사 패턴에 초록색 선의 표시, (b) "Far Field Cut" 탭의 "Display Cut in Data Display" 버튼을 클릭하면 자동 팝업 되는 "Data Display" 윈도우

H-평면은 "magnetic-field 벡터와 최대 복사 방향을 포함하는 평면으로 정의된다. 따라서, 그림 4-49 (b)의 다양한 그래프 중에서 H-평면의 복사 패턴은 "Magnetic Far Field" 패턴이 된다. E-평면의 복사 패턴과 H-평면의 복사 배턴을 그림 4-50 (a)와 (b)에 각각 보였다.

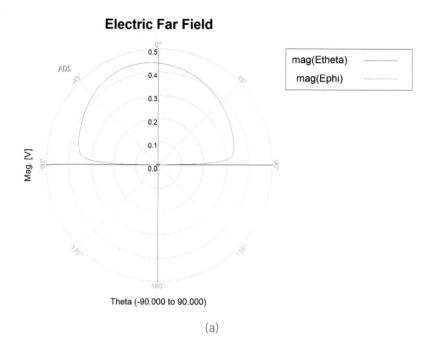

(a)

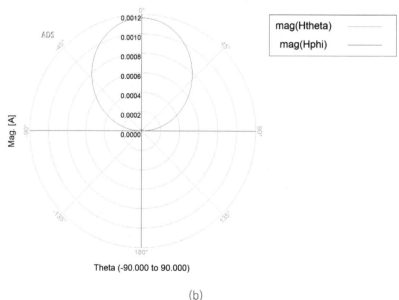

(b)

그림 4-50 (a) E-평면 복사 패턴, (b) H-평면 복사 패턴

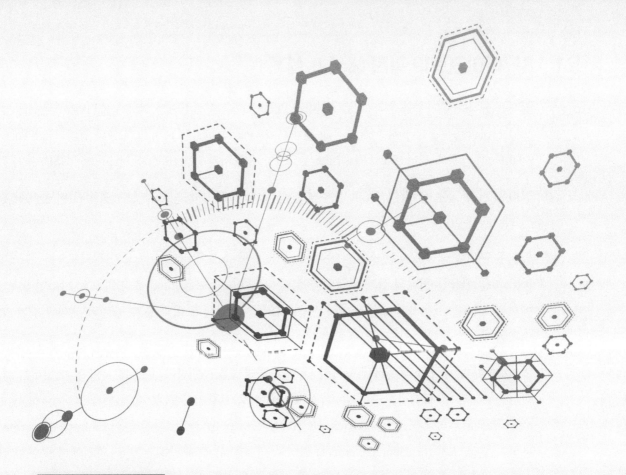

CHAPTER 5

RF/마이크로파 필터(RF/microwave Filters) 해석과 설계

5.1 RF/마이크로파 필터 해석과 설계

필터는 원하는 주파수를 통과시키고, 원하지 않는 주파수는 걸러내는 회로 부품이다. 주파수 응답 특성으로 필터의 종류를 분류하면 저역 통과 필터 (Low Pass Filter = LPF), 고역 통과 필터 (High Pass Filter = HPF), 대역 통과 필터 (Band Pass Filter = BPF), 대역 저지 필터 (Band Stop Filter = BSF) 등이 있다.

필터는 거의 모든 RF/마이크로파 유무선 통신 시스템, 레이더, 회로의 성능 측정 장비 등에서 필수적인 회로 부품이다.

필터를 구현할 때 사용되는 소자의 종류에 따라, 능동 소자 필터와 수동 소자 필터로 나눌 수 있다. 수동 소자를 이용한 필터의 설계는 삽입 손실법 (insertion loss method)을 기반으로 이루어진다. 이 장에서는 ADS를 사용하여 수동 소자 기반의 저역 통과 필터와 대역 통과 필터의 해석과 설계 방법을 소개한다.

먼저 2종류의 저역 통과 필터에 대하여 각각 설계 방법을 소개한다. 첫번째 저역 통과 필터는 삽입 손실법으로부터 설계된 집중 소자 (lumped element)로 이루어진 원형 저역 통과 필터 (prototype low pass filter)로부터 리차드 변환 (Richards' Transformation)과 쿠로다 항등식 (Kuroda's Identities) 이용하여 분산 소자 (distributed element) 필터로 변환한다. 설계 단계별 변환 과정에서 구현된 필터를 ADS의 Schematic Simulation을 이용하여 저역 통과 필터의 특성을 해석하고 Layout Simulation을 이용하여 실제 필터를 구현하였을 때의 주파수 응답을 예측한다. 두번째 저역 통과 필터는 계단 임피던스 저역 통과 필터 (stepped-impedance low pass filter)이다. 이 필터의 설계 방정식으로부터 구현된 필터를 ADS의 Schematic Simulation과 Layout Simulation을 이용하여 계단 임피던스 저역 통과 필터의 주파수 응답 특성을 예측한다.

대역 통과 필터의 경우에도 2종류의 필터 설계 방법을 소개한다. 첫번째 대역 통과 필터는 인터디지털 라인 대역 통과 필터이며, 이 필터는 분산 소자 기반의 필터이다. 인터디지털 라인 대역 통과 필터의 설계를 위하여 RF/마이크로파 필터 설계를 위한 저명한 참고 문헌에 소개된 필터 설계 방정식을 사용하여 구한 필터 파라미터가 주어진다. 주어진 필터 설계 파라미터와 기판의 조건을 이용하여 ADS의 Layout Simulation에 적용하고, 주파수 응답 특성을 구하기 위한 방법을 단계별로 소개한다. 두번째 대역 통과 필터는 용량성 결합 병렬 LC 공진기 대역 통과 필터이며, 이 필터는 집중 소자 기반의 필터이다. ADS의 Layout Simulation을 이용하여 인덕터와 커패시터를 다층 기판에 구현하고, 이들 소자를 기반으로 LC 공진기를 구현하여 궁극적으로 대역 통과 필터를 구현하여 주파수 응답 특성을 구한다.

5.2 리차드 변환과 쿠로다 항등식을 이용한 저역 통과 필터 설계와 해석

EXERCISE

차단 주파수 (cutoff frequency)가 3 GHz 이고, 특성 임피던스가 50 Ω인 3차 0.5 dB 균등 리플 저역 통과 필터 (third-order 0.5 dB equal-ripple low pass filter)를 FR4 기판에서 마이크로스트립 라인을 이용하여 필터의 레이아웃을 설계하고 주파수 응답 특성을 구하시오.

모범 답안

가. 3차 0.5 dB 균등 리플 저역 통과 필터 (third-order 0.5 dB equal-ripple low pass filter (LPF)) 설계

3차 0.5 dB 균등 리플 저역 통과 필터의 원형 소자 값 (prototype element values of a 0.5 dB equal-ripple low pass filter)은 마이크로파 필터 설계에 관한 참고 문헌[3]으로부터 표 5-1과 같이 얻을 수 있다.

표 5-1 3차 0.5 dB 균등 리플 저역 통과 필터의 원형 소자 값

소자 번호	소자 값	소자 형태
g_1	1.5963	L_1
g_2	1.0967	C_2
g_3	1.5963	L_3
g_4	1.0000	R_L

표 5.1의 원형 소자 값을 이용하여 그림 5-1 (a)에 보인 바와 같이 집중 소자 저역 통과 필터 (lumped-element low pass filter)의 원형 회로도 (prototype schematic)를 작성할 수 있다. 원형 소자 값을 사용하여 입출력 특성 임피던스와 주파수와 맞도록 식 (5.1)과 (5.2)[4]를 사용하여 임피던스와 주파수 비례 (impedance and frequency scaling)를 적용하면 그림 5-1 (b)와 같이 집중 소자 회로도 (lumped-element schematic)를 얻을 수 있다.

---

3   G. L. Matthaei, L. Young, E. M. T. Jones, *Microwave Filters, Impedance-Matching Networks, and Coupling Structures*, p. 100, Artech House, Dedham, Mass. 1980.

4   David M. Pozar, *Microwave Engineering*, 4th ed., p. 409, John Wiley & Sons, Inc., 2012.

$$L_k' = \frac{R_0 L_k}{\omega_c} \tag{5.1}$$

$$C_k' = \frac{C_k}{R_0 \omega_c} \tag{5.2}$$

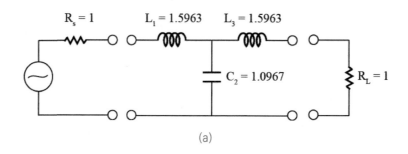

(a)

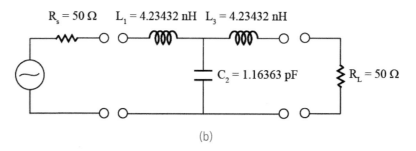

(b)

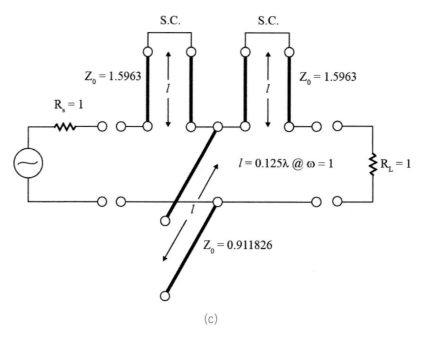

(c)

그림 5-1 (a) 3차 0.5 dB 균등 리플 저역 통과 필터의 원형 소자 회로도, (b) 임피던스와 주파수 비례 (scaling) 적용 회로, (c) 원형 소자 회로도 (a)에 리차드 변환 적용한 회로도

마이크로스트립 라인을 이용하여 필터의 레이아웃을 설계해야 하므로, 그림 5-1 (a)의 원형 소자 회로도의 인덕터와 커패시터를 리차드 변환 (Richards' Transformation)[5]을 이용하여 인덕터 (표 5.1의 L_1과 L_3)와 커패시터 (표 5.1의 C_2)를 각각 단락 회로와 개방 회로로 종단된 길이가 차단 주파수에서 길이가 $\lambda/8$인 스터브로 변환할 수 있다. 리차드 변환으로부터 얻은 원형 회로를 그림 5-1 (c)에 보였다.

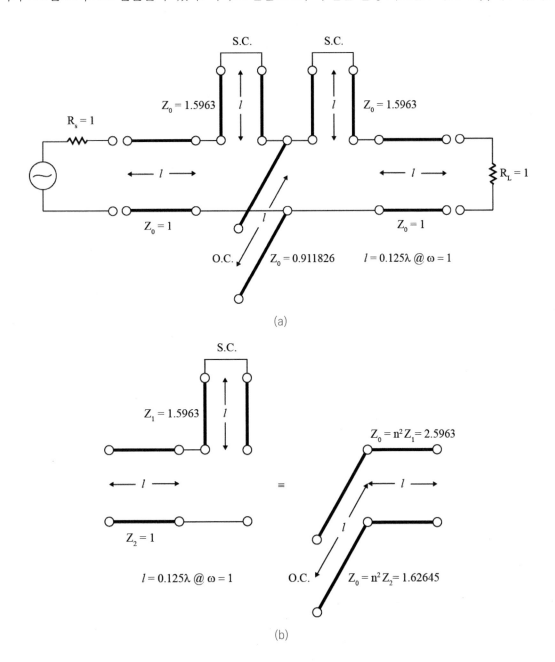

(a)

(b)

5   David M. Pozar, *Microwave Engineering*, 4th ed., p. 416, John Wiley & Sons, Inc., 2012.

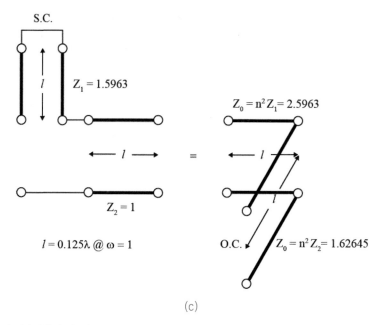

(c)

그림 5-2 (a) 저역 통과 필터의 원형 회로 (그림 5-1 (c))의 입출력단에 단위 소자 (unit element) 추가, (b) 저역 통과 필터의 원형 회로 입력단 회로를 쿠로다 항등식 #2를 적용하여 등가 회로로 변환, (c) 저역 통과 필터의 원형 회로 출력단 회로의 쿠로다 항등식 #2를 적용하여 등가 회로로 변환

저역 통과 필터를 보다 실제적으로 구현하기 위하여 그림 5-1 (c)에 보인 회로를 쿠로다 항등식 (Kuroda's Identities)[6]을 이용하여 다시 변환하는 과정이 필요하다. 쿠로다 항등식을 적용하기 위한 첫번째 단계는 그림 5-2 (a)에 보인 바와 같이 단위 소자 (unit element)를 그림 5-1 (c) 회로의 입출력 단에 추가하는 것이다.

쿠로다 항등식 #2를 그림 5-2 (a)의 입출력단 회로에 적용하면, 그림 5-2 (b)와 (c)에 보인 바와 같이 변환이 가능하다. 그림 5-2 (b)와 (c)의 n^2은 식 (5.3)으로 계산하면 된다.

$$n^2 = 1 + \frac{Z_2}{Z_1} \tag{5.3}$$

그림 5-2 (b)와 (c)와 같이 변환된 회로를 그림 5-2 (a)의 입출력단 회로와 교체하면 그림 5-3 (a)에 보인 바와 같다. 그림 5-3 (a)에 보인 회로는 그림 5-1 (c)에 보인 회로와 비교해보면, 그림 5-1 (c)의 단락 회로로 종단된 직렬 스터브가 모두 개방 회로로 종단된 병렬 스터브로 모두 교체된 것을 확인할 수

---

6   David M. Pozar, *Microwave Engineering*, 4th ed., pp. 416~419, John Wiley & Sons, Inc., 2012.

있다. 직렬 스터브와 병렬 스터브가 혼합된 회로보다는 한 종류의 스터브로 통일하는 것이 필터의 레이아웃 설계에 유리하다.

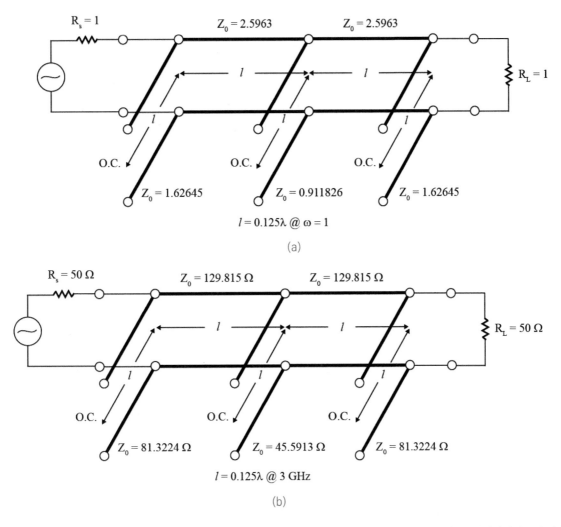

그림 5-3 (a) 쿠로다 항등식 #2를 적용하여 얻은 저역 통과 필터, (b) 임피던스와 주파수 비례 (scaling)으로 완성된 저역 통과 필터

마지막으로, 임피던스와 주파수 비례를 적용하면 그림 5-3 (b)와 같은 최종 회로도를 얻을 수 있다. 쿠로다 항등식은 LPF 또는 대역 저지 필터 (band stop filter: BSF) 설계에 유용하지만, 고역 통과 필터 (high pass filter: HPF) 또는 대역 통과 필터 (band pass filter: BPF) 설계에는 쓸모가 적은 것으로 알려져 있다.

나. ADS Workspace 생성과 Master Substrate의 정의

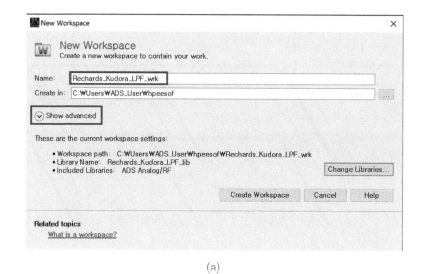

(a)

(b)

그림 5-4 (a) ADS Workspace 생성, (b) "Layout technology" 즉시 생성 옵션 설정

ADS 시뮬레이션을 수행하기 위하여 그림 5-4 (a)에 보인 바와 같이 Workspace 생성한다. 이번에는 Workspace 생성할 때, 기판의 정의를 먼저 수행한다. 그림 5-4 (a)의 "Show advanced" 메뉴의 좌측

하향 화살표를 클릭하면, 그림 5-4 (b)에 보인 바와 같은 내용이 표시된다. "Technology Interoperability"는 "Use technology compatible with ADS only"로 선택하고, "Set up layout technology immediately after creating the library"를 체크하고, 하단의 "Create Workspace"를 클릭한다.

그림 5-5 (a)에 보인 바와 같이 "Choose Layout Technology" 윈도우의 "Choose Technology for library:" 윈도우에서 "Create PCB Technology" 메뉴를 선택하고 "Next" 버튼을 클릭한다. 그림 5-5 (b)에 보인 바와 같이 "PCB Layout Technology Setup – Basic" 메뉴로 바뀐다. 그림 5-5 (b)에 보인 바와 같이 단위 ("unit")과 해상도 ("resolution")과 금속 레이어 ("metal layers")의 개수를 입력하고, "Center slab for board is core"와 "Include bottom cover"를 체크하고 "bottom cover"의 높이 ("Height")를 "35 micron"으로 입력한 후 "Next" 버튼를 클릭한다.

(a)

(b)

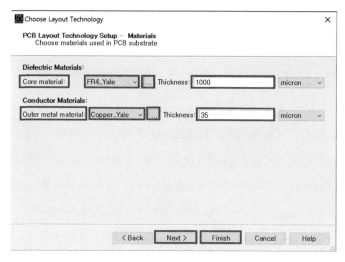

(c)

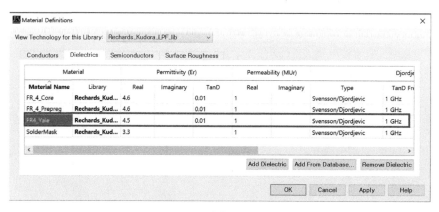

(d)

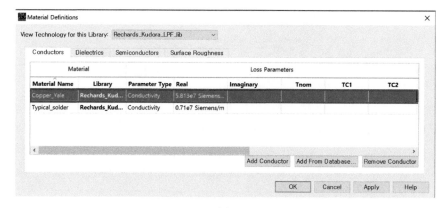

(e)

(f)

그림 5-5 (a) "Choose Layout Technology" 윈도우 설정, (b) "Choose Layout Technology" 윈도우에서 "PCB Layout Technology Setup - Basic" 내용 설정, (c) "PCB Layout Technology Setup - Materials" 설정: "Dielectric Materials:"와 "Conductor Materials"의 종류와 두께 설정, (d) "Material Definitions" 윈도우의 "Dielectrics" 탭에서 "FR4_Yale" 추가, (e) "Material Definitions" 윈도우의 "Conductors" 탭에서 "Copper_Yale" 추가, (f) "PCB Layout Technology Setup - Default Via" 내용 설정

계속해서, 그림 5-5 (c)에 보인 바와 같이 "Choose Layout Technology" 윈도우의 "PCB Layout Technology Setup - Materials" 메뉴에서 "Core material"과 "Outer metal material"을 그림 5-5 (d)와 (e)와 같이 각각 "Material Definitions" 윈도우에서 추가하고 선택한다. "Core material"과 "Outer metal material"의 두께 ("Thickness")는 그림 5-5 (c)에 보인 바와 같이 각각 "1000"과 "35"로 입력한다. 이와 같이 설정한 후 "Next" 버튼을 클릭해도 되고 "Finish"를 클릭해도 된다. "Finish"를 클릭하면 "Default Via" 설정을 하지 않고 마치는 것이다. 사용자의 필요에 따라 선택이 가능하다.

"Choose Layout Technology" 윈도우의 "PCB Layout Technology Setup - Materials"에서 "Next" 버튼을 클릭하면, 마지막으로 그림 5-5 (f)에 보인 바와 같이 "Choose Layout Technology" 윈도우의 "PCB Layout Technology Setup - Default Via" 메뉴를 설정하고 "Finish" 버튼을 클릭한다.

이와 같은 과정을 마치면, 그림 5-6 (a)에 보인 바와 같이, ADS Main Window에 "tech.subst [Master for Workspace_Name_lib]"라는 기판 파일이 생성된 것을 확인할 수 있다. "Workspace_Name_lib" 은 사용자가 설정한 "Workspace_Name_lib"이다. 이 파일을 더블 클릭하면 그림 5-6 (b)와 (c)에 보인 바와 같이 앞서 생성된 기판의 모형을 보여주는 "tech.subst" 윈도우가 팝업 된다. 이 문제에서 필요한 기판은 유전체 ("FR4_Yale") 윗면에 "cond" layer가 있고, 유전체의 밑면은 "Cover"로 설정된 GND

면으로 충분하기 때문에, 그림 5-6 (d)에 보인 바와 같이 가장 밑의 "Dielectric" layer를 마우스로 선택한 후 오른쪽 버튼을 눌러 팝업 되는 풀다운 메뉴에서 "Delete with Upper Interface" 메뉴를 클릭하여 해당 "Dielectric" layer를 삭제한다.

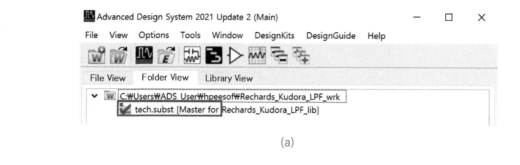

(a)

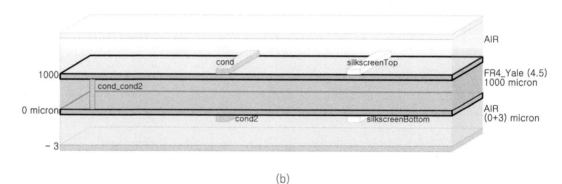

(b)

Substrate Layer Stackup

	Type	Name	Material	Thickness
	Dielectric		AIR	
1	Silk Screen Layer	silkscreenTop (1)		0.1 mil
1	Conductor Layer	cond (2)	Copper_Yale	35 um
	Dielectric		FR4_Yale	1000 um
2	Silk Screen Layer	silkscreenBotto...		0.1 mil
2	Conductor Layer	cond2 (3)	Copper_Yale	3 um
	Dielectric		AIR	0 um
	Cover		PERFECT_CON...	0 um

(c)

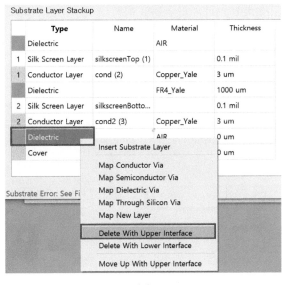

(d)

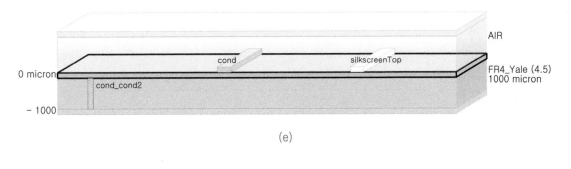

(e)

	Type	Name	Material	Thickness
	Dielectric		AIR	
1	Silk Screen Layer	silkscreenTop (1)		0.1 mil
1	Conductor Layer	cond (2)	Copper_Yale	35 um
	Dielectric		FR4_Yale	1000 um
	Cover		Copper_Yale	35 um

Substrate Layer Stackup

(f)

그림 5-6 (a) ADS Main Window (부분)에 "tech.subst [Master Substrate]" 파일의 생성, (b) 생성된 "tech.subst" 윈도우에 보이는 생성된 기판의 모형, (c) 생성된 기판의 "Substrate Layer Stackup" 표, (d) "Dielectric" layer의 삭제, (e) 최종 기판 모형, (f) 최종 기판 모형의 "Substrate Layer Stackup" 표

그림 5-6 (e)와 (f)에 최종 정리된 "tech.subst" 기판의 모형과 "Substrate Layer Stackup" 표를 각각 보였다.

다. Schematic Simulation과 주파수 응답 특성

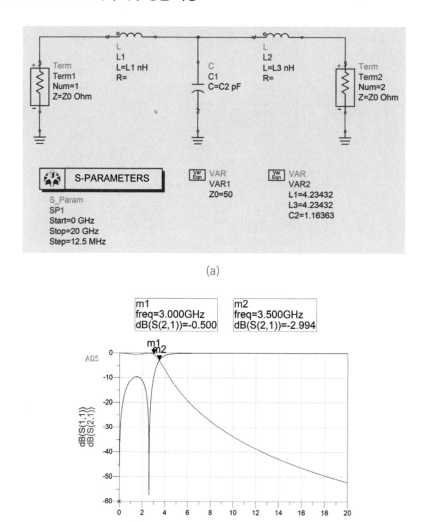

(a)

(b)

그림 5-7 (a) 그림 5-1 (b)의 회로를 ADS Schematic으로 생성, (b) Schematic Simulation의 결과

그림 5-1 (b)에 보인 집중 소자 회로도를 그림 5-7 (a)에 보인 바와 같이 ADS Schematic으로 생성하여 Schematic Simulation을 시행하였고, 그림 5-7 (b)에 보인 바와 같은 주파수 응답 특성을 얻을 수 있다. 차단 주파수인 3 GHz에서부터 감쇄가 발생하기 시작하여 차단 주파수로부터 500 MHz가 떨어진 주파수에서 전송 계수 (그림 5-4 (b)의 S(2,1))가 -3 dB가 되고 계속 감쇄하는 특성을 확인할 수 있다. 전송 계수의 크기를 이용하여 다음 식으로 삽입 손실 (insertion loss: IL)을 정의한다. 삽입 손실이라는 용어는 필터의 특성을 가장 잘 표현할 수 있는 파라미터로써 필터 설계 분야에서 매우 빈번히 사용

하는 용어이기 때문에 반드시 알아둘 필요가 있다.

$$IL = -20 \ \log|\tau| = -20 \ \log|S_{21}|$$

위 식에서 $|\tau|$는 전송 계수의 크기이며, 이 문제의 경우 S(2,1) 또는 S(1,2)의 크기이다. 대칭 회로의 경우 S(2,1) = S(1,2)이기 때문이다.

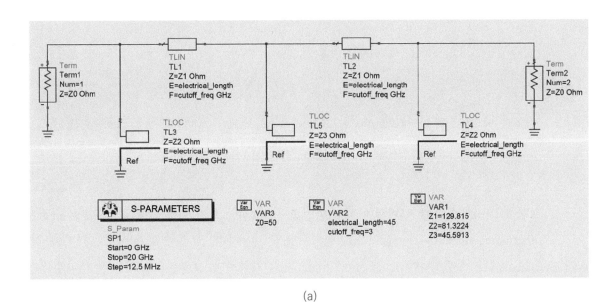

(a)

(b)   (c)

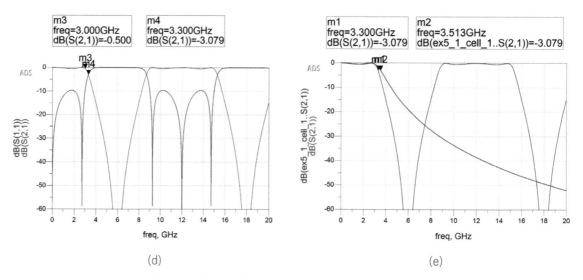

그림 5-8 (a) 그림 5-3 (b)의 회로를 ADS의 이상적인 전송 선로 모델을 이용하여 ADS Schematic으로 생성, (b) Schematic Simulation의 결과, (c) "Plot Traces & Attributes" 윈도우의 "Plot Options"의 하단에 있는 "Auto Scale" 체크 제거와 설정, (d) Schematic Simulation 결과, (e) 집중 소자 필터와 분산 소자 필터의 스커트 특성 비교

그림 5-3 (b)의 회로를 ADS의 이상적인 전송 선로 (집중 소자 회로도에 대비하여 분산 소자 회로도 (distributed-element schematic라고 함) 모델을 사용하여, 그림 5-8 (a)에 보인 바와 같이 ADS Schematic으로 생성하여 Schematic Simulation을 시행하면, 그림 5-8 (b)와 같은 주파수 응답 특성을 얻을 수 있다. 이상적인 전송 선로 모델을 사용하였기 때문에, dB 스케일로 그린 주파수 응답의 그래프가 이상하게 보인다. 그림 5-8 (c)와 같이 Y 축 스케일을 줄이면 그림 5-8 (d)와 같은 주파수 응답을 얻게 된다. 그림 5-8 (d)에서 주파수에 따라 주기적으로 필터 특성이 반복되는 이유는 이상적인 전송 선로 모델의 전기적 길이가 45°로 설정되어 있는데, 차단 주파수 3 GHz의 홀수 정수배 주파수에서 전기적 길이가 45°의 홀수 정수배가 되어 주기성을 띄게 된다.

그림 5-8 (e)에서는 그림 5-7 (a)의 집중 소자 회로와 그림 5-8 (a)의 전송 선로 회로 사이의 삽입 손실의 주파수 응답 특성을 비교하였다. 집중 소자 회로는 주기성을 보이지 않는 것을 확인할 수 있지만, 분산 소자 필터의 스커트 특성 (skirt characteristic)이 집중 소자 필터의 스커트 특성보다 훨씬 날카롭게 떨어지는 것 (sharp skirt characteristic)을 확인할 수 있다.

여성의 치마 중 스커트 (skirt) 라는 종류의 치마가 있다. 필터의 차단 주파수 이상의 주파수 대역에서 감쇄 특성을 스커트가 여성의 허리로부터 내려오는 스커트라는 치마의 모양에 빗대어 필터의 스커트 특성 (skirt characteristic)이라는 용어를 빈번히 사용한다.

라. Layout Simulation과 주파수 응답 특성

Layout Simulation을 위하여 그림 5-8 (a)에 보인 이상적인 전송 선로 모델을 마이크로스트립 라인 모델로 교체해야 한다. 차단 주파수 3GHz에서 전송 선로의 전기적 길이가 45°가 되고, 그림 5-3 (b)에 보인 바와 같이 개방 회로로 종단된 병렬 스터브의 특성 임피던스를 그림 5-9에 보인 바와 같이 Linecalc를 이용하여 계산한다.

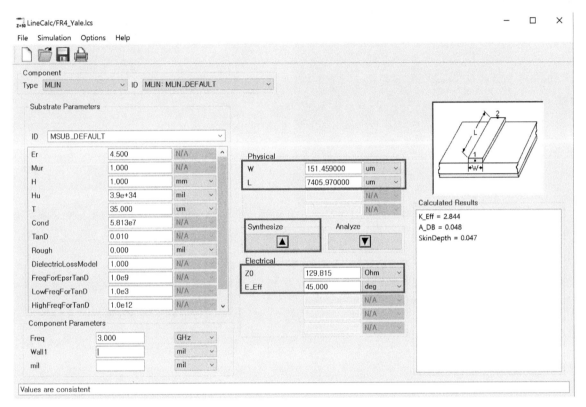

그림 5-9 Linecalc를 이용한 마이크로스트립 라인 설계

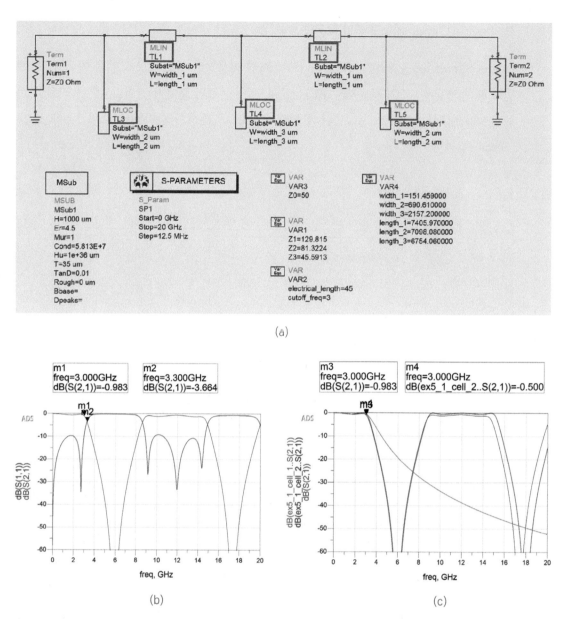

그림 5-10 (a) 그림 5-3 (b)의 회로를 ADS의 마이크로스트립 라인 모델을 이용하여 ADS Schematic으로 생성, (b) Schematic Simulation의 결과, (c) 마이크로스트립 라인 모델과 이상적인 전송 선로 모델의 삽입 손실 특성 비교

Linecalc를 이용하여 계산한 마이크로스트립 라인의 폭과 길이를 이용하여, 그림 5-10 (a)에 보인 바와 같이 마이크로스트립 라인 모델을 사용한 ADS Schematic을 생성하였다. 마이크로스트립 라인 모델을 사용한 Schematic Simulation을 수행하여 얻은 주파수 응답을 그림 5-10 (b)에 보였다. 그림 5-10 (c)에 마이크로스트립 라인 모델과 이상적인 전송 선로 모델의 삽입 손실 특성을 비교하였다. 마이크로스트립 라인 모델을 사용한 필터는 이상적인 전송 선로 모델을 사용한 필터에 비해 3 GHz에서

삽입 손실이 0.483 dB 저하되는 것을 확인할 수 있다.

그림 5-10 (a)의 ADS Schematic으로부터 자동 생성된 ADS Layout을 그림 5-11 (a)에 보였다. 그림 5-10 (a)에 적색 박스로 표시된 것 같이 마이크로스트립 라인은 2개의 직렬 마이크로스트립 라인 ("TL1", "TL2")과 3개의 개방 회로로 종단된 스터브 ("TL3", "TL4", "TL5") 등 총 5개이며, 그림 5-11 (a)에서 확인할 수 있는 것처럼 5개의 마이크로스트립 라인이 Layout Window에 생성되었다. 하지만, 이 상태로 Layout Simulation을 하는 것은 바람직하지 않다.

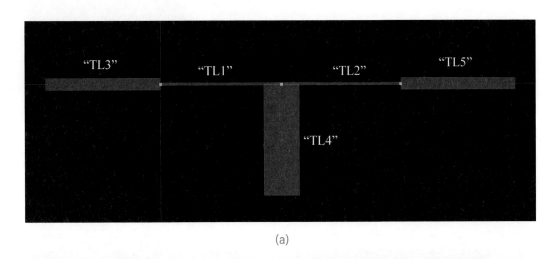

(a)

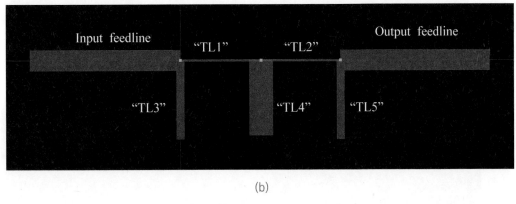

(b)

그림 5-11 (a) 그림 5-10 (a)에 보인 ADS Schematic으로부터 자동 생성된 ADS Layout, (b) 입출력단에 50 Ω 급전선 (feedline) 연결

그림 5-11 (a)에 표시된 것처럼, 이 회로의 입력단은 "TL3"와 "TL1"의 접점이고, 출력단은 "TL2"와 "TL5"의 접점이다. 입출력단 접점은 두개의 서로 다른 폭을 갖는 마이크로스트립 라인이 만나는 점이기 때문에 도체 패턴의 불연속 (discontinuity)이 발생한다. 입출력단은 불연속점을 피하여 균일한 마이크로스트립 라인으로 구성하는 것이 좋다. 따라서, 그림 5-11 (b)에 보인 바와 같이 전기적 길이

가 차단 주파수 3GHz에서 180°가 되도록 마이크로스트립 라인의 길이를 정하여 입출력 급전선 (input/output feedline)을 추가한다.

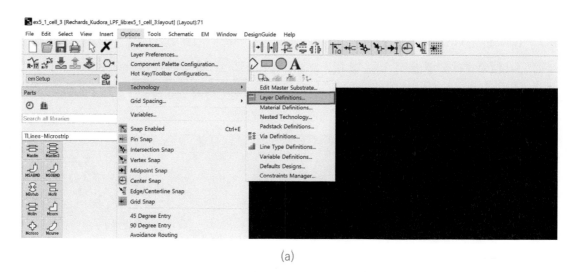

(a)

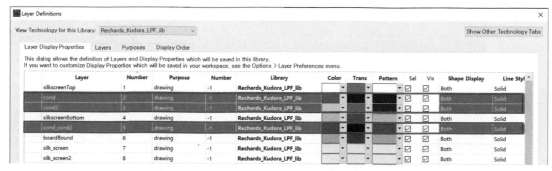

(b)

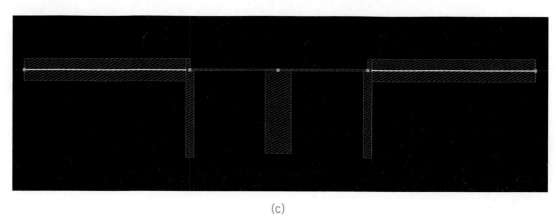

(c)

그림 5-12 (a) "Layer Definitions…" 메뉴 위치, (b) "Layer Definitions" 윈도우의 "Layer Display Properties" 탭에서 layer 별 "color" (색깔), "Trans" (투명도, transparency), "Pattern" (무늬)의 설정, (c) "Layer Definitions" 윈도우의 "Layer Display Properties" 탭에서 설정을 변경한 후 ADS Layout의 변경된 모습

Workspace를 생성할 때, 그림 5-5 (a)에 보인 바와 같이 "Create PCB Technology"를 선택하여 기판을 정의하였다. 사용자가 기판을 생성하였으므로 그림 5-12 (a)에 보인 바와 같이 기판의 "Layer Definitions…" 메뉴를 사용하여 기판의 layer 별 설정 값 ("Layer Display Properties")을 변경하는 방법도 소개한다.

그림 5-12 (b)에 보인 바와 같이, "Layer Definitions" 윈도우에서 layer별로 "color" (색깔), "Trans" (투명도, transparency), "Pattern" (무늬)을 설정할 수 있다. 예를 들면, "cond", "cond2", "cond_cond2" layer의 "color"와 "Trans"를 각각 선홍색 (magenta, #ff00ff), 옥색 (cyan, #00ffff), 적색 (red, #ff0000) 투명도 "127"로 설정한다. "Pattern"은 layer별로 빗금 무늬로 설정하고, via ("cond_cond2" layer)는 "pattern" 설정을 하지 않았다. 사용자가 원하는 설정 값으로 변경하여 작업 능률을 향상시킬 수 있다. 그림 5-12 (c)에 보인 바와 같이, 기판의 layer 별 설정 값 변경으로 ADS Layout의 색깔, 투명도, 무늬가 변경되었음을 확인할 수 있다.

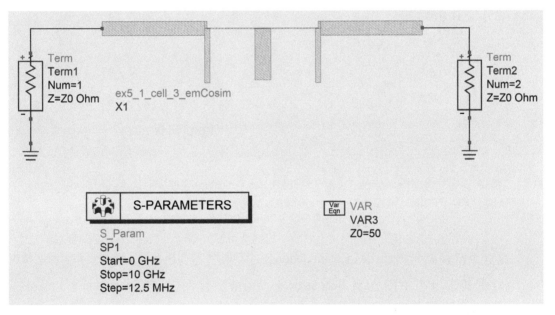

(a)

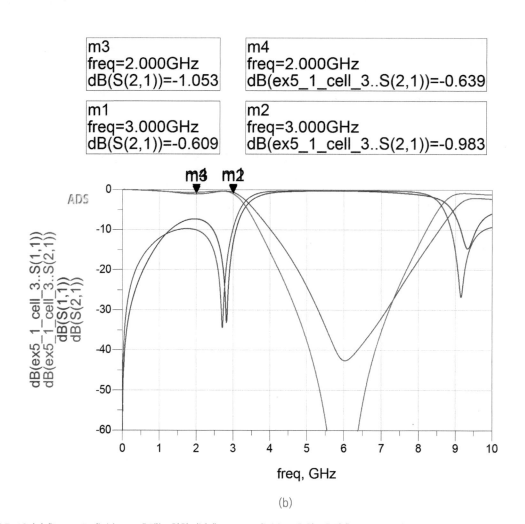

(b)

그림 5-13 (a) "Layer Definitions…" 메뉴 위치, (b) "Layer Definitions" 윈도우의 "Layer Display Properties" 탭에서 layer 별 "color" (색깔), "Trans" (투명도, transparency), "Pattern" (무늬)의 설정

그림 5-12 (c)의 상태로 EM Cosimulation을 수행하여 생성된 emCosim 모델을 사용하여 그림 5-13 (a)에 보인 바와 같은 ADS Schematic을 생성하였다. 이 ADS Schematic을 이용하여 Schematic Simulation을 수행하고, 그림 5-10 (a)에 보인 마이크로스트립 라인 모델을 이용한 Schematic Simulation의 주파수 응답과 성능을 비교한 그래프를 그림 5-13 (b)에 보였다.

차단 주파수 3 GHz에서 EM Cosimulation로부터 얻은 삽입 손실이 오히려 그림 5-10 (a)에 보인 마이크로스트립 라인 모델을 이용한 Schematic Simulation의 삽입 손실보다 0.374 dB 작게 나왔다. 하지만, EM Cosimulation로부터 얻은 필터의 스커트 특성은 예상대로 마이크로스트립 라인 모델을 이용한 Schematic Simulation의 스커트 특성보다 악화되었음을 확인할 수 있다.

5.3 계단 임피던스 (Stepped-Impedance) 저역 통과 필터 설계와 해석

EXERCISE

차단 주파수 (cutoff frequency)가 3 GHz 이고, 특성 임피던스가 50 Ω인 0.5 dB 균등 리플 응답을 갖는 계단 임피던스 저역 통과 필터 (stepped-impedance low pass filter)를 설계하려고 한다. 4.5 GHz에서 삽입 손실이 20 dB 이상을 만족해야 한다. FR4 기판에서 제작 가능한 최대 임피던스 (Z_h)는 120 Ω 이고, 최소 임피던스 (Z_ℓ)는 20 Ω 이다. FR4 기판에서 마이크로스트립 라인을 이용하여 필터의 레이아웃을 설계하고 주파수 응답 특성을 구하시오.

모범 답안

가. 계단 임피던스 저역 통과 필터 (stepped-impedance low pass filter) 설계

이 필터의 차수 (order)를 결정하기 위하여 다음과 같은 계산을 하면,

$$\frac{\omega}{\omega_c} - 1 = \frac{4.5}{3.0} - 1 = 0.5$$

이다.

이 값으로부터 균등 리플 필터 원형에 대한 정규화된 주파수 대비 감쇄 특성 그래프 ("Attenuation versus normalized frequency for equal-ripple filter prototype"[7])를 이용하면 적어도 5차 (5th order) 이상으로 설계해야 한다.

5차 0.5 dB 균등 리플 저역 통과 필터의 원형 소자 값 (prototype element values)도 5-2 절에서 참고한 문헌으로부터 얻을 수 있으며 표 5-2에 보였다. 계단 임피던스 저역 통과 필터는 문제에서 주어진 Z_h과 Z_ℓ을 교차하여 배치하여 설계하게 된다. Z_ℓ과 Z_h은 각각 병렬 커패시터와 직렬 인덕터를 대체하게 된다.

---

7   David M. Pozar, *Microwave Engineering*, 4th ed., p. 407, John Wiley & Sons, Inc., 2012.

표 5-2 5차 0.5 dB 균등 리플 저역 통과 필터의 원형 소자 값

소자 번호	소자 값	소자 형태
g_1	1.7058	C_1
g_2	1.2296	L_2
g_3	2.5408	C_3
g_4	1.2296	L_4
g_5	1.7058	C_5
g_6	1.0000	R_L

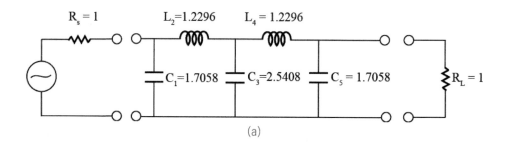

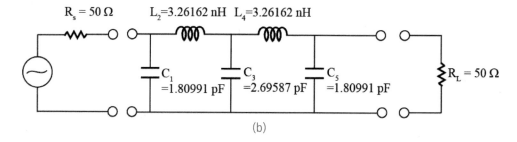

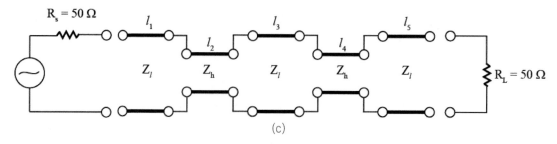

그림 5-14 (a) 5차 0.5 dB 균등 리플 저역 통과 필터의 원형 회로, (b) 임피던스와 주파수 비례 (scaling) 적용된 집중 소자 회로도, (c) (b)의 커패시터와 인덕터를 각각 Z_l과 Z_h을 갖는 전송 선로로 대체한 분산 소자 회로도

표 5-3 그림 5-14 (c)에 보인 전송 선로의 설계 파라미터

소자 번호	$Z_i = Z_h$ 또는 Z_ℓ	$\beta\ell_i$ (deg)	$W_i(\mu m)$	$\ell_i(\mu m)$
g1	20	39.0941°	6853.42	5529.97
g2	120	29.3545°	209.19	4793.06
g3	20	58.2308°	6853.42	8236.91
g4	120	29.3545°	209.19	4793.06
g5	20	39.0941°	6853.42	5529.97

그림 5-14 (a)에 표 5-2에 보인 필터의 원형 소자 값을 이용하여 원형 회로를 구성하였다. 임피던스와 주파수 비례에 관한 식 (5.1)과 (5.2)를 적용하면 그림 5-14 (b)와 같은 집중 소자 회로도를 얻을 수 있다. 그림 5-14 (b)의 병렬 커패시터와 직렬 인덕터를 각각 Z_ℓ과 Z_h을 갖는 전송 선로로 대체하여 그림 5-14 (c)에 보인 바와 같은 분산 소자 회로도를 생성하기 위하여 다음과 같은 과정을 거친다. 집중 소자 회로도의 병렬 커패시터와 직렬 인덕터를 각각 Z_ℓ과 Z_h을 갖는 전송 선로로 대체할 때 필요한 계산 식을 (5.3)과 (5.4)[8]에 보였다.

$$\beta\ell = \frac{LR_0}{Z_h} \tag{5.3}$$

$$\beta\ell = \frac{CZ_\ell}{R_0} \tag{5.4}$$

표 5-3의 세번째 칼럼에 식 (5.3)과 (5.4)를 이용하여 병렬 커패시터와 직렬 인덕터의 전기적 길이 ($\beta\ell_i$) 계산의 결과 값을 보였다. Z_ℓ, Z_h, $\beta\ell_i$의 값을 이용하여 마이크로스트립 라인의 폭 (W_i)과 길이 (ℓ_i)를 계산할 수 있으며, 표 5-3 네번째와 다섯번째 칼럼에 보였다. 마이크로스트립 라인의 폭 (W_i)과 길이 (ℓ_i)는 Linecalc를 사용하여 계산할 수 있다.

---

8   David M. Pozar, *Microwave Engineering*, 4th ed., p. 424, John Wiley & Sons, Inc., 2012.

나. Schematic Simulation과 주파수 응답 특성

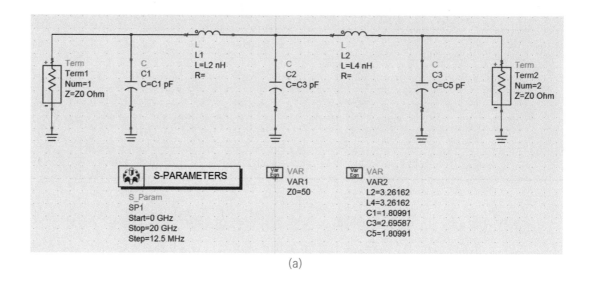

(a)

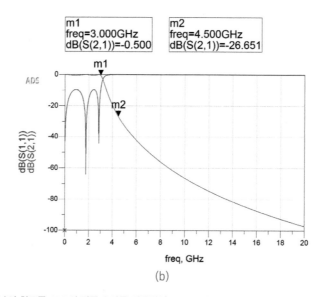

(b)

그림 5-15 (a) 그림 5-14 (b)의 회로를 ADS의 집중 소자를 이용하여 ADS Schematic으로 생성, (b) Schematic Simulation의 결과

그림 5-14 (b)의 회로를 ADS의 집중 소자를 이용하여 ADS Schematic으로 생성하면 그림 5-15 (a)에
보인 바와 같다. 집중 소자 회로도로 구현된 계단 임피던스 저역 통과 필터의 주파수 응답은 Schematic
Simulation을 통하여 얻을 수 있으며, 그림 5-15 (b)에 보였다. 문제에서 주어진 조건대로 차단 주파수
는 3 GHz에서 확인되며, 4.5 GHz에서 삽입 손실이 20 dB 이상임을 확인할 수 있다.

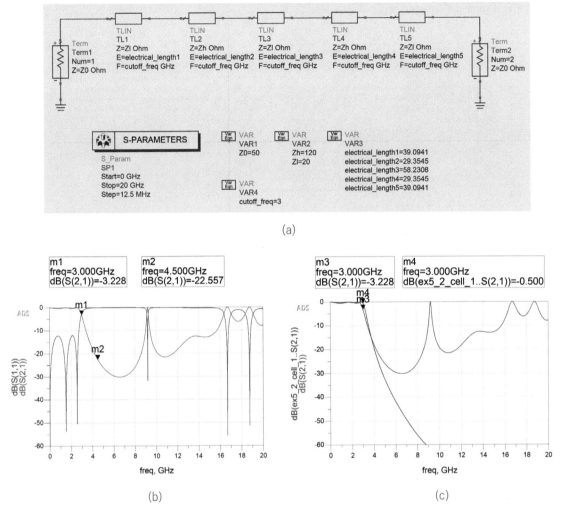

그림 5-16 (a) 그림 5-15 (a)의 회로를 ADS의 이상적인 전송 선로 모델을 이용하여 ADS Schematic으로 생성, (b) Schematic Simulation의 결과, (c) (a)의 분산 소자 회로와 그림 5-15 (a)의 집중 소자 회로의 성능 비교

표 5-3에 주어진 조건을 이용하여 그림 5-16 (a)에 보인 바와 같이 ADS의 이상적인 전송 선로 모델을 이용하여 계단 임피던스 저역 통과 필터의 ADS Schematic을 생성할 수 있다. 그림 5-16 (b)에 그림 5-16 (a)에 보인 ADS Schematic의 주파수 응답 특성을 보였으며, 그림 5-16 (c)에 분산 소자 회로와 집중 소자 회로의 주파수 응답 특성을 비교하였다.

차단 주파수 3 GHz에서 분산 소자 회로의 삽입 손실이 2.728 dB 악화되었음을 확인할 수 있다. 또한, 4.5 GHz에서의 삽입 손실도 4.094 dB 악화되었다. 5.2절에 보인 리차드 변환과 쿠로다 항등식을 이용하여 설계한 저역 통과 필터와 달리, 계단 임피던스 저역 통과 필터의 분산 소자 회로의 스커트 특성이 주파수가 올라감에 따라 집중 소자 회로의 스커트 특성보다 좋지 않음도 확인할 수 있다.

다. Layout Simulation과 주파수 응답 특성

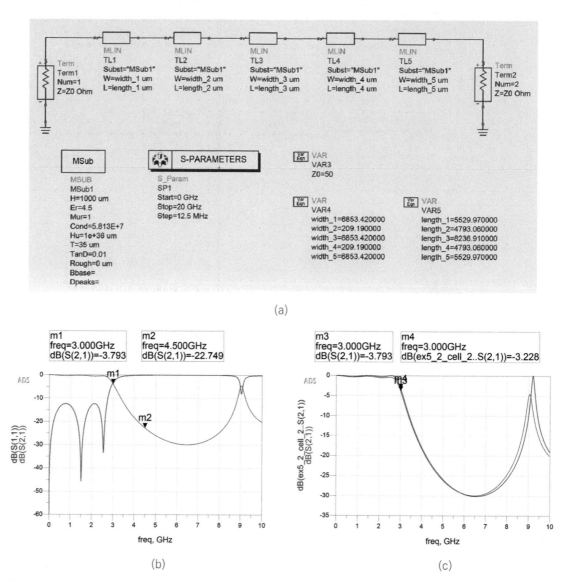

(a)

(b)

(c)

그림 5-17 (a) 그림 5-16 (a)의 회로를 ADS의 마이크로스트립 라인 모델을 이용하여 ADS Schematic으로 생성, (b) Schematic Simulation의 결과, (c) 마이크로스트립 라인 모델과 이상적인 전송 선로 모델의 성능 비교

표 5-3에 보인 마이크로스트립 라인의 폭 (W_i)과 길이 (ℓ_i)를 사용하여, 그림 5-17 (a)에 보인 바와 같이 ADS의 마이크로스트립 라인 모델을 이용하여 그림 5-16 (a)에 보인 회로의 이상적인 전송 선로 모델을 마이크로스트립 라인으로 대체할 수 있다. 그림 5-17 (a)에 보인 회로의 Schematic Simulation 결과를 그림 5-17 (b)에 보였다. 그림 5-17 (c)에 이상적인 전송 선로 회로와 마이크로스트립 라인 회로의 삽입 손실 특성을 비교하였다. 두 회로의 성능이 매우 유사함을 확인할 수 있다.

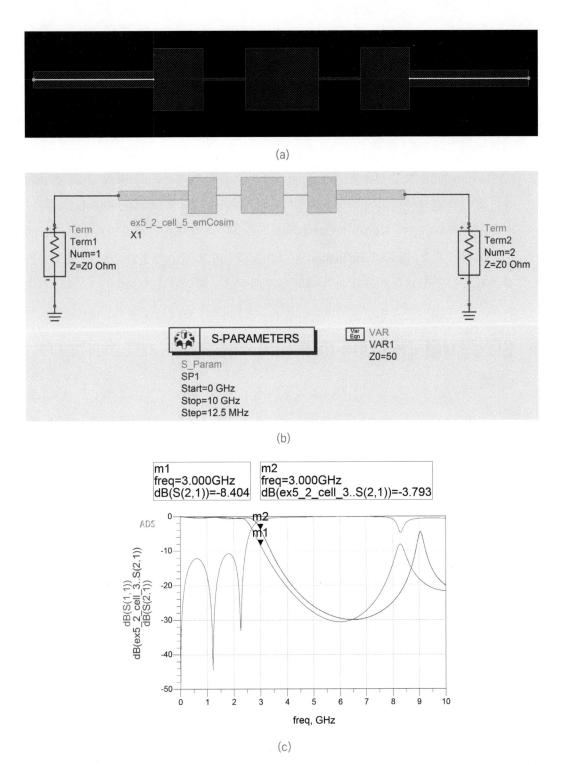

(a)

(b)

m1
freq=3.000GHz
dB(S(2,1))=-8.404

m2
freq=3.000GHz
dB(ex5_2_cell_3..S(2,1))=-3.793

(c)

그림 5-18 (a) 그림 5-17 (a)에 보인 ADS Schematic으로부터 자동 생성된 ADS Layout의 입출력단에 50 Ω 급전선이 연결된 ADS Layout, (b) EM Comsimulation으로 얻은 emCosim 모델을 이용하여 생성한 ADS Schematic, (c) 그림 5-17 (a)의 Schematic Simulation의 결과와 (a)의 Schematic Simulation의 결과 비교

그림 5-17 (a)에 보인 ADS Schematic으로부터 자동 생성된 ADS Layout의 입출력단에 50 Ω 급전선이 연결된 ADS Layout을 그림 5-18 (a)에 보였다. 그림 5-18 (a)의 ADS Layout으로 EM Cosimulation을 수행하여 얻은 emCosim 모델을 이용하여 생성한 ADS Schematic을 그림 5-18 (b)에 보였다. 그리고, 이 회로의 Schematic Simulation 결과와 그림 5-17 (a)의 Schematic Simulation의 결과를 그림 5-18 (c)에 보였다.

EM Cosimulation으로 얻은 ADS Layout의 주파수 응답 특성이 Schematic Simulation의 주파수 응답 특성에 비해 현저히 악화된 특성을 보인다. 차단 주파수에서 Schematic Simulation 대비 삽입 손실이 4.611 dB 악화되었다. RF/마이크로파 회로의 특성을 파악하기 위하여 Schematic Simulation의 결과에 만족하지 말고, Layout Simulation의 결과를 확인하고 성능 개선을 위한 설계 작업을 해야하는 또 다른 반증임을 ADS를 이용한 이 문제의 해결 과정에서 확인할 수 있다.

5.4 인터디지털 라인 대역 통과 필터 (Interdigital-Line Band Pass Filter) 설계와 해석

EXERCISE

N차 협대역 인터디지털 라인 대역 통과 필터 (narrowband interdigital-line band pass filter)의 구조와 설계 파라미터 (W_0, W_2, ⋯, W_{N+1}, $S_{0,1}$, $S_{1,2}$, ⋯, $S_{N,N+1}$)를 그림 5-19에 보였다. 그림 5-19에 보인 각각의 소자는 중심 주파수에서 길이가 $\lambda_g/4$인 공진기 (resonator)이다. 참고 문헌[9]의 설계 방정식을 이용하여 중심 주파수 (center frequency)가 1.5 GHz 이고 대역폭이 중심 주파수의 10%이며 특성 임피던스가 50 Ω인 6차 0.1 dB 균등 리플 응답을 갖는 협대역 인터디지털 라인 대역 통과 필터 (6th order 0.1 dB equal-ripple interdigital-line band pass filter)의 설계 파라미터를 표 5-4에 보였다. 인터디지털 라인 필터의 공진기는 스트립라인 (stripline)으로 구현하며, 기판의 유전체는 공기이다. 유전체의 두께는 0.625 inch이고, 도체는 알루미늄 (전도도 $\sigma = 3.72 \times 10^7 S/m$)이며 도체의 두께는 0.187 inch이다. 이 필터의 주파수 응답 특성을 구하시오.

---

9 G. L. Matthaei, L. Young, E. M. T. Jones, *Microwave Filters, Impedance-Matching Networks, and Coupling Structures*, pp. 614~626, Artech House, Dedham, Mass. 1980.

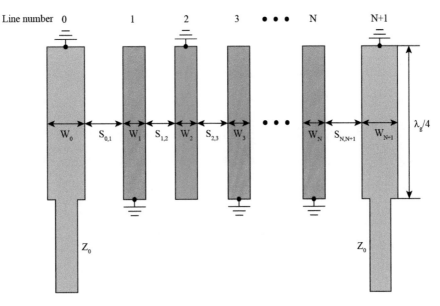

그림 5-19 인터디지털 라인 대역 통과 필터 (공진기 길이 $\lambda_g/4$에서 λ_g는 공진기에서의 파장 (guided wavelength)을 의미함)

표 5-4 그림 5-19에 보인 협대역 인터디지털 라인 대역 통과 필터의 설계 파라미터

k	W_k (inch)	$S_{k,k+1}$ (inch)	공진기 길이[†] (inch)
0, 7	0.404	0.159	1.968
1, 6	0.155	0.447	1.752
2, 5	0.191	0.513	1.752
3, 4	0.190	0.525	1.752

[†] 중심 주파수 1.5 GHz에서 $\lambda_g/4$인 공진기의 길이는 1.968 inch이지만, 입출력 공진기 (N = 0, 7)를 제외한 나머지 공진기 (N = 1 ~ 6)의 한쪽 끝은 개방 회로이기 때문에 GND면과 공진기 끝단 사이에 기생 커패시턴스 (parasitic capacitance)가 존재하여 이 기생 커패시턴스 효과를 포함하게 되면 라인의 길이를 축소해야 함.

이 문제는 참고 문헌의 설계 방정식을 이용하여 도출된 설계 파라미터를 이용하여 ADS Layout Simulation으로 필터의 주파수 응답 특성을 확인하는 문제이다.

가. Workspace 생성과 기판의 정의

이 문제를 해결하기 위하여 Workspace를 생성할 때, 기판을 동시에 생성하는 것이 편리하다. 5.2절에서 설명한 바와 같이 진행하면 되는데, 이 문제와 관련된 변경 사항을 다음과 같이 설명한다.

ADS Main Window에서 "Create a New Workspace"를 클릭하여 "New Workspace" 윈도우가 팝업된다. 그림 5-4 (a)와 (b)에 각각 보인 바와 같이, "New Workspace" 윈도우에 있는 "Show advanced"를 클릭하고, "Set up layout technology immediately after creating the library"를 체크한 후 "Create Workspace"를 클릭한다.

그림 5-5 (a)에 보인 바와 같이 "Choose Layout Technology" 윈도우에서 "Create PCB Technology" 메뉴를 선택하고 "Next" 버튼을 클릭하면 그림 5-20 (a)와 같이 "Choose Layout Technology" 윈도우의 "PCB Layout Technology Setup – Basic" 메뉴가 보인다.

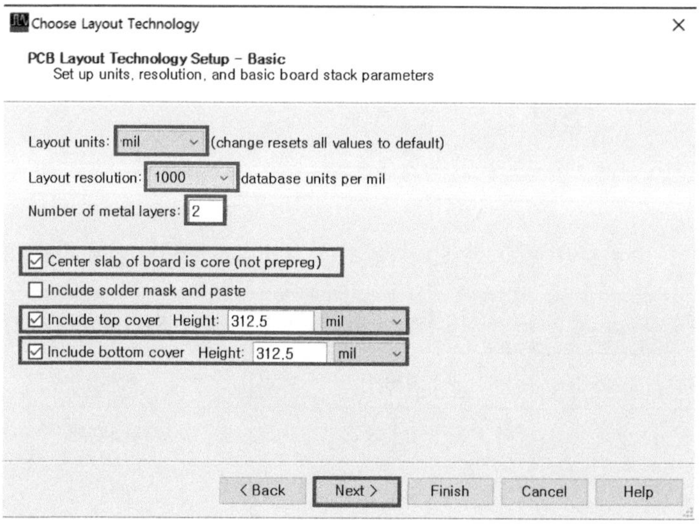

(a)

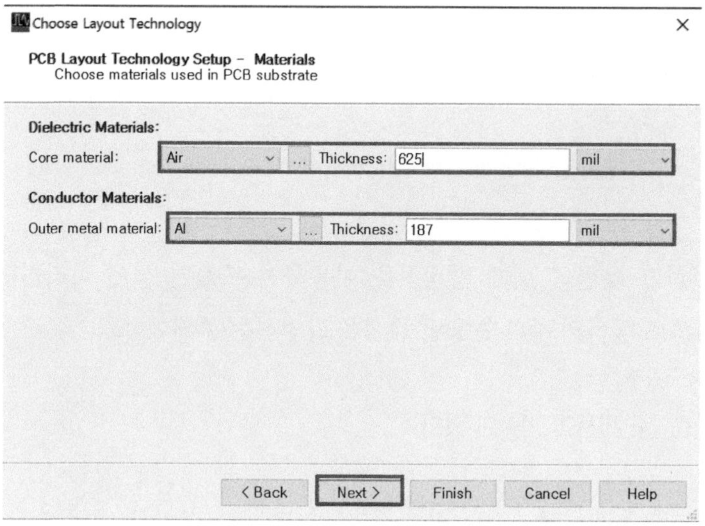

(b)

(c)

그림 5-20 "Choose Layout Technology" 윈도우의 (a) "PCB Layout Technology Setup - Basic" 메뉴 설정, (b) "PCB Layout Technology Setup - Materials" 메뉴 설정, (c) "PCB Layout Technology Setup - Default Via" 메뉴 설정

표 5-4에 주어진 설계 파라미터의 단위가 "inch"로 주어져 있으므로, 그림 5-20 (a)에 보인 바와 같이 "Layout units"을 "mil"로 선택한다. 1 mil = 1/1000 inch이다. 나머지 항목에 대하여 그림 5-20 (a)에 보인 바와 같이 설정한다. 문제에 주어진 것처럼 인터디지털 라인 필터는 스트립라인 구조이기 때문에 그림 5-20 (a)의 하단에 보인 바와 같이 "Include top cover"와 "Include bottom cover"를 체크하여 "top cover"와 "bottom cover"를 설정한다. 이 두개의 "cover"는 암시적 GND면이다. "Cover"의 높이 ("Height")를 각각 312.5 mil로 일단 입력하고 "Next" 버튼을 클릭한다.

그림 5-20 (b)에 보인 바와 같이 "Choose Layout Technology" 윈도우의 "PCB Layout Technology Setup – Materials" 메뉴에서 "Core material"과 "Outer metal material"을 각각 "Air"와 "Al"로 선택한다. 두께는 각각 625 mil과 187 mil로 일단 입력하고 "Next" 버튼을 클릭한다.

마지막으로 그림 5-20 (c)에 보인 바와 같이 "Choose Layout Technology" 윈도우의 "PCB Layout Technology Setup – Default Via" 메뉴는 ADS에서 설정한 default 값을 그대로 유지한 채 "Finish" 버튼을 누르면 설정이 끝난다.

이와 같은 과정이 끝나면 ADS Main Window에서 "tech.subst [Master for Workspace_Name_lib]" 파일이 생성된다. 이 파일을 더블 클릭하여 열어보면 그림 5-21 (a)에 보인 바와 같이 앞서 생성된 기판의 모형이 보인다. 기판 모형의 하단에 보이는 "Substrate Layer Stackup" 표를 그림 5-21 (b)에 보

였다. 그림 5-21 (b)에 보인 바와 같이 "bottom Cover" 바로 위에 있는 "Dielectric"을 선택한 후 마우스 오른쪽 버튼을 클릭하여 팝업되는 풀다운 메뉴에서 "Delete With Upper Interface"를 클릭한다. 그림 5-21 (c)에 보인 바와 같이 "2 Conductor Layer"와 "2 Silk Screen Layer"도 같이 지워진다. 그림 5-21 (c)에 보인 바와 같이 "2 Silk Screen Layer"를 선택하고 마우스의 오른쪽 버튼을 클릭하면 팝업되는 "Unmap"을 클릭하여 "2 Silk Screen Layer"를 지우고, "Top Cover"와 "bottom Cover"의 "Material"과 "Thickness"를 각각 "Al"과 "187 mil"로 설정한다. 마지막으로 "Top Cover" 밑의 "Dielectric" layer를 선택하여 마우스 오른쪽 버튼을 클릭하여 "Map Conductor Via"를 선택하고, 맵핑된 via의 material을 "Al"로 선택하고 기판 설정을 마무리한다. 최종 수정된 기판의 모양과 "Substrate Layer Stackup" 표를 그림 5-21 (d)와 (e)에 각각 보였다.

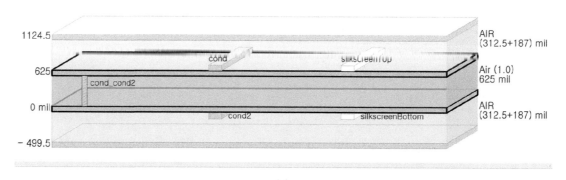

(a)

(b)

Substrate Layer Stackup

	Type	Name	Material	Thickness
	Cover		Al	187 mil
	Dielectric		AIR	312.5 mil
2	Silk Screen Lay~~ ~~p (1)			0.1 mil
2	Conductor Layer	cond (2)	Al	187 mil
	Dielectric		Air	625 mil
	Cover		Al	187 mil

Unmap

(c)

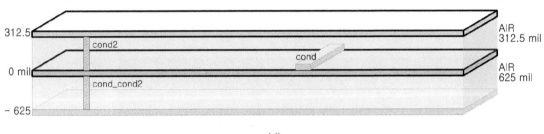

312.5   cond2   cond   AIR 312.5 mil

0 mil   cond_cond2   AIR 625 mil

− 625

(d)

Substrate Layer Stackup

	Type	Name	Material	Thickness
	Cover		Al	187 mil
	Dielectric		AIR	312.5 mil
2	Conductor Layer	cond (2)	Al	187 mil
	Dielectric		AIR	625 mil
	Cover		Al	187 mil

(e)

그림 5-21 (a) "tech.subst" 윈도우에 보이는 기판의 모형, (b) "Substrate Layer Stackup" 표에서 "bottom Cover" 바로 위에 있는 "Dielectric" layer 제거, (c) "2 Silk Screen Layer" 제거, (d) 최종 수정된 기판 모형, (e) 최종 수정된 기판 모형 하단의 "Substrate Layer Stackup" 표

나. ADS Layout의 생성과 기판의 수정

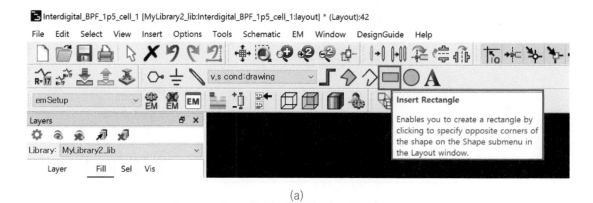

(a)

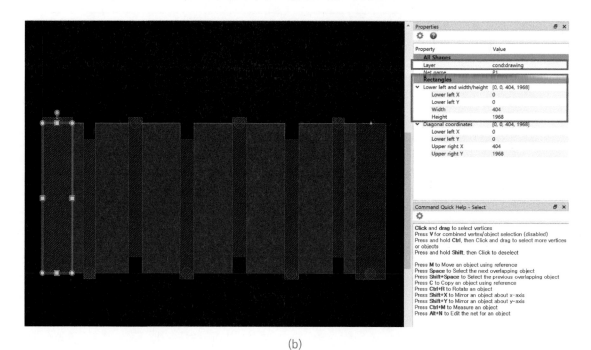

(b)

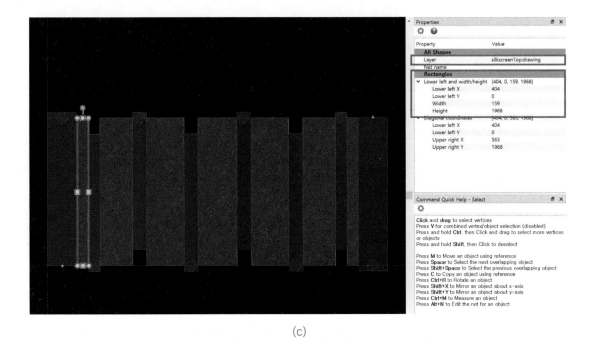

(c)

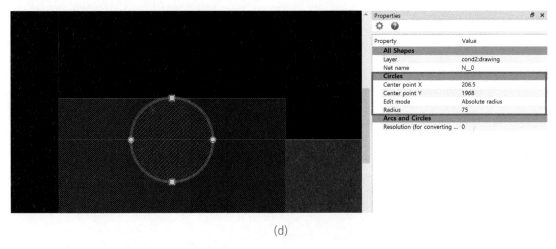

(d)

그림 5-22 (a) Layout Window의 "Insert Rectangle" 아이콘의 위치, (b) 첫번째 공진기의 도체 패턴의 정의, (c) dummy layer를 이용한 첫번째 공진기와 두번째 공진기 사이의 간격의 정의, (d) 공진기 끝단에 via 생성

그림 5-22 (a)에 보인 바와 같이 Layout Window의 "Insert Rectangle" 아이콘을 이용하면, 인터디지털 라인 대역 통과 필터의 ADS Layout을 매우 쉽게 생성할 수 있다. 표 5-4에 주어진 설계 파라미터를 적용하여, 그림 5-22 (b)와 (c)에 보인 바와 같이 직사각형을 배열하면 ADS Layout을 생성할 수 있다.

그림 5-22 (b)에 선택된 직사각형은 그림 5-19의 폭이 $W_0 = 404$ mil 인 첫번째 공진기이다. 그림 5-22 (b)의 우측에 보인 직사각형의 "Width"와 "Height"는 각각 404 mil과 1968 mil 로써 표 5-4의 $W_0 =$

404 mil인 공진기 길이와 일치한다. 이 공진기의 "Layer"는 "cond:drawing"으로써, 그림 5-21 (d)에 표시된 "cond" layer이다.

그림 5-22 (c)에 선택된 직사각형은 그림 5-19의 첫번째 공진기 (W_0)와 두번째 공진기 (W_1) 사이의 공간 ($S_{0,1}$)을 정의하기 위한 것이다. 그림 5-22 (c)에 선택된 직사각형의 "Width"와 "Height"는 각각 150 mil과 1968 mil 로써 표 5-4의 N=0 일 때의 $S_{N,N+1}$과 필터의 중심 주파수 1.5 GHz에서 $\lambda_g/4$인 1.968 inch와 일치한다. 그림 5-22 (c)에 선택된 직사각형의 "Layer"는 "silkscreenTop:drawing"으로써, 그림 5-22 (d)에 표시된 기판의 layer로 매핑되어 있지 않다. 기판의 layer로 매핑되어 있지 않기 때문에 ADS는 이 layer를 시뮬레이션이 포함시키지 않는다. 실제로 그림 5-22 (c)에 선택된 직사각형은 빈 공간이며, 공진기 사이의 공간을 정확히 정의하기 위한 dummy layer이다. 이 dummy layer를 이용하면 공진기 사이의 간격 (표 5-4의 $S_{N,N+1}$)을 정확히 정의할 수 있다.

인터디지털 라인 필터의 ADS Layout을 생성할 때 주의할 점이 한 가지 있다. 표 5-4에 보인 바와 같이 라인의 폭 (W_N)이 $W_0 \sim W_3$ 과 $W_4 \sim W_7$ 가 대칭임을 알 수 있다. 이 대칭의 원리는 $S_{3,4}$의 중앙점을 기준으로 공진기 사이의 간격 (표 5-4의 $S_{N,N+1}$)에도 적용된다. 이 대칭의 원리는 균등 리플 특성을 생성하는 Chebyshev prototype의 특성으로 알려져 있다. 이 대칭의 원리를 적용하면 그림 5-22 (b) 또는 (c)에 보인 ADS Layout이 생성된다.

이제 마지막으로 공진기의 끝단에 via를 생성하면 ADS Layout이 완성된다. Via는 그림 5-21 (d)의 기판 정의에서 확인할 수 있듯이 "cond2"와 "cond-cond2" layer로 정의되어 있다. 그림 5-22 (d)에 보

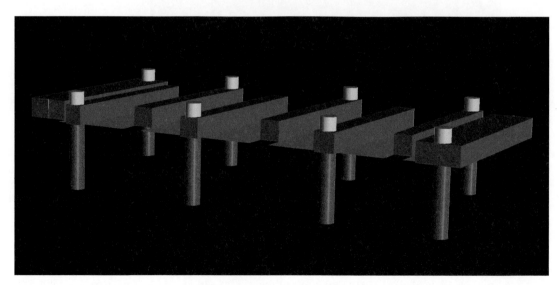

그림 5-23 ADS Layout의 "3D View"

인 바와 같이 반지름 75 mil인 원을 공진기 끝단의 중앙에 원의 중심이 위치하도록 삽입한다. "cond2"와 "cond-cond2" layer별로 각각 삽입한다. 그리고, 삽입된 원의 절반을 커버할 수 있는 직사각형을 인터디지털 라인의 끝단에 삽입한다. 이 직사각형은 "cond" layer에서 삽입해야 한다. 모든 인터디지털 라인에 각각 via를 삽입한 후 완성된 ADS Layout을 "3D View"에서 확인해본다.

그림 5-23에 보인 바와 같이 공진기의 상하가 비대칭임을 확인할 수 있다. 문제에서 언급된 바와 같이 인터디지털 라인 필터의 공진기는 스트립라인 (stripline)으로 구현되어야 한다. 스트립라인은 중앙에 도체가 있고 도체의 상하를 GND면이 커버하는 구조이며, 상하 대칭 구조임을 상기해보면, 그림 5-23에 보인 3D View는 수정되어야 함이 명백하다.

사실 이 오류는 Workspace를 생성하면서 같이 생성한 기판의 정의에 오류가 있었기 때문에 발생한 것이다. 그림 5-21 (d)에 보인 기판의 "cond" layer를 사이에 두고 상하에 존재하는 "AIR Dielectric"의 두께가 각각 312.5 mil과 625 mil로 비대칭임을 알 수 있다. 문제에서 유전체의 전체 두께가 625 mil로 주어져 있으므로 "AIR Dielectric"의 두께를 조정해야 한다. 그리고, 기판의 "Conductor Layer"인 "cond" layer가 187 mil인데, 유전체 두께의 거의 30%에 가깝도록 두껍기 때문에 유전체의 중앙에 187 mil 두께의 "cond" layer를 위치시켜야 한다. 이와 같은 조건을 만족하는 기판은 그림 5-24 (a)에 보인 바와 같이 정의하면 된다. 기판 수정의 과정에서 주의할 점은, 그림 5-24 (b)에 보인 바와 같이 "Conductor Layer"의 "Operation" 메뉴에서 "Intrude into substrate" 옵션을 선택해야 한다는 것이다.

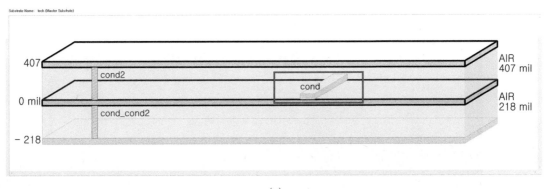

(a)

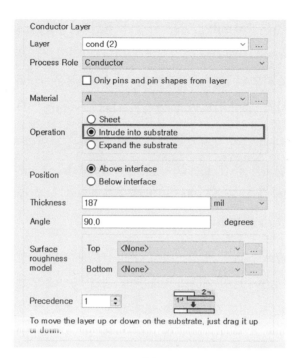

(b)

그림 5-24 (a) 스트립라인의 대칭 구조 구현을 위한 기판의 수정, (b) "cond" layer의 "Operation"의 설정

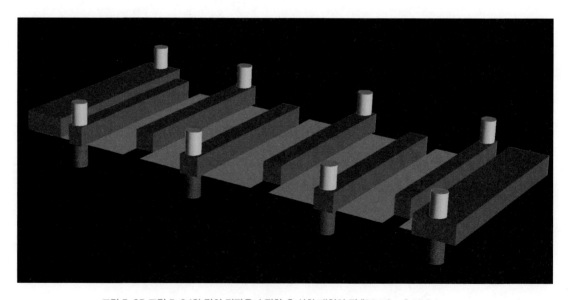

그림 5-25 그림 5-24와 같이 기판을 수정한 후 상하 대칭이 된 "3D View" ADS Layout

그림 5-24에 보인 바와 같이 기판을 수정하면, 그림 5-25에 보인 바와 같이 상하가 대칭인 ADS Layout을 얻을 수 있다.

다. Layout Simulation의 실행과 주파수 응답 특성

Layout Simulation을 실행하기 위하여 "Port"를 설정해야 한다. 입출력 공진기 (표 5-4의 N = 0, 7)의 폭이 413 mil이다. 물리적 길이 413 mil = 0.0104902 m 는 2.85783 GHz 이상에서 전기적 길이가 $\lambda_g/10$을 초과하게 되므로 "dot" 모양의 "Pin"을 사용하면 Layout Simulation 도중 "WARNING message"가 발생한다.

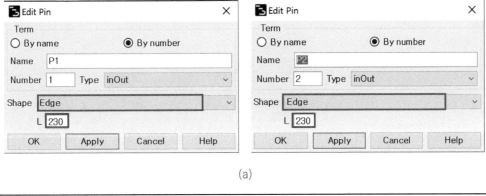

(a)

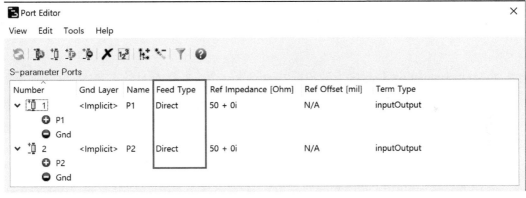

(b)

그림 5-26 (a) "Edit Pin" 윈도우에서 입력 ("P1")과 출력 ("P2") "Pin"의 설정, (b) "Port Editor" 윈도우에서 "Feed Type"의 설정

따라서, 그림 5-26 (a)에 보인 바와 같이 "Edit Pin" 윈도우에서 "Shape"을 "Edge"로 선택하고 길이 ("L"ength)를 230으로 설정한다. 그리고, 그림 5-26 (b)에 보인 바와 같이 "Port Editor" 윈도우에서 "Feed Type"은 "Direct"로 설정하고 나머지 항목은 default 설정을 유지한다.

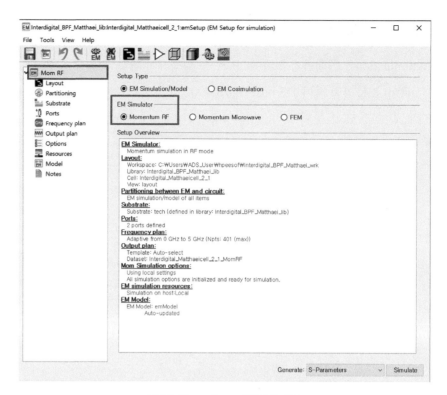

그림 5-27 emSetup 윈도우의 설정

Layout Simulation을 실행하기 위하여 emSetup 윈도우를 생성하고, 그림 5-27에 보인 바와 같이 "EM Simulator"는 "Momentum RF"로 설정하고, "Frequency plan"은 5 GHz 까지로 설정한 후 Layout Simulation을 수행한다.

ADS는 "EM Simulator"로 세가지 시뮬레이션 모드 – "Momentum RF", "Momentum Microwave", "FEM" – 를 제공한다. "FEM" 모드는 3D 시뮬레이션 방식이지만, 이 교재에서는 사용하지 않으므로 설명을 생략한다. 사용자 입장에서 "Momentum RF" 모드와 "Momentum Microwave" 모드를 사용 하기 위한 모든 시뮬레이션 셋업은 동일하다. 두 방식에서 도출되는 결과만이 다를 뿐이다.

Layout Simulation을 회로의 복사 (radiation) 특성을 포함하는 full-wave electromagnetic simulation 방식이 필요하다면 "Momentum Microwave" 모드를 선택해야 한다. 따라서, 4장에서 실행했던 것처 럼 안테나 시뮬레이션은 반드시 "Momentum Microwave" 방식으로 시뮬레이션을 수행해야 한다.

시뮬레이션 대상 회로가 구조적으로 복잡하고, 전기적으로 작고, 회로로부터 전자파가 복사되지 않 는다면 "Momentum RF" 모드를 선택하면 된다. 복사 특성이 없거나 무시할 수 있는 회로에 대한 성 능을 빠르게 확인하고 싶다면 "Momentum RF" 모드를 선택하는 것도 좋은 선택 방법이다. 대부분의 전송 선로에 대한 Layout Simulation의 경우 복사 특성까지 볼 필요는 없기 때문에, "Momentum RF" 방식으로 충분하다. 특히, 이 문제의 경우, 스트립라인 구조의 회로에 대한 Layout Simulation이기 때문에, 복사 특성 볼 필요가 없다. 따라서, 그림 5-27에 보인 바와 같이 emSetup에서 "EM Simulator" 는 "Momentum RF"로 설정한 것이다.

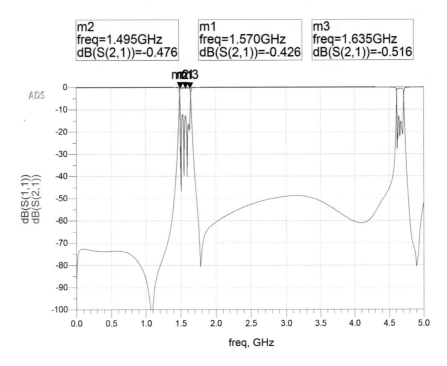

그림 5-28 6차 협대역 인터디지털 라인 대역 통과 필터의 주파수 응답 특성

그림 5-28에 보인 바와 같이 Layout Simulation의 주파수 응답 특성은 매우 훌륭한 대역 통과 필터 특성을 보인다. 다만, 대역 통과 필터의 중심 주파수가 1.570 GHz로써 설계 중심 주파수보다 70 MHz 높게 형성되었다. 삽입 손실이 0.5 dB 이하인 대역폭은 140 MHz 정도로써, 설계 대역폭 보다 10 MHz 정도 좁다.

라. 공진기의 길이 수정과 Layout Simulation 결과 비교

중심 주파수는 공진기의 길이를 변경하여 조절할 수 있으므로 입출력 공진기를 제외한 나머지 공진기 (N = 1 ~ 6)의 길이를 1836 mil로 늘린 후 (그림 5-29 (a)에 N=1 공진기의 크기를 확인할 수 있음) 다시 Layout Simulation을 수행한다. 공진기의 길이를 늘린 후의 주파수 응답 특성을 그림 5- 29 (b)에 보였다. 수정 전과 후의 결과를 비교하기 위하여 수정 전의 주파수 응답 특성도 같은 그래프에 보였다.

그림 5-29 (b)에 보인 바와 같이 공진기의 길이를 늘린 후, 중심 주파수는 1.501 GHz로 움직인 것을 쉽게 확인할 수 있다. 다만, 중심 주파수는 옮겨졌지만, 필터의 대역폭이 138 MHz로 약간 줄었고, 통과 대역 가장자리에서 삽입 손실이 0.2 dB 정도 증가한 것을 확인할 수 있다.

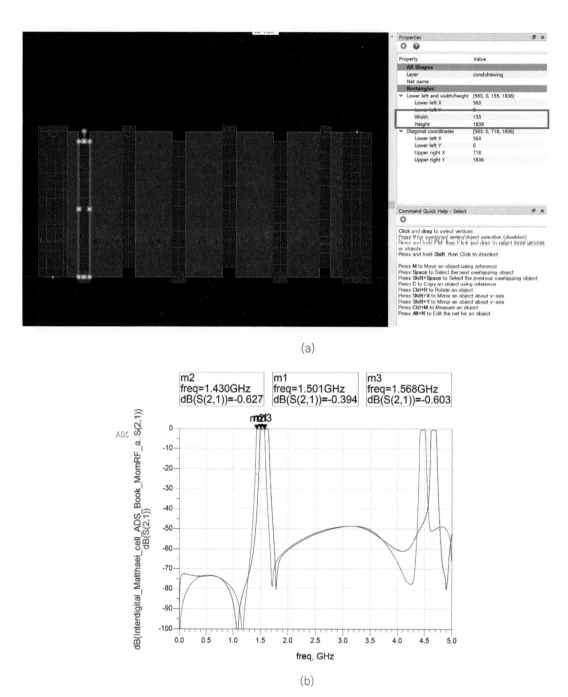

(a)

(b)

그림 5-29 (a) 공진기 (N = 1 ~ 6)의 길이를 1836 mil로 늘린 ADS Layout, (b) 공진기 길이를 늘린 후의 주파수 응답 특성 비교

5.5 용량성 결합 LC 공진기를 이용한 대역 통과 필터 (Capacitively Coupled LC Rsonator Band Pass Filter) 설계와 해석

EXERCISE

대역 통과 필터 (band pass filter)를 구현하기 위하여 N차 용량성 결합 병렬 LC 공진기 (N^{th} order capacitively coupled shunt LC resonators)를 이용할 수 있다. N차 용량성 결합 병렬 LC 공진기를 이용한 대역 통과 필터의 회로도를 그림 5-30에 보였다. 중심 주파수가 5.5 GHz이고 대역폭이 500 MHz인 5차 용량성 결합 병렬 LC 공진기 대역 통과 필터의 소자 값이 표 5-5에 주어졌다. (a) 이 회로의 주파수 응답을 ADS Schematic Simulation을 이용하여 확인하고, (b) 기판의 구조가 그림 5-31과 같이 주어졌을 때, 이 대역 통과 필터의 ADS Layout을 설계하고, Layout Simulation을 통하여 설계된 ADS Layout의 주파수 응답 특성을 구하여 (a)에서 구한 Schematic Simulation의 주파수 응답 특성과 비교하시오.

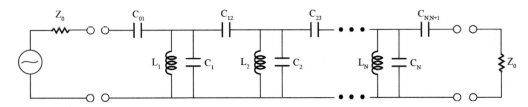

그림 5-30 N차 용량성 결합 병렬LC 공진기 (N^{th} order capacitively coupled LC resonator)를 이용한 대역 통과 필터

표 5-5 5차 용량성 결합 병렬 LC 공진기 대역 통과 필터의 소자값[†]

k	$C_{k,k+1}$ (pF)	k	L_k (nH)	C_k (pF)
0, 5	0.18366	1, 5	1.4901	0.32558
1, 4	0.072018	2, 4	0.56916	1.3107
2, 3	0.095178	3	0.46046	1.6365

[†] 중심 주파수 5.5 GHz와 대역폭 500 MHz

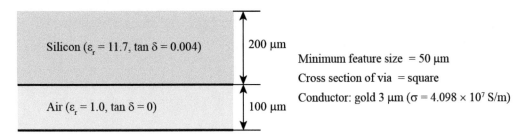

Minimum feature size = 50 μm
Cross section of via = square
Conductor: gold 3 μm ($\sigma = 4.098 \times 10^7$ S/m)

그림 5-31 기판의 조건

이 문제는 5차 용량성 결합 병렬 LC 공진기 대역 통과 필터의 집중 소자 (lumped-element)의 값이 주어져 있다. 주어진 집중 소자들의 값을 기판의 조건에 맞춘 커패시터와 인덕터 소자의 형상과 필요한 값을 얻을 수 있는 소자에 대한 ADS Layout을 설계하고, 대역 통과 필터의 ADS Layout을 설계하여 Schematic Simulation으로부터 얻은 대역 통과 필터의 주파수 응답과 유사한 Layout Simulation의 주파수 응답을 구하는 것이 목표이다.

가. 기판의 정의

Conductors	Dielectrics	Semiconductors	Surface Roughness						Djordje
Material			Permittivity (Er)			Permeability (MUr)			
Material Name	Library	Real	Imaginary	TanD	Real	Imaginary	Type	TanD Fre
FR_4_Core	Lumped_BPF_...	4.6		0.01	1		Svensson/Djordjevic	1 GHz
FR_4_Prepreg	Lumped_BPF_...	4.6		0.01	1		Svensson/Djordjevic	1 GHz
Silicon_YSC	Lumped_BPF_...	11.7		0.004	1	0	Frequency Independent	
SolderMask	Lumped_BPF_...	3.3			1		Svensson/Djordjevic	1 GHz

(a)

Conductors	Dielectrics	Semiconductors	Surface Roughness				
Material				Loss Parameters			
Material Name	Library	Parameter Type	Real	Imaginary	Tnom	TC1	TC2
Au_YSC	Lumped_BPF_...	Conductivity	4.098e7 Siemens...				
Copper	Lumped_BPF_...	Conductivity	5.8e7 Siemens/m				
Typical_solder	Lumped_BPF_...	Conductivity	0.71e7 Siemens/m				

(b)

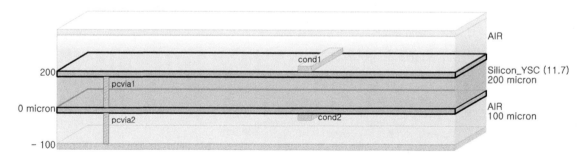

(c)

Substrate Layer Stackup				
	Type	Name	Material	Thickness
	Dielectric		AIR	
1	Conductor Layer	cond1 (1)	Au_YSC	3 um
	Dielectric		Silicon_YSC	200 um
2	Conductor Layer	cond2 (2)	Au_YSC	3 um
	Dielectric		AIR	100 um
	Cover		Au_YSC	3 um

(d)

그림 5-32 (a) 실리콘에 대한 파라미터 설정, (b) 금 (gold)에 대한 파라미터 설정, (c) 최종 기판 모형, (d) 기판 모형의 "Substrate Layer Stackup" 표

그림 5-31에 주어진 기판의 조건에 따라 "tech.subst"를 그림 5-32와 같이 설정한다. 실리콘 유전체와 도체인 금에 대한 파라미터는 그림 5-32 (a)와 (b)에 표시된 것과 같이 설정한다. "tech.subst"의 최종 기판 모형과 "Substrate Layer Stackup" 표를 그림 5-32 (c)와 (d)에 보였다.

나. Schematic Simulation

그림 5-30에 보인 회로도와 표 5-5에 보인 소자 값을 이용하여 ADS Schematic을 그림 5-33 (c)에 보인 바와 같이 생성할 수 있다.

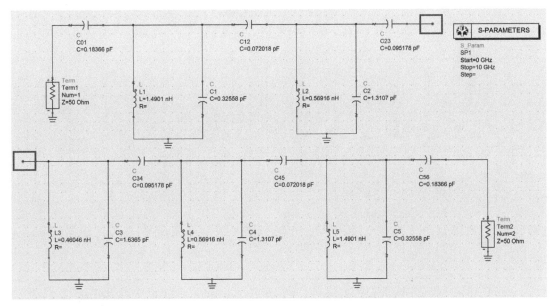

(a)

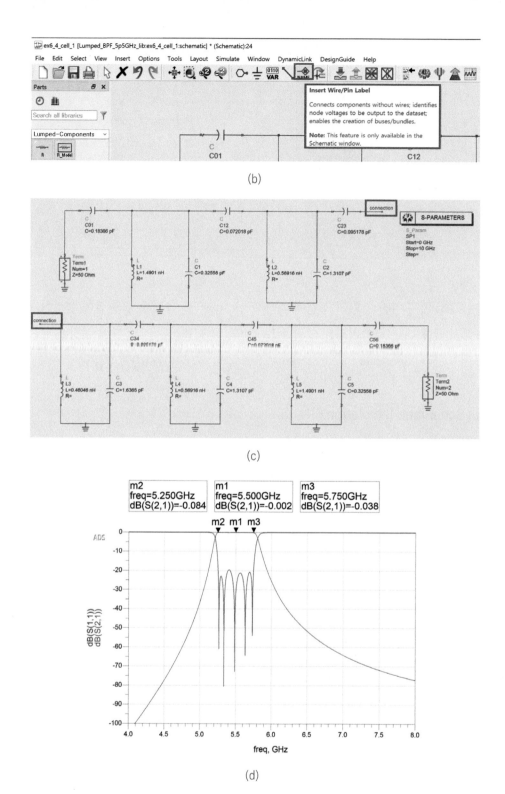

(b)

(c)

(d)

그림 5-33 (a) 회로도가 복잡하고 큰 경우 고의로 개방 회로를 생성, (b) "Insert Wire/Pin Label" 아이콘의 위치, (c) 완성된 ADS Schematic, (d) (c)에 대한 Schematic Simulation으로부터 얻은 대역 통과 필터의 주파수 응답 특성

회로가 복잡하고 큰 경우, 그림 5-33 (a)에 보인 바와 같이 연결되어야 할 노드를 고의로 개방 회로를 생성한다. 그리고, 그림 5-33 (b)에 보인 바와 같이 Schematic Window의 "Insert Wire/Pin Label" 아이콘을 이용하여 그림 5-33 (c)에 보인 바와 같이 개방 회로 노드에 같은 "Label" (그림 5-33 (c)에서는 "connection"이라는 "Label"을 설정함)을 삽입함으로써 Schematic Window에서 두 노드를 단락 회로로 인식하도록 만들 수 있다.

그림 5-33 (c)의 ADS Schematic에 대해 Schematic Simulation을 수행하면, 그림 5-23 (d)와 같이 중심 주파수가 5.5 GHz이고 통과 대역폭이 500 MHz인 매우 훌륭한 대역 통과 필터의 주파수 응답 특성을 확인할 수 있다. 그림 5-33 (c)의 ADS Schematic에 사용된 회로 소자는 이상적인 인덕터와 커패시터임을 기억해 둔다.

다. 회로 소자에 대한 Layout Simulation

이 문제를 해결하기 위하여 주어진 집중 소자들의 값을 기판의 조건에 맞춘 인덕터와 커패시터 소자의 형상과 필요한 값을 얻을 수 있는 소자에 대한 ADS Layout을 설계해야 한다. 인덕터는 도체에 전류가 흐르면 발생하는 자기장의 에너지를 저장할 수 있는 소자이므로 단순히 도체를 길게 만들면 인덕터가 된다. 인덕터의 일반적인 모양은 솔레노이드 구조이다. 3차원 솔레노이드 구조를 기판에 구현하기 위하여 소용돌이 (spiral) 모양으로 만들게 된다. 소용돌이 형상을 가진 인덕터를 스파이럴 인덕터 (spiral inductor) 라고 하며, 이 문제의 인덕터를 스파이럴 인덕터로 구현한다.

커패시터는 두 도체 사이의 전압차에 의해 발생하는 전기장의 에너지를 저장하는 소자이므로 두 도체 사이에 유전체를 두고 마주보는 구조인 평행판 커패시터 (parallel-plate capacitor)로 구현하면 된다.

그림 5-30에 보인 LC 공진기는 인덕터와 커패시터의 양단을 각각 연결해야 하는 구조이다. 따라서, 인덕터는 그림 5-34 (a)에 보인 바와 같이 실리콘 유전체의 상하층 사이에 via를 사용하여 2-layer 스파이럴 인덕터로 구현한다. 커패시터는 그림 5-34 (b)에 보인 바와 같이 실리콘 유전체의 top과 bottom layer에 각각 평판 도체를 만들고 실리콘을 유전체로 사용하는 평행판 커패시터로 구현한다.

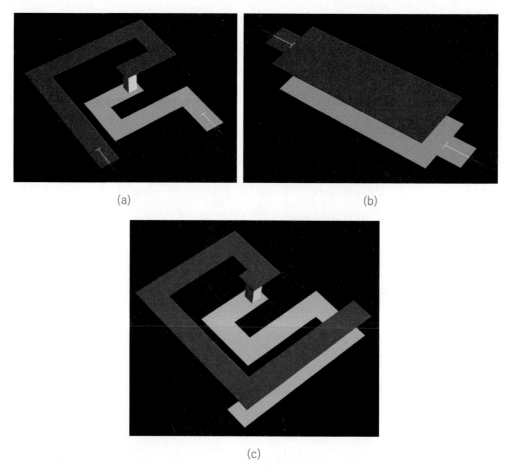

그림 5-34 (a) 인덕터의 형상, (b) 커패시터의 형상, (c) LC 공진기의 형상

그림 5-32 (c)에 보인 바와 같이 실리콘 상하층에 각각 있는 "cond1"과 "cond2" layer를 두 개의 도체로 사용하여 그림 5-34 (a)와 (b)에 보인 바와 같이 각각 스파이럴 인덕터와 평행판 커패시터를 구현하여 각 layer별로 연결하면, 그림 5-34 (c)에 보인 바와 같이 LC 공진기가 구현된다.

A. 인덕터 Layout Simulation

앞서 언급한 바와 같이 2-layer 스파이럴 인덕터로 구현하기 위하여 "cond1"과 "cond2" layer를 사용한다. "cond1"과 "cond2" layer 사이에 via가 삽입되는 2-layer 스파이럴 인덕터 구조이다. 그림 5-31에 주어진 것처럼, 이 기판에서 제작 가능한 최소 회로 크기 (Minimum feature size)는 $50\mu m$ 이고, via의 단면은 정사각형 (square)이다. 회로의 최소 제작 규격보다 3배 ($150\mu m$) 크게 도체 패턴의 폭과 도체 사이의 간격을 유지하고, via는 $75\mu m \times 75\mu m$ 의 정사각형으로 설계한다.

그림 5-33 (c)에 보인 ADS Schematic의 첫번째와 다섯번째 LC 공진기의 인덕터 (L1, L5)는

1.4901 nH이다. 2-layer 스파이럴 인덕터 구조로 1.4091 nH에 최대한 가까운 값을 얻을 수 있는 인덕터 레이아웃은 매우 다양하겠지만, LC 공진기의 구현과 LC 공진기 사이의 결합 커패시터 (coupling capacitor)의 배치도 생각하면서 설계해야 한다. 첫번째 LC 공진기의 L1의 설계 예를 그림 5-35 (a)와 (b)에 각각 "2D View"와 "3D View"로 보였다. 스파이럴 인덕터의 인덕턴스는 주로 도체 길이에 의해 결정되지만, 1.4091 nH에 가까운 인덕턴스를 구현하기 위하여 회로 설계자는 다양한 길이와 구조에 대한 Layout Simulation을 수행해야 하며, 특히 이 문제에서는 2-layer 스파이럴 인덕터를 설계해야 하므로 via를 반드시 포함해서 설계해야 점도 잊지 말아야한다.

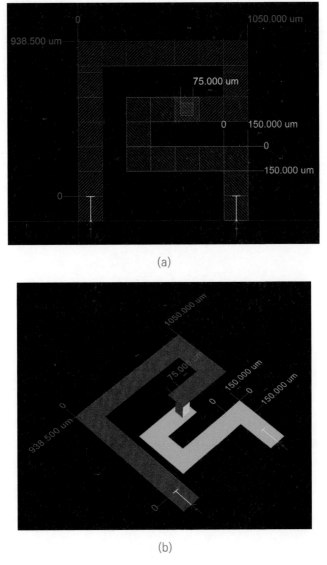

(a)

(b)

그림 5-35 (a) 그림 5-33 (c)에 보인 첫번째 LC 공진기의 L1의 ADS Layout ("2D View"), (b) (a)의 "3D View"

그림 5-35에 보인 인덕터의 ADS Layout에 대한 EM Cosimulation을 수행하여 생성된 emCosim 모델을 이용하여 그림 5-36 (a)에 보인 것 같이 ADS Schematic을 작성할 수 있다. EM Cosimulation으로부터 추출된 S-parameter와 Schematic Simulation으로부터 계산된 입력 어드 미턴스 (그림 5-36 (a)의 "Yin" instance로부터 계산됨)로부터 3장에서 설명한 방법으로 유효 인 덕턴스 (L_{eff})를 계산할 수 있다.

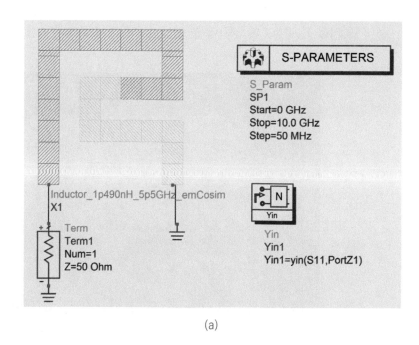

(a)

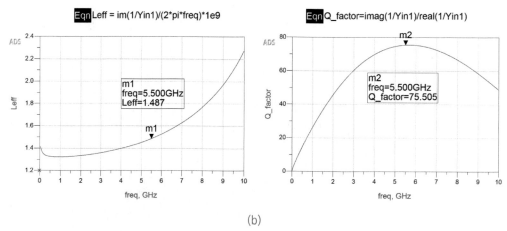

(b)

그림 5-36 (a) 그림 5-35에 보인 스파이럴 인덕터의 입력 임피던스 계산을 위한 ADS Schematic, (b) 유효 인덕턴스와 Q-factor

그림 5-36 (b)의 좌측에 L_{eff}를 보였다. 5.5 GHz에서 1.487 nH임을 알 수 있다. Data Display 윈도우의 "Equation" 아이콘을 이용하여 편집한 L_{eff} 계산식에 "1e9"를 곱했기 때문에, 그림 5-36 (b)의 좌측에 보인 유효 인덕턴스의 단위는 nH가 된다. 그림 5-33 (c)에 보인 첫번째 LC 공진기의 인덕터 (L1)의 인덕턴스인 1.4901 nH에 매우 가까운 값을 얻을 수 있음을 확인하였다.

그림 5-36 (b)의 우측에 보인 그래프는 인덕터의 Q-factor이다. 회로 소자의 Q-factor는 신호의 한 주기 동안 에너지 저장 소자의 자체 손실 정도를 나타내는 척도로써 RF/마이크로파 회로의 매우 중요한 설계 요소이다. 인덕터나 커패시터와 같은 에너지 저장 소자의 Q-factor는 다음과 같은 식으로 계산된다.

$$Q = \left| \frac{imag\left(\frac{1}{Y_{in}}\right)}{real\left(\frac{1}{Y_{in}}\right)} \right|$$

위 식에서 Y_{in}은 회로 소자의 입력단에서 바라본 입력 어드미턴스이며, $imag\left(\frac{1}{Y_{in}}\right)$와 $real\left(\frac{1}{Y_{in}}\right)$는 각각 Y_{in}의 역수의 허수부와 실수부의 크기이다. 어떤 회로 소자의 어드미턴스의 역수는 임피던스이며 임피던스의 허수부의 크기는 그 회로 소자의 에너지 저장 척도이며, 실수부의 크기는 그 회로 소자의 에너지 손실 척도이므로 두 값의 비를 회로 소자의 Q-factor로 정의한다.

이상적인 인덕터의 Q-factor는 무한대이다. 왜냐하면, 이상적인 인덕터는 인덕터 내부의 손실이 없기 때문에 Q-factor 계산식의 분모가 0이 되기 때문이다. 이상적인 인덕터는 완전 도체와 완전 유전체로 제작해야 하기 때문에, 실재하지 않는 소자이다. 회로 설계자는 Q-factor의 중요성을 인식하고, 회로 소자의 Q-factor 값을 확인하여 Q-factor 값을 높임으로써 회로 성능을 향상시킬 수 있는 방법을 꾸준히 연구해야 한다.

나머지 두 종류의 인덕터 (그림 5-33 (c)에 보인 ADS Schematic의 L2, L3)도 위와 같은 방법으로 인덕터 레이아웃을 설계할 수 있다.

B. 커패시터 Layout Simulation

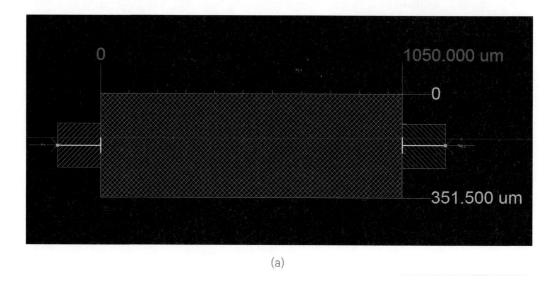

(a)

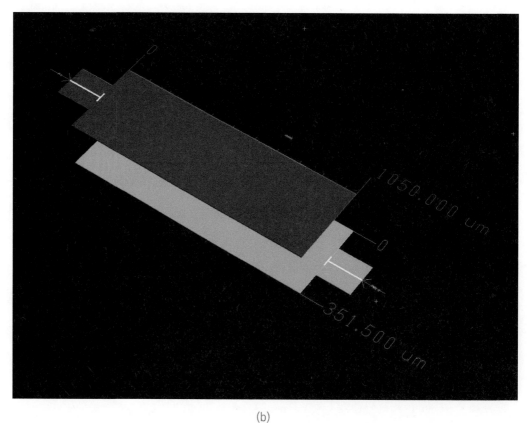

(b)

그림 5-37 (a) 그림 5-33 (c)의 C1의 ADS Layout ("2D View"), (b) (a)의 "3D View"

커패시터 레이아웃은 인덕터와 비교하면 상대적으로 간단하다. 앞서 밝힌 바와 같이 커패시터는 평행판 커패시터로 구현한다. 그림 5-33 (c)에 보인 ADS Schematic의 첫번째 LC 공진기의 커패시터 (C1 = 0.32558 pF)를 구현하기 위한 ADS Layout을 그림 5-37 (a)와 (b)에 각각 "2D View"와 "3D View"로 보였다.

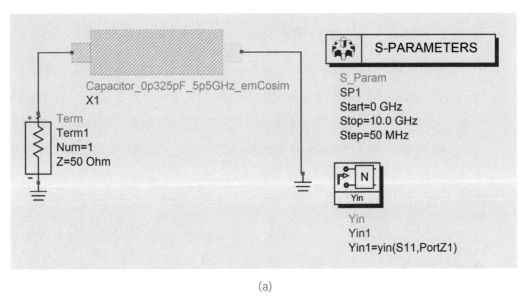

(a)

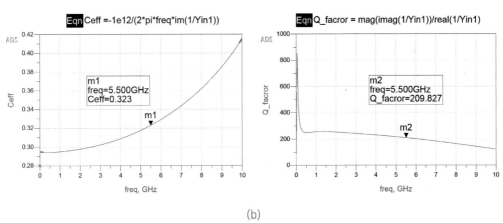

(b)

그림 5-38 (a) 그림 5-37에 보인 평행판 커패시터의 입력 임피던스 계산을 위한 ADS Schematic, (b) 유효 커패시턴스와 Q-factor

그림 5-37에 보인 ADS Layout에 대한 EM Cosimulation을 수행하여 생성된 emCosim 모델을 이용하여 그림 5-38 (a)에 보인 것 같이 ADS Schematic을 작성할 수 있다. 인덕터의 유효 인덕턴스와 Q-factor를 추출하는 방법과 유사한 방법으로 그림 5-38 (b)에 보인 바와 같이 유효 커패시턴

스와 커패시터의 Q-factor를 추출할 수 있다. 다만, 그림 5-38 (b)에 보인 바와 같이 유효 커패시턴스의 계산식과 Q-factor의 계산식을 수정해야 한다.

나머지 다섯 종류의 커패시터 (그림 5-33 (c)에 보인 ADS Schematic의 C2, C3, C01, C12, C23)도 위와 같은 방법으로 커패시터 레이아웃을 설계할 수 있다.

라. 회로 소자의 Q-factor 값을 반영한 Schematic Simulation 결과 비교

인덕터와 커패시터 Layout Simulation으로부터 각 소자의 Q-factor 값을 계산하였다. 그림 5-33 (c)와 (d)에 보인 ADS Schematic과 Schematic Simulation의 결과는 이상적인 인덕터와 커패시터를 사용하여 얻은 결과이다. 이상적인 인덕터와 커패시터의 Q-factor 값은 무한대이다. 하지만, 이상적인 인덕터와 커패시터를 사용한 Schematic Simulation의 결과는 실현될 수 없는 이론적 결과이므로, 인덕터와 커패시터의 유한한 Q-factor 값을 반영한 Schematic Simulation 결과를 확인하는 것이 필요하다.

Schematic Window에서는 인덕터와 커패시터의 Q-factor를 입력할 수 있는 회로 소자 모델 ("CPAQ"와 "INDQ")을 제공한다. 그림 5-39 (a)는 "CPAQ"와 "INDQ" 회로 소자 모델을 사용하여 Layout Simulation에서 계산된 Q-factor 값을 반영한 ADS Schematic이다. 그림 5-39 (a)에 보인 대역 통과 필터의 성능을 이상적인 회로 소자를 사용하여 설계된 대역 통과 필터 (그림 5-33 (c)의 ADS Schematic)의 성능을 그림 5-39 (b)에 보인 바와 같이 비교하였다.

Q-factor가 반영된 대역 통과 필터의 성능이 이상적인 회로 소자를 사용한 결과와 비교해 보면, 중심 주파수에서의 삽입 손실이 4.446 dB 저하되고, 통과 대역의 가장자리 주파수에서는 그보다 2 dB 이상 저하되는 결과를 보인다. 결과적으로 통과 대역폭이 현저히 줄어들게 되는 것이다. 이와 같이, 회로 소자의 Q-factor가 대역 통과 필터의 성능을 좌우하게 되는 것을 확인할 수 있다.

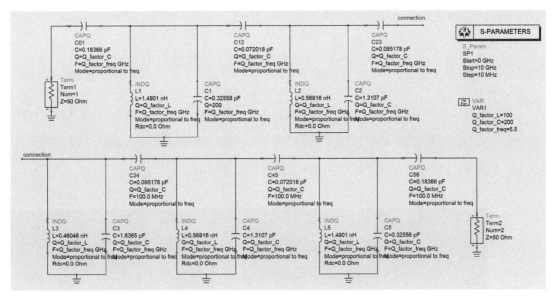

(a)

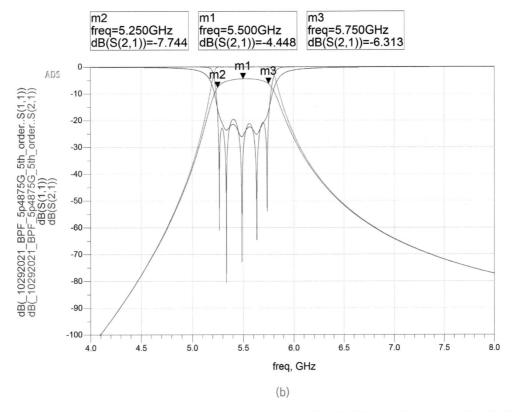

(b)

그림 5-39 (a) Schematic Window에서 "CAPQ"와 "INDQ" 회로 소자 모델을 사용하여 각 소자의 Q-factor 값을 적용한 ADS Schematic, (b) Q-factor 값을 회로 소자 모델과 이상적인 회로 소자 모델을 사용한 대역 통과 필터의 성능 비교

마. Layout Simulation

A. 초기 ADS Layout에 대한 Layout Simulation과 주파수 응답 특성

인덕터와 커패시터에 대한 ADS Layout을 설계하고 EM Cosimulation과 Schematic Simulation을 통하여 필요한 소자 값에 대한 ADS Layout을 완성한다. 이 과정을 마치면, 각각의 소자를 연결함으로써 그림 5-40 (a)와 (b)에 각각 각각 "2D View"와 "3D View"로 보인 바와 같이 대역 통과 필터에 대한 초기 ADS Layout을 완성하게 된다.

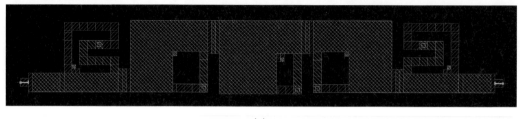

(a)

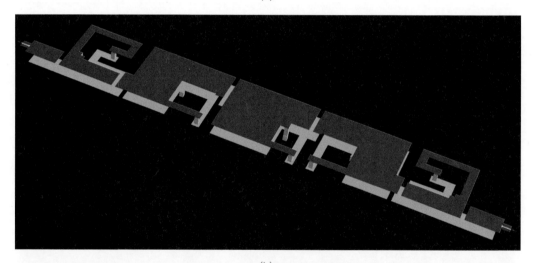

(b)

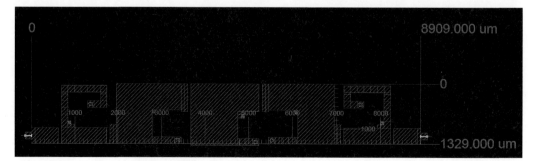

(c)

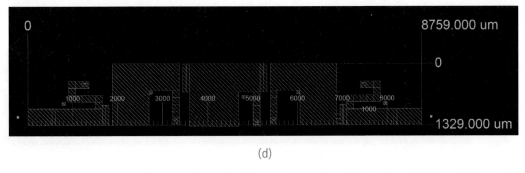

(d)

그림 5-40 (a) 초기 ADS Layout ("2D View"), (b) (a)의 "3D View", (c) "cond1" layer의 크기, (d) "cond2" layer의 크기

그림 5-40 (c)와 (d)에 보인 바와 같이, "cond1" layer와 "cond2" layer 크기는 각각 $8909\mu m$ $\times 1329\mu m$ 이고, $8759\mu m \times 1329\mu m$ 이다. 그림 5-40에 보인 초기 ADS Layout에 대한 Layout Simulation으로부터 얻은 주파수 응답을 그림 5-41에 보였다.

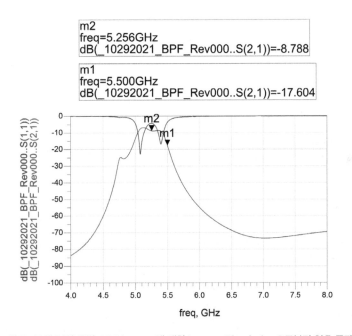

그림 5-41 그림 5-40에 보인 초기 ADS Layout에 대한 Layout Simulation으로부터 얻은 주파수 응답 특성

그림 5-41에 보인 주파수 응답 특성은 대역 통과 필터의 특성을 보이기는 하지만, 중심 주파수가 5.256 GHz로써 5.5 GHz보다 낮은 대역에서 형성되었고, 5.256 GHz에서의 삽입 손실도 8.788 dB로써 매우 저조한 특성을 보인다. 통과 대역의 반사 손실도 5.256 GHz에서 5 dB가 채 되지 않아 입출력단 매칭도 매우 심각한 문제점을 안고 있는 결과이다.

B. 최종 Layout Simulation

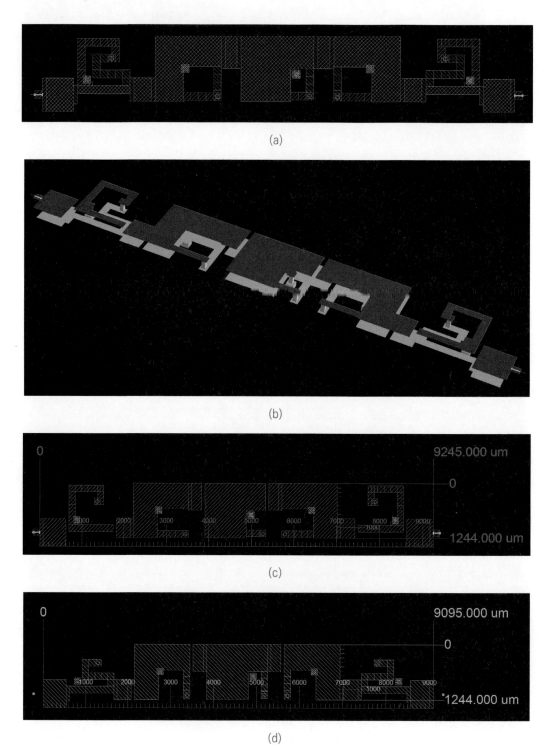

그림 5-42 (a) 최종 ADS Layout ("2D View"), (b) (a)의 "3D View", (c) "cond1" layer의 크기, (d) "cond2" layer의 크기

그림 5-40에 보인 초기 ADS Layout의 성능을 대폭 개선한 최종 ADS Layout을 그림 5-42 (a)와 (b)에 각각 "2D View"와 "3D View"로 보였다. 그림 5-42 (c)와 (d)에 보인 바와 같이, "cond1" layer와 "cond2" layer 크기는 각각 $9245\mu m \times 1244\mu m$ 이고, $9095\mu m \times 1244\mu m$ 이다. 최종 ADS Layout에 대한 Layout Simulation으로부터 얻은 주파수 응답을 그림 5-43에 초기 ADS Layout에 대한 주파수 응답과 함께 보였다.

그림 5-43에서 확인해 볼 수 있는 것처럼, 중심 주파수 5.5 GHz에서 삽입 손실 2.775 dB를 보이고, 통과 대역폭이 500 MHz에 근접하는 특성을 보인다. 중심 주파수에서 반사 손실이 18 dB 이상으로써 임피던스 정합 특성도 매우 개선되었음을 확인할 수 있다. 그림 5-40에 보인 초기 ADS Layout으로부터 그림 5-42에 보인 최종 ADS Layout을 얻기 위하여 초기 ADS Layout을 부분적으로 수정하고 Layout Simulation을 반복하여 최적의 결과를 도출해 낼 수 있다.

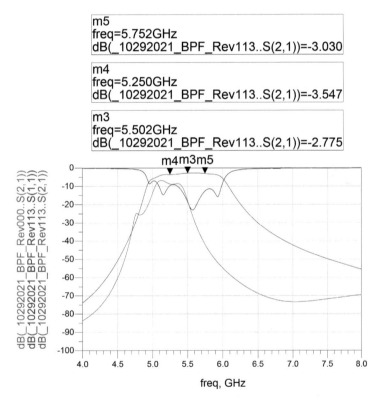

그림 5-43 그림 5-42에 보인 최종 ADS Layout에 대한 Layout Simulation으로부터 얻은 주파수 응답 특성과 그림 5-40에 보인 초기 ADS Layout에 주파수 응답 특성의 비교

최종 ADS Layout의 주파수 응답 특성과 그림 5-39 (a)에 보인 Q-factor 값이 반영된 Schematic Simulation의 결과를 그림 5-44에 비교하였다. 중심 주파수 5.5 GHz 대역에서 최종 ADS Layout 의 삽입 손실이 Q-factor 값이 반영된 ADS Schematic의 삽입 손실 대비 오히려 1.673 dB 더 적은 결과가 도출됐다. 그리고 통과 대역의 가장자리 주파수에서도 삽입 손실이 더 적게 나왔다. 다만, 통과 대역이 넓어졌기 때문에 스커트 특성은 상대적으로 나빠진 결과를 확인할 수 있다.

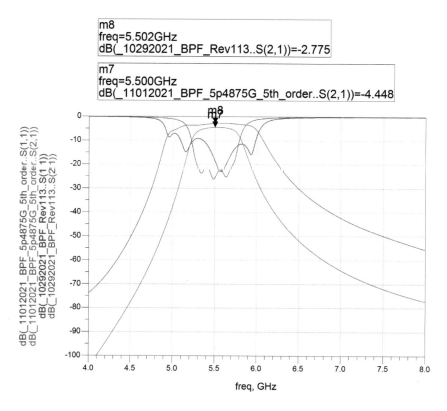

그림 5-44 그림 5-42에 보인 최종 ADS Layout의 주파수 응답 특성과 그림 5-39 (a)에 보인 초기 Q-factor 값이 반영된 ADS Schematic 의 주파수 응답 특성의 비교

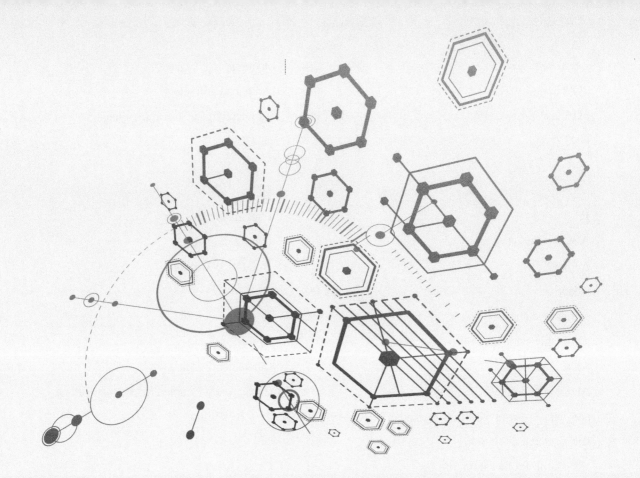

INDEX

저자 약력

조영식

한양대학교 전자통신공학과에서 1996년과 1998년에 각각 공학사와 공학석사 학위를 취득했고, 2010년에 미국 미네소타 주의 미니애폴리스에 있는 University of Minnesota, Twin Cities의 Electrical Engineering 전공으로 공학박사 (Doctor of Philosophy, PhD) 학위를 취득했다. 그는 현재 전북 익산 소재 원광대학교 창의공과대학 전자공학과에서 부교수로 재직 중이다.

1998년부터 2004년까지 SK Telecom 전략기획본부와 자회사 SK Teletech의 중앙연구소에서 총 6년 7개월 동안 CDMA 핸드폰의 RF 송수신기와 안테나 개발에 참여하여 7개의 신규 모델을 국내외 시장에 출시하였다.

그의 연구 관심 분야는 마이크로파와 밀리미터파 회로 설계, 실리콘 미세가공 (silicon micromachining) 기술, RF MEMS, MEMS biosensor 개발 등이다.

RF/마이크로파 공학 실전 문제와 **그림으로 배우는** Advanced Design System

1판 1쇄 인쇄   2022년 01월 25일
1판 1쇄 발행   2022년 01월 31일
저   자   조영식
발 행 인   이범만
발 행 처   **21세기사** (제406-00015호)
　　　　　　경기도 파주시 산남로 72-16 (10882)
　　　　　　Tel. 031-942-7861   Fax. 031-942-7864
　　　　　　E-mail : 21cbook@naver.com
　　　　　　Home-page : www.21cbook.co.kr
　　　　　　ISBN 979-11-6833-010-8

정가 32,000원